KB075117

회복적 정의

세상을 치유하다

회복적 정의
세상을 치유하다

초판 1쇄 발행 | 2020년 11월 20일
초판 5쇄 발행 | 2024년 11월 19일

지은이 이재영
발행인 이재영
제작 생각비행
펴낸곳 피스빌딩
등록일 2018년 6월 8일 | 등록번호 제399-2018-000015호
주소 경기도 남양주시 와부읍 궁촌로 25
전화 031) 521-8693
팩스 031) 521-8695
이메일 pb.pbpress@gmail.com
홈페이지 www.karj.org, www.kopi.or.kr
피스빌딩 스토어 smartstore.naver.com/pbstore
ISBN 979-11-957321-1-1 03330

회복적 정의

세상을 치유하다

이재영 지음

PEACE
피스빌딩

로미, 아리, 리나, 미노, 소리

이들이 살 세상은 지금보다 더
상식적이고, 회복적이고, 치유적이고,
그래서
더 정의롭기를 바라는 마음으로

이 책은 일찍이 회복적 정의의 아버지로 불리는 하워드 제어 박사로부터 회복적 정의를 배우고, 우리 사회에 회복적 정의 운동의 씨를 뿌리고 꽃을 피우기 위해 헌신해온 저자가, 직접 경험하고, 느끼고, 바라는 회복적 정의의 모습들을 생생하게 담은 회복적 정의의 핸드북이자 백과사전이라 할 수 있다. 나는 회복적 사법센터와 포럼의 운영자이자 형사조정위원 교육의 총괄 진행자로서, 이 책이 회복적 정의와 사법에 관심 있는 모든 분들에게 큰 도움을 줄 것으로 기대한다.

조균석 교수, 이화여대 법학전문대학원 회복적 사법센터 소장

이 책은 20년 동안 진행된 한국 사회 회복적 정의 운동의 참된 증언의 기록이자 미래 전망을 위한 예지적인 통찰이 담긴 안내서이다. 현장실천가인 저자가 회복적 정의의 이론과 실천에 대한 국제적 흐름뿐만 아니라 그동안 한국 시민사회 곳곳에서 이어져온 흐름을 처음으로 정리해주었기에, 회복적 정의 영역의 입문자뿐만 아니라 실천가들에게도 신뢰할 만한 안내서로 강력히 추천한다. 현장을 함께하고 있는 길벗인 이재영 원장의 영혼이 숨 쉬는 이 책이 적절한 시기에 나와 한국 사회에 중요한 선물이 될 것임을 확신하며 축하와 감사를 보낸다.

박성용 대표, 비폭력평화물결. 《회복적 서클 가이드 북》 저자

회복적 정의는 그동안 모호했던 정의를 구체성 있는 실체로 인식할 수

있도록 길을 보여준다. 관계 회복이 정의의 핵심이란 것. 저자는 이 정의 패러다임을 처음 만났을 때의 강렬한 감흥을 우리의 가정, 학교, 사법, 조직과 도시에 전하고 싶다는 열망을 표현하고 있다. 2000년 전 예수님을 직면한 사람들이 새로운 패러다임의 공동체를 탄생시켰듯, 한국 교회가 회복적 정의 운동을 통해 하나님의 평화 세상을 만드는 데 이 책이 기여할 수 있기를 진심으로 바란다.

황필규 목사, 한국기독교교회협의회(NCCK) 인권센터 이사

공동체로 모여 살면서 갈등은 피할 수 없고 갈등을 해결해나가는 것이 공동체의 수준이라고 생각했다. 한데 회복적 정의를 만나면서 갈등을 예방하고 갈등을 조정하여 해결해나갈 수 있겠다는 자신감을 갖게 되었다. 회복적 정의를 통해 위스테이별내사회적협동조합의 조합원들은 서로를 깊이 알아가는 관계를 형성하고 존중과 신뢰의 공동체로 나아가는 데 큰 도움을 받고 있다. 이 책은 수많은 갈등이 산재한 한국 사회의 마을과 아파트에서 건강한 공동체를 만들고자 고민하는 이들에게 좋은 지침서가 될 것이다.

손병기 이사장, 위스테이별내사회적협동조합

이 책을 오래도록 기다려왔다. 이재영 원장은 내게 회복적 정의를 처음 가르쳐준 선생님이다. 나는 그를 통해 만난 회복적 정의를 교육에 접목하기 위해 노력해왔다. 덕분에 내 인생에 많은 변화가 이어지고 있다.

한국의 회복적 정의 발전에 이재영 원장의 영향은 매우 크다. 특히 그는 회복적 정의와 관련된 국내외 동향과 이론을 폭넓게 이해하고 현장의 문제에 접근하는 실천가이다. 회복적 정의의 넓이와 깊이를 총망라하고 있는 그가 저술한 이 책은 회복적 정의를 배우고 실천하고자 하는 사람들에게 훌륭한 길잡이가 되어줄 것이다.

박숙영 소장, 좋은교사 회복적생활교육센터. 《회복적 생활교육을 만나다》 저자

한국 사회에서 회복적 정의 운동을 소개하고 주도해온 회복적 정의 실천가 이재영 원장의 온전한 이야기를 만날 수 있는 책이다. 설명하기 쉽지 않은 회복적 정의를 삶의 여러 현장에서 실현하기 위해 오늘도 각자의 영역에서 끊어진 대화의 끈을 잇고, 관계를 회복하며, 세상을 치유하고자 고군분투하는 동료들과 더불어 이 책의 출간을 진심으로 축하한다.

김선혜 상임공동대표, 사단법인 갈등해결과대화

길을 잃지 않으려면 이정표를 잘 따라가야 한다. 이정표를 만나면 길을 잘 가고 있는지 확인할 수 있고, 얼마나 더 가야 하는지도 가늠할 수 있다. '목회'라는 길을 가다 '회복적 정의'라는 이정표를 만났다. 그 덕분에 길을 잃지 않을 수 있었다. 내가 그랬듯이, 길을 잃지 않으려고 노력하는 많은 교회공동체에게 이 책이 분명한 이정표가 될 것이라고 굳게 믿는다.

오준규 목사, 낮은마음교회. 건강한작은교회 동역센터 공동대표

이 책은 조직 안에 발생하는 갈등을 어떤 관점으로 바라보고 해결하느냐에 관한 고민의 출발점을 제시하는 길잡이이다. 징계나 처벌의 응보적 방법으로 갈등 유발자를 징계하고 관계를 파괴하는 해결방식이 아니라, 조직 구성원이 함께 갈등을 들여다보고 긍정적으로 전환하는 새로운 관점을 제시한다. 또한 조직 구성원이 소속감을 느끼고 치유되는 회복적 정의 패러다임을 통해 공동체성을 되찾는 회복적 조직문화를 어떻게 형성할 수 있는지 잘 정리해 보여준다.

신기영 파트장, 삼성서울병원 교육인재개발실

회복적 정의를 회복적 사법에 국한하지 않고 회복적 교육, 회복적 조직, 회복적 도시 등으로 확장하고 실천해온 저자의 오랜 노력이 책에 잘 담겨 있다. 특히 회복적 경찰활동의 다양한 실천사례를 통해 가정, 학교, 이웃 공동체 안에서 생겨나는 크고 작은 갈등과 분쟁을 근본적으로 해결하기 위해 왜 회복적 정의가 필요한지를 설득력 있게 보여주고 있다.

심보영 경정, 경찰청 피해자보호기획계장

책을 읽으며 회복적 정의를 처음 만난 때가 떠오른다. 당시 이재영 원장의 강연을 통해 회복적 정의가 내 삶의 방향성에 든든한 버팀목으로 느껴졌다. 세상이 안전하고 건강해지기를 바라는 저자의 마음은 늘 실천과 연결되어 있고, 이 책을 통해 훨씬 다채로운 실천의 영역들을 대면하게 된다. 학교의 생활교육 영역을 넘어 아이들이 스치는 모든 공간에서 회복적 정의가 살아 숨 쉬는 회복적 도시의 가능성을 이 책을 통해 엿볼 수 있다. 교육부를 비롯하여 정부의 다양한 부처가 이 책을 통해 안전한 사회 시스템과 문화를 만드는 데 도움을 얻길 희망한다.

하경남 교사, 경남회복적정의실천가모임 대표

이 책의 저자인 이재영 원장을 빼고는 한국의 회복적 정의를 논하기 어렵다. 그는 한국에 회복적 정의의 씨앗을 처음 심고 곳곳에 뿌렸다. 지금 어딘가에서 회복적 정의의 꽃이 피고 있다면, 그 싹을 틔우기 위해 직접 수고한 그의 손길을 찾아내기란 어렵지 않을 것이다. 그런 저자가 짧지만은 않은 한국 회복적 정의의 역사와 현 좌표를 그 이론적 이해와 함께 제시해주는 귀한 책을 냈다. 분단과 갈등의 한복판에서 생존을 위해 고투하는 우리에게는 지구상 어디보다 회복적 정의가 필요하다. 회복적 정의의 비전을 더 많은 우리가 뜨겁게 나누는 데에 이 책이 크게 쓰이리라 확신한다.

임수희 판사, 대전지방법원 천안지원

회복적 정의로 안내하는 기본서의 완결판! 사례를 통해 차분하게 설명해주어 쉽게 읽히고 좋은 강의를 듣는 것 같다. 책을 읽는 동안 회복적 생활교육을 처음 만났던 첫 마음이 떠오른다. 책을 읽으며 밑줄 그은 문장들을 동료 교사들과 함께 나누고 싶어진다. 함께 생활지도의 '연장통'을 바꾸고, '학교공동체회복위원회'를 만들어보자고 제안하고 싶다. 이 책이 생활지도에 지친 교사들에게 한 줄기 희망이 될 것이라 확신한다. 교육을 통해 세상을 바꾸기를 꿈꾸는 모든 교사들에게 일독을 권한다.

김애경 교사, 전국역사교사모임. 회복적정의협회 학교연구회 초대회장

형사재판 선고의 '확정'은 사건을 종결할 수는 있어도 범죄 문제의 해결을 의미하지는 않는다. 피해자의 고통과 불안은 지속되고, 가해자는 자신의 처지에 분노하며 출소 후 사회에 적응하지 못하여 다시 교도소로 돌아온다. 이 책을 쓴 저자와 함께했던 교도소에서의 회복적 사법 실천은 그 악순환의 고리를 끊어내는 시도였다. '회복의 여정'에 참여한 수형자들은 진심으로 피해자의 아픔을 인식하고 공감하며, 책임 있게 살아가는 회복의 길을 스스로 찾아가기 시작했다. 이 책을 계기로 교정 영역에서 회복적 사법을 실천하는 시도들이 계속해서 이어지길 간절히 기대한다.

김영식 소장, 부산교도소

인류는 지금 삶의 모든 면에서 의식의 깊은 변화를 요구받고 있습니다. 우리 가운데 잘못이 일어났을 때 어떻게 할 것인가도 근본적인 고민을 하고 용감하게 바꾸어야 할 때입니다. 이 책은 상처를 입은 사람과 준 사람 모두의 내면에 감춰진 슬픔과 두려움을, 우리의 본성인 지혜와 연민과 사랑으로 푸는 방법을 알려줍니다. 서클로 둘러앉아 진실의 말을 주고받기 시작하고, 이해와 공감, 그리고 수용과 용서가 뒤따를 때, 그 모임 안에 자연히 흐르기 시작하는 사랑의 에너지로 모두가 변화되는 감동적인 아름다움을 여러 번 경험해본 저로서는 이 책의 출간이 기쁘고 반가운 소식이고 희망입니다.

캐서린 한, 한국NVC(비폭력대화)센터 대표

회복적 정의가
강물처럼 흐르는 세상을 꿈꾸며

2000년 초반 회복적 정의를 운명처럼 만나고 이에 대해 공부한 이래로 회복적 정의에 관한 이론적 내용과 그간의 실천을 정리한 책을 쓰고 싶었다. 하지만 나의 게으름과 주변 여건의 한계 때문에 마음먹은 지 거의 20년이 지난 후에야 뜻을 이룰 수 있게 되었다. 책을 마무리하는 지금 여러 가지 감정이 교차한다.

우선 홀가분하고 기쁜 마음이다. 오랜 숙제를 끝낸 학생처럼 큰 부담을 덜어낸 기분이다. 나에게 이 책을 쓰라고 숙제를 낸 사람은 아무도 없다. 하지만 스스로 가진 마음의 부담이었기에 오히려 큰 짐으로 다가왔는지 모를 일이다. 나에게 한 약속을 지킬 수 있어서 다행이라 생각한다. 한편 염려되고 부담스러운 마음도 생긴다. 아무리 최선을 다해 자료를 모으고 그간의 경험과 생각을 정리했다 해도 행여 잘못된 정보나 담지 못한 내용으로 인해 사실의 왜곡이나 누군가에게 불편함을 주지는 않을까 걱정이 되기도 한다. 내용적 오류나 잘못은 전적으로 나의 책임으로 감내하고 가야 할 몫이라고 본다. 마지막으로 드는 마음은 기대와 설렘이다. 나는 이 책이 회복적 정의 운동이 한국 사회에서 의미 있게 발전하는 데 기여하기를 바란다. 이런저런 경로로 회복적 정의가 점차 알려지고 있지만, 개별 실천 프로그램을 다루는 안내서에 비해 회복적 정의의 본질적 철학, 역사, 그리고 그 실천을 아우르는 거시적 관점을 전달하는 자료는 미비한 현실이었다. 부족하지만 이 책이 회복적 정의에 관해 통합적 이해를 높이는 자료로 활용되기를 기대한다. 동시에 회복적 정의에 대한 건강한 비판이나 충고도 함께 높아지는 기회가 되기를 바란다.

그런 의미에서 이 책은 나의 욕심의 발로임을 인정하는 수밖에 없다. 자신이 하는 일을 인정받고 싶고 알려지고 싶은, 인간 내면 깊숙이 자리 잡고 있는 자존의 욕구로부터 나도 자유로울 수 없다. 하지만 그런 본능적 욕구를 넘어서는 근본적 열망도 존재한다. 그 열망은 회복적 정의라는 패러다임을 처음 만났을 때의 강렬한 인상에서 기인한다. 너무 신선해서 두렵기까지 했던 그 강렬한 첫 만남의 감흥을 더 많은 사람들에게 전해주고 싶다는 공적 욕구가 이 책을 쓰게 된 근원적 이유로 작용했다.

나는 이 책을 통해 회복적 정의를 열렬히 지지하는 사람이든 말도 안 되는 헛소리라고 비판하는 사람이든, 이 새로운 정의 패러다임에 관심을 보이는 사람들이 늘어나길 바란다. 어느 시대이든 우리가 의심 없이 받아들이는 신념이나 상식이 깨지지 않는 한 문명의 진보는 사망 선고를 받은 것이나 마찬가지이기 때문이다. 한 시대의 상식에 대한 건강한 비판과 창조적 파괴가 새로운 사고와 행동의 시작점이 된다는 것은 분명하다. 그런 의미에서 회복적 정의 패러다임이 나에게 준 개안開眼의 경험이 이 책을 읽는 독자들에게 똑같이 나타나길 기대한다.

이 책의 내용은 크게 두 부분으로 나뉘어 있다. 첫 부분은 회복적 정의라는 정의 패러다임이 무엇이고, 어떻게 태동되어 세계적 운동으로 발전해왔는지 소개하는 내용이다. 다음 부분은 비록 여전히 초기 단계이지만 회복적 정의가 한국에서 어떻게 펴져나가 어떤 분야에서 실험되고 적용되고 있는지를 나의 경험을 바탕으로 소개하는 부분이다. 전체적으로는 이 책이 국내외에서 다양하게 펼쳐지고 있는 회복적 정의 운동의 이론적 배경과 실천 분야를 큰 그림으로 이해하는 데 도움이 되길 바라는 마음으로 저술했다. 많은 내용을 개괄적으로 다루고 있기에 특정 영역을 깊이 다루지 못한 한계가 있음을 인정한다. 이런 부족함은 앞으로 나와 동료들이 회복적 정의 운동을 주제나 대상별로 소개하는 시리즈 책자로 메워나갈 예정이다.

순수하게 회복적 정의에 관해 알고 싶어 하는 독자로부터 회복적 생활교육을 실천하고자 치열하게 학교 현장에서 고군분투하고 있는 교사들, 그리고 사법의 영역에서 회복적 사법을 이뤄보고자 애쓰는 사법 관계자들에게 이르기까지, 이 책이 조금이나마 길라잡이 역할을 해줄 수 있다면 저자로서 큰 영광이라고 생각한다.

나는 회복적 정의가 사회의 여러 영역에서 더 넓고 깊게 뻗어가길 기대한다. 곳곳에서 분출하는 삶과 사회의 갈등을 다루는 새로운 관점이나 접근 방법의 차원을 넘어 개인과 사회공동체를 치유하는 하나의 흐름이 되길 바란다. 특별히 회복적 정의가 다음 세대를 양육하는 교육 영역과 청소년 사법 영역에 잘 뿌리내리길 기대한다. 그리고 그들이 만들어갈 사회는 회복적 사회가 되기를 바라는 간절한 마음으로, 회복적 정의 패러다임을 알게 된 것에 감사하고 그 중요한 흐름에 나의 책이 작은 보탬이라도 되기를 소망한다. 아울러 앞으로 더 많은 사람들에게 회복적 정의가 희망과 치유의 메시지가 되기를 바란다.

책을 마무리하면서 감사의 마음을 전하고 싶은 사람들이 있다. 이 책을 집필하는 중에 하나님의 부름을 받으신 아버님이 가장 먼저 떠오른다. 1960년대에 메노나이트Mennonite 기관과 일하신 아버님의 인연과 권유가 없었다면 나는 메노나이트 대학에 가지도 않았을 것이고 회복적 정의를 공부하는 행운을 누리지도 못했을 것이다. 살아계실 때 이 책을 보여드리고 싶었지만 그럴 수 없었던 현실에 안타깝고 죄스러운 마음이다. 또 한 분은 나에게 회복적 정의를 가르쳐주신 스승이자 회복적 정의 운동의 시초가 되는 존경하는 하워드 제어Howard Zehr 박사님이다. 훌륭한 가르침뿐만 아니라 한국을 방문하여 나눠주신 격려와 한결같은 지지가 나에게는 늘 큰 힘이 되었다.

지금까지 부족한 리더십을 존중하며 오랫동안 회복적 정의 운동을 같이 이끌어온 정용진, 박윤서 두 사람을 비롯하여 한국평화교육훈련원KOPI과 사)회복적정의협회KARJ 동료들에게도 감사를 전한다. 이런저런 형태로 피스빌딩 커뮤니티와 인연을 맺고 쉽지 않은 길을 묵묵히 함께 걸어준 이들이 없었다면 무척 더디고 외로운 길이었으리라고 생각한다. 또한 이 책이 나오기까지 탈고 작업을 도와준 이들에게 감사한다. 부족한 원고를 꼼꼼히 살피며 의견을 개진해준 동료 서동욱, 이형우 두 사람과 출판 실무를 위해 마음으로부터 애써준 생각비행 출판사 손성실 대표에게 지면을 빌려 감사의 인사를 전하고 싶다.

마지막으로 늘 옆에서 지치지 않도록 지지와 격려를 아끼지 않는 어머니와 안식년의 많은 시간을 책을 쓸 수 있도록 이해해주고 도와준 아내 케런^{Karen}과 나의 네 자녀들에게 마음으로부터 고마움과 사랑을 보낸다. 특히 사랑하는 아내 케런의 충고는 지금까지 나에게 큰 도움이 되었고, 앞으로도 마음에 새길 메시지로 남는다. '책을 냈다고 교만하지 말고 늘 겸손한 마음으로 회복적 정의 운동을 이어가길….'

2020년 여름 피스빌딩에서

이재영

피스빌딩 사람들 Peace Building People 을 소개합니다!

피스빌딩 사람들은 회복적 정의 운동을 중심으로 평화로운 세상을 만들기 위해 노력합니다. 회복적 정의의 가치를 확산하기 위해 다양한 교육과 실천을 진행하고 있으며 국내외 평화교육훈련과 관련된 국제 프로그램도 운영하고 있습니다. 남양주 덕소에 자리한 '피스빌딩'에 사무실과 교육장을 손수 만들어 운영하고 있으며, 몇몇 스태프들은 '피스빌딩'에서 함께 살면서 작은 공동체의 삶을 시도하고 있습니다.

Peace Building Community

illustrated by. 민지

차례

2장 | 회복적 정의

3장 | 회복적 정의 운동이 걸어온 길

6장 | 회복적 정의, 세상을 치유하다

이 책에 나오는 용어 가운데 통상적으로 의미가 통용되거나 혼재되어 사용되는 용어의 경우 다음과 같이 본문에서 사용함을 밝혀둔다.

회복적 정의/회복적 사법

현재 일반적으로 회복적 정의와 회복적 사법 두 용어가 모두 사용되고 있는 것이 현실이지만, 본문에서는 '회복적 정의'를 회복적 정의 패러다임과 운동의 대표적 용어로 사용하고 있다. 또한 '회복적'이란 표현과 적용 분야를 붙여 특정 분야에 적용되고 있는 회복적 정의 가치와 실천을 구분하여 사용하고 있다. 따라서 본문에서는 사법 영역에서 적용되는 회복적 정의를 회복적 사법으로 표현하고 있음을 밝혀둔다. 그 외에도 실천 영역에 따라 회복적 학교, 회복적 조직, 회복적 도시 등으로 구분하여 사용하였다.

피해자/가해자

본문에서 피해자와 가해자를 구분하여 표현하는 것은 독자들의 이해를 돕기 위해 단순화한 표현이다. 현실에서는 피해자와 가해자를 구분하는 것이 쉬운 일이 아니며, 특별히 비사법의 영역에서는 이 구분 자체가 문제가 될 위험성도 높다. 그럼에도 불구하고 어떤 사건이나 갈등으로 인해 피해를 입은 쪽을 통칭하여 '피해자'로 표현하였다. 또한 범죄자, 피의자, 행위자, 가해자 등 다양하게 불리는 피해를 입힌 쪽을 '가해자'로 통칭해서 표현하였다. 일부 실천 영역에서 피해자/가해자라는 이분법적 용어가 주는 오해와 한계를 극복하고자 '영향을 받은 사람'/'영향을 준 사람', 또는 중립적으로 양측 모두를 '당사자' 등으로 부르고 있으나 이 책에서는 피해자와 가해자로 단순화하여 지칭하고 있음을 밝혀둔다.

조정자 / 진행자

본문에서는 모든 종류의 회복적 정의 실천 프로그램을 운영하는 사람을 통칭하여 '진행자'로 표현하고 있다. 다만 그 진행방식 중에 조정의 성격을 가진 경우 진행자 대신 '조정자'로 표현하고 있다. 특히 서클에서는 '진행자'로 사용하고, 조정에서는 '조정자'로 표현하는 것이 더 자연스럽기에 그렇게 사용하였다. 그리고 회복적 콘퍼런스의 경우에도 진행자로 표현하였다. 물론 '촉진자'라고 부르는 경우도 있지만 이 표현은 일반적 용어가 아니어서 본문에서는 배제하였다.

조정 / 중재

통상 조정과 중재는 제삼자 개입을 통한 대화와 문제 해결이란 측면에서 비슷하게 혼재되어 사용되고 있다. 하지만 진행자의 역할에 따라 분명히 구분해서 사용해야 한다. '중재'는 제삼자 진행자가 결론을 줄 수 있는 반면, '조정'은 진행자가 결론을 주지 않고 진행 과정에 대해서만 충실히 책임을 진다. 따라서 회복적 정의 가치에 부합하는 프로그램에는 중재라는 표현보다는 '조정'이란 표현이 더 적합하다고 보기 때문에 본문에서는 '조정'으로 사용하였다.

갈등 / 분쟁

일반적으로 '갈등'은 대립하고 있는 상태를 의미하고 '분쟁'은 그 상태로 인해 야기된 결과적 상황을 의미한다. 따라서 '갈등'은 분쟁의 원인이 되고 '분쟁'은 갈등의 결과로 볼 수 있다. 본문에서는 최대한 이 이해를 기초로 '갈등'과 '분쟁'을 구분하여 사용하였다. 하지만 경우에 따라서는 두 용어가 혼재되어 사용되기도 한다는 점을 밝혀둔다.

들어가며

무거운 여름날의 기억

누구도 이야기를 하지 않았고, 깊은 침묵만이 방 안을 감싸고 돌뿐이었다. 방금 말을 마친 노인은 오랜만에 내뱉은 자기의 과거와 아픔 때문인지 여전히 떨리는 숨을 몰아쉬고 있었다. 무거운 분위기 가운데 이야기를 전하는 동안 고개를 숙이고서 유난히 힘들어하는 사람들이 있었다. 푸른 수의를 입은 젊은 사람들. 이들은 방금 노인에게 들은 이야기를 통해 무수히 많은 기억이 되살아나는 듯 보였다. 어쩌면 긴 세월 동안 지우려고 부단히도 애쓰던 생각들이 다시 뇌리를 스치고 있었는지도 모른다. 누가 누구를 위로해야 할지 모를 어색한 시간이 지나고 솔직하게 나눠준 노인에게 감사드린다는 이야기로 증언의 여정이 마무리되었다. 방금 토해낸 이야기 탓인지 지친 듯 무겁게 몸을 일으켜 자리를 비우는 노인을 향해 그 방에 모인 모든 사람들은 일어나 어색한 배웅의 인사를 했다.

노인이 자리를 뜨고 나서 사랑하는 가족 셋을 비극적으로 떠나보내고 홀로 살아온 피해자 노인의 이야기를 들은 소감이 어떤지 물었다. 그 누구도 쉽게 입을 열지 못했다. 무슨 말을 해야 할지 알지 못하는 것 같았다. 피해자의 증언은 너무 놀랍고 충격적이었다. 지금까지 누구도 들려주지 않은, 아니 사실은 알고 싶지 않은 이야기였다. 수의를 입은 사람들은 이렇게 힘든 이야기를 전하기 위해 여기까지 와준 노인에게 감사를 표하며 자신들의 피해자들에게 전하고 싶은 미안한 마음에 대해 이야기하고 싶은 듯했다. 그러나 입에서만 맴돌 뿐 쉽사리 꺼내지 못할 말이었다. 이제 와서 이야기한들 무슨 소용이 있을까 싶은 일이었다. 길고 어두운 감정의 터널이 그날 밤 모두를 기다리고 있는 듯했다.

여름 무더위가 한창이던 2012년 7월의 어느 날, 나는 살인이란 무시무시한 죄목으로 복역 중인 네 명의 재소자, 그리고 연쇄살인범에게 사랑하는 가족 셋을 잃은 피해자와 함께 마주앉아 있었다. 세계적 교정선교단체이자 회복적 정의 실천 단체인 국제교도협회Prison Fellowship International, PFI[1]의 대표적 회복적 정의 실천 프로그램인 시카모 나무Sycamore Tree[2]에서 아이디어를 얻어 기획한 한국형 회복적 정의 교정 프로젝트를 법무부와 함께 진행 중이었다.[3] 처음 이 프로젝트에 대한 요청이 왔을 때 무척 부담스러워 망설였지만 회복적 정의 운동의 한 축으로 교

---

[1]   닉슨 대통령의 참모였던 찰스 콜슨Charles Colson이 워터게이트 사건으로 옥고를 치른 후 회심하여 1976년 세운 교도소 선교회로 교정 영역에서 회복적 정의 실천에 앞장서온 단체이다.

[2]   시카모 나무(돌무화과 나무)Sycamore Tree 프로그램은 성경에서 예수를 만난 후 자신의 잘못을 고백하고 피해를 본 사람들에게 변상을 약속한 삭개오의 이야기를 모티브로 하여, 가해자들이 다른 사건의 피해자를 만나 피해에 공감하고 책임을 깨닫도록 돕기 위해 고안된 회복적 교정 프로그램이다.

[3]   이 프로그램은 2001년 안양교도소에서 소년 수형자를 대상으로 숭실대학교 배임호 교수의 주도로 시도된 적이 있다.

정 영역에서 시도하는 프로젝트란 특별한 의미가 있어 수락하고 진행하게 되었다. 그런데 소위 경미범죄 중심으로 결정될 줄 알았던 참가자 범위가 살인이라는 강력범죄 쪽으로 정해지면서 마음의 부담이 커졌다. 우여곡절 끝에 피해자 유족을 만나고 그의 용기 있는 결정에 힘을 얻어 특별한 만남의 자리가 이뤄질 수 있었다.

나는 국내에서 매우 드물게 수감시설 내에서 진행되는 회복적 정의 프로젝트의 이름을 '회복을 향한 여정'이라고 정했다. 이름만 보고 일반적 인성교육 프로그램이겠거니 생각하고 수형자들에게 참여를 독려한 교도소 측이나, 잘 알지 못한 채 낯선 프로그램에 참여한 수형자들로서는, 비록 자기 사건의 직접 피해자가 아닌 대리 피해자라 하더라도 살인으로 가족을 잃은 피해 당사자와 직면하는 프로그램에 대해, 어쩌면 '회복'이란 단어가 주는 이미지와 걸맞지 않는다고 느꼈을지도 모른다. 하지만 회복이 한순간 이뤄질 수 없는 것처럼 이 프로그램을 통해 피해자와 수형자가 함께 회복의 여정을 향해 한 걸음이라도 더 나아가길 바랄 뿐이었다.

결국 깊은 상념으로 밤을 새운 다음 날 오전 수형자들은 프로그램 참석을 거부하려고 했으나 교도관들의 설득 끝에 마지막 5일째까지 참여하여 의미 있는 회복과 치유의 시간으로 마무리할 수 있었다. 사실 그날 아침 힘들어하는 그들의 모습을 보면서 잠시 내 마음속에 프로그램 의도가 잘못 전달되지는 않을까 하는 불안감이 엄습했다. 동시에 자신의 이야기를 힘들게 전달한 피해 노인이 보냈을 긴 회한의 밤을 생각하면서 내가 무엇을 기대하고 이런 프로그램을 기획했는가 하는 자책감도 들었다. 이런 불편하고 무거운 분위기 때문에 프로그램 중간에 참가자들에게 취지를 재차 설명하고, 수형자들에게 왜 이런 힘든 프로그램을 하게 하느냐고 불평하는 교도관들을 설득하는 데 많은 시간을 써야 했다. 나중에 들은 이야기지만, 수형자들은 너무도 무겁고 힘든 시간이었던 피해자와의 만남과 충격으로 잠을 거의 이룰 수 없었다고 한다.

20년 가까이 회복적 정의를 전하고 그 철학에 기초한 실천 프로그램을 기획하면서, 그리고 무엇보다도 어떤 사건의 당사자인 피해자와 가해자가 만나는 프로그램을 진행하면서, 내 마음속에 끊임없이 생겨난 질문들이 있다. "과연 회복이라는 것이 정의가 가져올 궁극적 목표가 될 수 있을까?", "정의를 이루는 과정에서 회복이란 의미는 어떻게 나타나야 할까?", "회복이 정말 당사자들이 진정으로 원하는 것일까?" 회복적 정의 분야에서 활동해온 사람으로서 이 질문들에 답을 찾으려 부단히 노력해왔고 어느 정도 그 답을 발견했다고 생각한 적도 있었다. 하지만 회복과 정의의 관계를 정립하는 미궁 속의 숙제를 풀고 있다고 느낄 때가 여전히 많다. 어쩌면 그 명확한 관계성을 영원히 찾지 못할지도 모르겠다. 그럼에도 정의를 이루는 과정에서 회복이란 단어를 떼놓고 이해할 수 없다는 믿음은 시간이 갈수록 선명해지고 있다.

우리는 흔히 잘못한 사람은 처벌을 통해 책임을 져야 한다고 말한다. 하지만 정의가 이루고자 하는 궁극적 목표는 가해자의 처벌 그 이상이고, 피해자가 만족할 만한 그 어떤 보상 이상인 경우가 많다. 우리는 그 '이상以上'을 무엇이라고 표현해야 할 것인가를 놓고 많은 고민과 논쟁을 해왔다. 나는 우리가 정의를 통해 이루고자 하는 '이상以上'과 사람들이 사는 공동체가 추구하는 궁극적 '이상理想'이 맞닿아 있다고 생각한다.

그리고 그것이 치유와 회복이라고 믿는 사람 중 한 명이다. 그러나 피해자와 가해자가 만나는 회복적 정의 실천 현장을 경험하면서, 회복의 여정은 직면이라는 고통스러운 현실의 터널을 거쳐야만 종착점에 다다를 수 있는, 어렵고 부담스러운 길이라는 사실도 알게 되었다. 회복이란 따뜻하고 희망적인 의미임이 분명하지만 동시에 직면이라는 쓴 잔을 마셔야 볼 수 있는 정의의 또 다른 얼굴이었다.

정의(正義)의 문제

하버드대학교 교수가 쓴 《정의란 무엇인가》[4]라는 책이 법철학서로는 이례적으로 한국에서 200만 부 이상 판매되어 화제가 된 적이 있다. 예상치 못한 폭발적 반응에 저자가 한국을 방문해서 강연회도 열고, 한 방송 프로그램에서 연속기획으로 고정 방송을 내보내기도 했다. 이 책이 처음 나온 미국과는 비교할 수 없을 만큼 유독 한국에서 이런 선풍적 반응이 일어난 이유는 무엇일까? 여러 해석과 분석이 있을 수 있겠지만, 이 책에서 저자가 줄기차게 던지고 있는 도전적 질문들, 즉 '공정하다는 것은 무엇인가', '정의롭게 해결된다는 것은 무엇인가'라는 메시지가 독자들의 궁금증을 자극한 것은 분명해 보인다.

엄혹한 시대를 지나며 겹겹이 쌓여온 불의와 부정, 불공정에 지쳐버린 한국 사회에서 '정의'에 관한 질문은 당장 현실의 문제에 시원한 해갈의 기쁨을 주지는 못할지라도, 질문만으로도 정의가 단지 옳고 그름의 도덕적 문제인가 아니면 공동의 선을 찾아가는 나침반인가 고민하게 하

---

4   마이클 샌델, 《정의란 무엇인가?》, 김영사, 2010.

는 진지한 사유의 기회를 제공한 것은 분명해 보인다. '정의롭다는 것은 무엇을 뜻하는 것인가'라는 질문은 고대 그리스 철학자 아리스토텔레스로부터 현대 정치철학자 존 롤스에 이르기까지 수없이 많은 사람들에게 탐구의 대상이 되어왔고, 앞으로도 인류의 역사와 함께 끊임없이 규정되고 재규정될 주제이다. 우리 사회도 시대가 갈수록 중요한 화두 가운데 하나가 '무엇이 정의로운 것이고, 정의를 어떻게 이룰 것인가'라는 점이 분명해지고 있다.

그렇다면 정의를 이룬다는 의미를 어떻게 이해해야 할까? 쉬운 주제가 아니다. 한 사회공동체가 잘못된 것을 바로잡아가는 모든 노력을 정의를 향하는 과정으로 이해한다면, 그 정의는 단순히 한 영역의 정의일 수 없다. 물론 더 많은 영역이 추가될 수 있지만 한 사회공동체 안에 구현돼야 할 정의는 사회정의, 경제정의, 역사정의, 문화정의, 사법정의처럼 사회의 다양한 영역에서 이뤄지는 정의를 의미한다.

어느 사회든지 구조적 원인으로 발생하는 사회갈등이 있기 마련이고 그 사회공동체 구성원 중 일부 개인이나 집단은 이런 문제들로 인해 직접적인 피해와 불이익을 받게 된다. 따라서 시대가 변함에 따라 불합리한 제도와 관행을 개선해가면서 구조적 문제들을 해결하려고 노력하는 것은 당연한 사회현상이다. 또한 부의 편중으로 나타나는 여러 가지 사회적 불평등의 문제를 해결하기 위해 분배를 통한 경제적 불평등 해소와 상대적 약자를 지원하기 위한 사회안전망을 확충하는 노력도 꾸준히 이어졌다. 교육이나 대중적 각성을 통해 인식의 변화를 시도하고 문화적으로 당연시하던 것들을 하나씩 바꿔나가는 노력을 해나가는 것도 분명 문명의 진보라고 평가할 수 있다.

인종, 성, 종교, 계급, 경제, 정치에 이르기까지 차별과 억압적 구조가 생산해온 불의에 맞서 정의를 이루고자 싸워온 투쟁은 역사 속에서 늘 존재했고 지금도 세계 곳곳에서 진행되고 있다. 그럼에도 한 사회가 하루아침에 생겨나지 않듯이, 구조와 문화의 변화가 가져올 결과물로서의 정의는 늘 더디고 진부한 과정을 거쳐 비로소 나타나게 된다는 것 또한 부인할 수 없는 현실이다.

이처럼 사회 윤리적 측면에서 추구하는 정의 영역이 있는가 하면 개인이나 집단, 사회에서 타인에게 피해를 주는 직접적 행동 때문에 발생하는 침해에 대해 다루는 정의 영역도 있다. 예컨대 누구의 물건을 훔치거나 신체의 위협이나 상해를 입히는 행위, 심지어 목숨을 빼앗는 모든 종류의 폭력, 재산상의 손실을 끼치는 행위 등 우리가 흔히 범죄라고 부르는 이런 잘못을 바로잡는 일련의 절차와 과정은 오랫동안 사법정의가 맡아온 고유 영역이다.

정의를 이루는 영역별 분류는 우리에게 익숙한 구분 방식이다. 영역별로 정의를 이루는 주체도 사회 안에 다양하게 분포되어 각자의 방식으로 정의를 이루는 역할을 감당해왔다. 예를 들어 역사정의 영역에서는 교육이 중요한 역할을 해왔고, 경제정의 영역에서는 정부 정책이, 사법정의 영역에서는 사법기관이 주도하는 흐름이 있었다. 하지만 최근 들어 사회갈등을 해결하는 최종적 권한이 점차 사법정의 영역으로 쏠리는 경향성이 강해지고 있다. 정치권에서 정치력을 발휘하여 풀어야 할 사회갈등도 사법의 판단으로 넘기고, 교육적 이슈도 사법부의 판단에 맡겨버리는 현상이 흔하게 나타나고 있다. 걸핏하면 법원으로 고소장을 들고 달려가는 정치인들과 경제인들을 보는 것이 일상의 풍경이 되고 있다. 초등학교 1학년 아이들의 싸움부터 역사적 갈등까지 모두 사법적 판단으로 다뤄지는 현실이다 보니 사람들도 기꺼이 그 흐름을 지지하고 동조해왔다.

하지만 사법정의 영역의 확대는 결코 바람직하지 않은 현상일 뿐만 아니라 사법 만능주의로 빠질 위험성을 내포하고 있다. 그리고 결과적으로 사법에 종사하는 사람들에게 감당하기 어려운 짐을 안겨주고 궁극적으로 사법의 권위마저 떨어뜨리는 역효과를 가져오기 쉽다. 법률이 규정할 수 있는 문제는 유무죄 여부를 밝혀서 처벌 조항에 따라 응당한 처벌을 내리는 범위일 수밖에 없다. 사회에서 생겨나는 다양한 문제들을 사법을 통해 이뤄지는 정의 기준 하나로 풀어가는 것에는 한계가 생길 수밖에 없고, 결국 정의 패러다임에 대한 모노mono 렌즈를 형성하는 결과로 이어진다. 이는 사회의 여러 영역에서 불의하게 생겨나는 잘못들에 대해 어떻게 정의를 이룰 것인가라는 중요한 사회적 명제에 관한 해답을 한 가지 관점에서만 찾으려고 하는 위험성이 높아진다는 것을 의미한다.

정의 패러다임이 사법적 개념의 정의로만 인식되는 것은 분명 경계해야 할 일이다. 사회의 여러 영역에서 드러나야 할 정의는 서로 다르면서도 동시에 조화를 이룰 수 있어야 한다. 종교 관점에서는 용서가 정의일 수 있고, 역사 관점에서는 치유가 궁극적 정의일 수 있다. 또한 남북 문제에서 보듯이 정치적으로는 화해와 통합이 최고의 정의일 수 있다. 따라서 잘못에 대한 응당한 대가를 치르는 사법적 관점으로 모든 정의 패러다임을 이뤄낼 수 없고 또 그렇게 해서도 안 된다.

이처럼 사법정의를 유일한 정의 개념으로 인식하는 경향이 강해지는 한국 사회에서 회복적 정의 패러다임의 등장은 시기적으로 매우 적절한 의미가 있다. 패러다임을 처음 개념화한 과학사학자이자 철학자였던 토머스 쿤Thomas S. Kuhn은 패러다임을 '사물을 바라보는 방식, 문제의 인식과 해법에 관한 특정시대의 공통된 이해'라고 정의했다.[5] 그러면서 패러다임의 변화는 세계관이 변화하는 것이고 따라서 가히 혁명이라고 불릴 수 있다고 봤다.

회복적 정의는 사법적 정의가 형성해온 정의 패러다임에 도전하면서 등장했다. 그리고 그 문제의식은 시간이 갈수록 기존 정의 패러다임이 생산한 부작용에 대한 지적을 넘어서 본질적인 주제들로 발전해왔다. 정의를 이룬다는 것은 '무엇'이고, '누가' 정의를 이루는 과정에 주체가 되어야 하는가, 정의가 추구하는 궁극적 지향점은 '어디'를 향해 있어야 하는가 등 관점과 세계관에 도전을 주는 질문들로 점점 진화했다. 보편적 패러다임으로 고착화된 하나의 정의 패러다임이 또 다른 하나의 정의 패러다임으로부터 새로운 도전을 받고 있는 것이다. 이제 우리는 정의를 어떻게 이룰 것인가라는 질문을 넘어 '어떤' 정의를 이룰 것인가라는 새로운 질문의 시대로 넘어가고 있다. 이 책의 주제인 회복적 정의를 통해 나타나는 정의 패러다임의 변화는 소리 없는 혁명으로 이미 진행 중이다.

5　토머스 쿤, 김명자 옮김, 《과학혁명의 구조》, 까치글방, 2007.

1장
응보적 정의

"가해자를 처벌하면 피해자는 자동으로 회복되는가?"

사건 그리고

철없는 행동의 결과

몇 년 전 학교 내 상습 흡연으로 벌점이 쌓인 두 명의 고등학생에게 학교는 처벌로 사회봉사 명령을 내렸고, 동네에 있는 노인요양시설에 가서 하루 동안 봉사하도록 했다. 그러나 봉사 과정에서 심심해진 학생들이 병상에 누운 한 할머니에게 막말을 하며 놀리는 짓궂은 장난을 했고, 한 학생이 그 장면을 찍어 친구들에게 공유하면서 인터넷상으로 유포돼버린 사건이 발생했다. 결국 영상물이 인터넷으로 급속도로 퍼지면서 언론에까지 보도되는 큰 사건이 되고 말았다.

학생들의 비윤리적 행동에 분노한 시민들과 언론은 학교와 관할 경찰서에 전화를 걸어 학생들을 강력히 처벌하라고 요구하기 시작했다. 일파만파로 사건이 커져버리자 해당 학교는 사과를 하는 한편 사태의 심각성을 인식하여 학생들을 중징계할 예정이라는 입장을 내놓았다. 관할 경찰서도 조사 후 형사처벌 여부를 포함해 법에 따라 엄중히 처리하겠다고 발표했다. 학교와 경찰의 발표에도 여론은 악화되었고 저녁 뉴스 시간에 비중 있게 다뤄지면서 전국적 사안이 되어버렸다. 학생들을 엄벌하라는 목소리가 더욱 커지자 학교는 신속히 학생들을 징계하기 위해 학교폭력대책자치위원회를 열어 두 학생에게 퇴학을 결정했다고 발표했다. 얼마 후 퇴학이 아닌 자퇴로 밝혀져 네티즌으로부터 또 한 번 비난을 받기는 했지만, 학교의 신속하고 강력한 징계 조치에 시민들은 열렬한 지지를 보냈다.

공교롭게도 그 당시 나는 경찰교육원에서 전국에서 모인 여성청소년계 경찰들을 대상으로 회복적 정의 관련 강의를 하고 있었다. 이 사건의 관할 경찰서 관계자도 교육을 듣고 있었기 때문에 자신이 경찰서로 돌아가면 이 사건을 회복적 대화모임으로 접근해보고 싶다며 도움을 요청해왔다. 나는 그 제안을 흔쾌히 수락하고 연락을 기다렸다. 얼마 후 연락해온 경찰관은 피해자 가족의 의사를 확인한 결과 형사처벌을 원치 않아 공소권 없음으로 처리할 수밖에 없었다고 했다. 나중에 자세한 경과를 들어보니 당시 피해 할머니 가족들이 처벌불원의사를 밝히면서 두 가지를 요청했다고 한다. '가족들과 함께 와서 진심어린 사과를 하라. 그리고 학생의 본분으로 돌아가라.' 피해 할머니 가족은 형사처벌을 원하지는 않았지만 가해 학생들의 반성과 변화를 보고 싶다는 기대를 내비친 것이다. 그런데 피해 할머니 측의 기대에도 불구하고 학생들은 그냥 학교에서 쫓겨나는 것으로 결론이 나버렸다. 과연 두 학생에게 내려진 퇴학 결정은 이 사건의 정의로운 결말로 충분한 것일까? 그 결과는 과연 누구를 위한 것이었을까?

잘못은 피해를 만든다!

철없는 청소년 두 명이 일으킨 이 황당한 사건으로 학생들이 응당한 처벌과 불이익을 받은 것은 충분히 예견된 극히 상식적인 결말일 수 있다. 하지만 잘못된 행동을 한 학생들이 그에 상응하는 처벌을 받는 것으로 모두가 만족하는 결론이 났다고 볼 수 있을까? 사실 이 사건으로 직간접적 영향과 피해를 본 사람들은 우리가 생각하는 것보다 더 많고 넓게 분포되어 있다. 누가 어떤 피해를 입었는지 확인되지 않은 한, 그 결과가 모두를 위해 정의로운 결론이었는지는 알 수 없다.

우선, 이 사건의 직접적 피해자는 요양시설에 있다 봉변을 당한 할머니와 그 가족들이다. 이들이 겪은 수치심과 분노는 상상하기 어려울 만큼 큰 것이다. 손자뻘 되는 학생들의 막말과 놀림도 화가 나는 이유이지만, 아무런 관리 없이 학생들을 요양시설로 보낸 학교와 요양시설 운영에 대한 불만도 매우 크다. 더구나 인터넷으로 할머니가 모욕당하는 모습이 퍼지고 방송으로 보도되는 상황이 되면서 피해자 가족은 분노와 아울러 자식 된 도리를 다하지 못했다는 죄책감까지 생겨났다. 실제로 인터넷 댓글에는 자기 부모를 집에서 모시지 않은 자식들을 비난하는 내용도 있었다.

피해자와 가족들은 학생들과 보호자들의 제대로 된 사과, 학교와 요양시설 관계자들의 성의 있는 재발 방지 약속을 듣지 못해 답답하고 속상해했다. 경찰이 형사처벌을 원하는지 물어왔을 때 어린 학생들을 생각하여 그렇게까지는 하고 싶지 않았다. 그저 학생과 부모, 학교 교사들이 찾아와 자신들의 속상한 마음을 들어주고 정중하게 사과하기를 기대했을 뿐이었다. 그러나 마지막으로 들은 소식은 얼마 전 학생들이 학교에서 퇴학당했다는 것이었다. 그것을 원한 것이 아닌데…. 이제 할머니와 가족들이 받은 상처와 억울함은 어디에서 치유받을 수 있을까?

다음으로, 학교는 어떨까? 영문도 모른 채 사고를 친 학생들에 대한 징계와 학교 공동체에 대한 방어를 동시에 진행해야 하는 상황이 덮쳐왔다. 업무가 마비될 정도로 언론과 주변 사람들로부터 항의성 전화와 방문이 이어졌다. 지도·감독을 맡은 관할 교육청으로부터 엄청난 서류가 쇄도하고 대책을 요구받고 있다. 학교의 명예를 실추시켰다고 비난하는 학부모와 동문들의 비난도 감수해야 했다. 사건의 책임을 묻는 주변의 시선 때문에 교직원들은 제대로 고개를 들고 다닐 수가 없다. 교사들 사이에는 이번 일에 대한 관리 소홀을 누가 책임지게 될 것인지 불안한 생각으로 어수선하고, 향후 인성교육을 강화하고 대책을 마련해야 하는 담당 교사들은 정신이 없을 정도다. 다른 학생들이 동요하지 않도록 돌봐야 하고 수업과 생활지도 등 학교 일상의 업무들도 한가득하다. 최대한 빨리 이런 혼돈 상황이 정리되길 기대하고 버티는 방법밖에 없다.

한편 요양시설이야말로 회복할 수 없는 피해에 직면해 있다. 이번 일로 이미지가 실추되면서 입원 노인들을 옮기겠다는 문의가 넘쳐나고, 곳곳에서 왜 학생들만 거기 있게 했냐는 비난이 쏟아진다. 관리를 소홀히 했다는 소문이 퍼지면서 각종 지원금이 줄지 않을까 걱정하는 처지가 됐다. 선의로 학생 봉사자들을 받았는데 이런 큰 피해가 발생한 것에 대해 대체 누구에게 하소연해야 할지 막막하고 답답할 뿐이다. 학교 관계자와 학생들의 보호자가 찾아와 할머니와 가족에게 사과라도 하면 좋겠고, 그런 기회를 통해 시설의 어른들이 안심하게 되는 자리를 만들고 싶다. 또한 언론이 이런 요양원의 노력을 알아주고 이미지를 개선할 수 있도록 해주길 바란다.

그렇다면 두 가해 학생들은 어떤 생각을 할까? 하루아침에 패륜아가

되어 언론에 오르내리고 있고, 잘 모르는 사람들이 자신들을 향해 원색적 비난을 퍼붓고 있다. 학생들은 이 일로 밖에도 나갈 수 없는 상황이다. 또한 학생의 부모들은 한순간의 실수로 자식이 나락으로 떨어지는 상황을 보고만 있어야 해서 불안감을 감출 수 없다. 학교와 주변에 어떻게 대응해야 할지 물어보고 싶지만 당장은 죄송하다는 말밖에 달리 할 수 있는 게 없다. 학교에서 중징계 이야기가 오르내리고 사법처리까지 될 수 있다고 하니 변호사를 알아봐야 하는 건 아닌지 앞으로의 일이 걱정이다. 무엇보다도 대학 입시를 앞두고 있는 고등학생인데 자식들이 이번 일로 자포자기라도 하면 어떻게 해야 하나 싶어 걱정이 앞선다. 적절한 책임을 지고 이 상황을 넘어가고 싶은데 누구에게 도움을 받을 수 있을지 막막하고 힘들다.

처벌은 당사자의 필요를 채우는가?

이처럼 우리는 두 명의 학생이 벌인 '과도한 장난' 또는 '패륜적 행동'으로 생각보다 훨씬 많은 이들이 심각한 피해와 영향을 받고 있다는 사실을 알 수 있다. 두 학생이 학교에서 떠나는 징계로 과연 이 많은 당사자의 어려움과 피해가 사라졌을까? 그 결정으로 당사자 중 과연 누가 이 사건이 정의롭게 해결됐다고 생각할 수 있을까? 누군가는 피해자가 만족했을 것이라고 생각할지 모른다. 그러나 애초 피해 당사자인 할머니와 가족들의 요구 조건은 학생들의 진심어린 사과와 그들의 본분인 학업에 전념하라는 것이었다. 피해 할머니 측은 학생들이 학교를 떠나는 것보다 진심으로 반성하고 이후로는 학교에서 사고 치지 않고 성실히 학교생활을 하고 있다는 이야기를 듣고 싶었을지 모른다. 하지만 이 사건은 피해 당사자의 요구와 관계없이 결론 나고 말았다.

누군가는 문제 학생들이 학교에 남아 있지 않게 되었으므로 학교의 필요는 채워진 것이 아니냐고 생각할지 모른다. 학교는 들끓는 여론 앞에서 어쩔 수 없이 학생들을 자퇴시키면서 외부로는 퇴학 처리라고 발표했다. 이런 이중적 입장을 보일 수밖에 없었던 학교는 과연 교육기관으로서 고민이 없었을까? 사건으로 제자들을 중징계하면서 교사로서 긍지와 보람을 느낀 이는 아무도 없을 것이다. 학교는 자체적인 교육적 조치를 시도할 어떠한 기회도 갖지 못한 채 닥쳐오는 주변의 압력을 견뎌내기 어려웠을 것이다. 무엇보다도 학교는 사법기관이 아니라 교육기관이란 본질을 망각하지 않도록 해야 했다.

사실 이 사건의 결말에 만족하면서 정의롭게 처리됐다고 느끼는 사람들이 전혀 없는 것은 아니다. 신문이나 뉴스를 보면서 '잘됐군. 저런 놈들은 학교에서만 쫓아낼 게 아니라 소년원에 보내 버릇을 고쳐줘야 해!' 하고 생각하는, 사건과는 아무 연관이 없는 분노한 대중이 바로 그들이다. 이들이 기대하는 것은 피해를 입은 사람들이 누구이고 그들의 필요를 어떻게 채워야 할 것인가가 아니다. 이들이 가진 정의에 대한 기대는 잘못한 사람은 응당 처벌을 통해 죗값을 치러야 한다는 것이다. 그렇게 해야 다시는 잘못을 저지르지 않고 반성할 것이라는 '굳건한' 믿음과 기대가 있기 때문이다.

그들의 믿음과 기대가 옳다는 것이 증명되려면, 잘못해서 징계를 받게 된 가해 학생들에게서 분명한 처벌의 효과가 나타나야만 한다. 그런데 과연 학생들은 자신들이 이런 처벌을 받아 마땅한 나쁜 인간이라고 반성하고 있을까? 안타깝게도 그렇지 않을 가능성이 크다. 오히려 이들은 '내가 큰 실수를 한 것은 맞고 지금 엄청나게 후회하고 있는데, 왜 상관도 없는 사람들이 비난하고 언론이 나를 패륜아라고 부르는지, 또래를 때려 다치게 한 친구들도 징계를 받고 학교를 계속 다니는데 나는 운이 없어 언론에 알려지는 바람에 이런 큰 불이익을 당하는 것은 아닌지, 나를 욕하는 건 괜찮은데 왜 부모와 가족까지 욕을 먹어야 하는지, 며칠 만에 서둘러 쫓아내는 학교는 과연 문제가 없는지, 왜 세상은 공평하지 않은지….' 하는 생각이 머릿속을 가득 채울 가능성이 매우 크다. 짜증나고 불만 섞인, 심지어 분노하는 학생들의 마음속에 이번 일이 정의롭게 처리되었다고 생각하는 믿음은 이미 사라져버렸을 것이다. 더 심각한 문제는 가해자가 자신을 피해자로 인식하면서 오히려 진짜 피해가 무엇인지, 피해자의 심정이 어떨지 생각해볼 기회마저 빼앗아버린다는 점이다. 결국 자신의 잘못보다 자신에게 주어진 처벌이 너무 가혹하고 공평하지 못하다고 느끼는 정의의 역전 현상이 나타나게 된다. 안타깝게도 이 사건은 연관된 사람 중 누구의 필요도 채우지 못하고, 당사자 중 아무도 정의를 느끼지 못한 채 모두에게 아픈 경험으로 남아버리고 말았다.

정의 필요

처벌해주세요!

'응당한 처벌이 사람들의 정의 욕구를 채운다'라는 가정은 사실 환상에 가깝다. 직접 영향을 받는 피해자와 그 주변 공동체에는 더욱 그렇다. 가해자도 자신에게 주어지는 처벌에 더 몰두하게 되면서 피해자의 입장을 간과하기 쉽고, 오히려 자신이 공정하게 대우받지 못하고 있다고 느끼는 감정적 불균형의 오류에 빠진다. 잘못이 발생했을 때 정의롭게 해결된다는 것은 처벌을 넘어 그 일로 영향과 피해를 본 당사자들의 필요와 욕구가 충분히 다뤄지고 최대한 채워져야 한다는 의미를 포함해야만 한다. 이와 같이 어떤 잘못으로 인해 당사자들에게 생겨난 응당 채워져야 할 필요를 '정의 필요Justice Needs'[1]라고 부른다.

경찰서에서 피해자 진술 때 피해자에게 묻는 마지막 질문은 '가해자의 처벌을 원하십니까?'이다. 이 질문에 '아니요'라고 대답하는 피해자는 거의 없다. 어떤 일로 피해를 본 사람이 경찰서를 찾아 피해자 진술을

---

[1]   Howard Zehr, *The Big Book of Restorative Justice*, Good Books, 2015, p. 23.

할 때는 가해자에 대한 처벌 요청을 전제하고 가는 것이다. 따라서 이 질문에 대한 상식적 답은 당연히 '예'이다. 심지어 가정에서 어린 자녀들이 싸울 때 부모에게 달려가 요청하는 것도 형 또는 동생을 혼내달라는 처벌 요구이다. 억울한 피해자의 요구를 근거로 가해자를 처벌하는 데 모순은 없어 보인다. 하지만 처벌의 아이러니는 피해자의 요청에 따른 처벌이 실제로 이뤄지고 나면, 그 결과에 가장 만족하지 않는 사람이 피해자 자신일 가능성이 가장 크다는 점이다. 왜 그럴까? 단순히 기대했던 처벌보다 약한 결과가 나왔기 때문일까?

여기서 우리는 피해자가 이야기하는 '처벌해주세요!'라는 표현 이면에 깔려 있는 피해자의 욕구를 살펴볼 필요가 있다. 피해자가 처벌을 요구할 때는 단순히 엄벌을 통해 상대를 고통받게 해달라는 응징과 응보의 기대만 있는 것은 아니다. 그 말 속에는 자신이 경험한 피해가 크고 아팠다는 것을 알아달라는 피해 인정의 의미, 자신이 당한 억울한 일에 대한 위로를 받고 싶다는 사과 요청의 의미, 자신의 피해가 회복되도록 지원해달라는 배상의 의미, 다시는 나에게 이런 일이 일어나지 않도록 해달라는 재발 방지와 안전 보장의 의미, 잘못한 사람을 주변과 사회에서 개선해달라는 교정의 의미, 공동체의 압력으로 힘의 불균형을 바로 잡아달라는 균형의 의미, 그리고 자신은 잘못이 없는 억울한 피해자임을 알아달라는 결백의 의미가 다층적으로 내포되어 있다. 피해자가 되면서 어쩔 수 없이 발생하는 이런 다양한 피해자의 욕구가 가해자에 대한 응징적 처벌만으로 모두 채워질 수 있다고 생각하는 것은 과도한 기대이다.

흔히 벌이 약해서 만족하지 못한다고 이해할 수도 있지만, 피해자의 이런 다층적 욕구를 처벌 강도를 올려 해소할 수 있다고 보는 생각은 오산이다. 처벌이 피해자의 정의 필요를 채우는 필요조건이 될 수는 있지만, 충분조건이 될 수는 없다. 따라서 처벌과 피해 회복을 별개의 영역으로 이해해서는 안 된다. 호주의 범죄학자 헤더 스트랭Heather Strang 교수의 주장처럼 범죄의 영향으로 피해자들이 느끼는 분노, 불안, 두려움 같은 감정은 떨쳐버려야 할 대상이 아니라 적절하게 다루어야 할 대상이다.[2]

나는 피해자가 응보적 정의 관점에 익숙한 보통사람이라는 사실을 인정해야 한다고 생각한다. 이들은 자신들의 '정의 필요'가 정확하게 무엇인지 인식하지 못하기 때문에, 아니 피해자가 되는 순간 오히려 더 인식하기 어렵기 때문에, 학습의 과정이 필요한 사람들이다. 결국 우리가 해야 할 일은 단순히 보복의 요청에 응해주는 것이나 그만 용서하고 잊으라는 섣부른 충고가 아니다. 오히려 피해자가 회복되기 위해 필요한 것이 무엇인지를 차분히 고민할 수 있도록 돕고 그 정의 필요를 최대한 채울 수 있는 길이 무엇인지 함께 고민하며 그 과정을 동행해가는 것이다.

그것이 성인사건이든 청소년사건이든 상관없이 범죄가 사회적 문제로 야기될 때마다 여론은 강력한 처벌로 처리해야 한다고 소리를 높여왔다. 그리고 분노한 여론에 떠밀려 정책 결정과 법 개정을 서두르는 정치권과 정부는 발 빠르게 엄벌주의 정책을 내놓고는 그것으로 모든 책임을 다한 것처럼 행동해왔다. 물론 처벌을 강화하자고 주장하는 엄벌

---

2   하워드 제어·바브 토우즈 편저, 변종필 옮김, 《회복적 정의의 비판적 쟁점Critical Issues in Restorative Justice》, 한국형사정책연구원, 2014, p.111.

주의가 일시적으로 예방적 효과를 나타날 수 있다는 점을 인정한다. 또 여론의 분노를 낮추는 데 큰 효과가 있다는 점도 분명하다. 그러나 엄벌주의가 폭력 예방이나 범죄 행동을 줄이는 데 도움을 주어왔는지 그 효과성에 대하여는 누구도 자신하지 못한다. 세계적으로 처벌의 효과성에 관한 논의는 많이 있었지만 통계나 과학적 분석으로 강력한 처벌이 범죄예방이나 재범을 줄이는 데 효과가 있고 없음을 명확하게 밝혀주는 실효성 있는 연구는 찾아보기 어렵다. 분명한 것은 엄벌주의에 기초한 정책들이 실제로 범죄나 폭력을 예방하는 데 별 효과를 내지 못했다는 것이다.[3]

우리나라에서는 지금까지 사건이 생길 때마다 계속해서 엄벌주의 정책이 쏟아졌다. 그럼에도 큰 사건이 발생하면 또다시 더 강력한 엄벌주의를 주장하는 결론밖에 나고 있지 않은 현실만 봐도 엄벌주의의 실효성 없음을 방증하고 있는 것은 아닐까? 일반적으로 어떤 범죄나 잘못에 대해 일벌백계하면 책임을 지우고 재발을 억제하는 효과를 볼 것이라고 기대하지만, 현실은 벌을 피하고자 하는 가해자의 무책임한 자기방어 체계만 강화하는 결과를 가져오기 쉽다. 결국 엄벌주의 접근은 대중의 심리적 응보 욕구는 채울 수 있을지 모르지만, 피해자와 같은 직접 당사자들의 실질적인 필요는 채우지 못할 가능성이 크다. 누구나 동의할 것 같은 '상식'이 왜 정의를 이루는 과정에서는 제대로 작동하지 않는 것일

3 Paul Redekop, *Changing Paradigms: Punishment and Restorative Discipline*, Herald Press, 2008, p.39.
* 이 문제에 관해 특히 2장 'The Crime of Punishment in the Criminal Justice System'을 주의 깊게 참고하기를 권한다.

50 ──────── 응보적 정의

까? 이 질문의 답을 찾기 위해서는 우리가 알고 있는 상식적 정의 패러다임의 한계와 모순을 먼저 들여다볼 필요가 있다.

응보적 정의

우리는 어떤 잘못이 발생했을 때 정의롭게 해결돼야 한다고 말한다. 이 말을 쉽게 풀어보면 '잘못한 사람에게 그에 대한 응당한 책임을 지게 하는 것'이라고 할 수 있다. 이때 우리는 바로잡혀야 하는 대상, 즉 책임을 져야 하는 사람을 분명하게 규정하고 있는데 그 사람이 바로 가해자, 행위자, 피의자, 범죄자, 또는 죄인으로 불리는 잘못을 일으킨 사람이다. 우리는 자연스럽게 정의를 이루는 과정에서 가해자(위의 모두 용어를 통칭하여)를 가장 중요한 핵심 인물로 생각하게 된다. 우리가 흔히 알고 있는 '정의의 여신 the goddess of justice'의 이미지도 결국 '상식적 정의'가 누구를 향해 있는지 극명하게 보여주고 있다.

정의의 여신은 눈이 가려진 채 양손에 저울과 칼을 들고 서 있다. 세계에서 현대화된 사법 시스템을 갖춘 대부분의 나라에는 이와 유사한 모습을 한 정의의 여신이 사법기관 주변에 세워져 있다. 이 여신의 이미지에서 한 손에 들고 있는 저울은 공정함, 균형, 형평성을 나타내는 것이고, 다른 손에 들려 있는 칼은 엄벌, 처벌, 응징을 상징한다는 것은 누구나 다 아는 사실이다. 결국 정의의 여신을 통해 보여주려고 하는 정의는 '누구 편도 들지 않는 (눈을 가린) 공정한 제삼자가 (권한을 부여받은 대로) 공명정대하게 잘잘못을 (저울로) 재서, 잘못한 만큼에 해당하는 엄벌(칼)을 내리는 것'이다. 따라서 여기서 말하는 정의는 잘못이 발생했을 때 그 잘못이 일으킨 피해를 측정하고 그 양만큼의 고통을 공정하게 결정해서 가해자에게 부과함으로써 개인의 행동을 변화시키고 사회질서를 확립할 수 있다는 이해가 바탕에 있다. 이런 방식의 정의를 '응보적 정의'라고 부른다. 이와 같은 정의 패러다임에서는 '잘못에 상응하는 고통의 부과'라는 매우 상식적이고 분명한 메시지가 나타난다. 심지어 정의에 대한 이해가 명확하지 않은 어린아이들도 "잘못하면 혼난다"라는 것을 상식으로 알고 있다.

그렇다면 상식적 정의라고 부르는 우리에게 익숙한 응보적 정의에 관한 이해에는 오류와 한계가 없는 것일까? 정의의 여신이 들고 있는 저울을 한번 자세히 들여다보자. 저울의 한 축에는 분명 피해자가 입은 고통의 무게, 즉 피해의 무게가 올려져 있을 것이다. 이 피해의 무게를 재서 그 무게만큼의 고통을 잘못한 사람에게 부과하는 것이 응보적 정의의 기본원리이다. 여기서 '정의의 저울'이 균형을 이룬다는 것은 가해자가 자기가 만들어낸 고통만큼의 고통을 당한다는 의미이고, 자기 잘못에 상응하는 응당한 대가를 치른다는 의미이다. 여기까지는 논리적 모순이나 이론적 한계를 느끼지 못할 수도 있다. 실제로 잘못한 사람이 자기 행동에 대한 응당한 대가를 치르는 것이 도대체 무슨 문제란 말인가?

하지만 우리가 관점을 바꿔 책임져야 할 가해자의 저울추가 아니라 피해자의 저울추로 시선을 돌린다면 어떤 모습이 나타날까? 피해자의 추를 들여다보면 자연스럽게 새로운 질문을 하나 만나게 된다. '과연 가해자에게 주어지는 고통은 피해자의 고통을 자동으로 줄여주고 없애주는가?' 우리는 상식적으로 피해자가 당한 고통만큼을 가해자에게 지우는 것이 피해자의 고통의 무게를 그만큼 줄인다고 생각하기 쉽다. 그러나 아이러니하게도 가해자를 응징하며 정의를 이뤘다고 하는 보복 논리가 저울의 다른 한 추에 놓인 피해자를 오히려 소외시키고 있다는 사실은 외면해왔다.

물론 가해자에게 고통을 주는 것이 잘못된 것은 아니다. 어느 정도는 보복심리 같은 피해자의 심리적, 감정적 욕구를 충족시킬 수 있다. 하지만 앞에서 이야기한 것처럼 가해자에게 고통을 주는 것으로 피해자의 정의 필요가 모두 채워졌다고 단정할 수는 없다. 오히려 가해자 처리를 중심으로 보는 응보적 정의 관점이 불러오는 피해자 소외 현상은 더욱 심각하게 나타난다. 처벌이 피해자를 위한 정의를 이루는 것 같지만, 가장 중심이 되어야 할 피해자의 필요를 관심 속에서 멀어지게 만드는 구조적 모순 현상이 강화되어왔다. 정의의 여신이 들고 있는 저울이 균형을 잡고 있는 듯 보이지만 실상 그 저울에 피해자의 자리는 없는 것과 마찬가지이다. 피해자의 고통의 무게를 측정하는 것은 가해자의 처벌을 위해 중요한 관심 사항이지만, 피해자의 고통을 회복하는 일은 우리의 관심 영역 밖에 오랫동안 방치되어왔다.

무엇이 문제인가?

왜곡 현상

응보적 정의 관점에서 발생하기 쉬운 정의의 왜곡 현상을 살펴보면 세 가지로 정리할 수 있다. 첫째, 정의를 이뤄가는 과정에서 피해자가 부수적 존재로 전락해버릴 가능성이 커진다는 점이다. 일반적으로는 피해자가 중심이 되고 피해자의 요구를 수용해주는 것이 정의를 이루는 절차에서 중심일 것으로 생각한다. 하지만 형사사법 절차만 살펴보더라도 피해자는 경찰 단계에서는 고소인, 검찰 단계에서는 참고인, 법원에서는 증인으로 각각 불리고 거기에 맞는 역할을 부여받는다.[4] 이 이름들은 분명 정의의 중심적 위치를 나타내고 있지 않다. 오히려 사법이 이해하는 피해자의 위치를 극명하게 보여주는 예가 아닐 수 없다. 인정하고 싶지 않지만, 피해자는 사법이라는 연극 무대의 조연이나 소품 정도로 여겨져 왔고, 이 무대의 주인공은 늘 가해자의 차지였다.[5] 이런 피해자

---

4   임수희, 《처벌 뒤에 남는 것들: 임수희 판사와 함께하는 회복적 사법 이야기》, 오월의봄, 2019, p.44.

소외 현상은 궁극적으로 피해자의 필요를 채울 수 없는 구조적 한계를 만들고, 가해자 처벌이라는 목적이 달성되면 오히려 피해자의 피해 회복을 위한 기회가 사라져버리고 만다. 마치 피해자를 위해 가해자 처벌이 필수 불가결한 것처럼 여겨지지만, 아이러니하게도 가해자 처벌이 이뤄지는 순간 피해자의 필요가 묻혀버리는 왜곡 현상이 나타난다.

둘째, 가해자 중심 접근은 피해자에게 진정한 사과를 받을 기회를 제공하지 못한다. 정의의 여신이 들고 있는 칼은 처벌과 엄벌을 상징한다. 형사사법 절차에서 대부분 가해자는 자신의 행동에 대한 반성이나 후회를 하면서 사과를 표현한다. 하지만 그 반성의 방향은 피해자를 향해 있지 않을 가능성이 크다. 오히려 자신의 미래를 결정할 처벌 권한을 가진 사람들에게 사과와 반성을 직접 표현할 때가 많다. 진짜 사과의 대상인 피해자와는 직접 의사소통할 기회가 차단되기 때문에 이런 왜곡 현상은 더 강화될 수밖에 없다.

형사사법을 차치하더라고 학교폭력이 발생했을 때 학교에서 의무적으로 하는 우선적인 조치는 '분리대응'이다. 이 조치를 어기는 교사는 오히려 징계를 받게 된다. 우리는 피해자를 보호하기 위해서, 피해자가 원치 않기 때문에 어쩔 수 없이 직접적 접촉을 줄이는 시스템과 절차를 고안해냈다. 하지만 피해자의 가장 중요한 요청 중 하나는 자신에게 피해를 준 사람에게서 직접 사과를 받고 반성의 말을 듣는 것이다. 왜냐하면 가해자의 사과에는 피해와 손상을 입힌 자신의 행동이 잘못되었다는 인

---

5 하워드 제어, 손진 옮김, 《우리시대의 회복적 정의: 범죄와 정의에 대한 새로운 접근》(25주년 기념 개정판), 도서출판 대장간, 2019.

정의 의미가 담겨 있기 때문이다. 사과는 자기가 야기한 피해자의 고통을 진심으로 인식해야 나올 수 있다. 그렇다면 피해자의 고통을 구체적으로 알지 못한 채 표면적으로 하는 사과가 과연 피해자 회복에 무슨 의미가 있겠는가? 이런 맥락에서 가해자가 교사, 경찰, 판사 등 자신의 미래를 결정할 권한을 가진 사람들 앞에서 잘못을 인정하고 사과를 표현하는 것은 자신에게 닥칠 처벌을 줄여보겠다는 의도된 행동일 뿐이다. 이런 태도는 오히려 피해자의 고통과 피해를 키우는 왜곡 현상을 가져올 수밖에 없다.

셋째, 가해자가 자신을 오히려 피해자로 인식하는 자기 피해자화 현상이 나타나기 쉽다는 점이다. 응보적 정의 절차에서는 먼저 발생한 피해자의 고통이 여전히 남아 있는 상태로 그만큼의 고통을 가해자에게 주어야 한다. 이 과정에서 피해자의 고통이 줄어들지 않았음에도 가해자는 자신에게 주어진 고통에 더 많은 신경을 쓸 수밖에 없고, 극소수를 제외하고는 자신에게 떨어지는 심판의 칼의 길이를 줄이려는 노력에 몰두하기 쉽다. 잘못을 인정하는 것은 곧 비난과 처벌의 인정이 되기 때문에 가해자들이 자기 잘못을 부정하고 축소하려는 노력을 기울이는 것은 어쩌면 자연스러운 본능적 반응이다. 결국 자신이 야기한 고통만큼의 고통을 당하는 응보적 정의의 원칙은 사회적으로는 고통의 총량을 두 배로 늘려버리는 결과를 가져온다. 고통이 치유되어야 사람과 사회공동체가 건강해질 수 있는데 고통의 총량이 오히려 더 증가하는 현상이 일반화되는 것은 모두를 병들게 만든다. 결국 피해자는 범죄의 피해자가 되지만, 가해자는 절차의 피해자라는 인식이 강화되는 왜곡 현상이 발생하고 마는 것이다.

피해자 소외 현상

앞에서 살펴본 것처럼 가해자 처리 중심의 응보적 정의는 구조적으로 피해자를 소외시킨다. 그리고 피해자 소외 현상은 앞으로 사법제도가 고도로 발달하고 법이 모든 문제행동을 촘촘하게 제어해간다고 해도 쉽사리 개선되지 않는 영역으로 남을 가능성이 크다. 법치주의 국가에서 법은 절대적 권위를 갖는다. 정의를 이루는 것은 곧 법대로 처리하는 것이다. 하지만 법이 집행되었는데 피해가 회복되지 않을 경우 어떻게 해야 할 것인가?

나는 몇 년 전 회복적 대화모임으로 의뢰된 폭행 사건의 피해자와 대화를 나눈 적이 있다. 거듭된 설득에도 피해자는 가해자와 대면하는 회복적 대화모임에 참석하기를 거부했다. 그녀가 원한 것은 법의 공정한 집행이었고, 가해자에 대한 응당한 처벌이었다. 하지만 재판의 결과는 그녀의 기대에 미치지 못했다. 나는 가해자에게 내려진 처벌에 대한 피해자의 반응을 알고 싶었다. 나는 "가해자가 처벌로 봉사활동을 한다는데 그러면 어떤 피해가 회복되나요?"라고 물었다. 그녀의 대답은 간단했다. "그게 나와 무슨 상관이 있데요?" 그 말 속에는 재판부에 대한 실망과 더 이상 자신의 피해 회복을 기대할 곳이 없다는 허탈함이 묻어 있었다.

그로부터 얼마 후 법원의 판사들과 이런 대화를 나눈 적이 있다. 가해자에게 내리는 "사회봉사 명령을 지역사회의 특정 시설에서 하도록 하지 말고 차라리 피해자의 집에 가서 빨래, 청소, 설거지를 하도록 하면 안 되나요?" 그러자 한 판사가 웃으면서 말했다. "우리도 그러면 좋겠는데 아마 아무도 오라고 하지 않을 것 같은데요?" 비록 농담 섞인 사담이었지만 가해자가 감당하고 있는 일반적 의미의 책임이라는 것이 과연 피해자의 피해 회복과 얼마나 연관이 있는지 되묻지 않을 수 없는 씁쓸한 현실이었다. 모두가 열심히 자기의 역할을 충실히 하고 있지만 무언가 놓치고 있고, 그래서 잘못된 방향으로 가고 있는지 모르는 현 제도에 대한 답답함과 아쉬움이 남는 대화였다. 피해 회복과 무관한 처벌은 과연 누구, 그리고 무엇을 위한 것인가?

사법제도가 발전하게 된 것은 사적 보복을 방지하고 무분별한 폭력을 억제하기 위한 목적이 내포되어 있다. 또한 비례성 원칙에 따라 불법적 행위에 대해 상응하는 고통 부과라는 계량화된 응보의 룰이 작동하는 것이 합리적이고 객관적이며, 따라서 더 공정하고 지속가능하게 제도를 운용할 수 있기 때문일 것이다. 하지만 처벌의 목적이 유해 행위에 대한 사회적 비난과 잘못에 대한 계량화된 고통 부과의 목적만 있다면, 피해자의 필요가 채워지고 공동체가 회복되는 것은 어디에서 기대할 수 있을까?

죄형법정주의에 따라 피해를 일으키는 모든 행위가 범죄가 되는 것은 아니다. 범죄란 법을 어기고 침해하는 행위로 인정될 때만 구성되고 처벌될 수 있다.[6] 소위 범법행위라는 것은 처벌받을 수 있는 행위를 의미한다. 법의 침해와 처벌의 관계를 하나의 몸으로 묶는 이런 이해는 아이러니하게도 피해자의 피해를 외면하게 하는 원인이 되고 말았다. 독일의 사회학자 노르베르트 엘리아스Norbert Elias는 '문명은 개인적 보복을 통제하고 그 폭력을 국가가 독점하려는 과정'이라고 했다. 그러나 문명의 다음 단계는 범죄 후의 고통 부과를 당연한 것으로 여기지 않음으로

6   하워드 제어, 위의 책, p.114.

써 국가폭력 자체를 축소하는 것일 것이다.[7] 그런 의미에서 한국 사회개혁의 핵심 과제로 인식되고 있는 사법개혁이나 사법민주화도 국가 사법의 독점구조를 개선하는 것을 넘어 피해자의 회복이라는 중요한 어젠다를 놓치지 말아야 한다.

고비용 문제

정의를 이루는 과정에 돈이 많이 든다는 것은 아이러니이다. 그것도 분쟁 당사자 양측에 스트레스와 불편함을 가중하면서 비용을 지급한다는 것은 더욱 그렇다. 나는 2006년부터 3년 동안 한국형사정책연구원의 시범사업으로 진행된 한국형 회복적 사법 프로그램 시도인 화해권고제도[8] 개발 프로젝트에 참여한 적이 있다. 그 당시 서울의 한 경찰서에서 진행된 첫 사례를 시작으로 이후 서울가정법원에서 의뢰한 여러 형태의 소년 사건들을 회복적 대화모임(조정)으로 이끈 경험은 내가 회복적 정의 실천가로 성장하는 데 많은 자양분을 제공했다.

당시 회복적 대화모임으로 진행된 사건 대부분이 긍정적인 결과를 보였고, 당사자뿐만 아니라 의뢰 기관인 경찰과 법원도 그 성과를 높이 평가했다. 당시 진행한 회복적 대화모임에서 만족할 만한 해결책에 도달하고 상대와 화해를 이룬 당사자들에게 지금까지 법적 공방을 벌이면서 얼마만큼의 비용을 썼는지 물어보곤 했다. 소년사건인데도 당사자

---

7   하워드 제어·바브 토우즈, 위의 책, p.64.
8   2008년 6월부터 시행된 개정 소년법 제25조 3에 따라 '화해권고'가 시행되었다. 이 규정은 판사가 재판 절차에서 당해 소년과 보호자로 하여금 피해자와 만나는 회복적 대화모임을 권고할 수 있고 그 결과를 양형에 고려할 수 있도록 한 제도로 회복적 사법의 이념을 토대로 만들어졌다.

들이 서로 만나서 문제를 풀기 전까지 생각했던 것보다 많은 비용을 지급해왔다는 사실을 알고 놀라지 않을 수 없었다. 그런데 더 놀라운 점은 양측이 지출한 비용 중에 그때까지 한 푼도 피해 회복을 위해 쓰지 않았다는 사실이었다. 그 비용은 대부분 법률사무소로 지급되거나, 진단서와 같은 서류를 떼는 의료기관, 심지어 사법 브로커들에게 쓰이고 있었다. 회복적 대화모임 이후 합의된 내용을 실행하기 위해 가해자 측은 또다시 비용을 내야 하는 책임이 남았다. 그나마 다행인 것은 이번에는 순수하게 피해자를 위해서 사용된다는 점에 차이가 있었다.

오늘날 엄청난 사회적 비용이 재판 과정에 쓰이고 있다. 물론 이것은 불가피한 현상일 것이다. 그리고 윤리적으로 문제가 될 것도 아니다. 누구도 그 비용을 강제로 지급하라고 하지 않는다. 하지만 본의 아니게 사법 절차를 경험해본 사람은 모두 알듯이 불안과 공포는 사람들의 지갑을 쉽게 열게 한다. 혹시 불이익을 받을 수 있다는 불안감 또는 법적 다툼에서 이겨야 손해를 보지 않는다는 조바심에 사람들은 큰 금액을 쉽게 지급하게 된다. 우리 사회에서 사법은 고도로 전문화된 영역이고, 법률 지식이 없는 사람이 전문가의 도움 없이 스스로 손해 보지 않고 법적 공방을 헤쳐나가기란 쉽지 않다.

이런 구조적 환경 탓에 비용은 쓰지만 상대방과의 공방이 오히려 강화되고, 상대가 하는 행동에 다시 분노가 쌓이는 악순환이 반복된다. 회복적 대화모임 이후 어떤 피해자가 이렇게 이야기한 적이 있다. "그러게 처음에 우리가 치료비 달라고 했을 때 줬으면 벌써 끝나고 여기까지 와서 얼굴 붉힐 일도 없고 서로 비용도 이렇게 낭비하지 않았을 것 아닙니까?" 물론 누가 이런 상황을 당시에 예상할 수 있었을까마는 사법의 구조와 사법을 둘러싼 금권의 힘이 현실 속에서 어마어마한 영향력을 발휘한다는 것은 공공연한 비밀이다.

아들의 학교폭력 문제로 청와대에 청원을 올리기까지 했던 피해 학생의 어머니를 만난 적이 있다. 혹시 피해자를 도울 방법이 있지 않을까 하는 마음에 지인이 우리 단체에 도움을 요청했기 때문에 마련된 자리였다. 우리와 두 시간 정도 카페에서 만나 이야기를 나눈 그 어머니는 연신 고맙다며 이런 이야기를 해주었다. "여기까지 찾아와서 제 이야기를 들어주셔서 감사합니다. 생각해보니 법률사무소에 내 딴에는 돈을 많이 낸 것 같은데, 이런 내 속 이야기는 해보지도 못했네요. 서류만 챙겨오라고 하고는 몇 번 만나보지도 못했어요. 나중에 보니 상대편 변호사 사무실도 같은 층에 있더라고요. 이게 뭔가 싶고 무척 혼란스러웠습니다." 고수임을 기대하는 법률사무소에 학교폭력 사건 같은 소액사건은 우선순위를 두는 큰 관심 사건이 아닐 수 있다. 하지만 형편이 어려운 피해자 가정으로서는 실질적 피해를 입증하고 상대의 책임을 묻기 위해 또다시 비용을 지급해야 하는 시스템은 가혹하기 짝이 없다. 더욱이 비용을 쓴 결과가 자신들의 필요를 채워주기에 턱없이 부족하다는 사실을 알게 되기까지 그리 오래 걸리지 않는다는 현실은 참으로 안타깝다.

법적 공방 과정에 쓰이는 비용은 단지 금전적 과비용에 대한 문제만 있는 것은 아니다. 더 큰 우려는 '정의'를 이루기 위해 사용되는 비용이 생산하는 결과가 얼마나 부당하고 불의해질 수 있는가의 문제이다. 한번은 자신의 잘못을 철저하게 부인하던 초등학교 6학년 학생이 소년부 화해권고에 참석하여 피해자와 그 가족의 고통스러운 경험을 직접 들으며 태도를 바꿔 죄송하다며 눈물로 반성하는 모습을 보인 적이 있다. 나는 여느 대화모임처럼 그 모습을 보면서 이제라도 태도를 바꾼 것을 다행이라고 느끼기보다 왠지 씁쓸하고 불편한 마음이 들었다. 왜냐하면 그 학생의 이야기에서 그동안 거짓말을 한 이유가 법적 공방과정에서 어떻게 해야 하는지 코치해준 어른들의 영향 때문이었음이 드러났기 때문이다.

물론 가해 소년의 보호자는 "너는 앞으로 절대 ~라고 말하면 안 된다"라고 알려준 법률 전문가의 조언이 자녀를 처벌로부터 구해낼 수 있다고 믿었을 것이다. 하지만 그 학생은 어른들의 이러한 코치를 따름으로써 재판의 결과와 상관없이 오히려 불의를 배우고 익히는 시간을 보낸 것과 진배없게 되었다. 재판 과정 한 번으로 그 학생은 이 세상을 어떻게 사는 것이 '지혜로운' 것인지 깨닫게 되고 말 것이다. 그리고 나중에 부모가 되면 또 그렇게 자식들을 키우게 될 가능성이 크다. 우리가 그렇게 증오하고 비판하는 불의하고 상식이 통하지 않는 사회가 이렇게 고비용을 지급하면서 다음 세대에게 전수되고 있다는 것은 너무나 암울하다.

더욱 안타까운 현실은 학생들 사이의 사소한 다툼도 어른들에 의해 고소·고발로 이어지는 경우가 최근 급격히 늘어나고 있다는 사실이다. 나는 의료와 교육이 점차 기본 복지의 영역으로 이해되어 가듯이, 이제 분쟁을 해결하는 영역도 시장 논리에만 맡겨놓아서는 안 될 보편적 복지의 영역이 돼야 한다고 생각한다. 그것이 특히 청소년 문제라면 더더욱 그렇다. 이제 우리 사회에서 사법뿐만 아니라 다른 대안적 문제해결 방식이 공공서비스 영역으로 확대되어야 한다. 화해권고에 함께 변호사 위원으로 참여했던 한 변호사가 대화모임 후 이렇게 이야기한 적이 있다. "사실 나도 이런 일을 하고 싶어 법조인이 됐는데, 그 마음을 오래 잊고 있었네요. 인정과 용서, 화해라는 일…." 이런 따뜻한 마음을 가진 법조인들이 왜 없겠는가? 그들에게 법적 지식을 넘어 갈등하는 사람들 속에서 관계의 기술을 발휘할 수 있는 사회적 환경이 주어진다면 사법은 지금보다 얼마나 많이 달라질 수 있을까 상상해본다.

교정의 어려움과 낙인 현상

얼마 전 나는 법무부 교정본부에서 기획한 교도관들과의 대화 자리에 패널로 참석한 적이 있다. 서두에 사회자가 ○× 퀴즈를 내면서 "사람이 바뀔 수 있다고 믿나요?"와 "아무리 흉악한 범죄자라도 교화될 수 있다고 믿나요?"라고 질문했다. 한 교도관이 앞 질문에는 ×를 표시하더니, 뒤따른 질문에는 ○를 표시했다. 사회자가 그에게 왜 사람이 바뀔 수 없다고 하면서 교화될 수는 있다고 믿는지 물었다. 교도관은 "사람은 타고난 본성은 쉽게 바뀌지 않지만, 어떤 행위에 대한 잘못을 뉘우치고 반성하는 것은 조건에 따라 가능하다고 봅니다."라고 대답했다.

모순적으로 들릴 수도 있지만 교정 현장에서 느꼈을 신념과 현실적 한계 사이의 복잡하고 어려운 고민이 묻어 있는 답변이었다. 그런데 여기서 말하는 변화의 조건이 교정 프로그램이 훌륭하다거나 교도소의 경험이 어땠는가와 관계있는 것은 아닐 것이다. 자신이 겪은 교정의 부정적 경험을 반복하지 않기 위해 긍정적 행동을 해야 한다는 말은 결과론적 논리로는 맞을지 몰라도, 사람이 행동 변화를 왜 해야 하는지에 대한 근본적 동기가 되기에는 너무 빈약하다. 아마도 어렸을 때부터 익숙하게 받아왔을 가능성이 큰 사회적 비난과 통제받는 비자율적인 환경 속에서 긍정적 변화를 끌어낸다는 것은 상식적으로도 쉽지 않은 일일 것이다. 그래서 교정은 사법 절차 중에서도 가장 어려운 영역임에 틀림없다. 특히 반복적으로 수감되는 수용자들을 볼 때마다 교정의 한계와 어려움을 느낄 수밖에 없는 노릇이다.

우리는 보통 범죄자를 사회에서 격리하는 것이 공동체의 안전에 도움이 된다고 믿는다. 하지만 대부분의 재소자는 일정 기간이 지나면 사회로 돌아오게 된다. 잘못한 사람을 더 많이 가두고 격리한다고 근본적 문제가 해결되는 것은 아니다. 사실 한국의 교정시설은 포화 상태를 넘어섰다. 교정시설당 평균 수용자 수는 1098명으로 OECD 국가 중 1위를 차지하고 있다. 교정시설의 평균 수용률도 121.8%로 헝가리(131.8%) 다음으로 높다(OECD 34개국의 평균 수용률은 97.6%이다)[9]. 쉽게 말해 100명을 수용할 수 있는 시설에 120명이 수용되어 있는 셈이다.

2012년부터 포화 상태가 나타나기 시작했는데, 그 원인은 흉악범이 급격히 늘어나서 생긴 것이 아니라 생계형 경제사범이 늘어났기 때문이다.[10] 지금의 교정시설 과밀화 문제는 교정 환경을 악화시키고 교도관

---

9   〈교정시설 과밀수용 문제, 근본적 해소 위해 노력할 것〉, 법무부 보도자료, 2017. 09. 08.
법무부는 '기존 교정시설을 증개축하고 일부 교정시설을 신축하여 수용 능력을 확대하는 한편, 형사사법기관 간 협의를 통해 불구속 수사 원칙을 강화하고 재범 우려가 낮은 모험수형자의 가석방을 확대하는 등 수용인원을 감축해 과밀수용을 근본적으로 해소해나갈 예정'이라고 발표했다. 교정본부 홈페이지(www.corrections.go.kr) 참조.
10   이지헌, 〈교도소 만원... 시설당 수용인원 OECD 중 가장 많아〉, 《연합뉴스》, 2017. 08. 17.

들의 업무 환경을 어렵게 만드는 원인이 되고 있다. 교정의 궁극적 목적은 재소자들을 건강한 사회 구성원으로 돌아오게 하는 것에 있다. 하지만 교정공무원들의 헌신적인 노력에도 불구하고 이런 구조적 한계 속에서 교도소의 경험이 재소자들에게 긍정적으로 작동하기는 어렵다.

그리고 우리 사회는 사회로 돌아온 전과자에게 꼬리표를 붙이고 밀어내는 데 익숙하지 이들을 포용하는 데 익숙하지 않다. 사회는 전과자를 만드는 현상에는 관심을 기울이지만 그들을 사회공동체로 안전하게 재통합하는 일에는 관심을 두지 않는다. 그러다 보니 그 피해는 다시 사회공동체로 고스란히 남게 된다. 결국 이들이 겪는 응보적 낙인 현상은 건강한 사회 재통합을 방해하는 주요 원인이 되어왔다. 그런 측면에서 잘못을 일으킨 사람을 교도소에 보내지 않고 책임을 지는 방법을 찾는 것이 지금 우리 사회에 가장 필요한 것일 수 있다. 일전에 "모든 한국의 소년원장들의 꿈은 소년원이 없어지는 것입니다."라는 이야기를 전해 준 한 소년원 원장의 메시지가 새삼 절실하게 다가온다.[11]

이러한 응보적 정의 패러다임이 생산하는 한계는 응보적 정의가 완전히 잘못되었기 때문에 나타나는 것이 아니다. 응보적 정의 패러다임은 그 자체로 모순적이지 않고 상식에 부합하는 정의 패러다임이 분명하다. 그리고 현대의 사법제도가 발전시켜온 많은 원칙들[12]—법치주의, 적법 절차, 인권존중, 법의 체계적 발전 등—은 잘못을 바로잡고 정

11   한영선 교수(전 서울소년원, 서울소년분류심사원 원장, 현 경기대 경찰행정학과 교수)
12   하워드 제어, 위의 책, p.78.

의를 이루는 데 없어서는 안 되는 매우 중요한 사회문화적 자산이다. 하지만 응보적 정의라는 정의 패러다임만으로 세상의 잘못을 바로잡고, 잘못이 생산한 피해를 모두 치유해갈 수는 없다. 이제 응보적 정의가 생산해온 많은 한계와 모순을 보완하고 때로는 대체하면서 좀 더 온전하고 균형 잡힌 정의를 이룰 새로운 정의 관점을 고민해야 할 때이다.

2장
회복적 정의

"회복적 정의는 처벌을 반대하는 것이 아니라
처벌이 피해 회복과 무관한 것을 반대한다!"

오래된 상식을 깨고

새로운 관점

"정의를 이루는 사법제도 안에서 혁명이 시작되고 있다. 밑으로부터 조용히 그러나 이 혁명적 변화는 우리 일의 가장 근본적 구조부터 바꾸어놓고 있다." 이 말은 미국 국립교정연구소^{National Institute of Corrections}가 발간한 보고서 서문 가운데 일부분이다. 미국 국립교정연구소 전문운영위원 에두아르도 바라자스^{Eduardo Barajas} 박사는 회복적 정의의 대두를 지금까지 있었던 사법개혁 역사의 틀을 뛰어넘는 큰 사건이라고 평가한다. 그는 "지금 사법계에서 나타나는 변화는 혁신의 개념을 넘어선 진정한 발명이며 패러다임의 전환이다."[1]라고 평가하면서 회복적 정의가 가져온 변화를 단순히 획기적인 사법 프로그램이나 제도의 탄생이 아니라 새로운 정의 패러다임의 등장이라고 강조하고 있다.

사법을 통해 구현하고자 하는 것은, 그것이 개인적이든 사회적이든, 바로 정의正義를 이루는 것이다. 진정한 정의는 누군가에 의해 주어지는

---

[1]   Eduardo Barajas, "Speak Out! Community Justice: Bad Ways of Promoting a Good Idea", *Perspectives*, Vol. 20. Iss. 3, 1997.

것이 아니라 스스로 찾아내고 느낄 수 있을 때 그 의미가 더욱 크다. 회복적 정의는 잘못과 범죄에 관한 전통적 관점과는 전혀 다른 이해와 철학에서 출발한다. 사법제도에 기초한 전통적 정의 관점은 '범죄는 법을 어긴 행위로서 그에 합당한 처벌을 받음으로 책임을 진다'라는 응보적 정의 관점으로 범죄를 규정하고 형벌을 구형한다. 따라서 범죄는 궁극적으로 국가의 권위와 질서에 대한 침해이다. 결국 법을 깨트린 행위 Breaking Law가 핵심이고 이 관점으로 보면 국가는 범죄의 가장 큰 피해자가 된다.[2]

이런 응보적 정의 관점에서 가장 구조적으로 소외되는 대상은 아이러니하게도 피해자이다. 영국 옥스퍼드대학교 법학교수였던 도린 맥바넷 Doreen McBarnet 박사는 이런 이해를 다음과 같이 지적한다. "국가는 재판에서 피해자와 가해자 사이의 조정자가 결코 될 수 없다. 왜냐하면 국가가 바로 피해자이기 때문이다. 실제 피해자들이 누구도 자신들의 고통에 관심이 없다고 느낀다면, 그것은 사법에서 제도적으로 피해자의 자리를 내어주지 않기 때문이다."[3]

반면 회복적 정의 관점에서는 범죄를 '특정한 사람이나 집단에 피해를 준 행위'로 이해한다. 따라서 범죄로 인해 발생한 피해와 깨어진 관계를 어떻게 회복할 것인가에 초점을 맞춘다. 결국 회복적 정의에서는 일차적으로 범죄를 국가가 만들고 지키도록 강제한 법에 대한 침해행위로 이해하는 것이 아니라, 한 개인이 다른 개인에게 손상을 끼치는 피해행위로 이해하며 다른 사람과의 관계를 깨뜨린 문제 Breaking Relationship로

2　　하워드 제어, 위의 책, p.117.
3　　하워드 제어·바브 토우즈, 위의 책, p.107.

이해한다.[4] 또한 회복적 정의는 사법 절차에서 피해자와 가해자 같은 당사자와 그 사건으로 영향을 받은 모든 사람의 상처를 최대한 아물게 하는 데 그 목적을 두고 있다고 본다. 즉 피해자와 가해자 그리고 그들이 속한 공동체와 지역사회처럼 어떤 사건과 관련해서 영향을 받는 사람들이 최대한 문제 해결의 주체로 참여하여 함께 관여하고 해결해야 한다고 믿는다. 여기서 말하는 참여는 단순히 참관하는 것을 넘어 범죄로 인해 나타난 결과를 올바르게 바로잡는 일련의 책임규명 과정에 적극적인 주체로 참여하는 것을 의미한다.

회복적 정의가 가장 중요하게 여기는 핵심은 어떤 잘못된 행위로 발생한 다양한 정의 필요Justice Needs를 어떻게 채울 것인가이다. 유죄를 확정하고 처벌을 결정하려는 사법의 목표와 이를 회피하려고 애쓰는 가해자의 이해관계가 법정 공방의 핵심이 되는 것이 아니라, 가장 큰 영향을 받은 피해자에게 어떤 필요가 생겼고 어떻게 그 필요를 채울 수 있는가에 더 깊은 관심을 둔다. 또한 회복적 정의는 피해자의 필요에 초점을 맞추면서도 가해자의 필요를 외면하지 않는다. 잘못에 책임을 묻되 그 책임의 방향은 깨어진 관계의 회복과 사회공동체로의 건강한 복귀에 있다. 결국 회복적 정의는 범죄를 어떻게 이해하고 정의 구현을 위해 무엇에 초점을 두어야 하는지, 또 누가 정의를 이루는 주체가 돼야 하는지에 관해 새로운 관점을 제시하면서 사법과 정의 전반에 걸쳐 패러다임의 전환을 요구하고 있다.

---

4   하워드 제어, 위의 책, pp. 221-222.

'회복적 정의' 개념의 태동

오늘날 회복적 정의라는 개념이 등장하는 데 지대한 영향을 미친 사람은 세 명의 학자들이다. 처음 회복적 정의를 전문용어로 등장시킨 사람은 미국의 심리학자인 앨버트 이글래시Albert Eglash였다고 볼 수 있다. 1950년대부터 범죄자들에 대한 심리연구와 교정 프로그램 개발에 참여해온 이글래시 박사는 1959년 발표한 논문 〈창조적 배상의 정신의학적, 종교적, 법적 뿌리Creative Restitution: Its Roots in Psychiatry, Religion and Law〉에서 처음으로 회복적 정의란 용어를 사용했다. 그리고 그 글을 발전시킨 1977년 〈손해배상을 넘어: 창조적 배상Beyond Restitution: Creative Restitution〉에서 정의를 이해하는 흐름으로 세 가지 개념을 제시했다.[5] 가해자 처벌을 핵심으로 삼는 응보적 정의, 가해자의 치료적 처방에 기초한 분배적 정의[6], 원상회복에 기초한 회복적 정의 등으로 구분하여 설명했다. 그러면서 응보적 정의와 분배적 정의에서는 사법 절차에 피해자의 참여를 인정하지 않고 가해자에게는 매우 수동적 참여만 요구하면서, 오로지 가해자의 범죄행위에만 초점을 맞춘다고 주장했다. 반면 회복적 정의는 가해자의 행위로 인해 피해자가 받은 해로운 피해와 영향에 대한 회복을 중시한다고 보았다. 그리고 그 피해 회복의 과정에 피해자와 가해자가 적극적으로 참여하도록 유도한다는 차이가 있다고 주장했다.[7]

5　　Albert Eglash, "Beyond Restitution: Creative Restitution", From *Restitution in criminal justice: A critical assessment of sanctions* by Hudson, Joe, & Burt Galaway, Lexington Books, 1977.

6　　'개인의 부족한 부분을 채우고 메운다'라는 의미에서 분배적 정의Distributive Justice라는 표현을 사용했다. 다른 표현으로 자활을 돕는 정의Rehabilitative Justice, 요즘은 치료적 사법 Therapeutic Jurisprudence이라고도 표현한다.

당시 이글래시 박사의 주장은 큰 주목을 받지 못했고 자신도 회복적 정의를 개념적으로 더 발전시키지는 않았다. 다만 알코올중독과 범죄 (주취범죄)와 연관된 가해자들을 연구하면서 대안적 교정 프로그램인 '익명의 알코올중독자들(Alcoholics Anonymous, AA 모임)'[8]을 발전시키는 데 크게 기여했다. 이글래시 박사는 알코올중독과 연관된 범죄자들을 교정하는 데 개인적 접근보다는 공동체적 접근이 더 효율적이라는 점과 사법제도에서 피해자가 구조적으로 소외되고 있고 가해자들의 변화를 위해서도 피해자와 공동체의 직접적 역할이 필요하다는 점을 1950년대부터 주장한 학자이자 실천가로서 높이 평가할 만하다. 최근 들어 이글래시 박사의 글과 그가 헌신했던 AA 프로그램이 회복적 정의 개념 발전에 기여한 점을 간과해서는 안 된다고 주장하는 사람들이 나타나고 있다. 분명한 사실은 그의 주장이 이후 회복적 정의 운동으로 발전하는 데 중요한 초석을 깔았다는 점이다.

회복적 정의 패러다임 탄생에 지대한 영향을 끼친 또 한명의 인물은 미국 법학자 랜디 바넷Randy Barnett 교수이다. 그는 1977년 학술저널《에식스Ethics》에 발표한 〈손해배상: 형사사법의 새로운 패러다임Restitution: A New Paradigm for Criminal Justice〉을 통해 회복적 정의가 탄생하는 데 중요한 징

---

7   Daniel W. Van Ness & Karen Heetderks Strong, *Restoring Justice: An Introduction to Restorative Justice*, Anderson Publishing, 1997, p. 24.

8   익명의 알코올중독자들AA 모임은 1935년 미국에서 설립된 세계적인 알코올중독 극복을 위한 모임이다. 비용이 들지 않으며 자발적 후원으로 운영되고 규율이나 강요가 없는 자율 모임으로 자신이 누구인지 밝히지 않고 참여한다. 한국에도 1983년 첫 모임이 열린 이후 185개 그룹이 운영되고 있다.

검다리 역할을 했다. 비록 논문에 회복적 정의란 단어를 직접 사용하지는 않았지만, 형벌 패러다임의 변화 필요성을 지적하면서 장차 회복적 정의가 강조하게 되는 새로운 정의 패러다임의 필요성을 역설했다.

그는 토머스 쿤 박사의 패러다임 변화를 통한 혁명적 변화가 사법 패러다임의 변화에도 절실히 필요하다고 보았다. 기존의 정의 관점이 갖는 '잘못한 만큼의 처벌'이라는 비례성 원칙을 통해 법적 안정성을 확보하고 범죄억지 효과를 높인다는 가정은 실패했다고 보았다. 그는 범죄자 교정실패, 소송업무 폭증, 국가예산 증가, 피해자 소외 등 형사사법 제도 실패의 근본 원인은 좀 더 효과적인 제도나 프로그램이 없었기 때문이 아니라, 형벌 패러다임의 문제에 기인한다고 지적했다.[9] 그러면서 정의 패러다임을 바꿔 손해배상을 통해 정의를 이루는 배상을 통한 정의Restitutionary Justice를 대안으로 제시했다. 이 관점에서 가해자는 국가나 사회라는 추상적 대상에게 책임을 지는 것이 아니라 자신들의 직접 피해자에게 책임을 지기 때문에 더 당연하고 자연스러운 정의라고 역설했다. 또한 이를 통해 가해자를 교정하는 데 드는 비용과 피해자를 지원하기 위해 쓰는 국가 재정의 이중 부담을 줄이고 가해자의 실질적 교화에도 더 큰 효과를 볼 수 있다고 주장했다.

바넷 교수는 1980년 〈배상의 정의The Justice of Restitution〉라는 글에서 제도 개선을 넘어 형벌 패러다임의 변화 필요성을 계속해서 주장했다.[10] 그의 정의 패러다임 변화의 핵심은 국가형벌권의 강화에서 점차 범죄

---

9   Randy Barnett(1977), 위의 논문, pp. 280-285.

10   Randy Barnett, "The Justice of Restitution", *The American Journal of Jurisprudence:* Vol. 25. Iss. 1, Article 6, 1980.

당사자의 직접적 권한과 필요 중심으로 초점이 바뀌어야 한다는 것이었고, 이는 형벌과 범죄예방을 핵심으로 보는 기존의 제재이론들과 근본적인 차이가 있는 주장이었다. 동시에 배상을 통한 정의를 이루는 데 발생할 수 있는 실질적 한계들, 즉 피해 측정의 모호성, 배상이 불가능한 피해, 처벌회피 수단화 등의 문제에 대해서 나름대로 한계를 인정하면서 동시에 대안연구에 관심을 기울일 것을 요청했다. 그는 새로운 패러다임이 받아들여지는 과정에서는 끊임없는 확장과 완성을 위한 실험뿐만 아니라 한계에 대한 실험도 같이 이뤄져야 한다고 본 것이다.[11] 바넷 교수는 미국에서 회복적 정의 영역보다는 대표적 자유주의 헌법학자로 더 잘 알려져 왔지만, 그의 연구와 주장은 형벌 패러다임에 대한 날카로운 비판과 함께 보다 실질적이고 대안적인 정의 패러다임의 필요성을 강조하고 있다. 이러한 정의 패러다임에 관한 근본적 변화 주장은 이후 회복적 정의가 프로그램의 개혁을 넘어 패러다임의 변화를 추구하는 철학적 이해에 큰 영향을 끼치게 된다.

회복적 정의 개념을 실질적으로 세상에 등장시킨 인물인 하워드 제어 Howard Zehr 박사는 1970년대부터 17년 동안 메노나이트 중앙위원회 Mennonite Central Committee, MCC 범죄·정의사무소 Office of Crime and Justice 소장으로 재직하면서 미국 초기 피해자-가해자 대화 프로그램을 운영하는 실무 책임을 맡았다. 그는 당시 많은 범죄자와 피해자들이 사법제도 안에서 자신들의 필요를 제대로 채우지 못한다는 사실을 발견하면서, 정의 패

---

11   Randy Barnett(1977), 위의 논문, p.301.

러다임의 근본적 변화를 고민하기 시작했다. 제어 박사는 1985년 〈응보적 정의, 회복적 정의Retributive Justice, Restorative Justice〉라는 논문에서 미국의 사법제도를 응보적 정의 패러다임이 생산한 위기로 표현하면서 회복적 정의를 대안으로 제시하기 시작했다.

제어 박사가 이러한 자신의 경험과 이론을 정리해서 1990년에 출판한 책이 회복적 정의의 교과서로 불리는 *Changing Lenses*(《회복적 정의란 무엇인가: 범죄와 정의에 대한 새로운 접근》)[12]이다. 그는 이 책을 통해 응보적 정의와 대비되는 회복적 정의 개념을 정립했고 현 시스템 안에서 그 실현 가능성을 설득력 있게 주장했다. 이후 그의 책은 세계적 반향을 불러 일으켜 많은 나라에서 번역 출판되게 되었다. 이로써 그의 책은 회복적 정의의 고전이 되었고, 회복적 정의 개념과 실천이 급속도로 확산하는 계기가 되었다. 이런 공로와 기여로 제어 박사는 회복적 정의 개념을 정리한 회복적 정의의 아버지로 불리게 되었다.

이후 회복적 정의라는 용어 자체가 회복적 정의가 추구하는 가치를 적절히 담지 못한다고 생각하는 사람들에 의해 회복적 정의를 부르는 다양한 이름이 나타나기 시작했다. 캐나다 출신 작가이자 사법개혁가였던 루스 모리스Ruth Morris는 범죄라는 것은 사람과 관계에 피해만 주는 것이 아니라, 범죄의 원인이 되는 구조적 문제에 대응할 기회를 주기 때문에 공동체를 더욱 안전하게 만드는 변화의 계기가 된다고 주장했다. 그

12　한국에는 2011년 《회복적 정의란 무엇인가: 범죄와 정의에 대한 새로운 접근》KAP으로 번역 출간되었고, 2019년 *Changing Lenses*의 출간 25주년 기념 개정판 《우리 시대의 회복적 정의》(대장간)가 출간되었다.

래서 그는 개인의 필요를 채우는 데 초점을 둔 용어보다는 시스템과 구조를 변화시키는 의미를 담은 전환적 정의Transformative Justice라고 부를 것을 주장했다.13

한편 엄벌주의로 인해 가정과 공동체라는 사회 기본단위에서 관계가 파괴되고 있는 것이 오히려 더 많은 문제를 일으키고 있다고 우려한 사람들도 있었다. 이들은 모든 사법 절차에 종사하는 사람들이 관계질문 Relational Questions을 중심으로 문제 해결을 시도할 것을 주장했는데, 영국 주빌리 정책 그룹Jubilee Policy Group의 몇몇 학자는 이런 개념을 관계적 정의 Relational Justice라고 표현했다.14 그 외에도 공동체를 회복시키는 정의, 치유하는 정의, 균형 잡힌 정의, 긍정적 정의, 따뜻한 정의 등 다양한 이름으로 회복적 정의가 가지고 있는 가치와 원칙을 설명하려는 시도가 이어졌다. 또한 영어의 'Justice'가 사법 영역으로 회복적 정의의 실천을 국한하는 한계가 있다는 비판에 따라 회복적 실천, 회복적 접근, 회복적 가치, 회복적 문화로 부르자고 하는 여러 갈래의 운동15이 등장하게 되었다.

13   Ruth Morris, *A Practical Path to Transformative Justice*, Rittenhouse, 1991, p.112.

14   Jonathan Burnside & Nicola Baker, Edited. *Relational Justice: Repairing the Breach*, Waterside Press, 2003.

15   대표적으로 미국 IIRP의 설립자인 테드 와치텔Ted Wachtel 박사와 영국 Trasnforming Conflict의 대표인 벨린다 홉킨스Belinda Hopkins 박사 등이 다른 용어의 사용을 주장해왔다.

새로운 정의의 탄생

회복적 정의란 무엇인가?

그렇다면 진짜 회복적 정의란 무엇인가? 하나의 개념으로 표현하기란 쉬운 일이 아니다. 마치 '진리란 무엇인가?'라는 질문에 관한 답이 시대와 문화에 따라 달라질 수밖에 없는 것과 같은 이유이다. 하지만 다른 측면에서 보면 그만큼 많은 해석과 정의가 존재한다는 것은 실천 영역에서부터 발전한 회복적 정의가 갖는 자연스러운 특성이자 장점이기도 하다. 여러 주장이 존재하지만, 가장 초기에 이 개념을 정립한 하워드 제어 박사의 설명을 종합하면 회복적 정의를 다음과 같이 정리할 수 있다.

> 회복적 정의는
> 정의를 이루기 위한 하나의 패러다임이자 방식으로써
> 어떤 잘못(범죄)에 연관이 있는 가능한 모든 사람들이
> 잘못을 바로잡고 피해가 최대한 치유되도록
> 함께 피해와 필요를 확인하고 책임과 의무를 규명해가는
> 일련의 모든 과정을 의미한다.[16]

조금 길지만, 회복적 정의의 핵심적 요소가 모두 포함된 담백한 정의이다. 시대가 흐르며 회복적 정의 운동이 전 세계로 빠르게 확산해가면서 유엔과 EU와 같은 국제연합체에서도 사법개혁의 한 대안으로 회복적 정의를 적용하도록 회원국들에게 권장하기 시작했다. 2006년 유엔 마약범죄사무소 UNODC가 회복적 정의를 전 세계 회원국에 좀 더 적극적으로 소개하고 사법 영역에서 회복적 접근을 확산하기 위해 발간한《유엔 형사사법 핸드북: 회복적 사법 프로그램》에는 회복적 정의를 나라에 따라 다르게 해석하고 이해할 수 있는 '진화하는 개념an evolving concept'으로 표현하고 있다. 따라서 회복적 정의에 관한 일괄된 개념을 제시하기보다는 회복적 정의를 이루는 회복적 과정 또는 절차를 강조하고 있다.

> 회복적 절차 Restorative Process란
> 범죄로 영향을 받은 피해자와 가해자
> 그리고 (만약 적절하다면) 연관된 사람들과 공동체가 함께 모여
> 전문 진행자의 도움을 받아
> 범죄로 야기된 문제들의 해결책을
> 적극적으로 만들어가는 과정이다.[17]

---

16   Howard Zehr, *Changing Lenses*(1990), "Restorative Justice: The Concept." Corrections Today(1997), *The Little Book of Restorative Justice*(2002), 'Justice as Restoration, Justice as Respect'(2014) 외 다수.

17   UN Office on Drugs and Crime(UNODC), *Handbook on Restorative Justice Programmes - Criminal Justice Handbook Series*, 2006.

＊ 이 핸드북은 캐나다 정부의 지원으로 Yvon Dandurand 교수와 Curt T. Griffiths 교수가 초안을 만들고 2006년 초 비엔나에서 Daniel Van Ness 등 13명의 회복적 정의(사법) 전문가 그룹이 모여 완성한 자료이다.

위의 두 개념은 보편적으로 널리 받아들여지고 있는 회복적 정의의 정의定義라고 볼 수 있다. 이 두 개념을 정리해보면 공통적인 핵심 단어가 중복되는 것을 볼 수 있다. 첫 번째는 잘못된 행동 또는 범죄가 피해자를 포함한 많은 사람들에게 '피해를 주는 행위'라는 사실을 우선적으로 표현하고 있다는 점이다. 기존의 사법에서는 가해와 가해자에 대한 처리가 사법의 중심이었다면, 회복적 정의는 피해자 중심victim-centered 관점임을 분명히 선언하고 있다.

두 번째는 주변 사람 또는 '공동체'를 문제행동으로부터 피해와 영향을 받는 직접적 이해관계자stakeholder에 포함하고 있다는 점이다. 이 말은 공동체를 더는 관중이나 익명의 존재로 여기지 않고 문제 해결의 주체로 인정한다는 근거가 된다는 점에서 회복적 정의가 갖는 포용성과 탈권위적 특성을 잘 나타내고 있다.

세 번째는 잘못을 바로잡는 정의의 과정이 여전히 회복적 정의의 중심에 있다는 점이다. '책임'에 대한 논의는 회복적 정의 실천 과정에서 늘 주요한 핵심 사항이다. 당사자들이 함께 만들어가는 책임이란 점은 피해 회복이 더 직접적이고 실질적인 책임에 대한 것임을 의미한다. 이는 회복적 정의의 과정이 가해자에게 책임을 묻지 않고 면죄부를 준다는 오해를 불식시킨다.

네 번째는 얼굴을 맞대고 같이 말하고, 듣고, 느끼고, 고민하는 '직면의 대화 과정'이 포함되어 있다는 점이다. 사건의 당사자를 분리해서 따로따로 대응하지 않고 전문 조정자나 훈련된 관계자의 도움을 통해 직접적 대화를 위한 안전한 공간safe space이 보장된다는 의미이다.

마지막으로 다섯 번째는 회복적 정의는 결과보다는 '과정' 중심이라는 점이다. 모두가 참여하는 열린 절차와 과정은 참가자들의 필요를 채울 환경을 제공하고, 따라서 상대적으로 만족할 만한 결과를 만들어낼 수 있다는 신념이 바탕에 깔려 있다.

이 밖에도 회복적 정의를 어떻게 정의할 것인가에 대한 시도는 앞으로도 계속될 것이다. 또한 회복적 정의의 실천을 확산할수록 비판적 관점에서 회복적 정의의 개념적 오류를 바로잡으려는 노력도 꾸준히 늘어날 것이다. 회복적 정의가 추구하는 가치와 신념이 현 시대의 역사와 문화를 넘어 인류의 삶의 방식에 적지 않은 영향을 줄 것이라는 점은 의심할 여지없이 분명하다.

회복적 정의 vs 응보적 정의

회복적 정의를 이해하는 가장 일반적으로 널리 알려진 방식은 기존의 패러다임인 응보적 정의와 비교 설명하는 것이다. 초기의 신선했던 비교 분석에 대한 반론이 꾸준히 제기되면서 점차 회복적 정의와 응보적 정의가 대립적 위치에 있지 않다고 믿는 사람들이 늘어가는 것도 사실이다.[18] 그럼에도 개념의 이해 측면에서 두 정의 패러다임을 비교 설명하는 것은 회복적 정의를 좀 더 선명하게 이해하는 데 필요한 작업이다. 응보적 정의와 회복적 정의 패러다임은 결코 옳고 그름의 문제가 아니라 정의를 이해하고 정의를 이루는 관점과 방식에 차이가 있는, 따라서 서로 '다른' 정의 패러다임이라는 점을 이해할 필요가 있다. 다음 표

18　하워드 제어 박사도 "초기 회복적 정의와 응보적 정의를 극단적으로 대비했지만 그것이 비교를 통한 이해에는 도움을 주지만, 사법시스템이 갖고 있는 긍정적 속성을 무시한 측면이 있기에 더 이상 이분법적 서술을 하지 않겠다"고 설명한다(《우리 시대의 회복적 정의》(출간 25주년 기념 개정판) 제12장 참조).

는 두 정의 패러다임이 일반적으로 갖는 차이가 구체적으로 어떤 모습인지 잘 보여주고 있다.

응보적 정의와 회복적 정의의 관점 비교[19]

응보적 정의	구분	회복적 정의
범죄는 법 위반행위	범죄	범죄는 관계 침해행위
유죄 확정 중심	목적	문제 해결 중심
과거에 초점	시제	미래에 초점
당사자의 필요는 이차적	필요	당사자의 필요가 일차적
개인주의와 경쟁적 게임 모델	모델	상호성과 대화를 통한 대화모델
피해만큼의 고통 부과	균형	피해를 최대한 회복하는 것
잘못은 처벌을 통해 갚아짐	책임	잘못은 바로잡음으로 갚아짐
국가와 가해자	주체	피해자, 가해자, 공동체
국가가 정보 독점	정보	당사자에게 정보 제공
가해자에 대한 국가의 조치 중심	권한	가해자에게 해결에 관한 역할 부여
가해자는 방어적, 수동적	태도	피해자, 가해자, 공동체의 적극적 역할
가해자의 책임회피 조장	책임	가해자의 자발적 책임 기회 부여
가해자의 공동체 결속 약화	공동체	가해자의 공동체 통합 강화
피해자·가해자 관계 비핵심	관계	피해자·가해자 관계 핵심
법률 전문가 주도	주도	당사자와 대화모임 전문가 주도
승패의 결과가 일반적	결과	상생적 결과 가능
누가 잘못을 한 사람인가?	주요 질문	누가 피해를 입었는가?
어떤 규칙·법을 위반하였는가?		어떤 피해와 필요가 생겼는가?
어떻게 처벌할 것인가?		피해를 회복하고 필요를 채우기 위해 누가 무엇을 해야 하는가?

이 비교표에 나오는 내용은 어느 정도 과장되거나 단순화하여 표현되었기 때문에 충분한 설명이나 반론을 제공하지 못한다는 한계가 있다. 하지만 두 관점에 정의를 이해하는 근본적 차이가 존재한다는 것은 분명하다. 동시에 각각의 관점이 가지는 장단점 또한 분명히 나타난다. 예를 들어 응보적 정의 관점에서 국가의 역할을 강조하며 강제성을 띠는 것은 부정적 요소로 보일 수 있지만, 그 특성을 단순히 단점이라고 이야기할 수만은 없다. 왜냐하면 회복적 정의가 상대적으로 자율적이고 당사자를 소외시키지 않는다는 점에서 포용적인 장점이 있지만, 동시에 강제성이 결여된 자발성이 얼마나 실효성을 지닐 수 있는지에 대해서는 회의적 시각이 많기 때문이다.

하지만 똑같은 이유에서 자발성이 떨어지는 강요된 책임이 얼마나 많은 문제를 생산해왔는지도 큰 논쟁거리임이 틀림없다. 따라서 회복적 정의와 응보적 정의 관점을 비교 이해하면서 우리가 무엇을 선택할 것인가의 고민보다는, 피해자, 가해자, 공동체 모두를 위한 정의가 어떤 모습이어야 하는지와 관련해 총체적이고 통합적인 관점에서 끊임없는 발전적 비판과 진지한 탐구를 이어갈 필요가 있다.

그런 점에서 비교표에 나오는 하워드 제어 박사의 회복적 질문은 정말 놀라운 발견이자 탁월한 해석이다. 제어 박사는 간혹 제자들의 모습을 찍어 사진을 선물해주곤 했는데, 이를 위해 소중히 아끼는 낡은 카메라의 렌즈를 맞추는 노교수의 모습이 인상적이었다. 자신의 취미와 새로운 주장이 자연스럽게 연결된 책 제목처럼 '렌즈를 바꾸다Changing

---

19   하워드 제어, 위의 책, p.225, p.242, pp.251-252, p.275의 내용을 종합하여 재구성했다.

Lenses'라는 의미는 결코 작지 않다. 어떤 사물이나 현상을 보고 이해하는 패러다임은 환경, 관계, 교육, 종교, 역사 등 수많은 요소에 영향을 받아 형성되기 때문에 좀처럼 바뀌지 않는다. 패러다임이 달라진다는 의미는 종교적 관점의 회심과도 같다. 제어 박사가 주장하는 이런 관점의 변화가 인식의 영역을 넘어 질문의 변화로 이어지는 것이 곧 회복적 질문이다.[20] 그리고 이 달라진 질문이 다른 사람에게 새로운 깨달음을 주고 기존과 다른 행동을 시작하게 하는 시작점이 된다. 질문이 달라지면 생각하는 지점이 달라질 수 있고, 그 달라진 사고의 변화가 행동의 변화를 촉발하는 토대가 되기 때문이다. 결국 어떤 질문을 하는가에 따라 어떤 정의를 이루는가 하는 방향성이 결정된다는 점에서 흥분되면서도 한편 무겁게 다가오는 말이다.

나는 회복적 정의를 정의하면서 단순화된 내용 전달을 중요하게 여겨왔다. 회복적 정의 개념이 상대적으로 생소한 한국에서 많은 시간을 들여 설명할 기회가 많지 않았기 때문이다. 이 때문에 회복적 정의의 어떤 것을 핵심적 요소로 설명할 것인가를 고민하면서 다음 세 가지를 중요하게 다루게 되었다.

응보적 정의	구분	회복적 정의
가해자 처벌	목표	피해자 회복
강제적 책임수행	방식	자발적 책임의 기회
처벌권자와 처벌기관	주체	당사자와 공동체

20   뒤의 4장 '회복적 생활교육, 어떻게 실천할 것인가?: 회복적 질문'(p. 244)을 참조하라.

우선 출발점은 회복적 정의와 응보적 정의의 궁극적 목표가 같다는 점이다. '잘못을 바로잡고 정의를 이룬다!' 이 종국의 목표를 의심의 여지없이 공유하고 있다. 이 목표를 이루기 위해 가해자 처벌, 강제적 책임수행, 처벌권한을 가진 사람이나 기관의 권한 강화를 통해 이루는 정의를 응보적 정의라고 할 수 있다. 반면 가해자 처벌이란 (소)목표를 피해자 회복 영역까지 확대하고, 가해자에게 강제적 책임에 앞서 자발적 책임의 기회를 부여하여, 정의를 이루는 과정에 당사자와 공동체의 참여를 보장함으로써 이루는 정의를 회복적 정의라고 부를 수 있다. 두 패러다임의 비교는 회복적 정의라는 새로운 패러다임을 이해하는 데 중요한 단초를 제공한다.

무엇을 회복할 것인가?

5가지 회복의 요소

지금까지 회복적 정의가 말하는 정의가 기존의 전통적 개념의 정의와 어떤 차이가 있는지 이야기했다. 이제 무엇을 회복하는 것이 회복적 정의가 말하는 '회복'의 의미인지 생각해보자. 회복적 정의에서 '회복적'이란 말은 기존의 정의에 대한 수식어와 다른 가장 중요한 구분이자 특징일 수밖에 없다. 회복적 정의가 회복하고자 하는 요소는 다양할 수 있겠지만, 크게 다섯 가지 중요한 회복의 요소로 나눠서 설명할 수 있다.

피해 회복

첫 번째 회복의 요소는 피해를 회복하는 것이다. 잘못이 발생했을 때 잘못한 사람이 누구이고 어떻게 처벌할 것인가가 첫 번째 기준이 아니라, 잘못 때문에 누구에게 어떤 피해가 발생했고, 그 피해를 어떻게 회복할 것인가가 첫 번째 질문이어야 한다. 이는 상식적 이야기 같지만 우리 일상이나 사회에서 실제로 잘 이뤄지지 않는 현상이다.

몇 해 전 불의하게 권력을 이용해 재산을 축적한 전직 대통령에 대한 추징금 문제가 사회적 이슈가 된 적이 있다. 정쟁이 심했던 19대 국회에서 거의 유일하게 여야 이견 없이 통과된 법안이 일명 '전두환 추징법'이라고 알려진 '공무원범죄에 관한 몰수특례법'이었다.[21] 이 법안에 의해 전씨 일가는 1672억이라는 천문학적 금액을 추징당하게 되었다. 나는 이 뉴스를 접했을 때 이 문제가 그나마 정의롭게 해결되었다고 생각하며 기뻐했다. 하지만 그즈음 광주를 방문했다가 찾은 5.18 망월동 국립묘지를 둘러본 후 이 이슈에 관해 한 가지 의문이 들었다. '1672억이라는 추징금이 과연 어디로 가고 어떻게 쓰이게 될까?'

추징금은 당연히 국가로 환수되어 여러 용도의 공적 지출 예산에 포함돼 사용될 것이다. 그렇지만 회복적 정의 관점에서 생각해보면, 그 돈이 오롯이 쓰여야 할 곳은 전두환이 이끌었던 신군부에 의해 억울하게 피해를 본 사람들이 아닐까? 5.18 광주민주화운동으로 불의한 정권에 항거한 시민들이 엄청난 희생을 치렀고, 가족을 잃은 유가족과 부상의 트라우마로 오랫동안 어려운 삶을 살아온 피해자들이 우리 사회공동체에 여전히 생존해 있다. 그렇다면 이 추징금은 암울한 시기에 민주화를 위해 헌신한 피해자들을 위해 쓰여야 하는 것이 응당 맞는 일이다. 이들의 트라우마가 치유되고 그 후손들에게 장학금으로 지원되는 방식으로라도 사용해야 정의로운 것이지, 잘못한 사람이 추징을 당했다고 해서 정의가 다 이뤄졌다고 할 수는 없는 일이다. 나는 300명이나 되는 국민의 대표들이 해야 할 일은 1672억을 추징하는 법안을 만드는 데 그치지 않고, 상징적일지라도 그 돈을 피해 회복에 어떻게 써야 할지도 함께 논

---

21 제삼자가 공무원으로부터 특정 재산을 매입할 때 그것이 불법 취득 재산인 줄 알고 샀다면 국가가 추징할 수 있도록 한 법이다.

의해야 한다고 생각한다. 아울러 이런 기준은 다른 범죄 문제를 풀어가는 과정에서도 고려되어야 한다. 이제는 잘못을 저지른 사람들이 국가에 내는 벌금도 피해자의 회복을 위해 얼마나 의미 있게 쓰일 수 있을지 고민하는 지혜가 필요한 시점이다.

회복적 정의는 우리에게 고통의 부과를 넘어 피해자와 공동체의 피해 회복이라는 중요한 명제를 개인 차원이든 사회 차원이든 잊어서는 안 된다는 점을 일깨운다. 회복적 정의를 '균형 잡힌 정의 Balanced Justice'라고 부르는 이유는, 정의를 이루는 과정의 핵심 당사자인 양측 중에 한쪽에게만 의무를 부과하는 것으로 그치지 않고, 발생한 피해를 회복하는 영역까지 다룰 수 있어야 진정한 정의라는 의미가 담겨 있기 때문이다.

이런 관점에서 사회의 여러 현상을 보면 우리가 놓치고 있는 '불균형한 정의'가 얼마나 많은지 새삼 알게 된다. 학교폭력에서부터 형사사건, 기업범죄, 각종 비리와 부패사건, 세월호 침몰사고와 같은 사회적 문제, 과거사 청산 같은 역사 문제에 이르기까지 피해 회복이라는 관점이 빠지거나 가해자 처벌에 밀려 중요하게 다뤄지지 못한 수많은 사건을 발견하는 것은 어려운 일이 아니다. 이제라도 피해자의 목소리와 필요가 중심이 되는 정의 패러다임이 필요하다. 그리고 이런 피해자 중심 관점이 사법 영역에 국한되어서는 안 된다. 사법을 넘어 언론, 교육, 정치, 종교 등 다양한 영역에서 사회문제를 다루고 해석하는 관점으로 확대돼 나가야 한다. 내가 이해하는 회복적 정의는 처벌을 반대하지 않는다. 다만 그 처벌이 피해 회복과 무관한 것에 대해 반대하는 것이다.

책임의 회복

두 번째 회복의 요소는 책임의 회복이다. 그리고 이 책임이란 말 앞에는 **자발적**이라는 말이 붙어야 한다. 회복적 정의에 대한 오해 가운데 하나는 회복적 정의는 처벌을 반대한다는 생각이다. 흔히 처벌의 목적을 이야기할 때 우리는 책임을 가르치기 위한 것이라고 말한다. 그리고 그 방식은 강제적이어야 한다는 전제가 깔려 있다. 하지만 나의 경험상 강제적 책임을 통해 잘못한 사람을 바꾸는 것보다 자발적 책임을 통해 원래의 목적인 책임을 가르치는 것이—우리가 잘못을 한 사람에게서 자발성을 끌어낼 수 있는 조건을 강화할 수만 있다면—더 큰 '효과'가 있다고 느낄 때가 많았다. 오히려 우리가 항상 경계해야 할 것은 강제적 책임이 가져오기 쉬운 책임의 왜곡 현상이다.

나는 강제적으로 책임을 부과하는 방식이 처벌의 근본적 목적인 '잘못에 대한 반성을 통해 다시는 그런 행동을 반복하지 않게 한다'는 교훈을 제대로 주고 있는지 의문이 들 때가 많았다. 실제로 반성보다 반발을 불러오고, 비교육적인 효과를 느끼는 순간이 많았다. 회복적 정의 프로그램을 운영하면서 법원이나 학교 등에서 의뢰한 사건을 맡으면 가해소년들이 저지른 잘못된 행동에 대한 정보를 먼저 접하게 된다. 그 내용을 보다 보면 당사자를 만나기도 전에 소위 '악마화'된 이미지로 그들을 먼저 접하게 된다. "어떻게 이 나이에 이렇게 나쁜 짓을 많이 했지?" 하는 생각이 들면서 '나쁜 아이들'에 대한 선입관이 자리를 잡았다.

하지만 프로그램 준비를 위한 사전모임에서 실제로 만나게 되는 대부분의 가해 소년들은 내가 상상한 이미지와 다른 모습으로 나타나기 일쑤였다. 그들은 내가 예상한 불량한 모습이 아니라 단정하게 옷을 차려입고 예의를 갖춘 모습이었다. 그들이 던지는 첫인사는 "죄송합니다. 저희 때문에 수고 많으십니다. 앞으로 절대 그런 일 안 하겠습니다." 같은 말들이었다. 그런 모습을 보이는 아이들에게 "인사는 고마운데 나를 언제 봤니?" 하고 물으면, 그들은 당연히 처음 만난 나에게 "오늘이요!" 하고 대답했다. "왜 처음 보는 나에게 사과를 하니? 네가 이렇게 단정히 차려입고 찾아가서 사과할 사람이 누구지?" 하고 물으면 잠시 머뭇거리다가 "제가 괴롭힌 애들이요." 하고 답했다. "그럼, 왜 안 했어?" 내가 재차 물었을 때 그들의 답변은 의외로 간단했다. "사고 나고 한 번도 못 만나게 하던데요?"

그 말은 거짓이 아니었다. 그들은 자신의 잘못된 행위로 피해를 본 사람들에게 찾아가서 사과하거나 반성을 표현할 기회보다 자신들의 처벌 권한을 가진 이들 앞에서 고개를 숙이거나 반성하는 데 익숙해진 청소년들이었다.

이처럼 우리의 시스템 속에는 심각한 책임의 왜곡 현상이 일어나는 경우가 빈번하다. 사건이 발생했을 때 사법이나 학교에서 내리는 첫 조치는 피해자와 가해자를 분리하는 것이다. 이런 조치는 피해자 보호와 신속한 결론을 위해 필요한 매우 상식적인 대응인 것은 분명하다. 그렇지만 가해 청소년들을 계속 만나면서 들었던 큰 우려는 그들 대부분이 자기의 직접 피해자보다 교사, 경찰, 판사와 같이 자신의 미래를 결정할 사람들에게 고개를 숙이고 잘못을 반성한다는 사실이다. 이런 현상은 책임의 왜곡 현상이 얼마나 심각하게 이뤄지고 있는지를 보여주는 방증이다.

결국 '책임을 졌다' 또는 '반성했다'라는 말 속에는 가해자가 처벌 권한을 가진 사람들에게 자신의 잘못을 인정하고 개선을 약속한다는 의미인 것이지, 피해자에게 직접 사과한다는 의미가 아닌 경우가 많은 셈이다. 잘못에 대한 책임을 지게끔 하는 것이 우리가 다음 세대에게 가르쳐야 하는 정의의 핵심 요소임을 생각한다면, 현재 우리는 자발적 책임을 경험하지 못한 채 권한을 가진 사람들의 요구에 따라 강제적 책임을 수행하는 데 익숙한 청소년으로 만들고 있지 않은지 반성해야 한다.

우리 사회는 가정에서는 부모가 아이들의 갈등 문제를 해결하고, 학교에서는 교사가, 사회에서는 사법제도가 문제 해결을 대신하고 있다. 아이들은 '자기 때문에 누가 어떤 피해를 보았는지, 그리고 무엇을 해야 그 피해를 회복할 수 있는지' 배울 수 없는 환경에서 자라고 있다. 자신이 피해를 회복해야 하는 주체이고 그것이 진정한 책임이라는 사실을 배우지 못한 채 자신에게 강제되는 책임에 순응하게끔 요구받고 있는 것이다. 이런 환경 속에서 아이들에게 남는 선택지는 두 가지 정도밖에 없다. 강제된 책임에 순응하거나 아니면 반발하는 것이다. 법원에서 내가 만난 청소년 중에 가장 암담한 친구들은 자신의 잘못을 부인하는 친구들이 아니었다. 오히려 "이런 것 하지 말고 빨리 처벌 결정해주세요." 하고 요구하는 청소년들이었다. 강제와 비난에 익숙해져서 처벌의 위협이 효과를 보지 못하는 청소년들인 것이다. 그들에게는 법이 허용하는 최대한의 처벌이 내려진다 해도 궁극적 목적인 긍정적 변화에는 별 의미가 없을 것이 뻔하다.

자발적 책임을 지는 것은 자기가 일으킨 행위가 초래한 결과를 보고, 듣고, 느낄 기회가 있어야만 가능한 일이다. 아울러 스스로 피해를 회복하기 위해 무엇을 할 수 있는지 결정하는 자율권과 주변의 지원을 통해 실질적으로 책임을 지는 방법을 배울 수 있어야 한다. 영국의 헐^{Hull}시의 경찰 단계 회복적 정의 프로그램을 운영했던 제임스 그랜스필드^{James Glandsfield} 서장은 "경찰의 회복적 접근으로 소년범죄를 50% 이상 경감시켰다. 회복적 정의는 결코 약한 처벌을 의미하지 않는다. 오히려 범죄 초기부터 실질적이고 직접적인 책임을 가르치는 방법이다."[22]라고 이야기하고 있다. 피해를 회복하는 자발적 책임을 통해 이뤄지는 정의야말로 다음 세대에게 진정한 의미의 책임을 가르치는 방법이 아닐까?

관계의 회복

세 번째 회복의 요소는 관계의 회복이다. 언제부터인가 우리 사회에서 이웃 간 발생하는 소소한 분쟁도 법원을 통해 해결하려는 사례가 늘어나고 있다. 나는 일전에 같은 아파트 동에 살면서 서로 소송 중인 사람들의 대화모임을 진행한 적이 있다. 그들은 법정 공방 중에 가장 힘든 일이 무엇이었냐는 나의 질문에 "아파트 복도나 엘리베이터에서 마주칠까 봐 아이들을 시켜 확인하고 다니는 불편함"이라고 대답했다. 일상의 불편함이 어땠으리라 쉽게 짐작할 수 있었다. 하지만 또 하나 어렵지 않게 짐작할 수 있는 사실은 이런 어려움과 불편함을 겪고도 재판 결과로 문제가 해소될 가능성이 거의 없다는 점이다.

요즘처럼 학생들 사이의 다툼이 손쉽게 사법 사건으로 번지는 시대에는 작은 분쟁이 커다란 공방으로 확대되는 현상 또한 빈번히 일어난다. 얼마 전부터는 학생들 사이의 갈등 상황에서 '그냥 친구들과 다시

22　　Hull Daily Mail, 'Restorative Justice is not a soft touch, clams senior Humberside Police officer.' 2012.

잘 지내고 싶다'고 하는, 또래들 사이에 흔히 나오던 관계의 욕구조차 사라지기 시작했다. 오히려 상대 학생을 학교나 교실에서 쫓아내달라는 단절의 요구가 자연스러운 기본욕구가 돼버렸다. 이런 현상을 그저 자기만 생각하는 이기적 세대의 문제로 치부할 수는 없을 것이다. 대화보다 대결에 익숙하고 단절을 넘어 처벌을 요구하는 것에 익숙한 부모 세대에 의해 만들어진 문화일 가능성이 크다. 이런 현실에서는 정의를 이루는 과정에 관계를 중심에 놓고 문제를 풀어가려는 노력은 약해질 수밖에 없다.

몇 년 전 경기도의 한 보육교사가 어린 학생을 야외행사에서 밀쳤다는 주장이 지역 인터넷 커뮤니티에 퍼지면서 그 교사는 지역 커뮤니티에서 마녀사냥의 대상이 되어버렸다. 하루아침에 주변의 공분을 한 몸에 받게 된 보육교사는 자신의 개인 정보가 온라인으로 퍼지자 심리적 압박을 견디지 못하고 3일 만에 극단적 선택을 해 생을 마감하고 말았다. 그 후로 책임 소지를 놓고 맘 카페 회원들과 피해자 유족, 유치원 간에 법정 공방이 이어지게 되었다. 누구의 책임인지를 떠나 홀로 계신 어머니와 결혼을 약속한 남자친구를 남긴 채 생을 마감한 보육교사의 죽음은 되돌릴 수 없는 안타까운 현실이 되었고, 우리가 지금 어떤 세상에 살고 있는지 돌아보게 했다.

이제 우리는 서로의 부주의가 오해를 낳고 끝나는 시대가 아니라 손가락 동작 하나로 누군가의 생명까지 앗아갈 수 있는 위기의 시대에 살고 있다. 너무 쉽게 피해자가 되고 또 너무도 쉽게 가해자가 되어버리는 환경에 노출되면서 서로를 믿을 수 없는 불신의 시대를 살고 있는 듯하다. 심지어 자동차 접촉사고가 났을 때도 먼저 안부를 묻거나 미안하다고 하지 말라고 가르친다. 먼저 사과하는 듯한 행동이 의도치 않은 불이익을 낳게 될 것을 염려하기 때문이다. 하지만 우리가 진짜 살고 싶어 하는 세상은 이런 사고가 났을 때 사람이 다치지 않았는지, 큰일 날 뻔했다고 서로 걱정해주는 세상이 아닐까? 언제부터인가 우리는 전문가들이 알려주는 방식으로 살아가는 것을 지혜로운 삶의 방식으로 인식하게 되었다. 오랫동안 알았던 이웃을 믿기보다는 한 번도 보지 못했던 낯선 변호사와 보험사 같은 전문가들을 더 신뢰하며 살아가고 있다. 그리고 인터넷에 떠도는 정보들을 맹신하며 '손해 보지 않는 삶'을 위해 치열하게 살아가고 있다.

내가 어렸을 때는 또래 친구들이 싸우면 부모님들은 친구들이 다시 사이좋게 지내기를 기대하면서, 적당한 기회를 봐서 집에 초대해서 밥을 같이 먹게 한다든지, 간식을 사들고 싸운 친구의 집으로 함께 찾아가 자녀들이 나눠먹게 하고는 어른들은 따로 '잡담'을 나누셨다. 지금 생각해보면 아무런 동의나 절차는 없었지만, 우리에게 관계가 회복될 수 있는 '안전한 공간'을 만들어주려고 노력하는 그 세대의 지혜였다. 우리 세대는 부모 세대보다 분명 더 많이 배우고, 더 많은 정보를 접하고, 더 많은 자원을 누린다. 그러나 우리는 관계성에 기초한 안전의 회복이란 가치를 잃어버렸다. 우리는 자녀 또래들의 싸움을 결코 부모 세대처럼 비공식적이고 개인적으로 풀어가지 않는다. 아이들이 싸운 것에 대한 관리 책임이 누구에게 있는지 따지고, 상대 부모가 우리를 무시하지 못하도록 자녀의 친구를 고소하는 일도 불사한다. 심지어 학교의 법이나 사법제도도 이런 시대의 요구에 맞춰 관계 회복이 생길 기회를 구조적으로 막아버린 면도 없지 않다. 정부는 그저 신고만 하면 문제가 자동으로 해결될 것처럼 권장해왔지만 이제는 감당할 수 없는 신고와 민원의 폭주에 시달리고 있다.

얼마 전 117 학교폭력 신고센터 전화 상담사를 대상으로 회복적 정의 강의를 진행한 후 한 상담사로부터 이런 말을 들은 적이 있다. "우리가 받는 신고 전화 중에 상당수는 그냥 주변의 어른들이나 친구들에게 도움을 받아 쉽게 해결할 수 있는 것들인데, 우리에게 먼저 신고를 하는 아이들이 많아지고 있어요. 우리가 당장 어찌해줄 수도 없으니 안타깝죠. 아이들에게 신고하는 방법만 가르쳤을 뿐 서로 어떻게 갈등을 풀면 좋은지 가르치지 않고 있는 건 아닌지 고민이 됩니다." 이런 문화가 더 심해지기 전에 이제라도 초등학교에서부터 다시 가르쳐야 할 주제는 준법을 넘어선 '관계의 기술', '사람의 기술'이지 않을까? 북미 원주민 모호크^{Mohawk}족의 언어인 카니엔케하^{Kanien'keha}에는 법과 정의라는 단어가 없다고 한다. 가장 가깝게 번역될 수 있는 말이 '함께 잘 사는 방법'이라고 한다. 잘못을 바로잡고 문제를 풀어가는 과정에서 관계성의 회복을 간과한다면 함께 잘 사는 방법을 망각한 세대가 나타나는 것은 아닌지 우려하지 않을 수 없다.

공동체의 회복

네 번째 회복의 요소는 공동체를 회복하는 것이다. 눈을 뜨자마자 스마트폰 하나로 세상의 모든 뉴스를 접하는 것이 현대사회의 일상이다. 어떤 사건의 발생과 동시에 관련 뉴스나 정보를 접하면서 진정한 디지털 정보화 시대에 살고 있다는 것을 실감한다. 이런 일상 환경의 변화는 SNS를 통해 시공간의 한계를 뛰어넘어 사회관계망을 형성할 수 있다는 장점도 있지만, 동시에 공동체성을 파괴하는 과도한 불안과 불신을 조장하는 데도 일조하는 양면성이 있다.

내가 어렸을 때 아버지는 가나안농군학교라는 사회교육기관에서 일하셨다. 이른 아침 아버지를 따라 형제들과 함께 동네를 도는 구보를 하고 마당에 서서 애국가를 4절까지 부른 후 학교에 간 적이 종종 있었다. 지금은 아련한 기억이지만 그 당시 아버지는 아침 의례를 마치면서 이런 훈화를 우리에게 들려주시곤 했다. "사람이 잘 산다는 것이 무엇이냐? 사람이 잘 산다는 것은 더불어 잘 사는 것을 '잘' 사는 것이라고 한다. 혼자 잘 사는 것은 자신을 불안하고 불행하게 만드는 것이다!" 지금 생각해보면 아버지는 가나안농군학교의 '복민주의福民主義'[23]에 영향을 받아 우리에게 그런 말씀을 한 것이라고 짐작한다. 당시 가나안농군학교 설립자인 김용기 장로는 "사명이란 '남을 위한 일'을 의미한다. 세상을 잘 살게 만드는 것이 궁극적 사명이지만, 세상을 잘 살게 만들려면 '남을 위해' 수고해야 하고, 그러다 보면 사명은 자연스레 '남을 위한 일'이 되는 것이지, '나를 위한 일'은 사명이 될 수 없다."[24]라고 가르치셨다.

복민주의가 아니더라도 우리의 부모 세대에는 '더불어 잘 사는' 마을 공동체, 사회공동체에 대한 공동의 가치가 존재했다. 그 이유는 이웃과 함께 더불어 살아야만 삶의 기본적 필요를 채울 수 있는 공동체 문화였기 때문이다. 삶의 주요 이벤트인 출산, 결혼, 장례와 같은 인생의 대소

23　복민주의는 가나안농군학교 창립자인 일가 김용기 장로가 주창한 민족을 구하는 제3의 길로써 기독교 사상에 기반을 두고 기복신앙을 배척하고 치열한 현실의 삶에서 땀 흘려 일하는 기독교 이상 공동체를 이루는 것을 강조한 사상이다.

24　조용식, 《가나안, 끝나지 않은 여정》, 포이에마, 2016.

사를 이웃들과 더불어 치르고 운영해왔다. 따라서 평소 이웃과의 관계와 공동체성은 물이나 공기처럼 삶에서 없어서는 안 되는 필수 요소였다. 하지만 불과 한 세대 만에 그런 삶의 필수 요소들이 선택 요소로 바뀌고 말았다. 산파 할머니의 역할은 병원과 산후조리원으로 대체되었고, 부산하게 혼례를 같이 준비하던 가족과 이웃의 역할은 웨딩플래너로 바뀌었다. 장례식은 상조회사의 몫으로 넘어간 지 오래이다. 어느새 우리 삶의 거의 모든 영역에서 세련되고 전문적인 전문가들의 역할이 필수가 되어가고 있다. 오늘 우리는 돈만 있으면 삶의 필요를 얼마든지 채울 수 있는 편리한 세상에 살고 있다. 평소 이웃과의 관계를 잘해놓지 않아도 살아가는 데 아무 지장이 없는, 공동체성이 필요하지 않은 세상으로 바뀐 것이다.

나는 우리 세대가 우리 민족이 수천 년간 이어온 무형의 자산인 공동체성을 철저하게 무너뜨린 첫 세대라고 생각한다. 나의 기억 속에 남아있는 어린 시절 부모님의 삶의 방식이나 마을공동체의 모습을 이제는 나의 자녀들에게 보여줄 수 없다. 그들이 기성세대가 되었을 때 공동체라는 단어가 과연 어떤 의미로 남아 있을지 염려하게 된다. 프로그램이 아닌 운동으로서 회복적 정의가 회복하고자 하는 가장 궁극적 목표가 있다면 바로 공동체성의 회복이어야 한다. 공동체성이 회복되지 않고서는 회복적 정의가 추구하는 세상이 실현될 수 있는 사회적 기반이 마련되기가 쉽지 않기 때문이다.

정의의 회복

마지막 다섯 번째 회복의 요소는 정의의 회복이다. 시간이 흘러갈수록 정직하게 사는 사람들, 바르게 살려고 노력하는 사람들이 왠지 어리석고 따분한 사람들로 치부되는 분위기가 형성되는 듯하다. 사회 곳곳에 불의와 타협하고 자기의 이해관계를 위해 어떤 일이라도 할 수 있는 냉혈 인간들이 늘어나고 있다. 이런 사회적 분위기는 사기꾼과 범죄자들에 의해 강화된 것이 아니다. 국정농단, 사법농단, 경제농단, 교육농단 같은 사회 지도층이 보인 정직하지 못한 불의한 모습과 잘못이 드러나도 부끄러워하거나 반성하지 않는 뻔뻔한 태도를 보면서, 과연 정의가 우리 사회에 중요한 가치가 되고 있는지 의구심마저 들게 만든다.

2016년 말, 대한민국이 커다란 위기에 빠지고 사람들이 촛불을 들고 길거리로 쏟아져 나와 '대통령 하야'를 외칠 당시 나는 한 무리의 문제 학생들을 만나 교육하고 있었다. 회복적 정의 강의가 어렵고 따분했을 그 친구들에게 마지막으로 질문이 있는지 물었다. 한 친구가 이렇게 말했다. "선생님이 정의에 관해 이야기를 하신 것 같은데, 이런 수업은 우리가 아니라 저기 높은 분들에게 가서 해야 하는 것 아닌가요?" 나는 강의 내용을 듣고 이해한 그 친구에게 고마웠고, 동시에 이런 불의한 세상을 만드는 데 일조한 기성세대의 한 사람으로서 미안했다.

사실 우리가 진짜 걱정해야 할 학생들은 학교를 힘들게 하는 문제 학생들이 아닐지 모른다. 그들은 이미 자신들이 받아야 할 충분한 비난과 질책을 받았다. 어쩌면 진짜 문제아는 지금 교사들의 인정과 축복을 한 몸에 받는 '모범 학생'일지도 모른다. 추운 겨울 시린 손으로 촛불을 밝히며 우리가 그렇게 개혁하려고 했던 각종 농단의 주인공들은 결코 학창 시절 '문제 학생' 출신이 아니다. 오히려 항상 1등을 차지하고, 최고의 대학에 들어가 학교와 교사들이 자랑으로 여긴 뛰어난 '모범 학생' 출신들이다. 이들은 학습능력과 인지능력이 뛰어났을지 모르지만, 자신과 주변 사람들의 이익만 생각할 뿐 사회공동체의 공익을 돌아보는 공동체성과 관계성에 대한 이해가 낮은 사람들이었다. 오히려 한 사회의 지도자들로서 자기들에게 운영을 맡긴 공공재를 마치 사유재로 인식하고 불의하게 착복함으로써 사회공동체에 막대한 피해를 준 중범죄자들이다.

이는 우리 사회 교육 시스템이 생산해온 엘리트주의의 문제점이 아닐 수 없다. 더욱 심각한 것은 얼마 전 큰 인기를 얻은 어떤 TV 드라마에서 적나라하게 표현된 것처럼 이런 불의하고 정의롭지 못한 엘리트들이 지금도 사회에서 계속해서 양성되고 있다는 점이다. 어린 시절부터 치열한 경쟁적 교육환경 속에서 승자만이 인정되는 승자독식 문화에 익숙해진 교만한 엘리트들이 사회를 정의로운 방향으로 이끌고 갈 수 있을지 의문이다. '정직하면 손해 본다'는 인식이 공공연한 상식인 세대에게 올바름과 정의로움을 중요한 삶의 가치로 가르칠 수 있을까? 어쩌면 우리 세대는 정의 자체가 새롭게 정립되고 중요한 사회 가치로 회복되도록 함께 노력해야 하는 시대를 살고 있는지 모른다. 결국 회복적 정의가 말하는 회복에는 정의 자체가 회복되기를 기대하는 간절한 바람이 포함되어 있다.

이처럼 회복적 정의가 말하는 회복의 의미는 단순히 문제가 생기기 전으로 돌아가는 요술 방망이와 같은 기적을 만들자는 것이 아니다. 서구 사법에 큰 영향을 준 구약의 언약법의 언어인 히브리어에서 정의를 뜻하는 말인 츠다카sedequah와 미슈파트mishpat 같은 단어의 원래 뜻은 '올바른 자리매김', '바르게 돌려놓는 것'을 의미한다. 놀랍게도 우리말 사전에 회복이란 단어의 뜻인 '원래의 좋은 상태로 되돌리는 것', '원래의 상태를 되찾는 것'과 일맥상통한다. 이 해석에 한정해서 보면 회복적 정의는 어쩌면 동의어를 반복하고 있는 것인지도 모른다. 정의의 궁극적 의미가 올바르게 회복되는 것이고, 회복의 궁극적 의미가 최대한 원래의 좋았던 상태로 되돌리는 것이라면 정의는 무엇을 회복할 것인가에 대한 분명한 이해와 기준에서부터 시작되어야 한다.

결국 회복적 정의 관점에서 어떤 문제가 해결되고 있다는 의미는 그 피해가 얼마나 회복되고 있는지, 자발적 책임이 얼마나 이뤄지고 있는지, 그 결과가 관계와 공동체의 회복을 향하고 있는지, 그리고 모두를 위한 정의가 제대로 이뤄지고 있는지 반문하는 과정이어야 한다. 모든 삶의 영역이 전문가에 의해 이뤄지는 시대에는 효율성을 중요시하기 쉽다. 그러나 전문가의 시대가 잃어버리기 쉬운 것은 사회공동체가 제대로 잘 가고 있는가 하는 방향성이다. 방향을 잘못 잡은 사람들이 열심히 일하는 사회는 더 잘못된 방향으로 갈 수밖에 없다. 회복적 정의가 말하는 회복은 정의를 이룬다는 개념을 넘어 오늘날 정의가 추구해야 할 방향성이 어디를 향하고 있는지 점검하는 노력을 포함하고 있다.

비판받는 회복적 정의

도전과 기대 사이에서

그동안 응보적 정의 패러다임이 여러 측면에서 회복적 정의 지지자들에 의해 비판을 받았듯이 회복적 정의도 똑같이 많은 비판에 직면해 있다. 나 또한 강의나 워크숍을 통해 한국 사회에 생소한 개념인 회복적 정의 담론을 형성하고자 시도해오면서 많은 도전적 질문에 직면해야만 했다. 결과적으로 사람들이 제기한 수많은 질문—동의하든 그렇지 않든—은 나에게 하나의 패러다임으로 세상을 볼 때 가질 수 있는 오류에 대한 경각심이 들도록 했다. 동시에 회복적 정의의 실천가들이 반드시 짚고 넘어가야 할 주제들을 깊이 고민하도록 만들어주었다. 나는 그동안 만난 사람들에게서 가장 많이 들었던 회복적 정의에 대한 비판적 질문들과 나름대로 답변해왔던 내용을 소개하고자 한다. 이를 통해 회복적 정의에 대한 좀 더 명확한 이해가 생기기를 바라고 여전히 부족한 이해와 답변에 더 지혜로운 해답들이 덧붙여지길 바란다.

1) 온정주의에 입각한 결과

> 질문: 회복적 정의가 정의에 대한 것이라면 잘못된 행동을 하는 사람
> 을 처벌하지 않는 것이 옳은 일(정의)인가? 회복적 정의가 피해
> 자를 위한 것이라고 했는데 오히려 가해자에게 너무 관대한 것
> 이 아닌가?

회복적 정의가 처벌에 반대되는 개념이라는 생각은 오해이다. 아마
도 '피해 회복이 먼저다' 또는 '처벌로 모든 정의 필요를 다 채울 수 없다'
는 주장이 주는 어쩔 수 없는 '우려'라고 생각한다. 회복적 정의에서 강
조하는 피해 회복이 먼저라는 의미나 처벌이 당사자의 필요를 모두 채
울 수 없다는 주장은, 결코 처벌이 필요 없다는 논리가 아니다. 오히려
진정한 의미의 처벌은 피해 회복과 연관이 있어야 한다는 뜻이다. 사실
우리가 정말로 걱정해야 할 '우려'는 잘못을 한 사람이 강제적 처벌을 수
행한 후에 '나는 책임을 졌다'고 이해하는 것이다. 만약 가해자가 졌다고
하는 책임이 피해자와 공동체를 회복하는 것과 무관하게 이뤄진다면,
그것을 어떻게 진정한 책임이라고 할 수 있을까? 회복적 정의가 우리에
게 던지는 도전은 누구를 더 봐주고 덜 봐줄 것인가의 문제가 아니라,
근본적으로 책임을 진다는 것이 과연 어떤 의미인지 재규정하도록 돕는
다는 점이다.

회복적 정의는 가해자에게 너무 약한 처벌 Soft Punishment이라는 비판은
늘 있어왔다. 하지만 과연 강한 처벌이란 무엇을 뜻하는지 한번 진지하
게 생각해볼 필요가 있다. 자신이 누구인지 알지도 못하는 (주로 강한 선

입관을 가진) 제삼자 앞에 서서 비난을 받고 처벌 결정을 받는 것이 강한 처벌일까? 아니면 내가 한 행동 때문에 강제로 받아야 하는 불이익이 강한 처벌일까? 나는 가장 강한 처벌은 자기의 잘못된 행위로 피해와 영향을 받은 당사자들 앞에서 자신의 잘못을 직면하는 시간이라고 생각한다. 우리 경험에서 보면 학교든 사회든 나를 잘 아는 사람들 속에서 이뤄지는 자기 잘못에 대한 직면만큼 부담스럽고 고통스러운 것이 없다. 내가 진행한 회복적 대화모임의 경험으로 볼 때 나는 회복적 접근이 가해자에게 더 관대하다는 생각에 결코 동의할 수 없다. 응보적 처벌과 비교해 오히려 더 많은 수치심을 경험해야 하고, 스스로 해야 하는 구체적인 의무가 더 늘어나면 늘었지, 결코 줄어들지 않는다. 회복적 대화모임에서는 거짓으로 둘러댈 기회도, 숨을 공간도 거의 허락되지 않는다. 그 불편하고 고통스러운 과정이 있기 때문에 진정한 의미에서 책임을 배울 수 있고, 피해자에 대한 공감과 용서와 화해의 경험도 가능한 것이다.

2) 사회적 경종으로서의 처벌

질문: 처벌의 목적에는 다른 사람들에게 본보기가 되는 결과를 보여주기 위한 '사회적 경종'의 기능도 있는데, 회복적 정의는 당사자 간 해결에 초점을 두기 때문에 사적 만족도는 높일 수 있겠지만 이런 사회적 예방 기능을 못하는 것은 아닌가?

충분히 동의할 수 있는 문제 제기이다. 재차 강조하지만, 회복적 정의와 응보적 정의는 무엇이 맞고 무엇이 틀린 문제라기보다는 차이가 있는 다른 관점이다. 따라서 두 관점에는 확연히 다른 출발점이 존재한다. 회복적 정의 프로그램의 원칙들 가운데 자발성과 비밀보장이라는 요소가 있다. 그런데 사회적 경종이라는 말에는 강제성과 낙인효과를 노린다는 정반대 개념이 깔려 있다. 물론 회복적 정의가 사회적 예방이라는 교훈을 주려는 의도는 응보적 정의의 처벌을 통해 이루려는 그것과 크게 다르지 않다. 다만 차이는 응보적 접근에서는 잘못을 밝히고 강제적 처벌의 결과를 공유함으로써 공동체의 두려움을 자극한다면, 회복적 접근은 그 선택(공개)마저도 당사자들의 자발성에 맡겨져 있다는 점이다. 대신 책임져야 할 사람의 구체적 행동 변화와 실천의 내용을 통해 공동체에서 서서히 관찰되고 전파될 뿐이다. 다른 차원의 이야기로 들릴 수 있겠지만, 사회에는 어떤 잘못을 한 사람이 어떤 처벌을 받았다는 뉴스가 넘쳐나는데도 오히려 사람들은 더 불안하고 불신하는 세상에서 살고 있다고 느끼는 때가 많다. 무수한 사회적 경종에도 불구하고 왜 세상은 점차 험악해지고 있는 것일까? 나는 이 질문도 반드시 함께 고민해야 할 질문이라고 생각한다.

또 다른 측면은 처벌을 진정한 의미에서 사회적 교육으로 볼 것인가라는 점이다. 만약 사람들이 벌이 무서워서 법을 지키려 한다면《레 미제라블》에 나오는 명대사처럼 우리는 '법의 노예'밖에 되지 못한다. 우리가 학교에서 성숙한 학생이 되라고 가르치는 것은 누군가 지켜보고 있을 때와 그렇지 않을 때 행동이 크게 다르지 않기를 기대해서이다. 마찬가지로 사회문화가 성숙해지고 발전하면 시민들은 처벌이 무서워서가 아니라 무엇이 바른 행동인지 알기 때문에 다른 사람에게 피해를 주는 행위를 하지 않게 된다. 우리 조상들도 나라를 다스리는 임금이 할 수 있는 최고의 정치 형태를 법치法治가 아니라 덕치德治로 봤다. 《논어》에는 '만약 백성을 정政으로 다스리면 백성들은 단지 형刑을 피하려고 하고 부끄러움을 느끼지 아니할 것이요, 만약 덕德으로 인도하고 예禮로써 다스리면 백성이 스스로 부끄러움을 알아 스스로 자신을 다스릴 것이다'[25]라고 가르치고 있다.

근대 형법의 기본원리인 죄형법정주의는 법률이 없으면 범죄도 규정될 수 없고 따라서 처벌도 할 수 없다고 본다. 즉 피해가 발생했더라도 피해를 준 행위가 위법해야 처벌할 수 있다는 논리이다. 여기서 위법성을 밝히는 책임은 국가에 있다. 이런 원칙이 만들어놓은 사회의 부정적 단면은 스스로 책임지는 자발적 책임을 어리석은 행동으로 간주한다는 것이다. 잘못을 한 사람이 자신의 죄를 밝힐 책임이 국가에 있다는 인식은 수단과 방법을 가리지 않고 법망만 빠져나가면 처벌을 면할 수 있다는 천박한 이기주의 사회로 향하게 할 위험성이 늘 존재한다. 그보다 긍정적 선을 지향하는 시민들이 늘어나는 사회가 더 살기 좋은 공동체라는 평범한 진리를 진정한 의미의 사회적 교육으로 봐야 하지 않을까? 아인슈타인은 '만약 사람들이 처벌을 두려워하고 오로지 보상을 위해 선량해진다면 우리는 진정 비참한 존재이다.'라고 일갈했다. 갈수록 금권과 편법에 정의가 왜곡되고 있는 사회에서 한번 고민해볼 만한 문제 제기가 아닐 수 없다.

25　　논어論語 위정편爲政篇, "子曰 道之以政 齊之以刑 民免而無恥. 道之以德 齊之以禮 有恥且格."

3) 법적 안정성과 형평성 훼손

질문: 응보적 정의는 최소한 동일행위(범죄)에 대한 동일처벌을 일괄적으로 적용할 수 있는데 반해 회복적 정의는 전부 다른 결과를 가져올 수밖에 없다. 과연 그것을 균형 또는 형평성이라고 말할 수 있는가?

정의의 여신이 들고 있는 저울이 균형을 이루는 것이 정의라는 전제가 깔린 비판이다. 실제로 회복적 정의는 당사자 사이의 대면을 통한 직접 해결을 강조하기 때문에 객관성이 결여되고 같은 범죄에 대해서도 서로 다른 결론이 나올 수 있어 응보적 정의보다 법적 안정성을 훼손할 개연성이 큰 것은 사실이다.[26] 하지만 이 우려는 국가와 범죄자 사이의 관계성만 놓고 볼 때 유효한 주장이다. 피해자의 관점에서 본다면 잘못이 일어나는 순간 피해가 발생하는 것이지, 유죄가 확정돼야 비로소 피해가 인정되는 것은 아니다. 법적으로 동일한 범죄라고 할지라도 피해자가 경험하고 느끼는 피해는 사람에 따라 달라질 수밖에 없고 그들의 요구 또한 동일할 수 없다. 따라서 가해 중심 접근을 통해 법적 안정성을 확보하려는 응보적 정의가 말하는 형평성과 피해자를 비롯한 당사자의 필요를 채우는 것이 핵심인 피해 중심 접근이 말하는 형평성은 근본적으로 다를 수밖에 없다.

회복적 정의는 기계적 형평성이 아니라 선택적 중립성을 추구하기

26　김은경·평화여성회 갈등해결센터, 〈21세기 소년사법개혁의 방향과 과제(II): 회복적 소년사법 실천모델의 효과성 연구〉, 한국형사정책연구원, 2008, p. 189.

때문에 피해자와 가해자, 그리고 공동체의 정의 필요를 채우는 것을 진정한 의미의 균형으로 이해한다. 영단어 처벌 'punishment'의 어원이 되는 그리스어 'pune'는 발생한 피해에 대한 금전 교환을 뜻한다. 이 말을 풀어보면 '잘못은 갚아야 하는 책무를 만들고 정의는 피해를 최대한 원상회복하기 위한 방법을 요구한다.'[27]는 의미가 된다. 따라서 유죄 확정과 처벌 결정으로 이뤄지는 현대 형사사법의 절차는 오히려 원래 처벌이 내포하고 있는 '피해자를 향한 책무'를 왜곡하는 측면이 있다. 또한 사법에서 유죄 여부를 밝힐 의무가 국가에 있기 때문에 나타나는 심각한 위험성(범죄자의 인정 거부, 사실 은폐, 피해자 소외 현상 같은)을 어떻게 할 것인지도 큰 문제가 아닐 수 없다.

형평성의 다른 측면에서 '부익부 빈익빈' 현상이 회복적 정의에서 나타날 수 있다는 점도 우려 사항이다. 경제력이 있는 가해자의 경우 피해자에게 손해배상을 적극적으로 해줌으로써 좀 더 유리한 결론에 이를 수 있고 용서를 받을 가능성이 상대적으로 커질 수밖에 없다. 하지만 이런 문제는 기존의 형사사법에도 똑같이 나타나는 현상이다. 금권을 이용한 정의 왜곡 현상이 회복적 정의만의 문제라고 보는 것은 과도한 우려라고 할 수 있다. 오히려 회복적 정의는 경제적 배상이 피해자의 요구에 직접적으로 맞춰진다는 측면에서 피해자의 고통과 소모적 낭비를 줄일 수 있다는 장점이 있다.

응보적 정의의 작동 원리인 잘못에 비례한 처벌은 분명 합리적이고 심지어 과학적이기까지 하다. 하지만 과연 저울의 균형을 이루는 것이

---

27   하워드 제어, 위의 책, p.136.

처벌하는 궁극적 목적인지는 진지하게 고민을 해봐야 한다. 오히려 처벌의 궁극적 목적은 가해자가 잘못을 반성하고 잘못을 반복하지 않도록 하기 위함이다. 또한 피해자의 실질적 피해 회복을 위한 직접적인 책임의 이행이라는 면이 약화되지 않아야 한다. 그런 의미에서 처벌의 원래 목적에 맞는 처벌의 효과성이나 존재 이유를 다시 정립할 필요가 있다.

4) 재피해자화 위험성

질문: 대면하는 과정을 피해자들이 힘들어하고 더 큰 피해를 줄 수도 있는데 위험하지 않은가? 피해자가 부담스러운데 가해자를 만나는 회복적 대화모임 같은 대면 프로그램을 해야 하는가?

사실 회복적 정의만큼 정의를 이루는 과정에서 구조적으로 소외되어 온 피해자의 필요를 채우는 것을 강조하는 정의 패러다임은 없다. 그럼에도 회복적 정의 접근이 오히려 피해자를 부담스럽게 하고 더 힘들게 한다는 비판을 받는 것은 안타까운 일이다. 실제로 회복적 대화모임 같은 회복적 정의 실천 프로그램을 운영하며 가장 어려운 부분도 피해자들의 참여를 이끌어내기가 쉽지 않다는 점이다. 하지만 이는 당연히 예측되고 충분히 이해되는 부분이기도 하다. 피해자가 회복적 정의 프로그램에 참여하는 것을 꺼리거나 힘들어한다고 해서 이런 접근이 필요 없다거나, 심지어 잘못되었다고 하는 것은 피해자를 위한 다른 차원의 필요한 논의마저 막아버리는 오류를 만들어내기 쉽다. 피해자의 참여가 왜 어려울 수밖에 없는지, 그럼에도 불구하고 왜 필요한지는 두 가지 측면에서 설명할 수 있다.

첫째, 회복적 정의가 말하는 직면을 통한 문제해결 방식은 피해자를 강제로 참여시키는 것으로 오해되기 쉽다. 피해자에게 가해자를 만나서 이야기하라는 것은 사지로 다시 떠밀어 넣는 것과도 같다. 마치 아이들이 싸웠을 때 내가 봐줄 테니 너도 맞은 만큼 때리라고 말하는 비교육적인 어른의 모습과도 같다. 그러나 회복적 정의에 가장 중요한 원칙은 자발성이다. 아무리 대화를 통한 당사자 간 해결이 많은 장점이 있고 피해자를 중심에 놓고 피해자의 많은 필요를 채울 수 있다고 해도 그 과정은 자발적이어야만 한다. 피해자는 충분한 사전 정보와 예측 가능한 장단점, 진행 절차와 대화방식, 안전보장 등 많은 요소를 충분히 확인하고 이해한 다음 스스로 참여 여부를 결정해야 한다. 이런 결정은 혼자보다는 피해자를 지지하고 지원할 수 있는 동반자, 지지자들이 함께할 때 그 가능성이 커진다.

사실 피해자가 상대를 만나지 않고 자기에게 생겨난 정의 필요를 채울 수 있다면 그것이 최선의 선택일 것이다. 하지만 응보적 정의 시스템에서는 가해자의 처벌이라는 사회적 또는 공동체적 필요는 채울 수 있을지 몰라도 피해자의 필요를 채우기에는 한계가 있다. 실제로 대화모임을 준비하기 위해 피해자들을 만나 대화를 나누다 보면 공통으로 나오는 요구 사항으로 '가해자의 진지한 반성과 사과'와 '금전적 배상을 받는 것' 그리고 '행동 변화(재발방지)를 보장받는 것'이 막연히 기대하는 '처벌을 받는 것'보다 더 많이 나타난다는 사실을 알 수 있다. 따라서 바로 동의하지 않을지 모르지만, 피해자의 필요를 채울 수 있는 가장 직접적이고 빠른 최적의 환경은 아이러니하게도 직접 대면 또는 최소한 비대면 대화모임[28]을 통해서라도 스스로 문제 해결의 주체가 되는 것이다. 단 피해자가 가장 적절하다고 생각하는 시기, 장소, 방식을 고려하는 것이 전제되어야 한다.

우리가 피해자의 회복을 진정으로 바란다면 그들의 실질적인 이익을 가장 먼저 고려해야 한다. 피해자 보호만으로 채울 수 없는 피해자의 요구가 많은데 그것은 그들이 긍정적이고 직접적으로 정의를 경험하지 못하기 때문에 생기는 현상일 가능성이 크다.[29] 따라서 주제 넘는 이야기이지만 나는 피해자도 응보적 정의 관점을 넘어 회복적 정의에 관한 이해와 교육이 필요하다고 본다. 응보적 정의만 아는 피해자는 처벌 요구만 외치다가 오히려 자신의 회복에 진정 필요한 것이 무엇인지 놓쳐버릴 수 있기 때문이다. 그런 점에서 여러 나라에서 점차 확대되고 있는 '피해자 권리와 지원에 관한 법적 공지 의무화'[30] 같은 장치는 매우 중요한 제도적 고려 사항이다.

둘째, 문화적으로 익숙한 방식이 아니기 때문에 피해자가 참여하기가 쉽지 않다. 우리는 피해나 어려움을 겪은 사람에게 자기 문제 해결 과정의 권한을 주지 않는 환경에서 자라왔다. 어린아이 때부터 누군가 피해를 본 사람에게 무엇을 하고 싶고 어떻게 해결할 수 있는지 잘 묻지

28 　최근 영상, 녹음, 서신 등을 활용한 비대면 조정이나 셔틀 조정 같은 방식도 활용되고 있다. 더 자세한 내용은 다음 장의 '회복적 정의 실천 프로그램'을 참조하길 바란다.

29 　하워드 제어, 위의 책, pp.56-57.

30 　영국의 경우 2015년 법무부에서 범죄피해자 지원을 위한 실행지침The Code of Practice for Victims for Crime을 지정하여 사법의 어느 단계에서도 피해자들이 회복적 정의 서비스를 포함하여 자신들이 받을 수 있는 법적 권리와 절차적 지원에 대한 공지를 받을 수 있도록 하고 있다. (Kerry Clamp 2018)

않는다. 그 대신 권한이나 힘을 가진 제삼자가 어떤 조치나 해결책을 내주는 방식에 익숙하다. 이런 문화가 합리적이고 더 타당하다고 보는 이유는 두 당사자 사이에 존재하는 힘의 불균형을 바로 잡는데 적합하다고 생각하기 때문이다. 정의를 이룬다는 것을 제삼자가 개입하여 그 불균형을 바로잡아주는 과정으로 볼 때, 우리에게 익숙한 방식은 힘이 센 쪽을 억누르고 통제하는 방식으로 균형을 잡는 것이었다. 그러나 이런 방법은 가해자를 주인공으로 만들어버리고 피해자를 소외시키는 결과를 낳고 말았다.

회복적 정의가 말하는 정의를 이루는 방식은 피해자에게 '힘을 실어주는empowerment 과정'을 통해 균형을 이루는 것이다. 더 정확하게는 가해자의 힘을 빼는 것과 피해자의 힘을 올리는 방식을 병행하는 것이다. 실제로 회복적 대화모임을 하다 보면 두 당사자 사이에 힘이 역전되는 현상을 보게 되는데, 그때마다 피해자들의 힘이 어디서 오는 것일까 새삼 놀라게 된다. 누구나 피해를 볼 수 있지만, 모두가 피해를 극복하는 것은 아니다. 진정한 피해 회복은 피해자 자신이 원래 갖고 있던 힘을 되찾도록 하는 것에서부터 시작된다. 회복적 대화모임에 참석한 피해자 대부분에게서 상대에 대한 두려움이 감소하고 피해 감정이 해소되어 정상적 생활을 다시 찾는 데 도움이 된다는 결과가 많이 나타난다. 일례로 소년법원의 화해권고에 참여한 피해 학생과 보호자들을 상대로 한 조사에서 '상대가 보복하지 않을 것'이라고 생각하는 비율이 대화모임 전에는 30%에서 대화모임 이후에는 74%로 급상승한 사실을 알 수 있다.[31]

---

31   김은경·평화여성회 갈등해결센터, 위의 책, p.175.

피해자의 가해자에 대한 인식 변화는 가해자의 처벌과는 별개로 대화모임 과정에서 자신의 힘을 재발견하는 기회를 부여받았기 때문에 가능하다. 피해자에게 강요할 수는 없지만 충분한 정보와 지원, 지지를 통해 회복의 여정에 동행하는 일은 반드시 강화되어야 하고, 그 발전의 길 위에 사회공동체가 보조를 맞춰가야 할 것이다.

5) 공동체 부재

> 질문: 회복적 정의가 말하는 정의는 공동체의 역할을 강조하고 있는데 현대사회에서 공동체를 어떻게 정의할 것인지, 어디까지를 공동체로 보고 그 참여와 책임을 이야기할 수 있는지 불분명하다. 공동체의 실존적 부재 속에서 회복적 정의가 얼마나 가능할 것인가?

회복적 정의가 갖는 근본적 한계는 인류의 오랜 전통인 공동체 정의 Community Justice를 현대사회에서 되살려내려는 시도 자체일 것이다. 피의 보복이 빈번하던 개인 간 정의 시대에서 공동체의 관계와 위계 속에서 자연스럽게 형성된 공동체 정의 시대로 넘어가면서, 공동체 리더들이 갖는 권위는 위에서 주어지는 것이 아니라 아래에서부터 세워지는 것이었다. 존중과 존경에 기초한 자발적 복종이 없이는 이뤄질 수 없는 사회 정치구조이다. 경제구조 또한 협력과 협동을 통한 상호의존 방식이 기초를 이루고 있기 때문에 인간의 삶에서 공동체는 물과 공기처럼 없어서는 안 되는 필수 요소였다. 따라서 공동체 정의 시대에 가장 큰 벌은 추방과 파문이었다. 기독교 문화권에서 파문excommunication은 교회의 예식에 참여할 자격을 박탈하는 것을 의미했다. 이런 조치는 인간 관계적인 물리적 제약을 넘어 신과의 관계에서마저 교감을 중지시키는 영적 파문의 의미까지 담고 있는 가장 가혹한 벌이었다. 이런 사회구조 속에서는 관계와 상호의존성에 기초한 공동체 정의가 힘을 발휘할 수 있었다. 잘못은 한 개인에 대한 것이 아니라 전체에 대한 것으로 간주했고, 따라서 책임도 개인의 회복을 넘어 공동체의 치유를 목적으로 이뤄졌다. 공동체를 떠나는 것은 모든 것을 빼앗기는 처벌이었기에 가능한 정의 개념이었다.

그런데 오늘날 현대사회에서는 개인주의적 삶이 부정적 의미로 인식되지 않는다. 심지어 개인의 단절이나 고립이 사회적 사망선고로 해석되지 않는 시대를 살고 있다. 개인의 능력과 경제력으로 얼마든지 자기 필요를 채울 수 있는 라이프스타일이 지배하게 되면서, 다른 사람들과 관계 맺고 살아가면서 필요를 채우는 방식보다 상호 계약 관계 속에서 필요를 채우는 방식을 편하게 느끼게 되었다. 이런 사회문화적 환경 속에서 공동체의 역할을 중시하는 회복적 정의 패러다임은 좋은 의미에서는 이상적이고, 나쁜 의미에서는 비현실적 주장처럼 보일 수밖에 없다.

그러나 공동체가 약하거나 없다고 해서 회복적 접근이 불가능하다고 보는 것은 공동체를 되살릴 환경을 더욱 약화시키는 것에 다름 아니다. 나는 대학원 시절 하워드 제어 교수에게 똑같은 질문을 던진 적이 있었다. "관계와 공동체성이 약한 현대사회에서 장기적으로 회복적 정의가 정말 작동될 수 있다고 보십니까?" 그의 답은 의외로 간단했다. "그것이 강하든 약하든 공동체의 존재는 인간의 삶에 축복이고 선물입니다. 현대사회에서 공동체가 약하다면 그 이유로 오히려 회복적 정의가 더욱 필요한 것이지요." 결국 공동체를 강화하는 정의를 추구할 것인가, 공동체를 약화시키는 정의를 추구할 것인가 하는 지금의 선택이 미래의 우리 사회공동체 성격을 규정하고 있다는 점을 간과해서는 안 된다. 지금 공동체가 약하거나 없어서 회복적 정의가 소용이 없다는 인식이 아니라, 미래를 위해 공동체를 강화하는 정의가 오히려 우리에게 더 필요한 때라는 인식의 전환이 필요하다는 의미이다.

그런 의미에서 가장 이상적인 회복적 정의 실천 모델이라고 인정받는 뉴질랜드의 가족 자율협의회Family Group Conference, FGC와 같이 당사자들과 가족, 친구, 지역사회 대표, 사회복지사, 사법관계자 등이 함께 참여하는 공동체 대화모임 형태가 현대사회에서 더욱 권장되어야 한다. 비록 범죄나 잘못이 유리창을 깨고 문을 부숴버린 위기를 만들었지만, 결과적으로는 옛집 터에 새로운 집을 지을 기회를 주는 것과 같기 때문이다.

2000년대 후반 서울가정법원 소년부에서 화해권고제도를 만들 때 나는 뉴질랜드의 FGC 모델을 지향하도록 주장했다. 하지만 한국에서는 체면문화가 강해서 친척이나 친구, 교사 등의 참여가 더 큰 분란을 일으키고 낙인 현상을 강화할 것이라는 우려 앞에서 좌절되었다. 그렇지만 체면문화 때문에 오히려 FGC와 같은 가족 참여형, 공동체 참여형 모델이 더 잘 운영될 수 있다는 믿음에는 변화가 없고, 내가 현장에서 진행한 숱한 대화모임이 이를 증명해주었다. 앞으로 사법기관이나 교육기관에서 회복적 정의 프로그램을 실현하려면, 자격을 갖춘 전문 조정위원만을 위촉하는 것으로는 한계가 있다. 더 근본적으로 특정 사건으로 영향을 받게 되는 가능한 모든 사람이 참여하고 그 결과도 지역공동

체 안에서 실행하고 확인할 수 있는 방식으로 새롭게 디자인할 필요가
있다. 점점 파편화되는 현대사회야말로 진정으로 공동체성을 회복하는
정의가 필요한 곳이다.

6) 효율성 문제

질문: 회복적 접근은 동의하지만 시간과 에너지가 너무 많이 드는 것
   같은데, 효율성 측면에서 보면 현실적으로 쉽게 시도하거나 추
   천하기 어려운 접근이 아닌가?

회복적 접근은 많은 과정과 모임 심지어 사후의 노력에 이르기까지
상당한 에너지와 오랜 시간을 요구한다. 거기에 더해 당사자들과 공동
체의 자발적 참여까지 기대하기 때문에 그만큼 고려해야 할 사항이 많
다. 따라서 회복적 접근은 효율성이 떨어진다. 이와 반대로 응보적 접근
은 강제적이고 주로 규정된 절차에 따라 진행되기 때문에 과정도 간단
하고 시간과 에너지도 상대적으로 덜 든다. 또한 피해자와 공동체의 참
여를 기대할 필요가 없기 때문에 거의 반 이상의 일을 고민할 필요가 없
기도 하다. 어떻게 보면 매우 효율적 접근이다. 하지만 우리가 말하는
'효율성'이 과연 어떤 의미인지 곰곰이 생각해보면 전혀 다르게 평가해
야 할 부분이 있다.

정의를 이루는 과정에서 중요하게 고려해야 할 효율성은 두 가지로
나뉜다. 하나는 절차적 효율성이고 또 다른 하나는 결과적 효율성이다.
과정과 절차가 얼마나 효율적으로 운영될 수 있는가 하는 문제는 절차

를 운영하는 사람들의 입장을 주로 고려한 것이다. 그 결과가 원래 취지와 목적에 부합하는 효과를 내고 있는가 하는 문제는 당사자들의 입장에서 생각하는 효율성이다. 이 두 영역이 모두 중요하겠지만 우리가 정의를 이루려는 궁극적 목적은 좀 더 안전하고 평화로운 사회공동체를 만들고자 하는 것이다. 이를 위해서는 잘못한 사람은 정의 과정을 통해 잘못을 바로잡고 반성하는 것이 중요하고, 피해를 본 사람은 할 수 있는 한 최대의 회복과 치유가 이뤄져야 한다. 그리고 그 과정과 결과를 통해 공동체는 불안과 두려움이 아닌 예측 가능한 안전한 공동체라는 인식을 회복하는 것이 중요하다. 그러므로 굳이 따지자면 절차적 효율성보다 결과적 효율성에 초점을 맞추는 편이 궁극적 정의 구현이라는 목적에 부합한다. 결과가 효과적이지 않으면 절차가 아무리 효율적이라고 해도 큰 의미가 없기 때문이다.

이런 측면에서 보면 지금 당장은 많은 시간과 에너지가 들더라도 지속가능한 접근을 선택하는 것이 궁극적 효율성을 높이는 길이라는 것은 분명하다. 한번은 내가 맡은 회복적 대화모임이 6시간 이상 진행되는 바람에 생각보다 늦게 법원을 나오게 된 적이 있다. 그때 마침 사건을 의뢰한 담당 판사도 퇴근하는 중이라 같이 만나 법원 앞에서 잠시 이야기를 나누게 되었다. 예상보다 오랫동안 대화모임이 이어졌지만 좋은 결과가 도출된 것에 대해 감사를 표현하면서 그 판사는 이런 이야기를 해주었다. "선생님들이 오늘처럼 장시간 하는 수고가 지금은 매우 비효율적인 것 같지만, 오늘 모임을 통해 당사자들이 가져가는 교훈은 아마 평생 남을 겁니다. 그 친구들이 이렇게 피해자를 만나 반성하고 책임지는 것이 미래에 더 많은 피해자를 만들고 그것을 수습하기 위해 써야 하는 엄청난 사회적 비용을 줄이는 일이 될 수 있을 겁니다." 이처럼 회복적 대화모임을 통해 한 사람이 진정한 책임을 배우게 된다면, 또 누군가 평생에 남을 상처가 치유되는 계기가 된다면, 또 미래에 생길 수 있는 피해자를 예방할 수 있다면, 당장의 비효율성과는 비교할 수 없는 미래의 엄청난 효율성이 우리에게 돌아올 것이다.

이 점은 학교도 마찬가지이다. 문제를 일으키는 학생들을 그냥 학생부로 보내버리고 학교는 절차에 따라 징계를 내리면 효율적이다. 반면 학교에서 회복적 접근을 접목하여 대화모임을 열고, 관련된 학생들 또는 학급공동체 전체와 이야기를 하는 것은 시간과 과정을 확보하기에는 너무 오래 걸리고 어려운 과정이다. 하지만 초기에 시간을 들여 회복적 접근을 할 수 있는 체계와 학급문화를 잘 정착시켜놓는다면 작게는 학급, 크게는 학교 전체를 뒤흔드는 일들이 생기지 않도록 막을 수 있다. 이와 동시에 교사만 애쓰고 스트레스 받는 생활지도 업무가 아니라 학생들이 스스로 자신들의 일상을 책임지는 주체로 키울 수 있다. 거기까지 가기 위해서는 교사와 학교 전체, 심지어 학부모까지 관점을 바꾸는 오랜 과정과 시간과 노력이 필요할 것이다. 하지만 이 또한 과정과 결과의 효율성을 놓고 치열한 논의가 반드시 필요한 부분이다.

이 밖에도 회복적 정의가 가질 수밖에 없는 강제성의 결여가 가져오는 회복적 대화모임의 구속력을 어떻게 제도적으로 부여할 것인지에 관한 문제, 한정된 자원 속에서 회복적 정의 확산을 위해 사회적 인프라를 어떻게 확장할 것인가의 문제, 현 사법제도와의 관계 설정 문제 등은 계속 고민하고 연구해나가야 할 과제이다. 그렇지만 무엇보다도 상식화되어 있는 응보적 정의 패러다임에 대한 사람들의 맹신을 어떻게 바꿔갈 수 있을 것인가 하는 문제가 가장 큰 도전이 아닐 수 없다. 우리 시대에 정의 패러다임의 전환은 아직은 먼 길이다. 하지만 반드시 걸어야 할 길이기도 하다.

3장

회복적 정의
운동이 걸어온 길

"새로운 패러다임을 공유하는 초기집단이
기존 패러다임을 따르는 기성집단의 압력을 견뎌낼 때
비로소 패러다임의 변화가 이뤄진다."

토머스 쿤(Thomas Kuhn)

최초의 시도

오늘날 전 세계적으로 현대 사법 시스템이 있는 대부분 나라에서 수천
개 이상의 회복적 정의 관련 프로그램이 운영되고 있다. 특히 청소년 범
죄나 학교폭력 같은 소년사건을 다루는 영역과 교육 분야에 활발하게
적용되면서 확산하고 있다. 이미 1990년대부터 북미, 오세아니아, 유럽
몇 나라에서는 회복적 정의 패러다임을 소년사법제도 개혁을 위한 기본
원칙으로 삼고 구체적인 실천 방안을 발전시켜오기도 했다.[1] 흥미로운
점은 이렇게 세계적인 변화의 시작이 아주 작은 마을에서 벌어진 우연
한 사건에서 출발했다는 것이다. 세계 최초의 회복적 정의 실험으로 기
록된 엘마이라 사건은 이후 수많은 회복적 정의 프로그램 발전에 영향
을 주었고 회복적 정의 운동 탄생의 분기점으로 남아 있다.

엘마이라 사건Elmira Case

1974년 어느 날 새벽 캐나다 동부 온타리오의 작은 도시 엘마이라에

---

1   김은경, 《각국의 회복적 소년사법 정책동향》, 한국형사정책연구원, 2004.

서 22곳의 집이 무작위로 피해를 보는 사건이 발생했다. 그날 총 24대 차량의 타이어가 칼로 훼손됐고 몇몇 집과 상점의 유리창이 벽돌로 파손되었다. 또 도로의 신호등이 깨져버렸고 길가 교회 간판에 세워져 있던 십자가가 부서지는 피해도 발생했다. 바로 다음 날 기물 훼손 등의 혐의를 받은 두 명의 십대 용의자들이 체포되었다. 불우한 환경에서 자란 십대 두 명이 술을 마시고 자신들의 분노를 폭력적 방법으로 쏟아내는 잘못된 선택을 한 것이다.

경찰에 체포되어 재판 결과를 기다리는 신세가 된 이 소년들은 당시 보호관찰관이었던 마크 얀츠Mark Yantzi의 손에 인계되었다. 평소 그는 비행 청소년들이 처벌 후에도 잘 바뀌지 않는 것에 대해 고민하고 있던 참이었다. 얀츠는 자신이 속한 메노나이트 교회의 사법 자원봉사 모임에서 이런 고민을 나누면서 "이 친구들이 피해를 본 이웃들을 직접 찾아가 만나게 하는 것이 단순히 처벌을 받는 것보다 더 치유적일 것 같다."[2]는 아이디어를 처음으로 제안하게 된다. 그 사람들 가운데 메노나이트 중앙위원회Mennonite Central Committee, MCC[3]에서 일하는 데이브 워스Dave Worth가 이 생각에 적극적으로 동의했고, 동료의 지지에 힘을 얻은 마크 얀츠는 곧바로 담당 판사인 골든 맥코넬Gordon McConnell에게 자신들의 생각을 제안했다.

---

2   Mark Yantzi, *Sexual Offending and Restoration*, Herald Press, 1998, p. 52.
3   MCC는 전통적 평화교회 중의 하나인 메노나이트 교회에 의해 1920년에 설립된 세계적 구호·평화기구이다. 전 세계 50여 개국에서 물자구호, 평화 및 정의 증진을 위해 다양한 활동을 펼치고 있다. 1950년대부터 20여 년간 한국을 지원했고, 1990년대부터 지금까지 북한을 돕고 있다. 현재 강원도 춘천에 MCC 동북아시아 사무소가 자리하고 있다. www. mcc.org 참조.

맥코넬 판사는 매우 엄격하고 원칙적인 판사로 정평이 나 있었다. 하지만 의외로 그는 긍정적 반응을 보였고 그 제안을 받아들여 두 소년에게 피해자들과 직접 만나 피해가 얼마나 되고 어떻게 해결할지 협의할 것을 명령했다. 맥코넬 판사는 회복적 정의 운동이 확산되고 난 후 그때를 회상하면서 이런 이야기를 한 적이 있다. "당시 내가 내린 판결은 단순히 새로운 것일 뿐만 아니라 사실 불법적인 판결이었습니다."[4]

결국 두 가해 소년은 마크 얀츠와 데이브 워스 두 사람과 함께 자신들이 피해를 준 집들을 일일이 방문하여 피해자들과 만나게 되었고 그들의 피해와 고통을 듣게 되었다. 그 후 자신들의 무책임한 행동으로 발생한 피해를 뉘우치고 사과하며 피해자들의 피해 회복을 위해 어떤 책임을 져야할지 논의하게 되었다. 사건의 충격과 불안감 때문에 그사이 이사를 간 집을 제외하고는 모든 집에서 이들의 방문을 기꺼이 받아주었고 어떻게 책임을 져야 할지 방법을 이야기해주었다.

몇몇 집은 가해자들이 직접 찾아와 사과한 것만으로도 이들을 용서해주기도 했다. 아이러니하게도 불안과 분노에 휩싸여 있던 피해자들이 원인 제공자인 가해자를 직접 만나고 난 후 더 안전하게 느끼고 안심할 수 있었다. 그 후 3개월 동안 두 소년은 현금배상, 잔디 깎기, 부서진 펜스나 발코니 수리 등 다양한 방법으로 자신들이 잘못한 행위에 대해 자발적 책임을 지게 되었다. 마지막으로 용접을 배워 부서진 교회 십자가를 다시 세우는 것으로 모든 책임을 마쳤다. 세계 최초의 회복적 정의 실천 프로그램인 피해자-가해자 화해 프로그램Victim Offender Reconciliation

---

4   David Worth, 미국 MCC 관련 모임에서 저자와 나눈 대화.

Program, VORP은 이렇게 탄생하게 된 것이다.

당시 두 소년 중 한 명인 루스 켈리_{Russ Kelly}는 6살 때 아버지를 여의고 홀로 8남매를 키우던 어머니마저 15살에 잃고 방황하기 시작했다. 부모를 잃고 난 후에는 큰형 밑에서 생활하고 있었다. 자신을 돌보던 형도 전과가 있었는데, 1974년 엘마이라 사건을 다룬 맥코넬 판사는 그의 형을 교도소로 보낸 판사이기도 했다. 루스 켈리는 당시 피해자를 만난 경험을 이렇게 묘사하고 있다.

> "내 인생에서 가장 힘들었던 일은 당시 사건의 피해자들을 만나는 것이었습니다. 그때의 두려움과 속이 울렁거리는 느낌은 누구도 경험하고 싶지 않을 거예요. 피해자 중에 한 할머니가 쿠키와 우유를 주셨는데 괜찮다고 했어요. 사실 너무 긴장해서 먹어도 아마 소화가 안 됐을 겁니다."[5]

흥미롭게도 엘마이라 사건이 발생한 지 28년이 지난 어느 날, 루스 켈리는 뒤늦게 전문대학에 입학해서 보안 업무에 관련된 공부를 하고 있었다. 그는 수업 중 회복적 정의 전문기관인 Community Justice Initiative[6]에서 온 강사로부터 회복적 정의라는 말을 듣게 되었고, 이 운동이 1974년 엘마이라에서 벌어진 작은 사건에서 시작되었다는 사

---

5 Russ Kelly, *From Scoundrel to Scholar...*, Russ Kelly Publishing, 2006, pp. 23-24.

6 CJI는 1974년 엘마이라 사건 이후 마크 얀츠 대표와 MCC에 의해 세워진 최초의 회복적 정의 민간전문 기관으로, 현재 200명이 넘는 자원봉사자가 17개 이상의 프로그램 영역에서 회복적 정의를 활발하게 실천하고 있다. www.cjiwr.com 참조.

실을 알게 되었다. 바로 자신의 사건이 사법을 바꾼 큰 변혁 운동이 되었다는 말을 듣고 깜짝 놀란 루스 켈리는 강의 후 강사에게 자신이 당시 그 소년이었다고 밝히게 된다.

자신도 모르게 회복적 정의 운동이 탄생하는 데 '중요한 역할'을 했다는 사실을 알게 된 그는 CJI의 설립자인 마크 얀츠 소장과 30여 년 만에 재회하게 되었다. 그 후 그는 회복적 정의 운동을 널리 알리는 홍보활동가이자 CJI의 훈련 과정을 마치고 직접 프로그램을 진행하는 조정자로 활동하기도 했다. 또한 엘마이라 사건을 맡았던 골든 맥코넬 판사는 이후 CJI의 이사장으로 회복적 정의 운동 확산에 크게 이바지했다. 엘마이라 사건은 수많은 기사와 책으로 소개되었고 2015년 다큐멘터리 영화 〈The Elmira Case〉(Rosco Film)로도 제작되었다.

> "당시 내가 한 일을 결코 자랑스럽게 생각하지 않습니다. 하지만 이 위대한 일(회복적 정의 탄생)에 내가 한 부분이었다는 것에 큰 자부심을 느낍니다. 나는 이처럼 '잘못한 일'이 나중에 수많은 사람의 인생에 선한 영향을 끼치는 '좋은 일'로 발전한 것에 대해 지금도 믿지 못할 만큼 놀라워하고 있습니다."
>
> – 루스 켈리[7]

엘마이라 사건이 남긴 것

엘마이라 사건은 기존 사법 시스템이 놓치고 있었던 많은 이슈를 수

---

7 Russ Kelly, 위의 책, p.27.

면 위로 끌어올리는 계기가 되었다. 최초의 제안자인 마크 얀츠 CJI 전 소장은 가해자가 피해자를 만난다는 것은 1970년대 당시 사법에서는 상상하기 어려운 일이었지만, "한 번도 해본 적이 없다고 해서 새로운 시도를 하지 않는다면, 어떻게 발전적 변화가 가능할 수 있겠는가?" 하고 반문한다. 이후 엘마이라 사건은 회복적 정의 운동사에 중요한 핵심 교훈을 남기게 된다.

가해자

두 소년은 경찰에 체포되고 나서야 자신들이 행동을 후회했고 잘못된 행동임을 뼈저리게 느꼈다. 그리고 전문가들에게 이끌려 사법 절차를 따라가면서 걱정과 우려 속에서 자신들의 미래에 대한 생각에 집중할 수밖에 없었다. 최소한 피해자를 만나기 전까지는 그랬다. 자신들의 미래를 걱정하던 이들에게, 피해자들과의 만남은 자신들을 향해 있던 관심을 다른 사람들에게 돌리는 계기가 되었다. 자신 때문에 생긴 피해를 직접 확인하고 듣는 과정을 통해 왜 자신들의 행동이 잘못된 것인지를 깨닫는 '당연한' 배움의 과정을 겪었다. 이런 피해와 영향에 대한 확인 과정이 없었다면 진정한 의미에서 인정과 반성은 생겨날 수 없었을 것이다. 그리고 다른 사람이 아니라 피해 당사자들로부터 잘못을 바로잡으라는 바른 행동을 요구받았고, 그 요구에 적극적으로 응답하는 과정이 생겨날 수 있었다.

루스 켈리는 처음 피해자를 만나라는 제안을 받았을 때 '모든 피해자를 만나느니 차라리 감옥에 가는 편이 더 쉬웠을 것'이라고 생각하기도 했지만, 자신의 상황을 바로잡기 위해서 '반드시 해야 할 옳은 일'이라는 확신을 느꼈다. 이 말은 가해자에게도 선택권이 있다는 의미이다. 만약 피해자와의 만남을 선택하지 않았다면 사법 절차에 따라 결말이 났을 것이고, 그로 인해 여러 가지 (주로 부정적) 영향으로부터 자유롭지 않았을 것이다.

가해자도 자기가 행한 일에 마침표가 필요하다. 그러나 처벌을 완수하는 것이 마침표가 아니라 피해를 회복하는 것이 가해자에게 진정으로 필요한 마침표라는 사실을 보여준 것이 엘마이라 사건이다. 모두로부터 비난과 질책을 받으리라 생각했던 두 소년에게, 어떤 피해자는 직접 찾아와서 용서를 구하는 것에 감사하다며 "누구나 다 실수를 한다. 다만 걸리지 않았을 뿐이지. 내 손자가 똑같은 잘못을 했다면 나는 그 아이가 너희처럼 이렇게 행동해주기를 바랄 것이다."[8]라고 이야기해주었다.

잘못에 대해서는 비난을 받아 마땅하지만, 그것을 수정하려는 용기 있는 행동은 인정받아야 한다는 피해 당사자의 메시지가 상처 입은 자존감에 새로운 힘을 주었다. 마치 자신의 어두운 면만 비추던 빛이 갑자기 밝은 자아를 밝혀주는 듯한 느낌이었다. 이처럼 가해자에게는 '나는 쓸모없는 인간'이란 자기 비난이 '나도 괜찮은 인간'이란 자기 긍정의 자존감 회복으로 전환되는 경험이 필요하다. 피해자와 함께 스스로 만든 책임을 완수하는 것이야말로 자신을 얽매고 있던 과거의 사건에 마침표를 찍고 매듭을 짓는 상징적 행위가 될 수 있다. 그리고 이 경험은 새로운 자신으로 다시 설 수 있게 하는 기초가 된다. 자기 의지로 행동한 잘못을 자기 의지를 통한 책임으로 갚는 것이야 말로 가해자가 해야 할 가

---

8   Russ Kelly, 위의 책, p. 26.

장 확실한 책임이자 마무리일 것이다.

피해자

피해자들이 겪는 어려움 중 하나는 가중되는 피해의식이다. 일반적으로 볼 때, 피해 자체보다 피해의식이 더 크게 나타난다. 엘마이라 사건에서도 문제는 불과 몇 시간 동안 벌어졌지만, 피해자들은 몇십 배 이상의 시간을 그 사건으로 씨름해야 했다. 그들에겐 차와 집이 망가진 현실보다 근본적으로 채워지지 않는 많은 질문이 남았다. '대체 어떤 인간이 이런 짓을 우리에게 한 것이지?', '혹시 가해자가 근처에 살고 있는 사람인가?', '왜 하필 우리 집이지?', '나를 일부러 노린 것일까?', '또 이런 일이 생기면 어떻게 하지?'[9] 이런 수많은 질문은 점점 더 불안과 분노를 깊어지게 한다. 그런 가운데 용서를 구하러 찾아온 가해 소년들을 보면서 놀라움과 함께 질문들에 대한 구체적인 답을 들을 수 있었다. 그 소년들의 입을 통해서만 확인할 수 있는 대답을 통해 그 일이 의도한 것이 아니었다는 사실과 술에 취한 소년들 앞에 자신들의 차가 있었을 뿐이었음을 알고 나서 조금씩 안심하기 시작했다. 이처럼 피해자들은 단순히 결과만 기다리고 있는 사람들이 아니다. 많은 정보를 얻길 바라고 특히 범죄의 동기를 알고 싶어 하는 것은 피해자의 공통된 관심사이다. 아이러니하게도 그들에게 가장 많은 정보를 줄 수 있는 사람은 다름 아닌 가해자이다.

마음속에 있던 의문을 푸는 것이 심리적 필요를 채우는 과정이라면, 금전적 배상이나 수리, 봉사 등을 통해 물질적 필요를 채우는 과정도 다

---

9   Russ Kelly, 위의 책, p.72.

른 측면에서 중요한 피해 회복의 핵심이다. 엘마이라 사건에서 피해자들의 요구는 다양했다. 그런데 당사자들이 직접 협의했기 때문에 대부분 현실적으로 실행 가능한 것들이었다. 약속을 받아내는 것보다 훨씬 중요한 변화의 지점은, 자신들의 피해를 복구하기 위해 행동에 나선 가해 소년들을 더 이상 '괴물'이 아니라 똑같은 '인간'으로 보기 시작했다는 사실이다. 심한 갈등이나 범죄는 종종 상대를 비인간화de-humanization하기 쉽다. 하지만 엘마이라 사건에서 시도된 피해자-가해자 화해 프로그램은 서로를 재인간화re-humanization하는 효과를 낳았다.

엘마이라 사건을 통해 피해자는 사법 시스템의 부수적 존재가 아니라 답변을 직접 받아야 하는 주체로 바뀌기 시작했고, 자신의 감정과 필요를 이야기하고, 원하는 책임의 내용을 결정하고, 심지어 용서와 화해를 베풀 수 있는 위치로 재인식되기 시작했다. 피해자도 자신의 일에 마침표를 찍는 경험에 참여하는 과정이 중요하다는 사실을 확인하게 되었다. 엘마이라 사건을 통해 정의를 이루는 과정에서서 항상 관중 위치에 있었던 피해자가 주인공의 위치로 올라가는 시작점이 된 것이다.

공동체

어떤 사건이 한 도시나 마을에 생기면 지역사회가 불안해지고 힘들어지는 것은 당연한 현상이다. 이런 불안한 심리는 어떤 강력한 조치를 기대하는 목소리로 모아지기 쉽다. 작은 도시 엘마이라에서도 그날 밤의 사건은 많은 사람들에게 불안감을 주었고, 안전하고 조용하다고 생각했던 이웃들의 평화가 깨져버렸다. 많은 사람이 놀라고 분노하면서 가해자가 대체 누구고 어떤 처벌을 받을 것인가에 관심을 두게 되었다.

그런데 얼마 후 가해자들이 사법 관계자와 함께 피해자의 집으로 찾아왔다는 소식은 실로 신선한 충격이었다. 그것도 스무 집이 넘는 집을 일일이 찾아다니면서 용서를 구하고 자신들이 부서놓은 것들을 고치러 다닌다니? 이 낯선 소식에 주민들은 이런 일도 가능할 수 있구나 하고 놀라면서, 그전에는 왜 이렇게 하지 않았는지 생각해보게 되었다. 사실 이런 사건이 터지면 지역사회는 으레 사법당국이나 시청과 같은 기관에 강력하고 적극적인 역할을 기대하게 된다. 하지만 엘마이라 사건은 지역사회에 안전에 관한 새로운 관점을 제시했다. 나쁜 사람들을 제거하고 통제함으로써 지역의 안전을 확보한다는 상식이 깨지고, 오히려 가해자로 하여금 피해를 회복하는 직접적 책임에 참여하게 하고 인정과 용서를 통해 서로의 관계를 회복하는 과정이 공동체의 안전과 평화를 위해 더 실질적인 도움이 된다는 새로운 인식이 생겨나게 된 것이다.

두 소년이 피해자들을 만나러 다닐 때 이 어색하고 위험하기까지 한 모임을 안전하게 만든 사람은 보호관찰관이었던 마크 얀츠와 MCC 직원 데이브 워스였다. 이들은 어찌 보면 그냥 피해자와 가해자가 만나는 자리에 같이 있어 주는 단순한 동행자였지만, 사실은 이들이 가장 중요한 역할을 담당하고 있었다. 그것은 다름 아닌 '안전한 공간'을 창조하는 역할이었다. 당시에는 세련된 진행 과정이나 사전모임 같은 준비 없이 가해자가 피해자의 집을 직접 찾아가는 형식이었으므로, 이들의 존재가 없었다면 엘마이라 사건은 자칫 '위험한 시도'에 그치고 말았을 것이다. 나중에 이들의 역할은 지역사회에서 훈련된 진행자 혹은 조정자로 발전하여 대체되게 된다.

공동체가 한발 떨어져 잘못한 행동에 대해 사회적 비난을 하는 압력

집단의 역할을 넘어, 피해자에게 힘을 실어주고 문제해결 과정을 이끄는 적극적 역할을 할 수 있다는 가능성이 실험되었다. 그리고 문제가 많았던 청소년을 받아주고 용서해주며, 심지어 칭찬을 아끼지 않은 그 지역주민들은 두 청소년이 바뀌는 교정에 직접 참여하는 일종의 공동체 교정 역할을 하게 되었다. 이런 과정을 겪으면서 결과적으로 이 사건으로 공동체가 더욱 가까워지는 경험을 공유했다.

이후 세계 최초의 회복적 정의 전문기관인 공동체정의센터Community Justice Initiative, CJI가 이 지역에서 생겨나고, 수천 명의 지역 자원봉사자들이 회복적 정의 프로그램 진행자로 활동하는 전통이 이어지고 있는 것은 어찌 보면 당연한 결과이다. 단체의 이름이 드러내듯 공동체가 정의를 이루는 또 하나의 주체이자 자원으로 중요한 역할을 하게 된 것이다. 엘마이라 사건은 지역사회의 안전과 평화를 위한 책임이 사법기관과 시청 같은 공공기관에게만 있지 않고, 공동체 스스로 새로운 정의를 이루는 주체가 될 수 있다는 새로운 교훈을 남겼다.

이처럼 1974년에 발생한 엘마이라 사건은 회복적 정의 발전 역사에 큰 영향을 남기게 된다. 엘마이라 사건은 피해자의 회복, 가해자의 회복, 공동체의 회복이 가능한 정의를 이룰 수 있다는 작은 희망을 보여줬고, 다행스럽게도 그 희망의 불씨가 계속해서 타올라 수많은 또 다른 회복적 정의 실천으로 발전해가는 계기가 되었다. 작은 미담 정도로 끝날 수도 있었던 에피소드가 정의 패러다임의 변화라는 거대한 운동으로 확대될 수 있었던 근간에는 마크 얀츠와 그의 일을 지지하고 체계적으로 지원한 MCC 같은 민간단체의 숨은 노력이 있다는 사실을 결코 과

소평가해서는 안 될 것이다. 창조적 변화 속에는 언제나 이름 없이 노력한 개인들과 기관들의 수고가 함께 존재한다는 점을 기억해야 한다. 한국의 회복적 정의 운동도 작고 미비한 것 같지만, 신념을 포기하지 않고 새로운 도전을 계속하는 사람들이 있는 한, 결코 사라지지 않는 운동이 될 것이다.

회복적 정의 운동의 확산

세계의 회복적 정의

캐나다

지역 명을 따서 키치너 실험The Kitchener Experiment으로 불리는 1974년 엘마이라 사건을 계기로, 형사처벌을 결정하기 위한 심의보다 피해 회복의 기회를 부여함으로써, 결과적으로는 법적 처벌을 통해 주려고 하는 메시지보다 더 효과적인 교정과 예방 결과를 가져올 수 있었다. 이후 마크 얀츠는 MCC와 함께 캐나다 온타리오Ontario 지역을 기반으로 계속해서 피해자-가해자 화해 프로그램(VORP)을 시도했고, 1978년 Community Mediation Services를 거쳐 1982년 Community Justice Initiative(CJI)를 설립하여 체계적인 프로그램 운영과 전문 진행자를 양성했다.[10] 1970~1980년대를 거치면서 점차 캐나다에서는 기존 사법 절차 안팎에서 대안적이고 회복적인 접근들이 발전해가기 시작했다.

---

10   Community Justice Initiative(CJI) Website: www.cjiwr.com 참조.

1990년대에 들어서면서 캐나다는 형사사법에 본격적으로 피해자와 공동체의 권한을 명시하고 회복적 정의를 사법 절차에 접목하는 새로운 시도를 제도화하는 단계로 발전했다.[11] 캐나다 정부는 2002년 유엔의 권고를 적극적으로 받아들여 '형사사건에 대한 회복적 정의 가치와 원칙'과 '형사사건에 대한 회복적 정의 프로그램 가이드라인'을 만들어 형사사법에서 회복적 정의 접근을 반영하는 기준으로 삼도록 했다. 현재 캐나다 전역에 450개 이상의 회복적 정의 전문기관과 프로그램이 법무부에 등록되어 있고, 이 기관들을 통해 소년사건, 성인사건, 원주민 분쟁, 혐오 범죄, 토지분쟁 등 거의 대부분의 범죄와 분쟁에 회복적 접근을 시행하고 있다.[12]

미국

엘마이라 사건의 영향으로 하워드 제어 박사를 비롯한 MCC에서 범죄와 정의 문제에 관여하던 메노나이트 그룹에 의해 1978년 인디애나주의 작은 도시 엘크하트Elkhart에서 첫 번째 피해자-가해자 화해 프로그램VORP이 진행되었다.[13] 그 이후 다양한 회복적 접근이 이어졌지만 크

11　　1995 Canadian Criminal Code section 742.1, Louise Leonardi & Kathryn Bliss, 'Expanding the Use of Restorative Justice: Exploring Innovations and Best Practices', 2016 Public Safety and Emergency Preparedness Canada Symposium Presentation Article, p.4.

12　　캐나다 법무부 Website: www.justice.gc.ca (Restorative Justice 섹션) 참조.

13　　미국의 첫 VORP 사례 이후 엘크하트 지역의 지역사회 교정기관인 Prisoners and Community Together(www.pactchagneslives.com)에 의해 계속해서 회복적 정의 실천이 이뤄졌고, 나중에 Center for Community Justice(www.centerforcommunityjustice.org)로 분리되었다.

게 주목을 받지 못하다가, 1994년 미국변호사협회^{ABA}가 피해자-가해자 조정 프로그램^{VOMP} **14**에 적극적 지지를 표명하면서 회복적 정의가 초범과 경범죄에 대한 형사사법에 대안적 접근으로 자리 잡기 시작했다.**15** 또한 제어 박사의 책 *Changing Lenses*(1990)가 출판되면서 그동안 실천적 프로그램 중심으로 머물던 회복적 정의에 관한 이론적 토대가 마련되어 상승작용을 일으켰다. 이후에는 1996년 미네소타대학교의 마크 움브레이트^{Mark Umbreit} 박사에 의해 회복적 정의 프로그램의 효과성에 대한 전국단위 연구가 진행되어 시간, 비용, 절차상의 절약, 재범 감소, 피해자 만족 등의 결과가 입증되었다.**16** 같은 해에는 세계적 교정기관인 국제교도협회^{Prison Fellowship International}가 회복적 정의 전문 연구소인 Center for Justice & Reconciliation을 설립하고 대니얼 밴 네스^{Daniel Van Ness} 박사의 리더십 아래 교정 영역과 다양한 사법, 지역, 국제 영역에서 회복적 정의 영역을 확대해나가기 시작했다.**17** 또한 1990년대 중반부터 교사 출

14 당시 미국에서는 조정이 이웃 분쟁을 중심으로 지역 단위에서 이미 활용되고 있었기 때문에 메노나이트 교회가 주창했던 '화해^{Reconciliation}' 프로그램^{VORP}보다는 상대적으로 덜 종교적이고 중립적인 단어인 '조정'이 들어간 피해가-가해자 조정^{mediation} 프로그램^{VOMP}으로 불리게 되었다.

15 Marilyn Armour, 'Restorative Justice: Some Facts and History', Charter for Compassion article, Website: www.charterforcompassion.org 참조.

16 Mark Umbreit, 'Restorative Justice Through Victim-Offender Mediation: A Multi-Site Assessment' *Western Criminology Review*, Vol. 20. Iss. 1, June 1998.

17 국제교도선교협의회^{PFI}는 워터게이트 사건에 연루되어 옥고를 치른 닉슨 대통령의 법률자문관 찰스 콜슨^{Charles Colson}이 1977년에 설립했다. 현재 전 세계 125국에 지부를 두고 있으며 회복적 정의 자료를 가장 많이 수집한 인터넷 자료실(www.restorativejustice.org)을 운영하고 있다. 한국에도 찰스 콜슨의 책《사람과 공동체를 회복시키는 정의》(IVP, 2002)가 출판되어 있다.

신으로 초기 메노나이트의 회복적 정의 활동에 참여해왔던 클라센[Ron & Rozanne Claassen] 부부에 의해 회복적 생활교육[Restorative Discipline]이 학교와 교육 분야에서 적용되기 시작했다.[18]

2000년 이후부터는 700개 이상의 회복적 정의 전문기관이나 프로그램으로 확산·발전하면서 2013년에는 미국 공동체 정의와 회복적 정의 협회[National Association of Community and Restorative Justice, NACRJ]가 설립되어 격년으로 전국적인 대규모의 대회를 개최(2019년 덴버 콘퍼런스에 1600명 참석)하고 있다.[19] 그 밖에도 회복적 정의를 전공으로 가르치는 학교들도 생기기 시작했는데, 1995년 하워드 제어 교수가 있는 이스턴메노나이트대학교[Eastern Mennonite University, EMU]의 정의·평화센터[The Center for Justice and Peacebuilding, CJP]에 회복적 정의에 대한 석사과정 전공과가 처음으로 등장했다. 그 후 2000년 테드 와치텔[Ted Wachtel] 박사의 주도로 만들어진 International Institute for Restorative Practice(IIRP)는 주로 교사들을 위한 회복적 실천 전문대학원(2006년 승인) 과정을 열었다. 또한 회복적 정의 적용을 강화하고자 주정부 차원의 제도적 지원도 확대되었는데, 미국 대부분의 주(약 38개 주)들이 일반 형사법이나 소년 보호법 안에서 회복적 정의 지지를 명시하거나 실제 적용할 수 있도록 법적 근거를 마련해두고 있다.[20]

---

18   Ron Claassen & Rozanne Claassen, *Discipline That Restores*, BookSurge Publishing, 2008.

19   National Association of Community and Restorative Justice Website: www.nacrj. org 참조.

20   Sandra Pavelka, 'Restorative Justice in the States: An Analysis of Statutory Legislation and Policy', *Justice Policy Journal*, Vol. 2. No. 13 (Fall), Center on Juvenile and Criminal Justice, 2016.

특히 회복적 정의에 대한 정책적 관심이 가장 높은 주는 콜로라도주로 아동보호와 피해자 권리에 대한 관련법 개정을 통해 소년, 학교, 성인, 교도소 등에 회복적 정의 철학과 실천을 통합적으로 실현하려는 시도를 꾸준히 진행하고 있다.[21]

뉴질랜드

소년사건에 대한 당사자 간 직접 대화를 통한 회복적 정의 접근이 가장 잘 실천되어온 곳은 뉴질랜드이다. 뉴질랜드에서는 1989년 '아동·청소년 보호법The Oranga Tamariki Act: The Children, Young Persons and Their Families Act'이 개정될 때 가족자율협의회Family Group Conference, FGC[22]라는 프로그램을 법제화하여 모든 소년사건에 적용하도록 했다. 70~80%의 경미한 사건은 경찰에 의해 지역사회 안에서 처리되는 보호처분으로 마무리가 되지만, 경찰 단계 종결이 어려운 사건은 경찰 또는 소년법원에 의해 FGC로 회부된다.[23] FGC 운영은 아동청소년부Ministry for Children 소속의 소년사법 전문 코디네이터가 진행하며 당사자들 외에 경찰, 변호사, 사회복지사 등

21　Shannon Sliva, Tyler Han, Ceema Samimi, Katie Golieb, Jenny McCurdy, Alexandra Forte, *State of The State: Restorative Justice in Colorado*, Colorado Restorative Justice Coordinating Council, 2019, pp. 1–4.

22　뉴질랜드 정부는 두 가지의 FGC 모델을 개발했다. 소년사건에 적용하는 FGC 모델은 Youth Justice Family Group Conference(YJFGC)라고 불리고 법무부와 아동청소년부(Ministry for Children)가 관할한다. 또 하나는 Care and Protection Family Group Conference(CPFGC)라는 모델로 도움과 돌봄이 필요한 문제 청소년과 가정에 지원을 협의회 구조로 되어 있으며 아동청소년부와 사회복지부가 관할한다. (뉴질랜드 아동청소년부 Website: www.orangatamariki.govt.nz 참조.)

23　Youth Court of New Zealand, Website:www.justice.govt.nz 참조.

이 참석한다.

FGC는 잘못을 바로잡는 과정에서 가족과 공동체의 역할을 중요시하는 뉴질랜드의 원주민 마오리 전통이 가지고 있는 문화에 기반을 두고 개발되었다. FGC는 다른 회복적 정의 프로그램처럼 피해자와 가해자가 만나 직접 대화모임을 갖는 것은 유사하지만, 가해 소년 측의 가족, 교사, 목사, 멘토 등 소년과 연관이 깊은—최대한 많은—사람들이 참여한다는 점이 특징이다. FGC 절차에서는 피해자의 피해증언을 청취한 다음 가해 소년의 가족과 지인이 별도의 모임을 가짐으로서 문제의 원인과 결과에 대해 논의하는 자신들만의 시간을 갖는다. 이 별도의 가족 모임을 통해 청소년을 넘어 가족과 지인이 나눌 수 있는 연대적 책임을 협의하고, 건강한 관계를 배울 기회를 갖도록 돕는 것을 주요 목적으로 한다. FGC를 통해 만들어진 결과는 법원에 의해 최종 추인을 받게 하고, 그 실행 여부를 의뢰 기관 등에 의해 모니터링하도록 제도화되어 있다.

뉴질랜드의 FGC 시행은 청소년들의 범죄 재범률을 낮추고 자발적 책임을 배우게 하는 교육적 효과를 주목적으로 고안되었다. 그뿐만 아니라 사법 과정에서 소외되어왔던 피해자와 가해 소년의 가족 역할을 강조함으로써 피해 회복과 관계 회복에 긍정적 영향을 미치고 있다. 회복적 정의를 사법에 적용하고 있는 대부분의 나라에서 회복적 접근은 부차적이거나 사건에 따라 선별적으로 접근하는 경우가 많지만 뉴질랜드에서는 FGC가 소년사법 절차의 중심적 역할을 하고 소년법원이 오히려 FGC를 지원하는 시스템으로 되어 있다.[24] 따라서 FGC는 회복적 정의 접근이 사법 중심으로 제도화한 세계 최초의 시도라는 점에서 상

징적 의미를 지닌다. 이런 이유로 뉴질랜드의 FGC는 성공적이고 창의
적인 회복적 정의 실천모델로 인정받고 있고 많은 나라의 회복적 정의
프로그램 개발에 영향을 끼쳐왔다.

호주

호주는 뉴질랜드의 FGC에 영향을 받아 1991년 뉴사우스웨일스주
의 와가와가Wagga Wagga시 경찰에서 처음으로 회복적 대화모임Restorative
Conference을 시도했다. 뉴질랜드 FGC처럼 소년사건의 가해 소년과 가
족, 친구 등의 지인과 피해자와 지지자들이 함께 참석하지만, 와가와가
모델은 경찰이 진행자로 직접 대화모임을 이끄는 점이 다르다. 와가와
가 모델은 초기 몇 년간 매우 긍정적 성과를 나타냈고 수치심을 활용한
공동체 재통합이론으로 유명한 호주 범죄학자 존 브레이스웨이트John
Braithwaite의 도움으로 더욱 발전하게 되었다. 하지만 안타깝게도 전통적
경찰 업무와 충돌한다고 바라보는 시각에 의해 1998년 경찰에 의한 진
행은 사라지고 소년사법 전문가와 지역사회 전문자원에 의해서 모임이
진행되고 있다.[25]

비록 경찰에서 지속하지는 못했지만 와가와가 모델은 세계 최초의
회복적 경찰활동으로 기록되고 있고, 이후 호주의 다른 지역 경찰과 북
미, 유럽 등 다른 나라의 회복적 경찰활동 발전에 영향을 주었다. 이

---

24   Allan MacRae & Howard Zehr, *The Little Book of Family Group Conference New
Zealand Style*, Good Books, 2004, pp.13-14.
25   Kerry Clamp & Craig Paterson, *Restorative Policing: Concepts, Theory and Practice*,
Routledge 2017, pp.46-50.

런 호주 경찰의 회복적 정의 접근은 교육 영역에도 영향을 주게 된다. 1994년 퀸즈랜드 Queensland 교육청은 따돌림 등 학교폭력에 대한 공동체 대화모임 Community Conference을 학교 차원에서 처음으로 시도했다.[26] 이후 회복적 생활교육은 뉴사우스웨일스주나 빅토리아주로 퍼져나갔고 학교 내 문제행동을 다루는 것만이 아니라 이민자 자녀들의 정착과 트라우마 해소를 위한 프로그램으로도 적용되었다. 최근에는 회복적 생활교육을 통한 평화로운 학교문화를 만드는 문화 변화로 인식하는 통합적 학교 접근이 강화되고 있다.[27] 호주 사법에서 회복적 정의 적용은 소년사건과 경미범죄 중심이었으나 2010년 이후부터는 성인범죄에도 폭넓게 적용되고 있다. 회복적 정의 실천(특히 콘퍼런스 conference 모델)은 호주 사법체계에서 이제는 주변부가 아니라 중심 흐름이 되고 있다.[28]

유럽

유럽에서는 회복적 정의가 본격적으로 소개되기 전인 1980년대부터 피해자-가해자 조정 프로그램이 이미 여러 나라에서 활용되고 있었다. 그 배경에는 유럽 범죄학계의 큰 영향을 끼친 노르웨이의 닐스 크리스티 Nils Christie 교수가 1977년 자신의 글 '자산으로서 갈등'[29]에서 갈

26 Lisa Cameron & Margaret Thorsborne, 'Restorative Justice and School Discipline: Mutually Exclusive?', Presented article at Australian Institutions Conference Feb. 1999.

27 마거릿 소스본 & 페타 블러드 Margaret Thorsborne & Peta Blood 권현미, 조일현 옮김. 《회복적 생활교육 어떻게 실천할 것인가》, 에듀니티, 2017, pp. 42-46.

28 Australian Institute of Criminology, 'Restorative Justice in Australia', Research and Public Series, 2017. Website:www.aic.gov.au 참조.

29 Nils Christie, 'Conflict as Property', *The British Journal of Criminology* Vol. 17. No. 1, January 1977.

등과 범죄를 전문가들에 의해 통제하고 처리해야 할 대상이 아니라, 당사자와 공동체가 함께 풀어야 할 대상으로 인식해야 한다는 주장이 널리 받아들여졌기 때문이다. 1979년 영국, 1981년 노르웨이, 1983년 핀란드 등에서 형사사건에 조정을 활용하는 파일럿 프로젝트를 시도했고, 1984년에 설립된 영국의 'Mediation UK'과 같은 조정 전문기관과 1988년부터 오스트리아 법무부가 시작한 '다이버전 패키지Diversion Package' 같은 법원 외 문제해결 접근이 사법 분야에서 진행되었다.[30] 1990년대에 들어서면서 유럽의 많은 국가에서 피해자-가해자 조정과 같은 프로그램 확대와 함께 회복적 정의에 대한 관심이 높아지자 많은 나라가 앞 다투어 회복적 정의 접근을 사법제도와 지역사회에 받아들이기 시작했다. 영국은 1998년 첫 실험 이후 2000년대부터 회복적 경찰활동Restorative Policing이 조금씩 시도되기 시작했고 2012년부터 도입된 지방 치안감 Police and Crime Commissioner, PCC이 민선제로 뽑히면서 전국적으로 활성화되고 있다.[31]

2001년 유럽연합EU의 이사회에서는 유엔의 회복적 정의 활용에 대한 권고에 맞춰 '사법에서의 조정 활성화 및 규정화'를 명시한 조례[32]를 채택하여 회원국들이 회복적 정의 실천을 적극적으로 수행하도록 권고했다. 이 조례의 제정에 따라 피해자-가해자 조정 프로그램과 같은 회복적 정의 실천 프로그램에 대한 각국 정부의 지원이 확장되었고 프로

---

30 European Forum for Restorative Justice, 'The Idea of Restorative Justice and How It Developed in Europe' 2020. Website: www.euforumrj.org 참조.

31 Kerry Clamp & Craig Paterson, 위의 책, pp.61-63.

32 European Union Council Framework Decision No. R19 on Mediation in Penal Matters, Article 10, March 2001.

그램 운영을 위한 인적, 사회적 인프라를 강화할 수 있었다.

2000년에 유럽의 대표적인 회복적 정의 연합기관인 European Forum for Restorative Justice(EFRJ)가 탄생한 것도 유럽의 회복적 정의 발전에 매우 중요한 계기가 되었다. EFRJ는 유럽에서 회복적 정의 운동이 확산됨에 따라 회복적 정의 관련 전문기관, 학자, 실천가 등이 함께 모여 이론적 토대를 공고히 하고 모범적 실천사례를 공유하기 위해 설립된 연합기구이다. 격년으로 유럽 각지를 돌며 국제 콘퍼런스를 열고 있으며, 유럽연합의 지원을 받아 회복적 정의 운동이 상대적으로 약한 회원국을 지원하고 협력을 이끌어내는 역할도 해왔다.[33] 이후 회복적 정의 운동 기관과 개인들이 우후죽순 생겨나면서 자격과 능력을 검증해주는 서비스를 제공하는 협의체도 생겨나게 되었다. 영국은 2016년부터 전국적으로 700여 명의 기관과 개인회원을 둔 영국회복적정의협의회 Restorative Justice Council UK, RJC가 회복적 정의 기관과 개인들의 서비스 질을 평가하고 인증해주는 '회복적 서비스 등급제도'와 '회복적 정의 전문가 인증제도'를 운영하고 있다.[34]

아프리카

남아프리카공화국은 회복적 정의가 범죄와 개인 간 갈등의 영역을 넘어 역사 갈등과 과거사 청산 분야에 적용될 수 있다는 첫 가능성을 보

33   Marian Liebmann, *Restoraive Justice: How to Work*, Jessica Kingsley Publishers, 2007, pp. 269-269.

34   한국평화교육훈련원, 〈제5회 회복적 정의 해외연수 자료집: 영국의 회복적 도시로부터 배우다〉, 피스빌딩, 2020, pp. 44-47. 영국회복적정의협의회는 2011년에 설립되었다.

여준 나라이다. 잘 알려진 것처럼 1990년대 중반까지 남아공에서는 백인 정부에 의한 인종분리정책인 아파르트헤이트apartheid에 의한 억압과 불의가 다수인 흑인의 삶을 옥죄고 있었다. 그러나 1994년 아파르트헤이트가 무너지고 자유선거를 통해 분리정책의 최대 피해자인 넬슨 만델라 대통령과 그의 정당 아프리카 민족회의ANC가 정권을 잡았다. 만델라 정부는 1995년 국민통합과 화해 증진법National Unity and Reconciliation Act을 제정하여 과거 백인정권 통치하에 벌어진 수많은 인권유린과 살인행위를 응보적인 방법이 아닌 회복적 정의 원칙으로 다루도록 했다. 새로운 법에 근거하여 탄생한 '진실과 화해 위원회'Truth & Reconciliation Commission, TRC의 원리는 매우 단순했다. 과거 아파르트헤이트 정책에 적극적으로 가담하여 만행을 저지른 가해자들이 공개석상에서 피해자와 대중에게 자기 범죄행위의 진실을 자백하면 사면해주는 방식이었다. 이것이 가능했던 문화적 배경에는 응구나족 언어로 '우분투Ubuntu'라고 부르는 관대와 호의, 자비를 의미하는 아프리카 세계관이 깔려 있었기 때문이다.[35]

1984년 노벨평화상 수상자이기도 한 데즈먼드 투투Desmond Tutu 성공회 대주교가 위원장이던 TRC는 3개의 소위원회로 구성되어 있었다. 인권유린조사위원회, 배상 및 회복위원회, 사면위원회는 각각 독립적인 역할을 감당했다. TRC는 단지 백인 정권의 과거사만 다루지 않고 ANC를 비롯하여 흑인해방운동 진영, 심지어 만델라 대통령의 부인인 위니 만델라Winnie Mandela 여사까지 포함한 광범위한 범위에서 과거사를 바로잡으려 노력했다. 1998년 1차 보고서가 작성(활동은 2002년까지 이어짐)

---

35 데즈먼드 투투Desmond Tutu, 《용서 없이 미래 없다》, 홍성사, 2009, p.41.

되었고 만델라 대통령은 남아공 정부를 대표해서 피해자들에게 공식 사과를 표명했다. 최종보고서에 따르면 TRC는 총 2만 1000명의 피해자의 증언(2000여 명은 공개청문회에서 직접 증언)을 청취했고, 그중 약 1만 8000건(78%)을 인권침해로 판정하고 피해자들에게 평균 3만 랜드(약 600만 원)의 보상금을 지급했다. 가해 측은 사면 신청 7112건 중 849건 (12%)이 사면 결정을 받았고 5392명의 지원자는 사면이 거부되었다.[36]

TRC는 한정된 환경 속에서 최선의 노력을 했지만 많은 비판과 도전에 직면해야만 했다. 전직 경찰들은 사면 신청에 적극적이었으나 전직 군인의 참여를 많이 이끌어내지 못하면서 진실이 가려진 측면이 있다. 또한 아파르트헤이트가 구조적으로 만들어놓은 경제 불균형도 바로잡지 못했다는 한계가 있다.[37] 무엇보다 사회 일부에서 '정의(단죄)보다 진실에만 집중했다Truth over Justice'는 비판이 처음부터 끝까지 따라다녔다. 그럼에도 대규모 피의 보복을 막고 상대적으로 짧은 시간에 남아공 사회가 새로운 미래로 나아갈 토대를 마련한 것은 매우 높이 평가받고 있다. 당시까지 어느 나라도 시도하지 못한 혁신적인 방식으로 이룬 과거사 청산 작업은 이후 전환기 정의Transitional Justice[38]라고 불리면서 아프리카의 여러 나라와 다른 지역 국가들의 과거사 청산에 커다란 영향을 미

36　　Truth & Reconciliation Commission, 'Truth and Reconciliation Commission of South Africa Report, Volume One', 29, Oct. 1998.

37　　Marian Liebmann, 위의 책, p.364.

38　　유엔안전보장이사회 보고서에 따르면 Transitional Justice에 대한 개념 정리를 '한 사회가 과거에 대규모로 벌어진 심각한 인권유린 문제에 대해 책임이행, 정의구현, 화해라는 목표를 이루기 위해 시도하는 일련의 모든 과정과 장치'라고 규정하고 있다. (UN Security Council Report 2004: 'The Rule of Law and Transitional Justice in Conflict and Post-Conflict Societies' S. 2004/616)

치게 된다.

대표적으로 TRC는 1994년 100일 동안 80만 명 이상이 죽은 르완다 대학살 이후 2002년부터 만들어진 가차차Gacaca39 법정에 영향을 주었다. 총 1만 2000번 이상의 마을 공동체 기반의 가차차 법정이 열린 결과 감춰져 있던 여러 진실을 밝혀내고 학살 피해자의 시신을 찾아 장례를 치르는 등의 성과가 있었다. 또한 학살에 참여했던 가해자들은 가족을 잃은 피해자 유가족에게 새로운 집을 지어주거나 마을 공공사업에 참여하는 방식으로 책임을 지게 되었다. 남아공의 TRC 위원장이었던 투투 대주교는 1995년 르완다를 방문하여 르완다 대통령 앞에서 이렇게 설교했다. "역사에서 피로 물든 보복과 재보복의 악순환을 끊어야 합니다. 나는 그 길은 응보적 정의를 넘어 회복적 정의로, 용서의 자리로 가는 것이라고 믿습니다. 용서 없이는 미래도 없기 때문입니다."40

그 외에도 동티모르 독립 이후의 과거사 청산 문제, 구유고연방의 민족분쟁과 인종청소 문제, 북아일랜드의 신·구교 갈등 문제, 캐나다 원주민에 대한 국가폭력 문제 등 전 세계 40여 개 나라가 과거사 청산 과정에서 회복적 접근을 시도하고 있다.41 특별히 회복적 관점에서 접근하는 전환기 정의는 한반도 통일과 동북아시아 역사 갈등 접근에서도 필요한 정의의 시사점이 아닐 수 없다.

39　가차차는 전통어로 '앉기 좋은 풀' 또는 '풀 위의 정의'라고 불리는 말로 야외에서 사건 당사자와 마을 사람들이 둘러앉아 정의를 이뤘던 르완다 전통의 마을공동체 사법 방식이다.

40　데즈먼드 투투, 위의 책, p. 306.

41　세계적인 전환기 정의 전문기관 The International Center for Transitional Justice Website: www.ictj.org 참조.

아시아

아시아에서 회복적 정의를 사법이나 학교와 같은 교육 영역에 적용하고 있는 나라들이 늘어나고 있지만, 아직 회복적 정의 운동이 광범위하게 실천되고 있지는 않다. 그러나 관계 중시, 집단문화, 공동체 의식 등 여러 가지 전통적 문화 특성을 고려해보면 서구사회보다 오히려 회복적 정의를 문화적으로 수용할 가능성이 큰 지역이다.

아시아 국가 가운데 태국은 2003년 법무부 소년보호관찰부서The Dept. of Juvenile Observation and Protection에 의해 첫 번째 가족 대화모임을 진행했다. 태국이 회복적 정의에 관심을 갖게 된 계기는 2000년 뉴질랜드 정부의 후원으로 이뤄진 법무부 연수 프로그램에 소년보호관찰소 소장 등이 초대되어 뉴질랜드의 FGC에 대해 배우고 돌아왔기 때문이다. 그 후 태국에 맞는 소년범죄 대상 회복적 정의 프로그램인 Family and Community Group Conference(FCGC)를 개발하게 되었다.[42] 뉴질랜드가 FGC에서 강조했던 가족 역할에 더해 태국은 소년들의 변화와 선도를 위해 지역사회 공동체의 역할과 책임을 강조하는 의미에서 공동체Community를 더하여 만들게 되었다. 실제로 태국의 FCGC가 열릴 때, 당사자와 보호관찰관 외 한 명 이상의 지역사회 대표가 참석하게끔 참석자 범위를 확대하도록 권장하고 있다.

초기에는 FCGC에 의뢰하는 사례가 많지 않았지만, 점차 사건 의뢰

---

[42]   Angkana Boonsit, 'Restorative Justice for Adults and Juvenile in Thailand', Presented Article at the 156th International Senior Seminar: 'Protection for Victims of Crime and Use of Restorative Justice Programmes', UN Asia and Far East Institute for the Prevention of Crime and the Treatment of Offenders(UNAFEI), 2014, pp.131-132.

가 많아지면서 FCGC에 참여한 소년들이 일반 소년 사범보다 재범률이 5~6배 감소하는 긍정적 결과를 낳았다.[43] 소년사건의 회복적 접근이 성공적으로 자리를 잡기 시작하자 2004년부터는 태국 교정부서에서 관계회복 대화모임Restore-relationship Conference이라는 프로그램으로 성인 사건에도 적용하기 시작했다.

일본은 회복적 정의에 관한 관심과 연구를 일찍이 시작했지만 실질적인 적용이나 발전이 크게 진전되지는 못했다. 1990년대 형법 교수들의 연구모임이 시작되어 2000년에는 교수, 보호관찰관, 교사 등 회복적 정의에 관심 있는 사람들이 모여 '회복적 사법 연구회'를 발족했다. 2005년부터는 일본 회복적 정의 연합모임으로 발전하여 연간 모임(1회)을 정례화해서 학자, 실천전문가, 공무원, 대학생 등이 참여하고 있다.

실천 영역에서는 비록 사례가 많지는 않지만, 지바현 등 몇몇 지역 변호사회에서 '대화센터対話センター'를 열어 재판 후 회복적 대화모임을 시도해오고 있다. 또한 2008년 시마네현에 문을 연 민간협력형교도소가 재소자 교육 프로그램에 회복적 정의 관점을 포함하고 '회복공동체'라는 프로그램을 운영하고 있다.[44] 최근에는 아동학대, 가정폭력, 직장 내 괴

---

43   Wanchai Roujanavong, 'Restorative Justice for Juvenile and Adults in Thailand', PFI Center for Justice and Reconciliation, 2006. (Website: www.restorativejustice.org)
* 2003년 이후 FCGC는 3년간 매해 7000여 건의 의뢰를 받아 그중 73%인 1만 2362건을 성공적으로 마무리했다. 또한 재판보다 FCGC에 참여한 소년들의 재범률이 5~6배 가까이 낮아지는 긍정적 효과를 거두었다.
44   '시마네 아사히 사회복귀촉진센터'에서 진행하는 회복공동체Therapeutic Community 교육 프로그램이 최근 사카가미 가오리 감독에 의해 〈Prison Circle〉(2020)이란 다큐멘터리 영화로 제작되었다.

룹힘 등의 사건 피해자들을 지원하는 단체, 요양원, 학교, 가해자 가족 지원단체, 지역공동체 등에 회복적 정의 실천을 접목하려는 기관들이 조금씩 늘어나는 추세이다.[45] 이처럼 회복적 정의에 관한 실천적 영역이 미비함에도, 서구 회복적 정의 초기 연구 문헌에는 일본이 관계와 체면을 중요하게 여기는 공동체 문화의 영향으로 용서와 화해가 문화 전통에 내재되어 있기 때문에, 사법보다 비공식적이고 사적으로 문제를 풀고 빠른 사과를 선호하는 '회복적 사회자산'이 풍부하다고 소개되어왔다.[46]

그 외에도 싱가포르, 인도네시아, 필리핀 등 아시아 몇몇 나라에서도 회복적 정의에 대한 관심이 높아지고 있고, 지역사회 공동체가 참여하는 방식의 프로그램이 산발적으로 진행되고 있다. 하지만 전반적으로 회복적 정의에 대한 이해나 인식은 초기 단계여서 체계적인 확산이 이뤄지고 있지는 못한 상황이다. 한국의 회복적 정의 운동에 대해서는 6장에 따로 다루겠다.

45　일본 회복적 사법 연구회 소속인 히로 카타노Hiro Katano 교수와의 개인 이메일 서신 내용.

46　존 브레이스웨이트 박사나 하워드 제어 박사도 초기(1980~1990년 초) 회복적 정의 문헌에 서구 사법제도와 문화를 비교하면서 일본의 사법문화가 더 회복적이라는 주장을 담았다. 하지만 이것은 아마 아시아 문화권에 전반적으로 나타나는 관계 중심과 체면문화, 유교적 사회구조 안에 엮인 집단문화와 공동체성 등을 서양문화(특히 사법)와 비교하여 일본으로 투영한 결과라고 본다. 나는 일본이 공공 에티켓을 중요하게 생각하는 사회라는 데에는 동의하지만, 일본이 아시아의 다른 나라보다 상대적으로 회복적 문화 요소를 더 많이 가지고 있다는 데에는 동의하지 않는다. 일본은 아시아에서 오히려 개인주의적인 문화가 발전한 나라이기 때문이다.

유엔 UN

유엔은 앞에서 언급한 것처럼 2000년 이후 회원국에 회복적 정의 활용을 권장하기 시작했다. 특히 2002년 유엔 범죄예방·형사사법위원회 CCPCJ가 마련한 '형사 범죄에 대한 회복적 정의 프로그램 사용을 위한 기본 원칙' 결의안 초안을 경제사회이사회 ECOSOC가 채택했다. 이 결의안은 유엔 회원국들에 회복적 정의 원칙의 공유, 회복적 정의 실천의 강화, 회복적 정의 관련 연구와 훈련의 지원, 그리고 회원국 간의 경험 공유를 권고하고 있다. 이 결의안 채택으로 회복적 정의 운동은 전 세계적으로 더욱 탄력을 받아 확산되었다.

2005년 태국 방콕에서 열린 유엔 범죄예방·형사사법위원회 전체 회의 워크숍 주제 중의 하나는 '회복적 정의를 포함한 형사사법 개혁방안 강화'였다. 이때 세계적으로 잘 실천되고 있는 회복적 정의 실천모델로 캐나다, 뉴질랜드, 태국 사례가 채택되어 발표되기도 했다. 2006년에는 유엔마약범죄사무소 UNODC가 회복적 정의를 전 세계 회원국에게 더 적극적으로 소개하고 사법에서의 회복적 접근을 확산하기 위해《유엔 형사사법 핸드북: 회복적 사법 프로그램》을 발간했고, 2020년에 내용을 보완한 개정판을[47] 출간했다.

---

47 Handbook On Restorative Justice Programmes (Second Edition) https://www. unodc. org/documents/justice-and-prison-reform/20-01146_Handbook_on_Restorative_ Justice_Programmes. pdf

세계의 회복적 도시

회복적 도시를 꿈꾸다

회복적 정의가 추구하는 가치를 더 구체적이고 실질적인 사회 변화로 이어지도록 도시의 정책과 운영의 기초를 회복적 정의로 삼고자 하는 상상력이 '회복적 도시 Restorative City'라는 비전으로 발전했다. 원래 회복적 도시라는 개념은 회복적 정의 운동의 선구자 중 한 명인 미국의 대니얼 밴 네스 Daniel Van Ness의 가상도시 연구 프로젝트의 이름이었다. 그는 2005년 자신이 대표로 있던 정의와 화해센터 Center for Justice and Reconciliation in Prison Fellowship International에 'RJ City' 웹사이트를 열기도 했다. '100만 명 정도 되는 도시에서 갈등과 범죄에 연관된 당사자들이 최대한의 회복적 정의 서비스를 받을 수 있도록 도시를 디자인한다면 어떤 모습일까'를 상상하면서 회복적 도시 만들기 프로젝트를 시행했다. 비록 예산 부족으로 1단계 연구에 그쳐 지속적인 결과물을 만들지는 못했으나 회복적 도시라는 상상력을 현실로 구현하기 위한 최초의 시도라는 점에서 의미가 깊었다.

그 후에 실질적인 회복적 도시 프로젝트를 현실에서 실현한 곳은 영국과 호주이다. 특히 영국에서는 시청의 지원이나 주도에 의해 회복적 도시가 발전해가고 있고 그 경험을 조금씩 쌓아가고 있다. 2018년 유럽 회복적정의포럼 10주년 행사에서 영국의 회복적 도시를 주제로 발표를 한 마리안 리브맨^{Marian Liebmann}**48** 박사는 회복적 도시는 "도시의 관공서, 사법기관, 학교, 회사, 단체, 기구 등 공동체 전체가 갈등을 해결하는 과정에 처벌 방식이 아닌 조정과 같은 회복적 실천을 통해 갈등을 최대한 회복적으로 해결하고자 노력하는 도시"라고 정의했다.

결국 회복적 도시는 모든 사회의 관심 사항인 안전과 평화로운 환경, 공동체 구성원 간 상호존중의 관계, 지속가능하고 누구나 소속되고 싶어 하는 따뜻한 공동체를 이루기 위해서 회복적 정의 패러다임이 무엇인지를 이해하고, 도시의 여러 문제, 특히 아동·청소년 교육과 성장환경 영역에서 회복적 정의 실천을 우선적으로 실천하는 제도와 문화가 있는 도시라고 요약할 수 있다. 따라서 회복적 도시 운동은 주로 사법 (특히 소년사법)과 교육(학교)을 양대 축으로 진행된다. 그러나 이 두 영역에만 머물지 않고 가정의 자녀교육, 직장의 조직문화, 이웃 간의 관계설정 등 다양한 영역으로 확산해가고 있다.

최초의 실험, 영국의 헐^{Hull}

회복적 도시의 비전이 현실로 시도된 첫 사례는 영국 동북부의 항구 도시 킹스톤 업온 헐^{Kingston Upon Hull}(이하 헐)의 작은 실험에서부터 시작되었다. 헐은 한때 영국의 대표적 수산업과 항만도시로 번영을 누렸지만,

---

48　　Marian Liebmann, "Restorative Cities - a UK perspective" 한국평화교육훈련원 2020년 회복적정의 해외연수 '영국의 회복적 도시를 가다' 강연 발표자료 참조.

수산업이 쇠퇴하면서 도시 경제가 하락하기 시작하여 인구 25만 명의 도시가 실직과 범죄, 청소년 비행 등의 사회문제로 어려움을 겪게 되었다. 에스텔 맥도널드 Estelle Macdonald 교장은 2004년 헐의 열악한 지역에 있는 콜링우드 초등학교 Collingwood Primary School에 새로 부임하면서 회복적 생활교육을 교사들에게 소개하고자 미국의 전문기관 트레이너를 초청하여 교사 워크숍을 열었다. 그때까지만 해도 교사들은 학생 지도에 스트레스를 많이 받고 있었고, 영국의 학교평가기관인 교육기준청 Ofsted [49]은 이 학교를 '특별한 조치가 필요한 학교'로 지정하기까지 했다.

하지만 회복적 생활교육 워크숍을 통해 교사들은 긍정적이고 관계 중심적인 학교문화로 변화하려는 노력을 기울이기 시작했다. 교사들이 가장 중요하게 여긴 것은 생활지도에 있어 학생들이 주로 시간을 보내는 학급에서 공동체 갈등 해결의 주체가 되도록 돕고, 학생들 스스로 문제 해결 과정과 그 결과를 생산하도록 유도한 것이다. 2년간 꾸준한 노력의 결과로 열악하던 학교문화가 변화하기 시작했고, 교육기준청 Ofsted 으로부터 교육환경 최상위 등급을 받는 학교로 탈바꿈하게 되었다. 관계적으로 매우 부정적 문화가 지배하던 학교가 2년 만에 긍정적인 학교문화와 공동체성이 특별한 학교로 인정을 받게 된 것이다. [50]

콜링우드 초등학교의 변화는 한 학교의 성과로 그치지 않고 주변 학교의 변화로 이어졌다. 콜링우드 초등학교 학생들이 졸업하고 진학하는

---

49 영국교육기준청 Ofsted: Office for Standards in Education, Children's Service and Skills 영국의 비정부 기관으로서 아동과 청소년의 교육과 복지 등의 전반에 대해 독립적 평가 권한을 가지고 보고서를 지자체와 국회에 직접 제출한다.

50 Laura Mirsky, "Hull, UK, on Track to Becoming a Restorative City" IIRP website (www.iirp.edu) 참조.

중학교 중 한 곳인 인데버 Endeavour 중학교는 헐시에서 두 번째로 회복적 학교로 발전한 곳이다. 회복적 생활교육에 대한 이해가 없었던 이 중학교는 콜링우드 초등학교에서 진학한 학생들이 보여주는 다른 태도와 문제해결 능력을 보면서, 크리스토퍼 스트레이커 Christopher Straker 교장이 적극적으로 나서서 콜링우드의 노력을 배우기 시작했다. 이 학교는 '존중'과 '안전'을 생활지도의 가장 큰 목표로 삼고 학생들을 중심으로 또래조정을 교육하여 스스로 학교에서 벌어지는 다툼을 평화적으로 해결하는 과정과 원리를 배우고 실천하게 했다. 또한 생활지도의 영역을 넘어서 학교에서 벌어지는 학생, 학부모, 교사 사이의 크고 작은 문제들을 다양한 형태의 회복적 정의 실천을 통해 풀어냈다.

그런 노력의 결과로 학교에서 따돌림 문제가 더는 이슈가 되지 않는 것은 물론, 스스로 문제 해결을 하는 문화가 정착되면서 교사들이 생활지도에 시간과 에너지를 소모하는 일이 줄어들어 수업에 전념할 수 있었다. 이후 인데버 중학교 교장의 주도로 주변 학교의 교장들이 함께 회복적 학교 만들기에 동참하면서 서서히 지역사회에 파급을 주기 시작했다.[51] 영국은 교장이 생활지도의 업무를 맡기 때문에 교장들이 주도해서 회복적 생활교육이라는 새로운 생활지도 방식을 확산할 수 있었다.

이런 학교들의 변화를 목격한 헐 Hull 시청은 2007년부터 본격적으로 회복적 도시 만들기 위해 시 차원의 지원을 시작했다. 시의 구區 중에 하나인 리버사이드 구청에서 '리버사이드 프로젝트 Riverside Project'[52]란 이름

---

[51]   2018 사)한국회복적정의협회 포럼: '회복적 정의에 기초한 회복적 도시 만들기' 초청 강사 Christopher Straker 교장 간담회 자료 참조.

[52]   Laura Mirsky, 위의 글.

으로 관내의 아동·청소년 문제를 다루는 모든 학교와 기관 관계자들이 회복적 정의 훈련 프로그램을 이수하도록 했다. 이 프로젝트를 통해 12개 초등학교와 2개의 중·고교의 교직원뿐만 아니라 어린이 보호시설, 학부모운동단체, 사회복지관, 보건시설, 청소년 상담기관, 경찰, 보호관찰소 등에서 일하는 3500여 명이 회복적 정의 교육을 이수했다. 또한 콜링우드 초등학교의 교장인 맥도널드를 책임자로 한 헐 회복적 실천 센터Hull Center for Restorative Practice, HCRP를 설립했다. 이런 노력의 결과 학교와 청소년 관련 기관에서 일하는 종사자들의 청소년을 대하는 관점과 태도가 변화하기 시작했고, 회복적 정의 가치에 입각한 다양한 지역 프로그램이 등장하기 시작했다.

'리버사이드 프로젝트'의 성공을 계기로 2008년부터 헐시의 경찰도 회복적 정의에 기초한 활동을 시도했다. 관내 200여 명의 경찰이 회복적 정의 기초 워크숍을 받았고, 그중 65명은 심화워크숍까지 이수하여 회복적 대화모임을 이끄는 조정 진행자로 양성되었다. 이를 바탕으로 경찰은 입건 이후 형사사법 절차를 진행하기 이전에 당사자 간 회복적 대화모임을 선별적으로 적용하기 시작했다. 경찰이 회복적 대화모임으로 다루는 사건은 초기에는 학교폭력과 이웃 분쟁이 많았지만, 점차 다양한 사건으로 확대해갔다. 또한 시청의 아동·청소년복지과에서는 회복적 정의 실천 프로그램들을 도입하여 문제 청소년 대상 회복적 대화모임이나 공동체 서클을 활용했고, 이 모임에 경찰과 지역사회 구성원들도 참가하여 해결 과정에 동참하게 되었다. 이런 경찰과 시청 차원의 회복적 접근으로 학교 이탈 학생문제와 소년범죄 예방에 이바지했고 경찰에 입건되는 사건도 줄어드는 효과를 가져왔다.[53]

처음 몇 개의 학교에서 시작된 헐시의 회복적 정의 실천은 시의 관심과 지원으로 몇 년간 지속적으로 확대될 수 있었고 결과적으로 의미 있는 변화가 나타났다. 회복적 정의를 시 차원에서 시작한 첫해에는 대단위 교육과 새로운 프로그램을 운영하느라 25만 9000파운드(약 4억 5000만 원)의 예산이 투입되었다. 그 결과 1년 후에는 약 350만 파운드(약 60억)의 비용절약 효과를 나타냈다. 많은 청소년 비행 사건이 사법 절차로 들어오지 않고 지역에서 경찰과 학교 단위에서 회복적 접근으로 해결되면서 줄어든 예산과 보호시설 수감명령이 23% 줄어들면서 절약된 예산이었다. 그리고 무엇보다도 소년범죄의 재범률을 13%(영국 평균은 27%)로 줄이는 고무적 결과도 나타났다.[54]

학교에 나타난 변화는 더욱 컸다. 문제 학생이나 가족에 대한 학교 당국의 적극적 대응은 회복적 정의 접근 이전의 0~40%에서 95% 넘는 수치로 수직 상승했다. 이는 징계로 회부하거나 포기하는 것이 아니라 적극적으로 서클이나 회복적 대화모임을 시도하는 교사와 학생들이 늘어났다는 의미이다. 또한 수업 방해의 경우가 90% 가까이 줄어들면서 교사의 업무환경이 질적으로 개선되고 학생과의 관계가 회복되는 효과가 나타났다. 그뿐 아니라 직원 사이의 갈등 문제나 오래된 가족갈등에 회복적 접근이 시도되는 등, 보이지 않는 문화 변화들이 생겨난 점도 의미가 있었다. 그리고 이런 사회문화적 변화는 비단 사법이나 교육의 영

53　　Hull Center for Restorative Practice(www.hullcentreforrestorativepractice.co.uk)

54　　Joshua Wachtel, "World's first 'Restorative City': Hull, UK, Improves Outcomes of All Interventions with Young People, Saves Resources" 2012. IIRP Website(www.iirp.edu) 참조.

역에만 머물지 않고 회복적 정의가 추구하는 가치인 책임과 존중, 공동체적 참여를 통한 안전한 갈등해결 문화로 확대되었다.[55]

세계 최초의 회복적 도시 실험이 진행된 영국 헐시의 성과는 매우 희망적이었지만, 지속적인 발전에는 제동이 걸리고 말았다. 2012년까지 발전하던 회복적 도시 프로젝트는 핵심 담당자들의 전출과 예산삭감으로 어쩔 수 없이 축소되었다. 맥도널드 교장은 여전히 HCRP 소장과 콜링우드 초등학교의 교장으로 꾸준한 회복적 실천을 이어가고 있지만, 시의 핵심이었던 나이젤 리차드슨 국장이 2010년 옆 도시인 리즈Leeds 시로 자리를 옮기게 되었다. 또한 인데버 중학교는 학생 수 감소로 학교 통폐합 정책에 따라 2015년 문을 닫게 되었고, 스트레이커 교장도 은퇴하여 전문 트레이너로 다른 지역에서 활동하게 되었다.[56] 이런 변화는 헐시로서는 안타까운 일이지만 주변 도시에 영향을 주어 영국의 다른 도시들이 회복적 도시 실험을 진행하는 계기가 되었다.

영국의 회복적 도시 확산

리즈Leeds

헐Hull과 지리적으로 가까운 리즈Leeds시는 원래 1985년부터 웨스트요크셔West Yorkshire 지역 보호관찰 서비스를 통해 피해자-가해자 조정 프로그램과 회복 서비스를 제공해온, 영국에서 가장 오랫동안 회복적 사법

---

55 Joshua Wachtel, 위의 책.
56 한국평화교육훈련원 2020년 회복적정의 해외연수 '영국의 회복적도시를 가다' 여정 중 Christopher Straker 발표.

을 실천한 역사가 있는 곳이다. 2010년 혈시에서 회복적 도시 프로젝트를 주도한 공무원 나이젤 리차드슨 국장이 아동·청소년 복지과Children's Service 책임자로 오면서 회복적 정의 실천에 더욱 탄력을 받게 되었다. 리즈의 회복적 도시 초점은 아동·청소년 친화 도시 만들기에 맞춰져 있었다. 따라서 소년사법 영역에서는 소년선도팀Youth Offending Team이 주도하는 문제 소년과 피해자 그리고 가족 등이 참여하는 회복적 대화모임, 가족자율협의회Family Group Conference, 의사결정 서클 등의 프로그램이 광범위하게 실천되었다. 학교 영역에서도 공동체 서클Circle Time, 회복적 대화모임과 같은 회복적 생활교육 프로그램들이 시행되었고, 2009년부터 공식화된 '더 안전한 학교를 위한 협의체Safer Schools Partnership'가 학교 주변의 비행환경을 줄여나가는 데 역점을 두고 청소년 관련 기관들과 협업 형태로 사업을 추진해왔다.[57]

아이들이 안전하고 건강하게 자라는 환경을 만드는 데 초점을 둔 리즈시의 아동·청소년 친화 도시 만들기 노력이 나름 성과를 나타내면서, 이 프로젝트를 지속하기 위해 영국 중앙정부로부터 혁신자금을 지원받아 소년사건에 대한 회복적 정의 접근을 강화했다. 리즈 아동·청소년 복지과 리차드슨 국장은 "회복적 정의 실천을 위해 100만 파운드의 예산을 사용하면 400만 파운드가 절약하는 효과를 볼 수 있다."라고 강조했다. 이는 청소년들을 사법기관이나 보호시설로 보내는 것보다 가족과 지역사회 안에서 책임을 배우고 건강한 관계로 회복시키는 것이 더 효과적이기 때문이다.[58]

---

57 Marian Liebmann, 'Building The Restorative City' Unpublished PDF Article, 2015.

브리스톨Bristol

영국 남서부에 자리한 브리스톨Bristol시는 2007년 시청이 관내 회복적 정의 기관들을 모아 시민들을 대상으로 회복적 정의 활동을 소개하는 행사를 개최하면서 회복적 도시에 대한 관심이 생겨난 곳이다. 회복적 정의 관련 기관이 시청과 함께 정례 모임을 하고, 사법, 학교, 지역사회의 다양한 주제에 관한 작은 워크숍을 연합으로 열기 시작했다. 이러한 노력의 결과로 2012년 시의 주요부서 책임자들과 함께 회복적 브리스톨 연합회Restorative Bristol를 결성하고 브리스톨이 회복적 도시가 되도록 지원 체계를 만들었다.[59] 2012년 말 새롭게 당선된 시장과 지방치안감 PCC, 교정국장 등도 회복적 브리스톨 활동에 지지를 표명함으로써 회복적 브리스톨 연합회는 시를 대표하는 회복적 정의 실천 연합기구로 발전하며 홈페이지도 오픈했다.[60]

회복적 브리스톨 연합회의 주요 업무는 시민들에게 회복적 정의가 무엇인지 알리는 홍보 활동과 시의 여러 영역에서 진행하고 있는 회복적 정의 실천이 잘 이뤄지도록 의견을 교환하고, 시의 필요한 지역이나 기관에 교육 훈련 프로그램을 제공하는 역할을 해왔다. 그리고 증오 범죄, 약물 남용, 학교 밖 아이들, 직장 내 갈등 문제에 대한 혁신적 회복적 접근이 무엇인지 정책적 대안을 발굴하는 일을 해왔다. 하지만 2014년 영국 중앙정부의 긴축재정 발표로 회복적 브리스톨 연합회의 예산이 대

58   Marian Liebmann, 위의 책.

59   한국평화교육훈련원 2020년 회복적정의 해외연수 '영국의 회복적 도시를 가다' 여정 중 Bristol City Council를 방문하여 Restorative Bristol 연합회 이사들과 함께한 간담회.

60   Restorative Bristol 웹사이트(www.restorativebristol.co.uk).

폭 삭감되어 활동이 위축될 수밖에 없었다. 예산 삭감에도 불구하고, 브리스톨에는 지역사회 여러 영역에서 오랫동안 실천해온 회복적 정의 민간단체들이 있기 때문에 운동이 이어지고 있다. 회복적 브리스톨 연합회에서도 집중사업을 선정하고 예산 편성의 효율성을 높이는 방식으로 지속가능한 회복적 정의 실천을 고민하고 있다.[61]

리버풀Liverpool

영국 북서부에 자리 잡고 있는 리버풀Liverpool시가 회복적 도시 프로젝트를 시작한 것은 2015년이다. 2015년 가족복지부Family Program에서 관내 학교의 결석률이 높아지고 있는 문제를 고민하던 중 회복적 생활교육이 하나의 해결책이 될 수 있다고 판단하여 시청 담당자들은 헐시에서 회복적 학교와 도시 프로젝트를 진행한 경험이 있는 크리스토퍼 스트레이커 전 교장이 운영하는 기관인 'Restorative Thinking'을 초대했다.[62] 학생들의 문제행동을 개선하고 학생들이 학교와 가정을 떠나지 않고 책임을 배우게 돕는 것이 근본적으로 청소년 범죄 문제나 위기가정 문제를 해결할 수 있는 복지정책이라고 생각했기 때문이었다.

회복적 학교 만들기 시범사업의 첫 시작은 2015년부터 2017년까지 2년간 우선적으로 도움이 필요한 6개 학교를 선정하여 교직원 연수와 컨설팅을 시작하며 진행되었다. 이때 시 담당자들도 함께 교육에 참여

---

61   Marian Liebmann, "Restorative Cities – a UK perspective" 한국평화교육훈련원 2020년 회복적정의 해외연수 '영국의 회복적 도시를 가다' 강연 발표자료 참조.

62   Caroline O'Neill, "Restorative Practice in Liverpool Schools" 한국평화교육훈련원KOPI 2020년 회복적정의 해외연수 '영국의 회복적 도시를 가다' 여정 중 Liverpool City Council를 방문.

하여 회복적 정의에 기초한 평화로운 학교에 대한 이해를 높일 수 있었다. 2년 동안 학교들은 배운 내용을 기본으로 각자 학교에 맞는 회복적 생활교육 방식을 개발하고 창의적으로 회복적 학교문화 형성에 노력했다. 또한 학교의 프로젝트 담당팀(가이딩팀: 3~5명의 교직원으로 구성)은 시와 전문기관에서 지속적인 심화교육과 모니터링을 받을 수 있었다. 2년간의 노력에 대한 평가는 영국교육기준청Ofsted에 의해서도 긍정적으로 증명되었다.[63] 6개 시범학교 모두 결석률이 줄어들고, 문제행동을 보이던 학생들에게서 행동 변화가 관찰되었다. 무엇보다도 학교에 교사와 학생, 교사와 학부모가 서로 존중하고 협력하는 공동체 문화가 많이 향상되었다.

리버풀의 파일럿 프로젝트 성공은 더 많은 학교로 회복적 실천을 확산하는 계기가 되었다. 시의 가족복지과는 2018년에 10개의 새로운 학교에 같은 방식의 프로그램을 진행하도록 확대했고, 1년 후인 2019년에도 가족복지부 예산을 더 배정하여 5개의 학교에 추가로 프로그램 지원을 할 수 있게 되었다. 이번에는 학교 교직원뿐만 아니라 학부모들을 대상으로 하는 교육 프로그램을 진행하여, 가정에서도 회복적 자녀교육을 실천할 수 있도록 지원했다. 리버풀은 도시 안에 회복적 실천을 지속적으로 추진할 수 있는 전문 인적 자원을 확보하기 위하여 'Restorative Thinking'의 도움을 받아 15명의 지역전문가를 양성하고 있다.

리버풀의 회복적 학교를 통한 회복적 도시 프로젝트는 매우 세밀한 계획 속에 진행되고 있고, 대단위 교육이나 프로젝트보다 소수의 학교

---

63   Christopher Straker & Lesley Parkinson, *Liverpoor Restorative Practice in Schools Pilot 2105-17 Project Report*, Restorative Thinking, 2017.

를 지원하여 변화를 촉발하고 다른 학교로 옮겨가는 효율적인 접근 방식을 시도하고 있다. 결국 변화의 주체가 시청이나 전문기관이 아니라 자연스럽게 학교와 학부모가 되도록 유도하고 있다. [64]

그 밖에도 영국의 웨이크필드Wakefield, 노퍽Norfolk, 오킹엄Wokingham, 스완지Swansea와 웨일스의 카디프Cardiff, 아일랜드의 더블린Dublin, 북아일랜드 벨파스트Belfast 등에서도 사법과 학교를 중심으로 각자의 역량과 환경에 맞는 다양한 형태의 회복적 도시 시도들이 이어지고 있다. [65] 영국의 회복적 도시 운동은 크게 세 가지 형태로 발전되어왔다고 평가할 수 있다. 첫 번째는 헐과 리즈처럼 시정부가 작은 실천을 표본으로 하여 도시의 많은 영역으로 확산해온 경우이다. 이 경우 시의 특정 부서가 중심이 되어 대단위 교육으로 더 많은 사람들이 교육을 받고 실천할 수 있도록 지원하는 방식이다. 위에서부터 아래로의 톱다운Top-Down 방식이다. 단기간에 확산과 성과를 낼 수 있는 장점이 있지만, 담당 부서와 시 예산에 의지하는 한계 때문에 지원이 끊길 경우 상대적으로 지속가능성이 이어지기 어려운 단점이 있다.

두 번째 접근방식은 브리스톨처럼 시정부가 기존의 회복적 정의 전문단체들을 규합하여 연합체를 형성하고 회복적 도시 프로젝트를 진행하는 방식이다. 이 경우 시의 역할은 기회와 장소의 제공, 한정적 예산의 지원 정도이기 때문에 시정부 의존도를 줄일 수 있는 장점이 있다. 하지만 이 방식은 시에 회복적 정의 지역자원들이 충분히 존재해야 가

---

64   Caroline O'Neill, 위의 발표자료.
65   Marian Liebmann, 위의 책.

능하기 때문에 시가 관심이 있다고 해서 접근할 수 있는 방식은 아니다.

세 번째는 리버풀과 같이 시와 전문기관, 수혜 기관, 세 주체가 명확한 역할 분담과 계획 속에 공유된 주도권을 가지고 시작부터 공동 프로젝트로 진행하는 방식이다. 이 경우 시 전담 부서의 담당 공무원과 회복적 정의 전문기관 사이의 팀워크가 매우 중요하고, 학교와 같은 수혜 기관과의 소통과 모니터링 체계가 원활하게 운영되어야 한다. 결국 시 차원의 효과적인 팀 형성과 운영능력이 높아야 한다는 전제 조건이 요구되지만, 회복적 도시 만들기에 있어서는 가장 효율적이고 지속가능한 민관협력 모델이라고 평가할 수 있다.

그 밖의 회복적 도시

시청이나 시의회 등 시 차원의 정책적 지원이나 관심이 있는 측면에서 보면 영국에서 진행되고 있는 회복적 도시 선언이나 실천 내용은 높이 평가할 만한 내용이다. 물론 다른 나라에서도 '회복적 도시'라고 명명하지는 않더라도 사법 영역이나 교육 영역에서 다양하면서도 실질적인 회복적 정의 실천이 이뤄지고 있는 곳들이 존재한다.

왕가누이Whanganui, 뉴질랜드

대표적 회복적 정의 실천모델인 가족자율협의회Famiy Group Conference로 잘 알려진 뉴질랜드 북섬 서부의 작은 도시 왕가누이Whanganui는 2012년부터 회복적 도시에 대한 비전을 가지고 노력한 도시 중 하나이다. 다만 시 차원에서 관심과 지원을 통해 이뤄진 부분보다 민간 영역에서 영국 헐Hull시의 시도에 영감을 받아 회복적 실천 기관이 중심이 되어 시의 여러 영역의 사람들과 기관들이 함께 회복적 도시 만들기를 위해 노력하고 있는 곳이다.[66] 2012년 회복적 도시 프로젝트를 위해 '왕가누이 회복적 실천 조합Whanganui Restorative Practice Trust'이 결성되었다. 이 조합은 왕가누이 지역의 사법, 학교, 직장, 지역사회 각 분야에 회복적 정의 실천이 이뤄질 수 있도록 지원하고 전문 훈련을 제공하는 것을 목표로 하고 있다. 또한 조합 안에 정부, 비정부 기관, 교육, 기업 등을 대표하는 위원들로 구성된 회복적 도시 자문위원회Restorative City Advisory Group를 두고 있다.[67]

왕가누이의 회복적 도시 계획은 사법 절차상 어느 단계에서도 회복적 접근이 가능한 뉴질랜드의 특성상 재판 전 회복적 대화모임이 이뤄지도록 지원하는 사법 영역과, 지역사회에서 더욱 안전하고 존중하는 문화가 형성되도록 돕는 공동체성 회복 영역으로 집중되고 있다. 특히, 3월 '이웃의 날 행사'와 같이, 이웃 간의 관계 증진을 위한 커뮤니티 행사를 지난 10년간 꾸준히 진행해온다거나, 직장 내 갈등을 회복적 접근으로 풀어가는 훈련과 개입 서비스를 발전시켜가고 있다.[68] 비록 판사나 경찰의 지지와 시장을 비롯한 시 관계자들이 회복적 도시 프로젝트를 이해하고 있지는 않아서 시 차원의 전폭적 지원이 있지는 않지만, 정책적 협력이나 조합에 개인적으로 참여하고 있기도 하다.

66　Joshua Wachtel, "Restorative City Movement spreads to New Zealand" www.restorativeworks.net, 2012.

67　Restorative Practices Whanganui Website: www.restorativepracticeswhanganui.co.nz

68　Sue Dudman, "Restorative City Whanganui Trust Leading the Way in Restorative Practices" NZHERALD 온라인 기사, www.nzherald.co.nz 2019. 04. 06.

캔버라Canberra, 호주

인구 40만이 사는 호주의 수도 캔버라Canberra도 회복적 도시를 향한 꾸준한 노력을 기울이고 있다. 원래 호주는 1990년대부터 사법 영역에서 회복적 실천이 시작된 회복적 정의에 오랜 역사를 가진 나라이다. 2005년 호주 수도권 자치정부Australia Capital Territory(ACT) Government는 사법 절차 어느 단계에서도 회복적 적용이 가능하도록 한 법령Restorative Justice Act을 발의하고, 이 정책의 성공적 추진을 위해 회복적 정의 담당 부서를 신설했다. 이 담당 부서는 첫 2년간 캔버라의 회복적 정의 전문단체들과 함께 120여 건을 의뢰받아 회복적 대화모임을 성공적으로 진행했다.[69]

이런 성과를 바탕으로 사법 영역에서 회복적 접근이 확대되면서 캔버라의 회복적 정의 전문가들과 단체들 사이의 소통과 협력을 위해 'ACT 회복적 정의 네트워크'ACT Restorative Justice Network를 결성했다. 그리고 이 네트워크가 점차 발전하여 캔버라 회복적 공동체 네트워크Canberra Restorative Community Network라는 회복적 정의 실천가, 학자, 전문가 등이 연대하는 더 큰 도시 네트워크로 성장했다.[70] 캔버라 회복적 공동체 네트워크의 목표는 캔버라 지역의 회복적 정의 전문가와 단체, 정부가 연합하여 캔버라를 회복적 정의 실천이 이뤄지는 도시가 되도록 촉진하는 것이다.

2015년 회복적 정의 촉진법 발의 10주년을 기념하여 캔버라 법무부

---

69 Miranda Forsyth, "Healing hands of restorative justice" An interview article with Paul Gregoire, Sydney Criminal Lawyers, 2017. 04. 23.

70 Canberra Restorative Community Website: www.canberrarestorativecommunity. space.

가 주관한 '회복적 공동체 콘퍼런스 대회Canberra Restorative Community Conference를 개최했고, 이 자리에서 캔버라 법무장관은 회복적 정의 확산을 위해 향후 4년간 210만 호주 달러(약 17억 원)을 지원할 계획을 발표했다.[71] 여기에는 소년사건 위주의 회복적 정의 적용을 성인범죄와 강력범죄 영역으로 확대하고 가정폭력과 성범죄에도 적용하는 것이 포함되어 있다. 또한 도시의 여러 영역에 회복적 정의 실천이 이뤄질 수 있도록 시민사회를 지원하는 것을 담고 있다.

이런 발전에는 캔버라에 위치한 호주국립대학교ANU의 회복적 정의 센터Center for Restorative Justice와 회복적 정의 전문가로 유명한 존 브레이스웨이트John Braithwaite 소장의 역할이 컸다. 더 나아가 2016년에는 ACT 지방의회가 자치정부에 캔버라를 회복적 도시로 선언할 것을 권고했고, 법무장관은 법개정자문위원회Law Reform Advisory Committee에 이를 추진하기 위한 법률적 검토와 종합추진보고서를 작성하도록 요청했다. 그리고 2018년 법개정자문위원회는 캔버라 지역의 회복적 접근을 강화하기 위한 종합보고서 '캔버라 – 회복적 도시가 되다Canberra-becoming a restorative city'를 완성했다.[72]

캔버라의 회복적 도시 추진의 핵심동력은 사법부나 입법부와 같은 자치정부의 관심과 지원으로 발전해온 것이 분명하다. 뿐만 아니라 '캔버라 회복적 공동체 네트워크'와 같은 정부, 전문기관, 대학 등이 총 망

---

71 Simon Corbell, 법무장관. Australia Capital Territory(ACT) Government Website: www.act.gov.au

72 Australia Capital Territory Law Reform Advisory Council, "Canberra-becoming a restorative city final report", 2018.

라하는 자생적 연합체를 통해 도시 곳곳에 회복적 정의 철학과 실천이
이뤄지도록 지속해서 노력하고 있는 점은 톱다운 방식이 아닌 절충된
협력모델로 자리 잡아가고 있다고 평가할 수 있다.

오클랜드Oakland, 미국

미국 서부 캘리포니아주 샌프란시스코 근처에 위치한 인구 42만 명
의 오클랜드Oakland는 미국에 만연해 있는 교도소의 유색인종 수감 비율
이 매우 높고, 인종차별과 처벌에 대한 구조적 문제를 안고 있는 도시
중 하나이다. 이런 사회문제 때문에 사법과 교육 영역에서 회복적 정의
를 실천하는 관련 기관들이 활발한 활동을 펼치며 평화로운 도시를 향
한 노력을 기울이고 있다.

그 가운데 1996년 창립된 Ella Baker Center for Human Right와
2005년 창립된 Restorative Justice for Oakland Youth(RJOY)는 교도소
과밀 문제, 폭력 경찰 문제, 처벌 중심의 무관용 사법 정책에 대한 반대
와 대안으로 회복적 정의를 주창해온 대표적 민간 기관이다. 2007년 시
의 지원 사업으로 RJOY가 한 중학교에서 시도한 회복적 학교 만들기
프로젝트Oakland West Middle School Project가 학교 내 정학, 퇴학, 학교폭력 문제
등을 87% 가까이 줄이는 성과를 거두었다. 이를 계기로 소년법원 수석
부장판사의 주도 아래 회복적 정의 태스크포스RJTF가 구성되었고, 이 팀
을 중심으로 보호관찰, 경찰, 법원, 지역사회 기관 등의 프로그램 책임
자들이 회복적 정의 훈련을 받았다. 2008년에는 오클랜드 지역교육청
United School District 소속 교장 20여 명이 교육을 받고 회복적 학교에 대한 접
근을 시작했다. 이러한 교육 분야와 소년사법 분야의 회복적 정의 실천

이 성과를 보이면서 범죄와 문제 학생에 대한 새로운 대응으로 회복적 접근이 자리를 잡아가기 시작했다.[73]

오클랜드의 회복적 정의 운동이 시 차원의 정책적 지원을 광범위하게 받아온 것은 아니지만, 시와 사법당국, 교육청 등 공공기관의 이해와 지원 속에 꾸준하게 발전해온 것은 사실이다. 2019년 도시의 낙후된 지역에서 오픈한 'Restore Oakland'[74]는 오클랜드시의 회복적 정의 허브로서 새로운 개념의 도시 안전에 대한 모델을 만들어가고 있다.

'Restore Oakland'는 Ella Baker Center와 RJOY와 같은 회복적 정의 단체들이 공정한 임금과 대우를 위해 만들어진 식당 노동자 연합체 Restaurant Opportunities Center와 손을 잡고, 회복적 건축을 지향하는 건축회사 'Designing Justice+Designing Space'의 설계에 따라 만들어진 회복적 정의 빌딩이다. 1층에 위치한 식당 '컬러 Color'는 재소자 출신 직원들에 의해 운영되고 있으며, 각종 회복적 정의 관련 기관 사무실과 교육장, 회복적 대화모임이나 공동체 서클 같은 회복적 정의 프로그램 진행을 위한 공간으로 사용하고 있다. "'인간적인' 교도소를 짓는 것보다, 아예 처음부터 교도소를 대치하는 공간을 더 많이 만들어야 한다. 그리고 문제 청소년과 잘못을 저지른 사람들을 교도소 안에 채우는 대신 다른 대안적 책임을 질 수 있는 길을 모색해야 한다."는 취지로 'Restore Oakland'를 활용하고 있다.[75] 도시에 회복적 정의를 위한 건축물이 존

73　Restorative Justice for Oakland Youth, Website: www.rjoyoakland.org

74　Restore Oakland Website: www.restoreoakland.org

75　Sarah Holder, "Oakland's Restorative Justice Hub Wants to Refine Public Safety" Citylab (www.citylab.com), 2019. 08. 23.

재하고 그곳을 통해 다양한 회복적 정의 가치들이 실험되고 실천된다는 것만으로도 회복적 도시를 꿈꾸는 많은 사람에게 희망의 모델을 제시하고 있다.

이 외에도 뉴질랜드의 웰링톤Wellington과 뉴캐슬Newcastle, 미국의 버몬트Vermont주, 캐나다 노바스코샤Nova-Scotia의 핼리팩스Halifax 등이 회복적 도시를 향한 여정을 진행 중에 있다. 그 밖에 알려지지 않았어도 많은 도시와 지역에서 회복적 정의를 통합적으로 적용해보려는 시도가 곳곳에서 일어나고 있다. 회복적 도시는 비슷한 개념의 표현으로 회복적 공동체, 회복적 허브, 회복적 네트워크, 회복적 비전 등으로도 불리기도 한다. 2014년에 리즈Leeds, 헐Hull, 왕가누이Whanganui, 캔버라Canberra 등 회복적 실천에 기초한 회복적 도시 만들기를 시도하고 있는 몇몇 도시들이 모여 International Learning Community(ILC) 라는 국제 네트워크를 형성하여 정보 교류를 해오고 있다. 이처럼 아직은 초기 단계이지만 회복적 도시라는 회복적 정의의 가치와 방식에 기반을 둔 안전하고 정의로운 도시를 만들기 위한 시도가 진행되고 있고 나름 가시적 변화를 일궈내고 있다.

회복적 정의 실천 프로그램

다양한 실천 모델들

시대가 변하고 사회적 환경이 달라짐에 따라 회복적 정의를 구현하기 위한 실천방식도 다양하게 변화하고 발전해왔다. 1974년 엘마이라 사건에서 최초로 당사자 사이의 대면이 구체적인 준비 없이 이뤄진 이래로 어떻게 하면 좀 더 안전하고 효과적인 회복적 정의 프로그램을 만들 수 있을지에 대한 고민이 계속되어왔다. 회복적 정의 실천 프로그램은 당사자와 관계자들의 '자발적 대화'를 통해 피해를 회복하고 책임의 영역을 함께 만들어가는 '안전한 공간(모임)'을 의미한다. 따라서 모든 종류의 회복적 정의 원칙에 기반을 둔 대화 형태를 우리말로 총칭하면 **'회복적 대화모임'**[76]이라고 부르는 것이 적합하다고 할 수 있다. 회복적

---

[76]   나는 2000년대 회복적 정의 운동 초기에 회복적 정의는 정의 패러다임이자 철학이라고 설명하고, 그 철학에 기초한 여러 형태의 실천모델을 [회복적 질문, 회복적 대화모임 mediation, 회복적 협의회Conference, 회복적 서클Circle] 등으로 소개했다. 하지만 2010년대 이후 한국에 도미닉 바터의 회복적 서클Restorative Circles이 소개되면서, 혼돈을 피하고자 지금은 '회복적 대화모임'을 모든 형태의 회복적 실천 모델을 총칭하는 의미로 바꾸고, 세부적으

대화모임은 참가자 범위, 진행방식, 지향하는 목표, 개입 시기 등에 따라 다양한 방식과 형태로 나타날 수 있다. 하지만 어떠한 모델과 관계없이 전체를 관통하는 특성들은 변함이 없어야 한다.

회복적 대화모임의 특성

- **자발적 동기에 의해서만 프로그램이 진행된다.**
  회복적 정의 프로그램은 외부에 의한 강제적 압력이 아니라 자발적 동기에 의해 이뤄질 때 가장 적합하고 효과적이다.

- **당사자에게 힘을 실어주고 권한을 부여하기 위한 과정이다.**
  피해자를 우선으로 하되 가해자와 관여된 공동체의 필요needs를 채우고 역할을 만들어주는 것이 주요 목적이다.

- **중립적이고 훈련된 조정자에 의해 진행된다.**
  회복적 정의 프로그램은 틀에 짜인 협상을 의미한다. 따라서 과정을 책임지는 숙련된 제삼자 진행자의 역할이 중요하다.

- **회복적 질문을 절차의 기본으로 사용한다.**
  진행자는 회복적 질문을 통해 대화의 방향을 이끌어가고 회복적 대화모임의 절차를 최대한 준수하는 것이 진행의 기본이다.

- **상호존중과 연결성을 프로그램의 중심 철학으로 삼는다.**
  편견과 판단보다는 의사소통 과정에서 상호 존중과 인간의 기본적 욕구인 관계성을 극대화하도록 돕는다.

로는 다시 [회복적 조정mediation, 공동체 대화모임Conference, 서클Circle] 등으로 구분하여 부르고 있다.

- **정형적이지 않고 열린 구조와 과정을 갖는다.**

참여적이고 열린 구조에서 누구나 자기 목소리를 낼 수 있는 균등한 기회를 부여하고 스스로 자기행동에 대한 책임을 지는 과정이다.

회복적 대화모임의 종류

현재 전 세계적으로 적용되는 회복적 대화모임의 모델은 셀 수 없이 많다. 그중에 가장 큰 틀에서 분류될 수 있는 대표적 대화모임의 모델 종류를 소개하고자 한다.

1. 피해자-가해자 대화모임(회복적 조정)

회복적 정의 실천 모델 가운데 가장 오래된 대화 형태로 피해자와 가해자가 직접 대면하여 제삼자인 진행자의 진행에 따라 이뤄지는 대화모임이다. 어떤 범죄나 사고로 피해가 발생하고 잘못이 인정되었을 때 이뤄지는 것이 일반적이다. 왜냐하면 사실관계에 대한 시시비비를 가리는 것보다는 문제가 일으킨 피해와 영향을 어떻게 회복할 것인가에 초점을 맞추고 있기 때문이다. 회복적 대화모임 형태 중 참가자의 범위가 의사결정을 할 수 있는 당사자로 가장 한정적이며 개인 간 이슈와 관계를 중심으로 이뤄지는 대화모임 형태이다. 조정자(진행자)는 회복적 질문과 숙련된 의사소통 기술을 가지고 적극적으로 당사자들의 대화를 이끌고 과정을 진행한다. 피해자 또는 가해자라는 단어가 주는 선입견 때문에 학교나 직장, 지역사회 같은 비사법 영역에서는 적절하지 않은 대화모임이다. 비사법 영역에서는 회복적 대화모임이나 당사자 대화모임, 또는 **회복적 조정**으로 부르는 것이 더 적절하다.

① 피해자-가해자 화해 프로그램Victim-Offender Reconciliation Program, VORP

초기부터 현재까지 북미에서 자주 사용되는 회복적 대화모임 형태이다. 초기 회복적 정의 실천이 메노나이트 교회들에 의해 시도된 연유로 종교적 이상인 화해나 평화에 대한 지향점이 프로그램 이름에 어느 정도 반영되었다고 볼 수 있다. 그러다 보니 배상이나 적절한 합의 이상으로 당사자 간 관계적 화해와 전인적 회복에 관심을 두었다. 결국 너무 이상적이고 종교적이란 비판을 받게 되었고, 화해라는 단어가 주는 부담 혹은 부당함 때문에 원래 취지와 다르게 오히려 피해자 참여에 장애 요소가 되기도 한다. 실제로 1970년대 초기 명칭에 대한 논의가 있었지만 '조정'은 일찌감치 배제되었는데, 이 단어가 마치 피해자와 가해자를 도덕적으로 대등하게 보게 할 수 있다는 우려 때문이었다.[77] 결국 피해자에게는 '조정'의 대상이 되는 것도, 도덕적으로 '화해'를 요구받는 것도 적절하지 않다는 의미가 된다. 그럼에도 불구하고 VORP는 가장 오랫동안 실천 영역에서 사용되고 있는 피해자-가해자 대화모임 형태이다.

② 피해자-가해자 조정 프로그램Victim-Offender Mediation Program, VOMP

시간 흐르면서 VORP라는 명칭의 한계 때문에 좀 더 중립적 용어를 사용하는 프로그램이 자연스럽게 생겨났다. 그 결과 화해를 포함한 다양한 결과를 도출할 수 있는 절차와 과정을 강조한 피해자-가해자 조정 모델이 주목을 받게 되었다. 지역마다 편차는 있지만 세계적으로 가장 많이 사용되고 있는 회복적 정의 실천 모델이다. 조정은 회복적 정의

77　로레인 수투츠만 암스투츠Lorraine Stutzmann Amstutz, 한영선 옮김,《피해자 가해자 대화모임》, KAP, 2015, p.19.

개념이 정립하기 전부터 사법제도 안팎에서 자율적 분쟁해결 모델로 존재해왔기 때문에 조정자들이 회복적 정의 패러다임에 기초하여 진행하는 조정을 '**회복적 조정**Restorative Mediation'이라고 부르기도 한다. 일반 조정처럼 배상을 포함하여 당사자가 만족할 만한 합의를 이끌어내는 것이 목적과 함께 피해 회복과 당사자 간의 관계 회복, 공동체의 회복에 대한 강조도 여전히 핵심으로 남아 있다.

* 회복적 조정 모델은 경우에 따라 당사자 간 직접 대면이 아닌 간접적 조정으로 진행하는 프로그램도 있다. 피해 측이 회복적 접근에는 동의하지만 직접 대면을 꺼릴 때, 서신이나 비디오 등을 통한 간접 대화 방식이나 진행자가 양측을 왕래하는 셔틀 조정Shuttle Mediation과 같은 대화모임이 이뤄지기도 한다.[78]

2. 공동체 대화모임Conference

대화모임의 범위를 당사자에 국한하지 않고 어떤 사건으로 피해와 영향을 받는 사람으로 확대해 좀 더 많은 주체가 참여할 수 있도록 디자인한 것이 **공동체 대화모임**이다. 공동체 대화모임은 당사자의 변화와 회복을 위해 당사자를 둘러싼 '관계성 울타리'에 주목한다. 어떤 부정적 행동은 한 개인의 삶을 파괴하는 것을 넘어 공동체 전체의 파장을 준다는 점을 강조하기 때문이다. 따라서 공동체 대화모임을 기획할 때 가장 중요한 점은 '누구를 포함할 것인가'라는 참가자의 범위를 정하는 것

78　　Marian Liemann, 위의 책, pp.76-77.

이다. 누가 참여하느냐에 따라 대화의 역동이 달라지고 책임의 범위가 확장될 수 있다. 그만큼 더 많은 준비와 설득이 필요하고 진행자의 진행 능력도 중요하다. 특히 진행자는 참가자들의 면면과 특성을 잘 파악하고 적절한 질문과 역할을 부여하는 능력이 중요하다. 따라서 사전모임을 반드시 거쳐야 하고 사전모임의 중요성이 가장 높은 모델이다. 세계적으로 가장 많은 공동체 대화모임이 적용되는 영역은 소년사건과 청소년 문제를 다루는 영역이다. 왜냐하면 미성년자이기 때문에 책임에 대한 이야기를 나눌 때 보호자나 가족의 참여가 필수적이어서 자연스럽게 참가자의 범위가 확대될 수밖에 없기 때문이다.

① 가족 자율 협의회 Family Group Conference, FGC **79**

세계적으로 회복적 정의 철학을 가장 잘 반영하고 있다고 인정받는 회복적 대화모임 모델이다. 피해자, 가해자, 공동체라는 3주체가 모두 참여하는 기본 요건부터, 잘못이나 범죄를 개인의 선택과 책임으로 보는 개인주의적 사고가 아니라 주변의 관계성과 환경에서 해답을 찾아야 한다는 공동체적 이해를 강조한 프로그램이다. FGC는 범죄와 정의에

79　Family Group Conference를 한국어로 표현하는 것은 쉽지 않다. Family Group Conference를 '가족집단 회합', '가족집단 협의회' 등으로 번역하여 소개했지만, 단어의 해석을 넘어 회복적 대화모임의 특징을 비추어 볼 때, FGC는 '가족회의를 통해 가족이 자율적으로 문제 해결의 주체가 된다'는 점이 가장 중요한 핵심 요소이다. 따라서 나는 초기에 번역해 사용하던 '가족집단'이라는 표현에서 문맥상 큰 의미가 없는 '집단'을 빼고 대신 '가족 자율 협의회'로 부르는 편이 더 적합하다고 판단했다. 또한 conference는 일반적으로 많이 사용하는 '큰 대회'를 의미하는 콘퍼런스와 구별하는 뜻에서 conference의 사전적 의미인 '특정 주제에 대해 협의하는 사람들의 회의 또는 모임'의 축약으로, 기존의 세계에서 잘 열려진 모델을 소개하기 위해 '협의회'로 부른다.

대한 공동체적 이해의 뿌리에는 정의를 이루는 과정에 가족과 공동체의 역할과 압력을 중요시하는 뉴질랜드 마오리 원주민의 전통이 배경으로 깔려 있다. 프로그램 이름에 '가족^{Family}'이 명시되어 있듯이 당사자인 청소년뿐만 아니라, 가족, 그리고 당사자를 지지하고 지원이 될 만한 주변 사람들이 최대한 참여하도록 설계되어 있다. 또한 경찰, 변호사, 사회복지사, 상담사 등 청소년의 건강한 회복을 돕는 전문가들이 함께한다. 어떤 면에서 정부의 다른 부서가 개별로 책임지는 방식이 아니라, 모든 필요를 한 책상 위에 올려놓고 다 같이 최선의 옵션을 협력적으로 논의하는 영리하고 효율적인 방식이다. FGC의 핵심은 피해 측의 이야기를 들은 후, 가해 측만 별도로 만나는 개별모임 또는 가족회의 시간이다. 그 시간은 가해 측이 앞의 전체 모임에서 들은 피해자의 피해와 어려움에 대해 가족이 공동체적으로 해결책을 만드는 시간이다. 동시에 자신들의 관계와 역할에 대한 재정립을 시도하는 시간이다. 피해자의 피해 회복을 위해 가해자와 가족의 공동 책임을 강조하면서, 동시에 가해자의 회복을 돕고, 궁극적으로 가족공동체를 건강하게 만들고자 하는 이 상호연결성이야말로 최고의 회복적 대화모임의 원리라고 불리기에 충분하다.

② 회복적 협의회 Restorative Conference

FGC가 가족의 참여와 역할을 강조하는 것은 분명 중요한 장점이다. 하지만 가족의 참여보다 학교나 또래집단, 지역사회 등 가족이 아닌 (또는 포함된) 당사자들이 소속감을 느끼는 공동체가 협의회에 주축이 되는 것이 더 적절할 때가 있다. 이런 공동체적 접근을 위해 마련된 것이 회복적 협의회 Restorative Conference이다. 회복적 협의회는 학교의 따돌림 문제부터 심각한 성인범죄까지 광범위하게 적용할 수 있다. 실제로 실무 차원에서는 점차 회복적 대화모임의 참여자 범위를 확장하려는 추세가 나타나고 있다. 그 이유는 당사자 간 대화가 갖기 쉬운 탈맥락적 접근의 한계 때문이다. 물론 참여자 확대라는 것이 쉽게 이뤄지는 것은 아니지만, 책임 이행이나 재발방지, 공동체 의식 강화 등에 미치는 영향을 고려해보면, 협의회Conference 형태의 대화모임은 분명 회복적 정의 프로그램의 발전적 진화라고 평가할 수 있다. 회복적 협의회는 큰 틀에서 공동체의 역할과 책임을 강조하기 때문에 **공동체 협의회**Community Conference 또는 **공동체 책임 협의회**Community Accountability Conference라고 불리기도 한다.[80] 이외에도 목적과 참가자 범위에 따라 다양한 형태의 협의회가 생겨나고 있다.

3. 서클Circle

북미 원주민의 전통 속에 오랫동안 실천해온 서클은 현대의 회복적 정의 영역에 접목한 대화모임 모델이다. 가장 처음으로 서클이 실제 회복적 대화모임 형태로 시작된 것은 1991년 캐나다 유콘Yukon 지방법원이 원주민 보호구역에서 생긴 알코올중독과 가정폭력 문제를 양형 서클Sentencing Circle로 다루면서부터이다.[81] 서클은 말 그대로 원형으로 둘러앉

80　Allen MacRae & Howard Zehr, *The Little Book of Family Group Conference: New Zealand Style*, Good Books, 2004, p.7.

81　유콘 지방법원 판사였던 배리 스튜어트Barry Stuart 판사는 원주민 공동체에서 벌어지고 있는 불법행위를 일반 사법 절차보다 전통과 문화적으로 더 잘 맞는 서클Circle로 공동체를 치유해가도록 판결했다. 하지만 사법 차원에서는 판결이기 때문에 양형 서클이라고 명칭이 붙었지만, 원래 원주민 전통의 문제해결 방식은 주로 치유 서클Healing Circle

아 '토킹스틱'Talking Stick을 돌려가며 이야기를 나누는 매우 단순한 형태의 공동체 대화 형태이다. 서클에서 토킹스틱은 존중과 균형을 가시적으로 보여주는 상징물이기 때문에 중요하게 여기고 심지어 신성시하기도 한다.[82] 물론 토킹스틱 자체가 마법을 부리는 것은 아니지만, 그것을 가진 사람만 이야기한다는 단순한 원칙에 동의하는 참석자들의 자발적 존중을 통해 듣기 어려운 이야기를 끝까지 듣도록 도와준다. 서클은 갈등이나 범죄가 일으킨 어려움을 해결하는 과정으로 사용되기도 하지만, 잠재적 갈등이나 평상시 관계성과 공동체성을 강화하기 위해 활용되기도 한다. 따라서 회복적 대화모임 모델 중에 가장 활용범위가 넓고 사법 영역과 비사법 영역(특히 학교) 모두에서 활용되고 있다. 가장 적합한 적용 대상은 스스로 문제를 해결할 수 있는 권한과 여건을 갖춘 공동체이다. 왜냐하면 서클을 통해 공동체 구성원의 압력이 건강하게 작동하는 것이 가능하기 때문이다. 서클의 진행자는 훈련된 전문 진행자일 수도 있지만, 성격이나 목적에 따라 공동체 구성원 누구나 할 수 있다. 서클 진행자의 주요 역할은 서클이 안전하고 원만하게 잘 작동하도록 지원하는 것이다. 그래서 서클 진행자를 서클 키퍼Circle Keeper라고 부르기도 한다.

① 치유 서클Healing Circle
원주민 전통에서 치유는 처음부터 서클을 여는 목적이었다. 공동체

이라고 부른다. (Barry Stuart, 'Building Community Justice Partnerships: Community Peacemaking Circles', 1997.)

82　필리스 크런보Phyllis Cronbaugh, 《기적의 토킹스틱》(북허브, 2014)에서는 서클이라고 표현하지 않고 토킹스틱 모임으로 표현했다.

안에서 발생한 잘못은 다른 개인과 공동체의 안녕을 훼손한 것이기 때문에 서클을 통해 잘못을 바로잡고, 피해자, 가해자, 공동체의 회복과 치유를 위해 서클을 진행했다. 주로 특정한 의식이나 치유 과정을 동반하는 경우가 많으며, 장기적으로 높은 관계성과 공동체성을 지속해야 할 환경일 때 주로 활용된다. 경우에 따라서는 피해자 또는 가해자만을 대상으로 하는 치유 서클이 이뤄지기도 한다.

② 양형 서클 / 평화 형성 서클Peacemaking Circle

일반적인 사법 재판을 대신하여 사법 관계자와 당사자, 공동체가 함께 책임의 내용을 만들고, 공동체적 대책을 마련하기 위해 열리는 서클이다. 초기에는 양형 서클이라고 불렸지만, 서클의 의도를 어떤 결론을 도출하는 과정으로 한정하고, 서클 전후의 평화를 만드는 전체 여정으로 이해하지 못하는 한계를 극복하고자 점차 평화 형성 서클Peacemaking Circle이라고 부르게 되었다.[83] 서클의 과정과 결과는 실제 양형에 참고가 되지만, 서클의 결과가 곧 사법의 최종 결론이 되는 것은 아니다. 통상적인 사법 절차가 다루기 어려운 당사자와 공동체의 많은 필요와 다양한 주제를 다룰 수 있다.

③ 공동체 서클Community Circle

공동체의 일상에서 생기는 크고 작은 갈등과 분쟁의 문제를 다루기 위해 여는 서클이다. 평상시 안전한 관계 형성과 잠재적 갈등을 건강하

---

[83] 케이 프라니스Kay Pranis, 배리 스튜어트Barry Stuart, 마크 웨지Mark Wedge, 백두용 옮김, 《평화 형성 서클》, KAP, 2016, p.44.

게 드러내기 위한 예방적 차원의 서클을 신뢰 서클, 신뢰 형성 서클, 관계 형성 서클, 공동체 서클이라고 부른다. 그리고 불거진 갈등이나 문제를 풀기 위한 서클을 문제해결 서클Problem Solving Circle 또는 공동체 회복 서클이라고 부른다. 그 외에도 평화 서클, 경청 서클, 지지 서클, 학교 서클 등 다양한 형태의 서클이 존재한다. 주로 비사법 영역에서 많이 활용되는 모델이다.

④ 회복적 서클Restorative Circles**84**

브라질에서 비행 청소년들과 함께 일해온 영국인 도미니크 바터Dominic Barter에 의해 실천되기 시작한 비폭력 대화에 기반을 둔 대화 모델이다. 도미니크 바터의 회복적 서클은 크게 3단계(사전, 본, 사후)의 서클 과정을 통해 갈등의 원인과 핵심 요소, 대화를 통한 합의, 결과에 대한 평가 등을 체계적으로 접근한다.**85** 특히 갈등과 폭력 상황에 대응하면서 외부의 자원보다 참가자 스스로 문제 해결의 주체가 되게 하고, 그 과정이 공동체의 힘과 역동을 재발견하는 기회가 되도록 돕는 공동체 자기 돌봄 프로세스이다.**86**

84　세계적으로 Restorative Circles이라고 명명된 프로그램은 다수이다. 그중에서 여기서 소개하는 회복적 서클은 한국에 널리 알려진 도미니크 바터의 회복적 서클을 의미한다.

85　Restorative Circles Website: www.restorativecircles.org 참조.

86　한국에서 진행 중인 회복적 서클RC에 대한 더 자세한 정보는 《회복적 서클 가이드북》(박성용 저, 대장간, 2018)을 참고하길 추천한다.

회복적 대화모임 비교

	회복적 조정 (VORP/VOMP)	공동체 대화모임 (Conference)	서클 (Circle)	징계 절차 (Punitive Procedure)
절차상 성격	자발적	자발적	자발적	강제적
피해자 참여	필수	필수	선택	불필요 또는 한정적
공동체 참여	불필요 또는 한정적	필수 (가족 및 공동체)	필수	불필요
주책임 범위	가해자	가해자와 가족	가해자와 공동체	가해자
진행 주체	조정자	진행자	진행자 또는 공동체 구성원	처벌권자
개최 시점	사건 후	사건 후	사건 전·중·후	사건 후
강조점·목적	당사자 피해 회복 및 관계개선	가족/공동체의 책임과 역할	공동체의 안녕과 화합	가해자 징계나 불이익

4. 그 밖의 회복적 정의 실천 프로그램

① 피해자-가해자 패널모임 Victim-Offender Panels, VOP

어떤 사건이나 사고로 피해를 보거나, 가족을 잃은 피해자들이 다른 사건의 가해자들에게 자신들의 피해와 영향을 이야기함으로써 가해자들이 자신의 행동에 대한 영향과 피해에 대해 인식하고 반성과 재발을 막기 위해 고안된 회복적 정의 실천모델이다. 주로 음주운전 사고의 가해자와 피해자 간 대화 양식으로 많이 적용되고 있다. 대표적으로 미국의 음주운전 피해자 부모 모임인 '음주운전을 반대하는 어머니 모임 Mothers Against Drunk Driving, MADD'에서, 자원하는 회원들에게 음주운전 가해자들을 상대로 음주운전이 자신들의 삶에 끼친 영향이 무엇인지 이야기하는 '피해자 영향 패널Victim Impact Panel, VIP'을 만들어 운영해왔다.[87] 판사나 보호관찰관이 음주운전 가해자들에게 판결이나 보호관찰의 한 옵션으로 패널모임에 참가할 것을 권고한다. 결과는 매우 긍정적인데 패널모임에 참석한 음주운전 전과자들이 다른 전과자들보다 프로그램 이후 재범률이 약 50% 낮아진 것으로 조사되었다.[88] 음주운전뿐만 아니라 일상행동이나 책임감 면에서 패널모임 참가자들은 매우 큰 변화를 보여주었고, 참가 피해자 대부분도 자신들의 치유에 큰 도움이 되었다고 평가하고 있다.

② 공동체 재통합 지원 프로그램Reintegration Support Program

잘못한 사람이 책임을 다한 후에 자신이 속한 공동체로 돌아가는 과정에 어떤 필요와 기대를 채워야 하는지 공동체와 함께 논의하고 계획을 세우는 대화모임 모델이다. 학교의 경우 '징계 후 복귀 서클'같이 학생들이 처벌과정을 완수하고 학교로 돌아가기 전에 학교 공동체 구성원과 함께 그동안 배운 점과 기대를 나누는 시간을 갖는 학교 자체 프로그램이 가능하다. 또한 피해자는 피해를 회복하는 데 필요한 내용과 지원을 지속적으로 확인하고 제공하는 공동체 기반의 '피해자 지원 서비스

---

87   David Shinar & Richard Compton, 'Victim Impact Panels: Their Impact on DWI Recidivism', *Alcohol, Drugs & Driving*, Vol.11.No.1, UCLA Brain Information Service, 1995.

88   Judge Greg Donat, 'Victim Impact Panels' in William Brunson & Pat Knighten Edited '10 Promising Sentencing Practice: Strategies for Addressing the DWI Offender,', NHTSA National DWI Sentencing Summit at The National Judicial College, 2004, p.42.

Victim Service'**89** 같은 피해자 보호와 지원을 위한 프로그램이 있다.

③ 시카모 나무 프로젝트 Sycamore Tree Project **90**

세계적인 교정 선교 전문기관인 국제교도협회^{PFI}에서 개발한 회복적 정의 실천 모델로서 수감 중인 재소자가 본인 사건의 피해자가 아닌 다른 범죄의 피해자와 함께 참여하는 회복적 교정 프로그램이다. 성경에 나오는 부패한 세무 관리 삭개오의 변화를 모티브로 삼아 디자인된 프로그램으로서 정해진 커리큘럼에 따라 자료를 읽고 진행하는 역할극, 전체 토의와 소그룹 토의, 피해자-가해자 패널 등 다양하게 구성된다. 프로그램은 전문 진행팀에 의해 진행되고 프로그램 횟수도 참가자들의 관심도와 관계성에 따라 달라진다. 재소자들의 피해자에 대한 공감력 증대, 자기 행위에 대한 인식변화, 재범예방에 끼치는 긍정적 영향, 피해자의 만족 등 회복적 정의 관점에서 매우 긍정적 성과들을 만들어왔다.**91** 현재 30개국 이상에서 시카모 나무 프로젝트를 진행하고 있다.

④ 후원과 책임의 공동체 Circles of Support and Accountability, CoSA

1994년 캐나다의 메노나이트 교회의 지원으로 시작한 프로그램으로 성범죄자가 출소 후 건강한 공동체 구성원으로 지역사회에 정착하도록

---

89 David Voth, *Quality Victim Advocacy: A Field Guide,* Workplaying Publishing, 2010, pp.15-17.

90 1장 '들어가며'에 소개된 국제교도협회 참조. 성경 누가복음 19장에 나오는 삭개오가 올라간 시카모 나무에서 프로젝트 이름이 유래되었다.

91 Simon Feasey & Patrick Williams, *An Evaluation of the Sycamore Tree Programme: Based on an Analysis of Crime Pics II Data,* Sheffield Hallam University, 2009, pp.17-18.

돕기 위한 교정 영역에서의 회복적 정의 실천모델이다. 소그룹(3~6명)의 훈련받은 진행자들이 고위험군 성범죄 전과자들을 서클 형식으로 정기적으로 만나 상담과 지원을 하는 것이 주요 내용이다. CoSA의 두 가지 핵심 가치는 '더 이상의 피해자는 없다'와 '그 누구도 포기해선 안 된다'이다.[92] 진행방식과 기간은 유연하고 대상에 맞춰 기획이 이뤄진다. 그동안 CoSA의 효과는 매우 긍정적으로 평가되고 있는데, 한 연구에 따르면 CoSA에 참가한 성범죄자의 재범률이 70~80% 가까이 낮아졌다는 연구 결과가 있다.[93] 그만큼 진행자들의 헌신적 노력이 함께했고, 고립과 낙인보다는 공동체로 안전한 재통합이 얼마나 중요한지 보여주는 사례이다. 현재 캐나다뿐만 아니라 미국과 영국, 브라질 등 10여 개 나라에서 CoSA가 운영되고 있고, 한국에도 2014년에 '후원과 책임의 공동체 한국본부CoSA Korea'[94]가 발족되어 점차 활동의 폭을 넓혀가고 있다.

---

92 CoSA Canada Website: www.cosacanada.com 참조.

93 Mechtild Hoing, Steffan Bogaerts, Bas Vogelvang, 'Circles of Support and Accountability: How and Why They Work for Sex Offenders', *Journal of Forensic Psychology Practice*, Routledge, 2013, pp.268-269.

94 CoSA Korea 한국본부는 김영식 소장(현 부산교도소 소장)의 주도로 설립되었으며, 현재 경기도 소재에 사무실을 두고 '열린 마음 열린 모임'이라는 프로그램을 매주 진행하고 있다.

회복적 정의의 뿌리

회복적 정의의 배경들

세계적으로 회복적 정의가 정의를 이해하는 새로운 관점이자 방법이라는 견해에 오늘날 큰 이견은 없다. 하지만 회복적 정의는 어느 날 갑자기 생겨난 이론이나 실천 모델이 아니다. 1974년 캐나다 엘마이라에서 진행된 최초의 시도로부터 회복적 정의 운동이 발현되었다고 하지만, 그 근저에는 회복적 정의 운동 탄생과 발전에 영향을 준 다양한 배경이 존재한다. 회복적 정의라는 정의 패러다임이 이 운동의 줄기라면, 회복적 정의 실천 모델들은 그 열매라고 할 수 있다. 그리고 회복적 정의 운동의 배경이 된 요소들은 회복적 정의 운동의 뿌리라고 표현할 수 있다.

원주민 전통 문화

회복적 정의의 뿌리를 이야기할 때, 절대 빠지지 않는 한 축은 북미와 뉴질랜드의 원주민 전통이다. 이들 원주민 문화권에 존재하는 정의에 대한 이해가 회복적 정의 운동에 가장 큰 영향을 준 요소이다. 바로 공동체성과 치유의 영역을 정의의 핵심 가치에 담고 있다는 점이다. 현대 사법 시스템을 가진 대부분 나라에서 사법은 법률 전문가의 영역으로 이해된다. 하지만 원주민 전통에는 여전히 당사자와 마을의 원로들, 공동체 멤버가 정의를 이루는 중심에 있다. 그리고 잘못을 바로잡고 정의를 세우는 과정의 궁극적 목표가 처벌을 통한 단죄와 단절이 아니라, 치유와 회복으로 인식된다. 이런 전통적 개념의 정의 관점이 서구문화가 만들어놓은 사법 시스템에 의해 철저히 무시되었다가 다시금 그 가치가 조명되는 중이다.

나는 1990년대 중반 캐나다에서 대학을 다니던 중 원주민 공동체에서 진행하는 MCC의 봉사 프로그램에 참여한 적이 있다. 그 일 때문에 캐나다 중부 서스캐처원Saskatchewan주 북쪽에 위치한 파운드메이커 원주민 자치구Poundmaker Cree Nation**95**에서 여름 4개월을 살게 되었다. 그 기간이 나에겐 매우 생소한 원주민 전통과 문화를 배우고 경험하는 소중한 시간이었다. 그중 가장 인상 깊었던 것은 마을에서 벌어진 사건들을 치유 서클Healing Circle을 통해 해결해가는 모습이었다.

치유 서클은 마을회관에 당사자와 가족, 마을주민들이 모이고 장로와 원로들이 참여하여 전통적 의식과 절차에 따라 진행되는 공동체 원형 대화모임이었다. 상처받고 아픈 이야기들을 서클에서 공개적으로 나누고 공유하면서 모두가 힘든 직면의 시간을 가졌다. 뿐만 아니라 전통

---

95 캐나다에서는 원주민을 호칭하는 명칭이 First Nations People 또는 Indigenous People로 되어 있어 인디언이란 표현은 잘못된 표현이다. 또한 원주민 보호구역Reserve 이란 말도 이제는 특정 '민족의 나라'라는 뜻으로 Cree Nation, Mohawk Nation 등으로 공식적으로 쓰이고 있다. 캐나다 파운드메이커 원주민 자치지구에 대한 정보는 www. poundmakercn.ca를 참조.

음악을 동반한 신성한 의식, 진지한 나눔과 경청, 함께 만드는 책임이 공유되는 엄숙한 시간이었다. 치유 서클 이후 당사자들이 원로와 함께 진행하는 치유 의식을 통해 고통과 비관적 결말이 아니라, 관계와 공동체의 회복이라는 메시지를 남기는 것을 보았다.

마지막 치유 의식 중 가장 많이 활용하는 것이 'Sweat Lodge(땀내는 공간)'라고 불리는 것으로 나뭇가지로 뼈대를 잡고 천을 덮어 만든 작은 텐트 안에서 진행되는 의식이다. 모닥불로 데운 돌을 텐트 안으로 들여와서 신성한 물을 뿌려 수증기를 만드는 과정을 반복하며, 총 4회에 걸쳐 치유를 위한 기도─두 사람의 관계 치유, 양측 가족의 치유, 마을 공동체의 치유, 전 우주와 자연의 치유─를 진행한다. 이후에 마을 사람들은 두 사람을 위한 작은 연회를 열어 과거에 대한 치유와 새로운 관계를 축하하고 격려한다. 나는 이들이 벌이는 치유 서클을 보면서 문화충격을 경험했다. 이보다 더 온전하고 아름답게 마을 공동체의 위기를 풀어가는 문화가 있을까 싶은 생각이 들었다. 돌아보면 진정한 의미의 갈등 전환이자 회복적 접근이 마을 문화와 전통 속에 그대로 녹아 있는 모습이었다.

이들의 언어인 크리어Cree에는 법이나 규율을 대신하는 단어가 와흐코토인Wahkohtowin인데 그 원래 단어의 뜻은 부족이나 친족을 뜻한다. 하지만 더 확장된 개념은 관계, 공동체, 자연체계와의 '상호연결성'을 의미한다. 사람 사이에 발생하는 문제를 공동체의 힘으로 치유를 통해 함께 풀어갈 수 있다는 전통적 신념은 바로 이 상호연결성에 기초하고 있다. 북미 원주민들은 우리의 윤회사상처럼 세상의 모든 만물이 서로 연결되어 있고, 생명과 죽음이 분리되지 않는다는 전통적 세계관을 가지고 있다. 치유 서클도 하코카ʰᵒᶜᵒᵏᵃʰ라고 불리는데 '신성한 서클'이란 의미로서 제단을 뜻하는 단어이기도 하다. 따라서 치유 서클은 온전해야 할 마을 공동체가 깨졌을 때, 공동체의 온전함을 회복하기 위해 열리는 특별하고 거룩한 의식인 셈이다.[96] 결국 원주민 문화에서 범죄나 잘못은 공동체 규범을 어긴 행위라기보다 개인과 공동체의 연결성을 깨뜨린 행위이고, 우주의 자연스러운 섭리를 훼손한 행위가 된다. 따라서 정의를 이룬다는 것은 그 깨어진 연결성을 다시 회복하는 방법을 찾는 과정이고, 깨지고 훼손된 관계가 복원되었을 때 온전한 치유가 이뤄진다고 믿는다. 이들에게 사법은 오히려 의료적이고 종교적 행위에 가깝다.

캐나다 정부는 1994년에야 서구 정착민들의 문화와는 근본적으로 다른 원주민 전통을 인정하여, 원주민에 대해 전통적 대안 사법이 가능하도록 양형개혁법안Bill C-41을 제정하기에 이르렀다. 또한 캐나다 법무부는 원주민의 전통적 정의 방식을 양성하고 권장하기 위한 펀드를 지원하고자 원주민 정의 프로그램Indigenous Justice Program[97]을 운영하고 있다. 캐나다 전역에 걸쳐 750여 개의 원주민 자치지구에 공동체 정의 프로그램을 지원하고 있고 매년 9000명 정도의 사람이 그 혜택을 보고 있다.

특별히 이 프로그램을 통해 치유 서클과 양형 서클, 조정과 공동체 대화모임 등 회복적 정의 프로그램을 활성화하는 데 기여하고 있다는 점은 주목할 만하다.[98] 뉴질랜드의 FGC도 마찬가지이지만 오랫동안 무

---

96 Lewis Mehl-Madrona & Barbara Mainguy, 'Introducing Healing Circles and Talking Circles into Primary Care,' The Permanente Journal 2014 Spring 18, pp. 4-9.

97 캐나다 원주민 정의 프로그램IJP은 기존 주류 사법 시스템에 대한 대안으로 원주민 공동체 중심의 정의를 이루는 것을 지원하기 위해 만들어졌다. (Department of Justice Canada Website 참고).

시되고 억압받은 원주민들의 전통에 뿌리 깊이 녹아 있는 이런 회복적 접근이 최근에 재해석되고 그 가치를 인정받고 있으니 참으로 다행스러운 일이다. 깊은 밤 에메랄드 빛을 품은 오로라를 보면서 둥글게 모여 앉아 모닥불을 사이에 놓고 차와 배넉(원주민 전통 빵)을 나누던 그들의 정겨운 모습이 지금도 회복적 사회를 기대하는 사람들에게 소리 없이 영감을 주고 있다.

피해자 권익보호 운동

회복적 정의 운동이 태동하는 1970년대 전후로 미국에서는 또 하나의 의미 있는 운동이 확산되고 있었다. 범죄 피해자에 대한 지원과 권익을 위한 피해자 권리Victims' Rights 운동이 그것이다. 원래 피해자학Victimology은 2차 세계대전 이후 유럽에서 처음 등장하기 시작했고, 당시 연구의 주 초점은 범죄행위에 대한 연구를 목적으로 범죄자와 피해자의 관계에 대한 연관성에 집중되었다. 1960년대에는 뉴질랜드와 영국에서 피해자를 위한 국가 차원의 구조금 시스템이 제도화되기 시작했다. 그 후 미국의 몇몇 주 정부에서 피해자 구조금 제도와 사법제도 안에서 소외되어 온 피해자의 권리에 대한 관심이 산발적으로 이뤄지기 시작했다.

그러다가 1970년대 들어오면서 미국에서 여권신장을 위한 사회적 운동이 활성화되고 높아지는 범죄 문제를 해결하기 위한 다양한 시도들이 이뤄지면서, 1975년 전미피해자지원연합National Organization for Victim

---

98   Department of Justice Canada, 'Overview of Department of Justice Canada Policy and Program Initiatives to Reduce Violence and Increase Safety for Indigenous Women, Girls, and 2SLGBTQQIA People.' Oct. 22, 2018.

Assistance, NOVA 같은 피해자의 권익을 증진하기 위한 전문기관이 생겨나기 시작했다.[99] 이런 노력의 결과로 1980년대에는 미국 정부 차원의 피해자 지원을 위한 법안The Victims of Crime Act이 제정되고 법무부에 범죄피해자 지원부서Office for Victims of Crime가 신설되었다. 미국 피해자 센터National Victim Center와 같은 전국단위의 피해자 지원을 위한 민간단체들이 늘어났고 여러 주에서 범죄 피해자의 권리를 다루기 위해 관련법이 정비되었다.[100] 이와 같은 제도적 뒷받침 속에 피해자 권익을 대변하는 단체들이 늘어나면서 사법 절차에서 피해자의 참여 범위가 확대되고 그들의 권익과 필요를 채우는 장치들이 발전하게 되었다. 결국 1990년대부터는 피해자는 사법 시스템에서 이름과 얼굴이 없는 존재가 아니라, 명시적인 주요 주체라는 인식이 새겨졌다.

미국 사회에서 진행된 피해자 권익 증진을 위한 노력은 성공적인 사회운동의 한 예로 평가받게 되면서, 자연스럽게 회복적 정의 운동과 궤를 같이하게 되었다. 대표적인 사례로, 1990년대 중반 피해자 권익단체인 NOVA가 회복적 정의 접근을 지지하며 '회복적 공동체 정의: 행동을 위한 요청'이란 논문을 발표하면서, 형사사법 시스템에서 피해자 회복을 위한 사회적 관심과 역할이 강조되기 시작했다.[101]

피해자 권익 보호 운동이 주장해온 대표적 요구를 살펴보면 범죄(자)

99   Marlene Young & John Stein, 'The History of the Crime Victims' Movement in the United States,' The Office for Victims of Crime, 2004.

100   National Crime Victim Law Institute(NCVLI), 'History of Victim's Rights' 2011. Lewis & Clark Law School. Website: www.law.lclark.edu/centers/national_crime_victim_law_institute

101   Marilyn Armour, 위의 글.

에 대한 정보 접근성에 대한 권리, 사법 절차에 대한 공지 및 청취 기회를 통한 사법 절차 참여 권리, 손해배상 및 보상과 같이 범죄로 발생한 손실의 재정적 보상에 관한 권리, 심리적 안정과 재발 방지를 위해 보호받을 권리, 개인 정보보호에 관한 권리 등이 주를 이루었다. 이런 권리들은 결국 회복적 정의가 실천 프로그램을 통해 강조하는 피해자와 공동체의 필요와 맞닿아 있다. 따라서 피해자 권익과 보호 증진을 위한 피해자 권익 보호 운동은 회복적 정의 운동이 발전하는 데 지지와 협력의 파트너로 함께 성장해왔다. 그리고 앞으로도 회복적 정의 운동은 피해자 권익보호 운동과 함께 발전해나갈 것이다.

기독교 평화주의

초기 회복적 정의 운동 탄생과 확산에 메노나이트^{Mennonite} 교회와 메노나이트 중앙위원회^{MCC}가 이바지한 부분은 결코 적지 않다. 1974년 엘마이라 사건을 회복적 접근으로 시도한 마크 얀츠와 데이브 워스 이후, 회복적 정의의 아버지로 불리게 되는 하워드 제어 박사 모두 메노나이트 교회 전통과 신앙에서 자란 사람들이다. 특히 마크 얀츠의 경우 대학 졸업과 동시에 교정 영역에 교회의 책임을 확대하고자 하는 MCC의 계획에 따라 MCC가 지원하는 조건으로 지역 보호관찰소의 일을 시작하게 되었다.[102] 하워드 제어 박사도 MCC의 범죄·정의사무소를 통해 회복적 정의의 실천과 연구를 꾸준히 발전시켜갈 수 있었다. 결국 회복적 정의 초기 실험이 온타리오와 인디애나와 같은 메노나이트 교회 활동이

---

[102] Mark Yantzi, 위의 책, p.51.

활발한 지역에서 생겨난 배경에는 오랫동안 평화와 정의 문제에 관심을 갖고 있었던 평화교회의 전통이 있었기 때문이다.[103]

메노나이트 교회를 비롯하여 과학 문명의 혜택을 거부하고 옛날 방식을 고수하며 여전히 말과 마차를 타고 다니는 것으로 유명한 아미시 Amish 공동체, 세계적으로 평화운동과 평화교육에 지대한 영향을 끼친 퀘이커Quaker, 공동생산을 통해 초기 기독교 공동체의 경제방식을 유지하고 있는 브루더호프Bruderhof 공동체 등 기독교 교회사에 매우 독특한 위치를 차지하고 있는 이런 부류를 전통적 평화교회Historic Peace Churches라고 부른다. 또한 16세기 종교개혁 당시 이들 선조의 급진적 개혁주장 때문에 급진적 기독교The Radical Christianity라고 불리기도 한다.[104]

교도教徒마다 차이는 있지만, 전통적 평화교회들의 신학적 특징은 급진적 제자도, 기독교 평화주의Christian Pacifism, 그리고 공동체성을 꼽을 수 있다. 특히 이들이 말하는 평화주의 전통에는 샬롬Shalom에 대한 근원적 해석이 깔려 있다. 샬롬은 단순히 평화로 해석할 수 있는 단어가 아니다. 샬롬은 세 가지 영역에서 조화를 의미하는데, 첫째는 물질적 풍요와 번영을 의미한다. 둘째는 공정하고 올바른 관계를 의미한다. 셋째는 진실을 말하는 솔직함을 의미한다. 표현하기 쉽지 않지만 샬롬은 모든 것이 바르고, 옳고, 진실하고, 온전하며, 조화로운 선goodness의 상태라고 표

103　Thomas Noakes-Duncan, 'The Emergence of Restorative Justice in Ecclesial Practice,' *Journal of Moral Theology*, Vol. 5, No. 2, 2016, p. 3.
104　이 주제는 코넬리우스 딕, 《아나뱁티스트 역사: 메노나이트를 중심으로》(대장간, 2013)를 참고하길 바란다. 아나뱁티스트Anabaptist는 16세기 종교개혁 당시 급진적 개혁노선을 주장한 교회들과 신자들을 총칭하는 말이다. 퀘이커를 제외한 대부분 전통적 평화교회들은 아나뱁티스트에 속한다.

현할 수 있다.[105] 따라서 샬롬은 하나님의 창조 원리에 부합한 타락 전 에덴동산의 상태이고 타락 이후에는 다시 회복되기를 바라는 하나님의 비전으로 이해된다. 이런 기독교의 샬롬에 대한 이해를 현대적 개념으로 가장 잘 나타낸 것이 '정의로운 평화just-peacebuilding' 또는 '화해를 위한 진실true for reconciliation'이라고 볼 수 있다. 이들에게 평화는 모든 것을 허용하고 용서하는 무조건적 개념이 아니라, 정의와 진실이라는 기초 위에 세워지는 균형 잡힌 관계이고 실질적으로 경험할 수 있는 회복과 화해의 개념이다.

메노나이트 교회는 전통적으로 세상과 구별되어 지내는 자생적 공동체로 살아왔지만 제2차 세계대전 이후부터는 점차 고등교육을 받는 사람들이 나타나면서 자신들의 신앙전통을 신학적 논리로 표현하기 시작했다. 그리고 1960년 이후부터는 정부와 교회의 역할을 이론적으로 재규정한 평화신학과 기독교 평화주의와 같은 급진적 개혁신학으로 발전하면서 자신들의 교회 전통을 현대사회에 접목하기 시작했다. 이런 교회의 분위기 속에서 사회에서 벌어지는 현상에 대한 평화신학적 탐구는 당시 젊은 메노나이트 학자들과 활동가들의 깊은 관심을 불러일으켰다.

특히 기존에 국가가 독점하던 권력에 대해 교회의 평화적 대안에 대한 관심이 높았는데, 이는 1960~1970년대 미국 사회에서 일었던 반전

105　Dalton Reimer, 'Shalom: The Road Taken in the Conflict Transformation and Restorative Justice Manual – Foundation and Skills for Mediation and Facilitation 4th Edition (Michelle Armster & Lorraine Stutzman Amstutz, Editors),' Mennonite Central Committee Office on Justice and Peacebuilding, 2008, pp.7-9.

평화운동에 대한 신학적 반응이라는 측면도 있다. 결국 이들 노력의 결과로 나타나기 시작한 사회운동이 양심적 병역거부, 대체복무제도, 공정무역과 구제사업, 회복적 정의 운동, 비폭력 직접행동 등이었다. 이들의 신앙은 단순히 교회를 다니는 예배공동체를 넘어, 자신들의 교회공동체를 통해 국가와 사회에 대한 기독교적 대안이 되고자 노력한 것이었다.[106] 국가는 전쟁을 수행하지만, 교회는 평화와 화해를 이루는 기관이라는 신학적 이해를 통해 국가의 역할과 교회의 역할을 분명히 구분했다. "교회는 '세상에' 속하지만, '세상의' 기관이 아니다."라는 이들의 극단적 이분법은 많은 비판을 받았지만, 동시에 기존 사고방식의 틀을 깨는 신선한 영향도 많이 끼쳐온 것이 사실이다. 지금은 사법과 학교, 지역사회로 회복적 정의 운동의 저변이 확산되었지만, 초기 완고한 응보적 사법체제 안에서 화해를 향한 정의를 꿈꿔왔던 기독교 평화주의자들의 신념은 회복적 정의 운동의 중요한 자양분이 되었다.

몇 가지 관련 개념들

결정론 vs 자유의지

초기 회복적 정의 개념에 중요한 기여를 한 앨버트 이글래시 박사는 사람의 잘못된 행동을 어떻게 이해하고 어떻게 책임지게 할 것인가에 대한 심리학적 이해의 틀을 설명하면서 자유의지와 (심리학적) 결정론 중에 하나를 선택하던 방식을 거부했다. 그러면서 회복적 접근은 자신

---

106 이 주제는 《국가에 대한 기독교의 증언》(존 하워드 요더, 김기현 옮김, 대장간, 2012)과 《급진적 기독교》(베리 칼렌, 배덕만 옮김, 대장간, 2010)를 참고하길 바란다.

의 행동은 전적으로 자신의 의지에 의한 것이라는 '자유의지'와 그렇게 할 수밖에 없었던 이유와 상황에 더 원인을 두는 '결정론'을 모두 취할 수 있다고 주장했다.

그는 "우리가 가해자의 과거 잘못된 행동에 대해 결정론을 받아들인다고 해서, 가해자에게 과거 잘못에 대한 면죄부를 주는 것이 아니다. 마찬가지로 가해자의 미래 변화 가능성을 위해 지금 스스로 책임을 질 수 있다는 현재의 자유의지를 인정하는 것은 서로 양립 불가능한 일이 아니다."라고 주장했다.[107] 다시 말해 어떤 잘못을 한 사람이 '내가 왜 그렇게 할 수밖에 없었는지' 설명(변명)하는 것을 인정해준다고 해서, 그것이 곧 과거에 대한 책임을 지지 않아도 된다고 용인하는 것이 아니라는 의미이다. 마찬가지로 가해자는 절대 변하지 않을 거라는 편견을 버리고, 미래의 변화를 위해 자신의 잘못을 바로 잡을 수 있도록 현재의 올바른 선택을 할 자유의지를 인정하고 기회를 줘야 한다는 의미이다. 결국 수용과 책임 사이에 연관성을 부정하지 말아야 한다는 것을 강조한 말이다.

이글래시 박사는 가해자들을 연구하면서 그들이 '그때는 본의 아니게 그렇게 할 수밖에 없었다.'는 것을 받아들여 주는 것과 과거를 바로잡고 미래를 위해 자신의 '책임을 어떻게 지고 싶은지' 선택의 기회를 주는 것이 모순된다고 보지 않았다. 변명보다 유무죄를 밝히고 그에 따른 강제적 처벌을 주는 원리보다, 자신의 억울함을 인정받을 때 비로소 다른 사람의 억울함을 이해할 수 있으며, 그것이 스스로 책임지는 자발성을 이

107   Shadd Maruna, 'The Role of Wounded Healing in Restorative Justice: An Appreciation of Albert Eglash.' The Queen's University Belfast Research Portal, 2014, p.8.

끌어낼 수 있다는 심리학적 접근을 강조한 것이다. 그러면서 잘못한 사람의 문제행동의 배경에 관심을 갖고 이해해주면 결국 변명과 책임회피만 부추기고 만다는 일반적 견해가 오히려 가해자를 더 공감하지 못하는 존재로 만들 위험성이 있다고 보았다. 동시에 지금의 강제적 처벌이 미래의 변화 잠재성을 근본적으로 막는 위험성도 있음을 함께 지적했다. 일반적으로 가해자가 잘못을 인정하지 않으려고 하는 이유는 잘못을 인정하는 순간 그에 상응하는 비난과 처벌을 피할 수 없다고 경험적으로 인지하고 있기 때문이다.

이글래시 박사는 회복적 접근은 두 가능성을 모두 높일 수 있는 장점이 있기 때문에 자발적 변화를 위해 더 가치 있다고 주장했다. 회복적 정의에서 가해자는 비난만 받는 존재가 아니라, 나름대로 자신이 잘못한 행동에 대한 상황과 맥락을 설명하는 기회를 부여받는 사람이 된다. 이는 잘못한 행동에 대한 정당성을 부여하기 위한 것이 아니라, 그들의 의도를 이해하는 여부와 관계없이 피해는 여전히 현실이고 따라서 스스로 져야 할 피해 회복이라는 책임도 유효하다는 것을 보여주기 위한 것이다. 비록 그것이 변명일 수 있지만, 가해자의 상황과 처지를 수용하는 것과 피해 회복을 위한 책임을 지는 것은 충분히 분리될 수 있는 문제라고 보는 관점이 회복적 정의 관점에는 존재한다. 이는 회복적 질문의 첫 질문을 '무슨 일이 있었는가?' 라는 중립적 질문으로 시작하라는 것과 맥을 같이한다. 오로지 자신의 관점에서 이야기하는 기회가 궁극적으로 책임의 자발성을 이끌어낼 수 있다고 보기 때문이다. 이런 이글래시 박사의 주장은 1950~1960년대 당시 많은 비난을 받았지만, 지금의 회복적 정의 관점에서 가해자와 진정한 책임의 의미를 이해하는 데 중요한 실마리를 제공하는 시발점이 되었다.

공동체 재통합을 위한 수치심의 활용[108]

호주의 범죄학자이자 회복적 정의 발전에 지대한 공헌을 한 존 브레이스웨이트 박사는 뉴질랜드의 대표적 회복적 정의 모델인 FGC가 왜 재범을 줄이는 데 효과가 있는지 연구하면서 수치심의 활용에 그 열쇠가 있다고 보았다. 그는 응보적 접근이나 회복적 접근 모두 잘못을 저지른 사람에게 수치심을 갖게 만드는 것은 똑같다고 봤다. 즉 응보적 접근이 수치심을 더 자극하고, 회복적 접근이 수치심을 덜 주는 것이 아니라고 본 것이다. 처벌권자 앞에 서는 직면이나 사회적 비난이 가져오는 수치심과, 피해당사자와 자신을 아끼는 공동체 서클 안에서 직면하는 수치심은 정도의 차이가 있을 뿐 그 자체를 막을 수 없다는 것이다. 다만 수치심을 어떻게 이해하고 활용하느냐에 따라 그 차이가 생기고 다른 결과를 낳을 수 있다고 주장했다.

응보적 접근에서는 잘못한 사람을 처벌과 비난을 통해 낙인을 찍기 위한 수치심stigmatizing shame의 활용이 이뤄지는 경향이 있다. 처벌은 당사자의 변화와 공동체의 예방적 기능을 위해서 낙인효과를 노리고 이뤄지는 경우가 많다. 따라서 처벌 이후에 단절과 상처가 남기 쉽고 이런 부정적 수치심의 경험은 결국 그 수치심을 떨쳐내기 위한 또 다른 부정적 행동으로 이어지기 쉬운 결과를 낳는다.

반면 회복적 접근에서는 공동체로 다시 통합될 것을 기대하면서 수

---

108   John Braithwaite, 'Crime, Shame, and Reintegration', Cambridge University Press, 1989.

치심을 활용하는데 이런 수치심을 재통합적 수치심reintegrative shame이라고 부른다. 이런 재통합을 위한 수치심의 활용은 가해자에게 책임을 묻는 과정에서 잘못된 행동에 대해서는 "그것은 잘못된 행동이고 그런 행동은 용납되지 않는다."라는 공동체의 집단적 불수용은 강력하게 표현하지만, 행위자도 '잘못된 존재'라는 낙인으로 남는 것은 최소화해야 한다고 본 것이다. 그래서 FGC 과정에서는 가족과 지인들의 역할을 남들처럼 비난의 손가락질을 하는 것이 아니라, 책임과 성장을 통해 다시 공동체 안으로 받아줄 수 있다는 수용성을 보여주는 역할이다. 그리고 그 수용성은 연대적 책임을 함께 지는 것으로 나타날 수 있다고 보는 것이다.

결국 잘못된 행위가 개인의 선택이기 때문에 그에 상응하는 개인적 책임을 지면 된다는 개인주의적 발상이 아니라, 문제행동에는 다양한 맥락이 존재하기 때문에 공동체가 짐을 나눠짐으로써 더 높은 책임성을 발휘하도록 지원하는 공동체적 책임을 강조한 것이다. 단절과 소외가 아니라 공동의 책임이라는 과정을 통해 가해자에게 다시 공동체로 재통합될 수 있다는 메시지를 줌으로써, 일반적 처벌보다 오히려 재범을 줄이는 효과를 나타내고 있다는 분석이다. 결국 안전한 관계망 안에서 다뤄지는 수치심은 처벌의 원래 목적인 긍정적 변화에 더 가까운 효과를 나타낼 수 있다는 결과를 비교 분석을 통해 발견하게 된 것이다. 브레이스웨이트의 재통합을 위한 수치심의 활용 이론은 회복적 정의 실천에 중요한 시사점을 남겼고, 많은 프로그램 개발에 필수적 참고 사항으로 여겨졌다.

순수모델과 확장모델 논쟁

회복적 정의 적용이 확대되면서 무엇이 회복적 정의이고, 어디까지를 회복적 정의 실천으로 봐야 하는가에 대한 논쟁도 등장하게 되었다. 이런 논쟁은 어떤 새로운 이론이나 운동이 확대되면서 정체성 규정을 위해 나타나는 자연스러운 발전 과정으로 볼 수 있다. 대표적으로 회복적 정의를 적용함에 있어, 회복적 원칙에 충실해야 한다고 주장하는 학자나 실천가들이 주장하는 순수모델/최소화모델Purist/Minimalist Model과 최대한 확장하여 적용해야 한다고 주장하는 확장모델/최대화모델Maximalist Model 사이의 논쟁이 존재해왔다.[109] 이 두 모델에 대한 상호 비교와 비판은 주로 1990년대 중·후반을 거치면서 나타나기 시작했는데, 이들이 가진 생각과 주장의 차이는 크게 세 가지 영역으로 정리할 수 있다.[110]

첫 번째는 회복적 정의를 이해하는 근본적 인식의 차이다. 순수주의자들이 이해하는 회복적 정의에 대한 개념을 대표하는 토니 마셜Tony Marshall은 '범죄나 잘못으로 영향을 받은 모든 사람들이 모여 발생한 문제를 함께 풀고 공동의 미래를 위한 계획을 만들어가는 과정'[111]으로 회복적 정의를 이해했다. 반면에 확장주의자들은 이런 이해는 자발적 참여 의사를 밝힌 당사자들에게만 국한되기 때문에 오히려 회복적 정의 적용

---

109 초기 순수모델을 옹호한 순수주의자로는 영국의 토니 마셜Tony Marshall이 대표적이고, 확장모델을 주장한 확장주의자는 벨기에의 로우드 왈그레이브Lode Walgrave가 대표적 인물이다.

110 Christopher Broughton, 'The Institutionalization of Restorative Justice: a Canadian Perspective', MA Thesis for Dept. of Criminology, University of Ottawa, 2012, pp. 17-20.

111 Tony Marshall, 'Restorative Justice: An Overview', The Home Office of UK, Research Development and Statistics Directorate, 1999, p. 5.

을 한정해버리고, 많은 사건에 대한 회복적 접근을 근본적으로 막아버린다고 비판했다. 그러면서 범죄나 잘못으로 생긴 피해를 회복하는 모든 행위를 회복적 정의의 범주에 모두 포함해야 한다고 주장했다. 형식적 요소보다 피해를 회복하는 의도와 결과에 부합한다면 회복적 정의의 영역으로 봐야한다는 것이다. 당연히 순수주의자들은 이런 포괄적 이해는 오히려 회복적 정의의 이해와 실천을 모호하게 만들어 결국 회복적 정의 적용을 약화시킨다고 반박했다.

두 번째는 회복적 정의 실천과 강제성의 관계에 대한 견해의 차이다. 순수주의자들은 회복적 정의와 강제성을 서로 공존할 수 없는 개념으로 보았다. 회복적 정의 실천은 순수하게 자발성에 기초해야지 강제성을 부여하는 순간, 회복적 정의 패러다임이 등장하게 된 근본적 목적을 훼손할 수밖에 없다고 주장했다. 하지만 확장주의자들은 강제성을 회복적 정의 실천의 필요 요소로 포함해야 하며, 자발성을 확보하기 어렵거나 불가피할 때는 강제성을 선택해야 한다는 현실론을 주장했다. 로우드 왈그레이브 Lode Walgrave는 '강제성은 오히려 회복적 정의 실천에 필수적 요소 중 하나가 될 수 있다'고 주장했다.[112] 결국 강제성을 포함한다고 해서 회복적 정의가 추구하는 가치를 구현하지 못하는 것이 아니라고 맞섰다.

세 번째는 국가와 사법제도의 역할을 바라보는 관점의 차이다. 회복적 정의 실천의 절차적 안정성과 표준화를 확보하기 위해 기존 사법 절차와 융합될 필요가 있다는 주장에 대해, 순수주의자들은 그 필요성은

---

[112]   Christopher Broughton, 위의 논문, p. 19.

인정하지만 이는 당사자 간 개인적이고 비공식적인 만남을 통해 이뤄지는 회복적 정의의 가치를 해치는 잠재적 오염요소가 될 수 있다고 봤다. 반면 확장주의자들은 회복적 정의 실천이 최선의 결과를 얻으려면 기존 사법제도와 협력적으로 운영해야만 한다고 주장했다. 결국 이들은 개인의 자유가 박탈당하는 엄격하고 통제 가능한 사법제도의 조건 안에서 공식화된 회복적 정의 실천이 가장 효과가 높다는 효율성을 강조한다.

점차 시간이 흘러가면서 회복적 정의를 실천하는 경험도 길어지고 적용 영역도 확대돼가면서, 순수모델을 주장하는 사람들보다는 확장모델에 더 많은 현실적 지지(일부 순수모델을 주장하던 초기 순수주의자들을 포함하여)를 보내는 사람이 늘어나는 추세인 것은 사실이다. 그럼에도 회복적 정의를 지지하고 실천하고자 하는 사람들에게 무엇이 회복적 정의 가치를 구현하는 의미인지와 지속가능한 회복적 정의 실천은 무엇을 포함해야 하는지에 대한 분석의 틀을 제공하는 이와 같은 논쟁은 앞으로도 회복적 정의 운동이 지속적으로 발전하기 위해 계속해서 필요할 것이다.

이 밖에도 회복적 정의 운동은 그 시대의 여러 가지 사회적 사상과 이론들에 영향을 받아 발전해왔다. 가장 많은 영향을 받은 영역은 당연히 꾸준히 시도된 형사사법에 대한 개혁운동 영역이다, 아울러 페미니스트 범죄학, 공동체주의Communitarianism, 긍정훈육법, 정동이론Affect Theory, 화해신학 등 다양한 정치적, 철학적, 심리학적, 심지어 영적 이론들의 영향도 받아왔다.[113] 그리고 앞으로 특정한 시대와 사회의 문화와 교류하면서 계속해서 발전해나갈 것이다. 이는 회복적 정의를 하나의 이론이나

개념으로 정리하기 어렵게 하는 원인이면서, 그와 동시에 회복적 정의
가 다양한 영역에서 다양한 형태로 발전할 수 있는 개방적 특성을 갖게
하는 주요한 원동력이기도 하다.

113   Paul McCold, 'Toward a Mid-Range Theory of Restorative Criminal Justice: A Reply to the Maximalist Model', *Contemporary Justice Review*, 3(4), 2000, pp.363-364.

4장

회복적 정의,
학교를 만나다

"회복적 생활교육의 궁극적 목표는
학교에 회복적 문화를 만드는 것이다."

벨린다 홉킨스(Belinda Hopkins)

사법화되어온 학교

몇 년이면 적당한가요?

2017년 부산에서 여중생 한 명이 또래 여학생 5명에게 집단구타를 당해 피투성이가 된 사진 한 장이 인터넷에 올라오면서 한국 사회가 발칵 뒤집힌 적이 있다. 차마 눈 뜨고 볼 수 없을 만큼 피범벅인 된 피해 학생의 사진도 충격적이었지만, 두 달 전에 이미 한 번의 괴롭힘이 있어 경찰 조사가 있었는데 이에 앙심을 품고 다시 폭행을 저지른 보복 사건이라는 점이 국민들을 더욱 분노케 했다. 사법부의 솜방망이 처벌이 이런 일이 생긴 근본 원인이라면서 청소년이란 이유로 봐주는 약한 처벌 기준을 바꾸자는 목소리가 여기저기에서 쏟아져나왔다. 결국 국민의 공분은 곧바로 청와대 온라인 국민청원으로 이어져 소년법을 폐지하라는 요구가 봇물 터지듯 쏟아지기 시작했다. 온라인 국민청원에 참여한 사람이 20만 명을 넘기자 급기야 정부의 관련 부서 장관들이 공식적인 답변을 내놓게 되었다. 이 청원은 문재인 정부의 청와대 온라인 국민청원 제도가 생긴 이래 정부가 공식 답변을 내놓은 첫 번째 사안이 되었다.[1]

이 청원을 비롯해서 악화된 여론 때문에 국회와 정부는 소년법 개정을 다급하게 추진하게 되었고, 개정의 방향은 처벌할 나이를 낮추는 것과 형량 기준을 높이는 것, 두 축으로 진행되었다. 결국 평소 청소년 문제에 별 관심을 두지 않던 국회의원들과 여론에 민감할 수밖에 없는 교육정책 책임자들이 특정 사건에 분노한 국민의 압력에 떠밀려 다시 한번 엄벌주의 카드를 만지작거리게 된 것이다.

그즈음 나는 소년법 개정에 관한 생각을 듣고 싶다는 어떤 기자와 인터뷰를 하게 되었다. 놀랍게도 그의 첫 질문은 "몇 년이 적합하다고 보십니까?"였다. 여기서 몇 년은 소년법 개정 논의가 한창이니, 현행 최대 2년 이하의 소년원 송치 기간을 몇 년으로 늘리는 것이 적당한지 내 의견을 듣고 싶다는 것이었다. 나는 "죄송한데 질문이 잘못된 것 같습니다." 하고 이야기를 시작할 수밖에 없었다. 그때 내가 되물은 질문은 "그 잘못한 가해 학생들이 인간으로서 부족한 능력이 뭐라고 생각합니까?"였다. 잠시 생각하던 기자는 공감 능력이라고 했다. 그렇다 그들은 공감 능력이 부족한 친구들이다. 또래를 피가 흐르도록 폭행하고 사진을 찍고 협박하면서도 그 아픔과 고통을 공감하지 못하는 어린 괴물들이다. 그렇다면 과연 엄벌과 무관용 주의가 괴물로 변해가고 있는 이 아이들에게 공감 능력을 다시 불러일으킬 수 있을까? 2년인 지금의 법을 고쳐 감옥에서 4년을 보내고 10년을 보내면 그 기간만큼 자신들 때문에 피해를 본 피해자에 대한 공감 능력이 높아져서 나올까? 그리고 재판과 수감

---

1   당시 청원은 "청소년이란 이유로 보호법을 악용하는 잔인무도한 청소년들이 늘어나고 있습니다. 반드시 청소년보호법은 폐지해야 합니다."였다. 청원인의 오해로 잘못 표기 되었지만 소년 보호법 폐지 주장이다. (청와대 홈페이지 국민청원 및 제안. 참조: www.president.go.kr/petitions)

기간 동안 피해자 회복을 위한 자발적 책임의 기회가 올라갈까? 오히려 자신들을 억울한 피해자로 인식하지 않을까? 만약 이런 우려가 처벌기간의 확대로 확실히 보장된다면 나는 엄벌주의를 지지할 것이다. 하지만 모두가 아는 것처럼 소년원의 기간을 늘린다고 이들에게 긍정적 공감 능력을 키울 가능성은 그리 크지 않다. 또한 법 개정이 우리가 던지려고 하는 근본적 물음들, '왜 우리의 아이들은 극단적으로 폭력적이 되었는가? 왜 이 시대의 아이들이 남의 아픔에 공감하지 못하는가? 가해자의 책임이 피해자의 회복과 어떤 연관이 있어야 하는가? 무엇이 어디에서부터 잘못되어 왔는가?'에 관한 근본적 해답을 주지 못한다면 나는 지금의 법 개정에 반대할 수밖에 없다고 했다. 몇 년을 올릴 것인가보다는 더 근본적 논의와 질문이 우리에게 필요하다고 생각했기 때문이다.

지금은 잘못된 청소년을 향해 돌을 던지고 손을 닦으며 잊어버리는 무책임한 어른이 되기보다 그들(피해자와 가해자)과 함께 울어줄 어른이 필요한 시대이다. 폭력이 일상화된 아이들, 남의 고통을 공감하지 못하는 학생들, 피범벅이 된 비참한 피해자를 보면서 우리는 이제 분노하기보다 진심으로 슬퍼하고 안타까워해야 한다. 지금이야말로 우리의 아이들이 왜 이런 괴물이 되었는지, 어떤 환경이 이들을 극단의 폭력에 익숙하게 만들었는지 깊이 들여다보아야 할 때이다. 그들만의 문제라는 생각을 넘어 우리의 책임을 함께 찾지 않으면 결코 이 문제를 해결할 수 없다. 혼돈에 빠진 시대에 집단적 분노는 또 다른 분노를 키우지만 집단적 애도는 자성과 성찰을 불러올 수 있다.

어느 시대에도 다음 세대에게 '올바름'과 '정의'에 대한 교육을 포기해선 안 된다. 우리는 다음 세대에게 사법적 책임을 넘어 사람과 공동체에 대한 책임을 만나도록 도와주어야 한다. 그리고 엄벌을 통한 반성만이 아니라 타인의 피해와 아픔에 공감할 수 있는 능력을 키울 수 있어야 한다. 이런 우리의 성찰만이 다음 세대에 치유라는 고귀한 선물을 전해줄 수 있다. 이것이 우리가 학교폭력에 대한 응징과 분노로 점철된 지금의 사회 분위기 속에서도 회복적 정의에 기초한 교육을 포기해서는 안 되는 이유이다.

법이 바꿔놓은 학교의 단상

부산 여중생 폭행 사건 이후, 한국 사회는 다시금 강력한 처벌을 골자로 하는 소년 보호법 개정을 준비해왔다. 그리고 거기에 보조를 맞춰 '학교폭력예방 및 대책에 관한 법률'(이하 학폭법)도 개정하려는 움직임이 나타날 수밖에 없었다. 하지만 위에 언급한 것처럼 엄벌주의에 기초한 법률 개정이나 정책 수립이 실효성을 거두지 못하고 끝날 가능성이 매우 크다. 왜냐하면 과거에도 똑같은 상황이 반복됐기 때문이다.

이명박 정부 시절인 2012년 2월 당시 국무총리가 정부의 모든 기관의 수장들과 같이 성대한 기자회견을 열어 소위 2·6 대책이라고 불리는 [학교폭력근절 종합대책][2]을 발표했다. 이 발표가 있기 두 달여 전에 대구의 한 중학생이 또래들의 괴롭힘을 견디지 못하고 스스로 목숨을 끊는 비극적 사건이 발생했다. 피해 학생이 남긴 유서를 교사였던 보호자가 언론에 공개하면서 만연해 있던 학교폭력의 문제가 전국적으로 쏟아져 나오는 계기가 되었다.[3] 언론도 하루가 멀다 하고 앞 다투어 학교폭력

2　2012. 2. 6 학교폭력근절 종합대책 보도자료(최종). 참조: 교육부 홈페이지 http:// www.moe.go.kr

문제를 다루는 데 많은 지면과 시간을 할애했다. 결국 대구 중학생 자살 사건이 일어난 지 두 달이라는 매우 짧은 시간 만에 정부는 모든 부서의 대책을 취합하여 '학교폭력근절을 위한 종합대책'을 마련하여 국민에게 발표하게 되었다.

여러 대책이 망라되었지만 가장 눈에 띄는 것은 모든 학교 학급당 담임교사를 두 명씩 두는 '복수 담임제'와 중학교 '체육 시수 증대', 그리고 학교폭력 가해 사실과 처분 내용을 학교생활 기록부에 일정 기간 기록하여 차후 진학이나 취업에 불이익을 줄 수 있는 '학교폭력 생활기록부 보존 지침' 등의 내용이었다. 뭔가 엄청난 대책을 마련한 듯 이야기가 무성했지만, 과연 그 효과가 어떻게 나타났을까? 사실 국무총리까지 나서 정부가 국민 앞에서 대대적인 발표까지 했지만, 발표한 그해에도 실제로 복수 담임제를 운영한 학교는 거의 없었다. 중학교 체육 시수도 흐지부지 제자리로 돌아가버렸다. 더욱이 당장 개학이 코앞인 2월에 예산이나 인력에 대한 아무 방안도 없이 이러한 대책을 국민 앞에 발표하는 정부의 무책임한 태도에 학교 현장은 경악할 수밖에 없었을 것이다. 당시 매월 학교 현장을 방문하여 교사, 학생, 학부모와 기탄없이 소통하며 끝까지 학교폭력 문제를 책임지고 챙기겠다고 목소리를 높이던 총리도 1년 후 사임하고 누구도 책임지지 않는 공약들만 남발한 채 학교폭력근절 종합대책은 국민의 기억 속에서 사라져가고 말았다.

그런데 이 급조한 대책 발표로 학교 현장에서 정작 심각해진 문제는

3 임지영, 《세상에서 가장 길었던 하루》, 형설라이트, 2012.
* 학교폭력으로 자녀를 잃은 당사자 어머니이자 교사였던 임지영의 자기 고백적 이야기이자 사회와 교육 당국에 던지는 문제 제기를 참고하길 권한다.

'학교폭력 생활기록부 보존 지침'이었다. 학교폭력으로 징계를 받은 내용을 생활기록부에 기록하여 장래에 불이익을 받도록 하겠다는 대책은 얼핏 들으면 잠재적 가해 학생들을 조심하게 만드는 효과가 있을 것으로 이해되기 쉽다. 원래 이 대책의 취지도 학교폭력의 가해 학생은 징계 처분이라는 현재의 불이익을 받을 뿐만 아니라, 장래의 인생에도 악영향을 줄 것이기 때문에 학교폭력을 예방하는 효과가 있을 것이라는 믿음에서 시작된 것이다. 매우 전형적인 엄벌주의 정책이자 낙인효과를 노리는 대책으로 대중에게 환영받을 만한 해결책이었다. 하지만 이 정책은 한 가지 잘못으로 두 번 벌을 받을 수 없게 한 헌법 원칙 중 하나인 일사부재리一事不再理의 원칙에 어긋날 소지가 충분했다. 그뿐 아니라 생활기록부 기재는 결국 대학 입시라는 대한민국에서 가장 민감한 문제와 엮이기 때문에 수단과 방법을 가리지 않고 결과를 무효화시키려는 학부모에 의해 학교를 법적 소송으로 끌고 갈 위험성이 다분했다. 그리고 안타깝게도 이런 우려가 현실이 되기까지 오랜 시간이 걸리지 않았다.

빨라지는 학교의 사법화

교육부에서 발표한 자료[4]에 따르면 학교폭력대책자치위원회(이하 학폭위)의 징계 결정에 불복해 학교나 교사를 상대로 행정소송을 제기하는 건수가 2012년 50건, 2015년 109건, 2018년 661건으로 급격하게 증가해온 것을 알 수 있다. 그리고 소송비용도 교육청의 지원 없이 학교가 직접 부담하는 경우도 다수 생겼다. 이뿐만 아니라 피해 학생과 가해 학

---

[4]   교육부, 김병욱 의원(더불어민주당), 〈학교폭력 가해자 징계 불복 학교 대상 행정소송 최근 3년간 169건 발생〉, 2017. 10. 08. 보도자료 참고.

생 양측의 재심 건수도 꾸준히 증가하여 개정 이후 5년(2012~2017) 동
안 2.5배 이상의 증가세를 보였다.[5] 결국 학교폭력을 저지른 가해 학생
측은 반성이나 책임을 위한 노력보다 자신에게 내려진 처벌과 불이익을
무효화하기 위해 더 많은 노력을 해온 셈이다. 그리고 피해 학생 측 또한
엄벌로 만족할 것이라고 생각했던 것과는 달리, 반성하지 않는 상대를 보
면서 처벌이 약하니 다시 판단해달라며 긴 공방을 지속해왔다는 뜻이다.
더욱 심각한 현상은 과거에는 학교폭력 재심과 행정소송을 거는 주체가
피해 학생 측이 많았지만, 2012년 정부종합대책 발표 이후로는 가해 학
생 측에서 소송을 제기하는 건수가 꾸준히 증가하고 있다는 점이다.

아이러니하게도 이런 극심한 혼란과 대립의 틈을 타고 법률가들이
학교 갈등에 적극적으로 뛰어 들어오기 시작했다는 사실이다. 과거에는
학교폭력 소송은 별로 수익이 되지 않는 영역이었지만, 최근 학교폭력
소송이 늘어나고 우리 사회에서 변호사 공급도 포화인 시기를 맞으면서
학교폭력 전문 법률사무소가 하나둘 생겨났다. 이들은 학교폭력 사건
초기부터 변호사의 코치를 받아 대응할 것을 홍보하면서 매우 비교육적
인 방식을 버젓이 안내하고 있다. 예를 들어 만약 의뢰인이 학폭위 처분
결과로 대입에 불이익이 생길 것을 우려한다면 재심과 행정심판을 통해
최대한 시간을 끄는 방법을 알려준다. 그렇게 해서 한참 후에 법원의 최
종 결론이 나와도 가해 학생은 이미 대학에 입학한 후가 되게 하는 전략
이다. 결국 법적 결과를 바꾸지는 못했지만, 고객이 손해를 보지 않도록
법의 맹점을 파고들어 가는 것이다.[6]

5　　유지혜·정진우·하준호, 〈"그럴거면 걔랑 사귀지 그랬어" 이 말도 학폭, 결국 법정
갔다〉, 《중앙일보》, 2019. 07. 15.

물론 이런 방식은 합법적이다. 이와 같은 행정소송은 학교라는 공공기관을 상대해야 하기 때문에 가해 학생 측 입장에서는 학교의 학폭위가 내린 결론을 무마하기 위해 절차의 하자를 찾아내는 것이 하나의 효과적 전략이 된다. 결국 법률사무소가 학교의 학폭위 처리 과정에 누락 요소는 없었는지 조사하는 일이 빈번해지면서 사법 전문가가 아닌 교사와 학교는 긴장하지 않을 수 없게 되었다. 원래 학교폭력이 발생하면 학생들이 안전하게 잘 지내도록 관리하고 서로 좋은 관계로 회복되도록 지도해야 할 교사들이 밤을 세며 서류를 정비하고 가해 학생 측의 공격을 방어하기 위해 뛰어다녀야 하는 서글픈 현실이 벌어진 것이다. 어떤 경우는 교사나 교장이 직접 소송의 대상이 되기도 한다. 매년 2월이면 명예퇴직을 신청하는 교사의 수가 갈수록 신기록을 세우는 이유가 이해된다. 더욱 암울한 것은 억울한 피해자들을 위한다면서 어른들이 회사를 차리고 피해 학생들의 등하교 시 에스코트를 하거나 상대학생을 직접 위협하는 일명 '삼촌 패키지' 상품을 만들어 팔고 있는 씁쓸한 현실이다.[7]

불의한 사회의 초석이 깔리다!

자신에게 생기는 불이익을 막기 위해 법적 해결책을 찾는 것을 비난할 수는 없다. 하지만 이렇게 자금력과 바르지 않은 방식으로 처벌을 면

6　유지혜·정진우·하준호, 〈"고교 졸업까지 끌어 주겠다." 로펌 블루오션 된 학폭소송〉, 《중앙일보》, 2019. 07. 17.

7　박상현, 〈50만원 내면… '삼촌'이 학폭 가해학생 혼내드립니다〉, 《조선일보》, 2018. 09. 12.

하고 만다면 과연 벌이 주려고 한 목적은 무슨 의미가 있는지 되묻지 않을 수 없다. 또한 이런 학생들이 불의한 방법으로 책임을 지지 않고 대학에 진학하고 출세해서 사회의 지도층이 된다면 우리 사회는 과연 어떤 사회가 될까? 지금보다 더 불법과 편법이 판치는 불의한 세상이 되리라는 것은 자명하다. 무엇보다도 이런 일이 교육기관인 학교에서 벌어지고 있다는 현실이 안타깝고 답답할 뿐이다.

한편 자신들에게 사과와 반성을 보여야 할 사람들이 오히려 고비용을 들여 자신들의 처벌을 무효로 하기 위해 애쓰는 모습과 그 불합리한 결과를 지켜봐야 하는 피해 학생과 가족의 심정은 어떻겠는지 상상해보라. 피해를 본 것도 억울한데 그 결과마저 자신들을 두 번 죽게 하고 있는 현실을 과연 받아들일 수 있을까? 아픔과 상처를 안고 살아가야 할 피해자의 고통을 아무도 책임져주지 않은 세상에 대해 절망을 안고 학교를 떠나는 학생들이 주변에 얼마나 많을지 알 수 없다.

일전에 한 대학에서 회복적 정의 특강 후 질문 시간에 많은 학생 사이에서 손을 들고 일어나 질문하는 학생이 있었다. "옛날 학교 다닐 때 학교폭력으로 피해를 당하고 오히려 제가 전학을 가야 했는데, 저처럼 여전히 상처를 안고 살아야 하는 사람들은 어디서 어떻게 해야 회복될 수 있나요?" 하며 눈물로 절규하던 그 여대생의 모습을 나는 잊을 수가 없다. 불의한 사회는 악을 구조화하고, 피해자의 고통에는 눈감아 그들을 피해자 사이클에 가두어버린다. 우리가 부인하고 싶지만, 세상은 원래 그렇게 돌아가는 곳이다. 하지만 그런 사회구조적 악이 가치관을 형성해야 할 청소년 시기에 벌어지고 경험된다는 사실이 더욱 절망적이다. 도대체 2012년 법 개정으로 학교를 법률사무소와 동네 조폭의 먹잇감이 되도록 만든 책임은 누가 져야 한단 말인가?

　정부의 엄벌대책은 반성과 예방을 통해 학교의 기능을 다시 회복하겠다는 것이었지만, 그렇게도 지켜주겠다고 약속하던 교권은 오히려 소송의 대상으로 추락하고 말았다. 아주 작은 사건에도 교사들은 개입할 수 없고 무조건 학폭위를 열어야 하는 상황이 반복되면서 학생과 학부모도 교사보다 경찰이나 변호사의 말을 더 권위 있게 받아들이게 되었다. 결국 생활지도 자체가 권위를 가질 수 없는 환경이 가속되고 말았다. 최악의 경우 자신이 가르치는 학생과 학부모를 법적 공방의 장에서 적으로 마주쳐야 하는 현실에서 교사의 보람과 자부심을 찾는 것은 상상하기 어려운 일이 되어버렸다. 결국 임계점에 도달한 교사들은 학교 현장을 어렵게 만드는 이런 대책들을 없애달라고 요청하기에 이르렀다.

　교사가 법과 매뉴얼에 따라 학생들의 생활을 지도하면 피해를 보지 않을 것이라고 설득해오던 교육부의 정책은 결국 교사를 생활지도의 주체에서 점점 수동적 존재로 만들어버리고 말았다. 법과 매뉴얼이 사람의 문제를 모두 해결해줄 수 있다는 망상이 만들어낸 비극이다. 국민들에게 '학교폭력은 범죄다'라는 도식화를 각인해온 정부, 그리고 그 결과로 학교폭력은 엄벌과 척결의 대상이라는 경각심과 심각성을 부각하는 데는 성공했을지 모른다. 그러나 결과적으로는 엄벌주의 정책이 가져오는 한계인 엄벌을 피하기 위한 책임의 고의적 회피, 공기관인 학교의 자기 책임을 최소화하려는 보신주의, 절차만 지켜지면 아무도 책임지지 않는 형식주의, 그리고 가장 심각한 문제인 자신의 필요가 무시되는 피해자 소외 현상을 강화하고 말았다. 결국 학교에 전혀 맞지 않는 엄벌정책과 낙인효과를 강화하기 위해 만들어진 학폭법은 결과적으로 교육기관인 학교의 사법 기관화만 부추긴 채 이제 그 수명을 다해버리고 말았다.

교사는 책임이 없는가?

교사들이 동의했든 하지 않았든 간에 국민들의 절대적 지지 속에 소년법과 학폭법은 점점 처벌강화 방향으로 변해왔다. 그렇다면 정책의 실패와 학교 사법화라는 안타까운 학교 현장의 어려운 현실에서 교사들의 책임은 없을까? 나는 외부인으로 학교가 왜 이렇게 갈등의 소용돌이 속에 휩싸이게 되었는지, 교사들이 왜 이렇게 무기력하게 있는지 처음에는 이해하기 힘들었다. 자신들의 손발이 묶이고 있는데도 안타깝고 힘든 세월을 견디어내고 있다는 자체가 대단하게 여겨질 정도였다. 하지만 소년법 개정 이슈나 학폭법 개정 문제가 교사들의 일상에 지대한 영향을 주고 있음에도 별 관심이 없는 교사들이 많다는 사실이 더 놀라웠다. 나의 이런 문제 제기에 늘 돌아오는 교사들의 답변은 '정책과 법이 바뀌기 전에는 어렵다'는 것이었다. 학교가 교육기관이기 때문에 사법적 조치나 학교 내 처벌기구보다 좀 더 교육적 대안들을 제시하고 적극적으로 자기 조직 변화를 위해 고민하고 노력하기보다는, 힘들다는 아우성 속에 일종의 체념이 더 많이 넘쳐나고 있었다. 교직 사회에 만연해 있는 이런 무기력이 어디에서 기인하는지 궁금하고 안타까웠다.

2015년 우연한 기회에 회복적 정의 강의를 듣고, 깊은 공감을 한 교사가 심하게 다툰 학생들과 분노한 보호자들을 한자리에 모아놓고 자기 나름대로 회복적 대화모임을 가졌다는 이야기를 들었다. 그 교사의 말에 따르면 '죽을 고비를 몇 번씩 넘겨가며' 장시간 대화를 진행했고 그 결과로 이들은 극적인 화해를 이뤘다고 한다. 그 후로 다시 잘 지내게 된 학생들, 그리고 선생님에게 수고와 감사를 전하는 학부모들을 보며 참으로 오랜만에 교사로서 보람을 느꼈다고 했다. 그 선생님의 이야기를 듣고 나는 그의 용기와 무모함에 찬사를 보내며 앞으로 계속해서 교실에서 회복적 접근을 실천해달라고 당부했다. 그러나 얼마 지나지 않아 그 선생님이 학교폭력을 절차대로 처리하지 않았다는 이유로 관리자로부터 문책을 받게 되었고, 그로 인해 더는 교직을 할 생각이 없어 휴직하게 됐다는 이야기를 전해 듣게 되었다. 그때의 내가 느낀 참담함이란 이루 말할 수 없다. 어떻게 대한민국에서는 어른이 그것도 교사가 학생들의 다툼을 말리고 화해를 시키면 처벌을 받아야 하는지? 도대체 세계의 어느 나라에서 교사가 다툰 학생들을 같이 모아 대화로 풀게 하는 것을 불법적 행동이라고 규정하고 있는지? 나는 교사가 법 때문에 다른 교사의 교육적 조치를 막아서는 이런 상황이 솔직히 이해되지 않았고 이해하고 싶지도 않았다.

이런 절망적인 현실을 경험하며 가끔씩 참석하게 되는 학교폭력 토론회나 자문회의에서 처벌만이 능사가 아니라, 학폭법을 조금 개정해서라도 교사들의 자율권을 확보하여 최소한 회복적 대화가 불법이 되지 않도록 해야 한다는 주장을 했다. 하지만 그럴 때마다 정책 당국자들은 "당연히 학교와 교사가 그런 방향으로 가야 한다고 생각하지만 국민의 법 감정도 무시할 수 없다"는 원론적 이야기만 되풀이했다. 물론 교육부의 그 현실적 한계에 대한 입장을 모르는 것은 아니지만, 한번은 너무 답답해서 이렇게 이야기한 적이 있다. "도대체 우리나라에 교육부와 법무부가 따로 있는 이유가 뭡니까? 어떻게 50만 명이나 되는 교사를 둔

교육부가 매번 법무부와 같은 목소리를 내야 하나요? 법무부는 법적 대책을 내는 것이 맞고, 교육부는 교육적 조치를 고민해서 제안하는 것이 그 역할이 아닌가요?"

정책 당국자들이 말하는 국민의 법 감정은 학교폭력 문제에 더 강력한 처벌을 요구하는 국민의 엄벌주의에 대한 기대를 말한다. 물론 국민의 법 감정은 쉽게 바뀌지 않을 것이며, 국가교육공무원이 그런 대중적이고 상식적인 여론에 반하는 정책을 내는 것은 더더욱 어렵다는 것을 인정한다. 하지만 만약 그것이 진짜 교육과 학교가 가야 할 방향이라면, 오히려 교육으로 국민의 생각을 바꾸는 시도를 해야 하지 않을까? 도대체 국민의 생각을 바꾸는 방법이 교육 말고 또 뭐가 있단 말인가? 지금 도전할 수 없다면 그 '법 감정'은 도대체 언제 교육적 방향으로 전환할 수 있다는 것인지 묻지 않을 수 없다. 바뀌지 않는 국민의 법 감정 때문에 교육기관인 학교가 계속 사법화된다면, 그런 생각을 하는 학생들이 계속 양산될 것이고 또다시 엄벌주의를 맹신하는 세대가 사회로 진출할 것이다. 결국 변화를 기대할 수 없는 악순환이 계속되는 셈이다.

나는 50만 교육자들이 일 년에 몇 번씩 어린 학생들에게 학폭법을 지키지 않으면 어떤 처벌과 불이익을 받는지 설명하는 법무부 소속 직원처럼 행동하지 않기를 바란다. 교육자로서 당당히 무엇을 책임지는 것이 진짜 책임인지 가르치고, 누군가의 아픔을 통해 공동체가 어떻게 함께 회복될 수 있는지 경험하게 하고, 무시와 배제가 아닌 존중과 배려가 인간관계에 왜 가장 중요한 가치인지 배울 수 있도록 참교육을 실천하는 교육자 본연의 길을 가길 바란다. 교육의 주체로서 교사가 먼저 자기 목소리를 낼 수 있어야 한다. 그리고 국민이 우리 시대 교사들의 역할을 회복하는 데 지지와 응원을 보내주길 바란다. 이것이 우리의 미래인 아이들이 바르고 정의롭게 살아가도록 이끌어줄 거의 유일한 길이다. 지금과 같은 형태의 문제해결 방식과 문화로는 우리의 미래는 결코 희망적일 수 없다.

생활지도가 빠진 교사양성 시스템

이런 현실을 더욱 강화하는 구조적 문제도 존재한다. 우리나라에서 교사를 양성하는 교육기관인 교육대학이나 사범대학은 예비 교사들에게 생활교육을 어떻게 해야 하는지 그 철학과 방법을 제대로 교육하지 않는다. 교과 내용이나 교육에 대한 전문적 지식과 방법에 대한 수업 과목은 당연히 많이 존재한다. 하지만 학생 생활지도를 체계적으로 교육해서 학교 현장으로 보내는 수업이나 대학은 드물다. 왜냐하면 생활지도는 교육의 일환으로 보지 않았기 때문이다. 그리고 그 배경에는 좀 더 현실적이고 구조적이라고 할 수 있는 문제가 놓여 있다. 나에게 회복적 생활교육의 철학과 실천에 대한 특강을 요청했던 한 교육대학이 있었다. 강의를 마치고 내 강의를 들었던 대학 교수들과 함께 식사와 담소를 나누는 자리가 마련되었다. 그 자리에서 나는 정말 궁금하게 여기던 질문을 하게 되었다.

평소에 회복적 생활교육에 관심 있는 교사들을 만나면서 개인적으로 계속 쌓인 질문이었기에 교사양성기관 관계자들의 이야기를 듣고 싶었다. "내가 만난 많은 교사가 생활지도에 대해서는 교대에서 제대로 훈련을 받지 않고 학교 현장으로 오는 것 같던데, 왜 교사들이 어려워하는 생활지도에 대한 체계적 교육을 하지 않고 학교 현장으로 보내나요?"

라고 물었다. 실제로 현직 교사들의 설문조사 결과에 따르면 교직에서 가장 어려운 영역으로 생활지도의 어려움, 학부모 민원이 항상 1, 2위를 기록하고 있다. 이 두 가지 문제는 같은 문제의 서로 다른 현상에 지나지 않을 만큼 같은 뿌리를 가지고 있다. 이 문제가 오랫동안 계속해서 드러나고 있음에도 교사를 양성하는 기관에서 이 부분을 교육하지 않고 현장으로 보내는 것은 너무나 무책임한 일이 아닌가 하는 생각에서 질문하게 된 것이다.

그런데 돌아온 답변은 의외로 솔직하고 단순했다. "그래야 하지요. 하지만 사실 이 자리에 와 있는 우리 네 명의 교수 중에 초·중·고 학생들을 가르쳐본 사람은 없습니다. 그리고 우리 대학에서 가르치는 교수님 중에 생활지도로 박사 논문을 쓰신 분은 아마 없는 것으로 알고 있습니다." 아뿔싸! 내 앞에 앉아 있는 네 명의 교수 명함에는 교육박사라는 타이틀이 들어 있었다. 하지만 이들이 아무리 관심 있다 하더라도 구조적으로 생활지도 영역을 체계적으로 가르칠 수 있는 전문성이나 경험을 갖추기는 쉽지 않은 것이 당연한 일이었다. 결국 생활지도는 현장에서 부딪치면서 터득할 영역이지 교육자를 양성하는 교육과정에 필수 영역이 아니었다는 말이었다. 물론 이것은 누구의 잘못도 아니다. 지금까지 교사 교육에 생활지도는 큰 문제가 되지 않았기 때문이기도 하다. 최소한 체벌과 엄벌이 작동하는 사회적 분위기에서는 그랬다. 하지만 이제 시대와 문화가 바뀌면서 제도 또한 바뀌고 있는데도, 교사를 준비시키는 영역에서는 그런 변화를 따라가지 못하고 있는 것이다.

생활지도는 그저 부임한 학교에서 선배들을 따르거나, 책과 온라인 강의를 통해 개인적으로 배우거나, 또는 그냥 알아서 하는 '개인기'에 맡기는 것이 오랜 관행으로 존재해왔다. 그리고 이런 현실에 대해 누구도 책임지지 않는 안타까운 구조 속에서 교사들은 생활지도의 방향을 잡지 못한 채 정부가 바뀔 때마다 갑자기 내놓는 정책에 따라 수동적으로 따라가는 수밖에 없었다. 물론 문제를 진단하기는 쉬워도 대응하기 위한 대안을 만드는 과정이 어렵다는 것을 인정한다. 그럼에도 교사를 양성하는 책임이 있는 교육기관은 수업만큼이나 생활지도에 대한 철학적 이해와 실천 방법을 훈련하는 책임에 대해 진지하게 고민해야 한다. 학교라는 교육기관은 교과교육과 생활교육이라는 두 영역을 조화롭게 운영해야 하는 곳이라는 사실을 인식하는 것이 지금의 당면문제를 근본적으로 푸는 해답의 시작일 수 있다.

교사의 개인주의 문화

교사들 사이에 팽배한 개인주의 문화도 지적하지 않을 수 없다. 나는 회복적 생활교육 지지자인 한 교육장과 이런저런 교육 현실의 문제점에 대해 대화를 나눈 적이 있었다. 그는 자신이 교사가 될 때는 교사가 되는 것이 그리 경쟁적이지 않았다고 회고했다. 하지만 IMF 사태 이후 소위 안정적인 직장으로 교직이 주목을 받게 되면서, 요즘은 고등학교에서 최상위권에 들어가는 학생들만 교대와 사범대에 들어갈 수 있다고 이야기해주었다. 그러면서 "나는 이런 현상이 마냥 좋다고 볼 수가 없어요. 오히려 우려가 됩니다. 혹시 후배 교사들이 자신의 학창 시절에 학업을 포기한 또래들을 잘 이해할 수 없었던 시각으로 자기가 맡은 문제학생들을 보고 자기 학급의 생활지도를 하지 않을까 걱정이 됩니다."라고 이야기를 해주었다.

그 교육장의 말은 교육 엘리트 출신 교사들이 늘어나면서 자신들이 이해하고 인정하는 학생들에 대한 시각과 그렇지 않은 학생들을 대하는 관점이 구분되는 교실의 모습이 되지 않을까 하는 우려였다. 학창 시절 '사고'를 쳐본 경험이 없는 엘리트 학생 출신 교사들이 문제 학생들을 이해할 수 있겠냐는 선배 교사로서의 걱정일 것이다. 물론 소위 '옛날' 방식에 익숙한 한 노교사의 개인적 분석일 수도 있겠지만, 나는 어느 정도 일리 있다는 생각이 들었다.

오늘날 신세대 교사들은 치열한 경쟁을 뚫고 교직에 오기 때문에 문화적으로 자기 중심적 사고에 익숙할 가능성이 상대적으로 클 수밖에 없다. 스스로 정보를 취득하고 해석해낼 수 있는 능력이 뛰어난 젊은 교사들이기에 교실의 어려움을 선후배 교사들과 함께 풀어가려는 노력보다 자신의 능력으로 처리하려는 성향이 더 강하게 나타날 수도 있다. 그러다 보니 학교폭력과 생활지도의 문제가 어려운 현실 속에서도 더는 교사문화가 공동체적이지 않다는 점이 교육공동체인 학교를 힘들게 하는 문화적 요소가 되는 것이다. 물론 이런 현상은 교직에서만 생기는 문제가 아니기 때문에 이 자체를 문제시할 수는 없다. 하지만 개인주의 문화가 학교의 생활지도를 더욱 어렵게 하고 있는 요소라는 것은 분명 고민해봐야 할 지점이다.

그런데 이런 개인주의 문화의 확산이 주는 생활지도의 어려움을 더욱 구조적으로 키우고 있는 현실적 문제도 있다. 많은 학교에서 생활지도가 어렵고 부담스러운 영역이 되다 보니 새 학기 업무 분장을 할 때 신규 교사나 저경력 교사에게 지도가 어려운 학년이나 학급을 떠넘기는 현상이 적지 않게 나타나고 있다. 문제 학급이나 중학교 2학년, 초등 고

학년 담임과 같은 생활지도의 어려움이 많은 업무는 점점 젊은 교사들의 차지가 된다. 물론 이런 현상이 갖는 장점도 분명 있을 것이다. 하지만 생활지도에 대한 경험과 준비가 부족한 교사들이 처음부터 생활지도가 어려운 학년을 맡으면서 많은 교사가 자신의 능력이나 학생들과의 관계 설정에 큰 좌절을 경험할 가능성이 커진 것도 부인할 수 없는 현실이다. 누구는 저점을 찍고 다시 올라오겠지만, 누군가는 회복할 수 없을 만큼의 상처를 안고 교직을 시작하기도 할 것이다. 이들의 어려움과 고민을 제대로 풀어줄 여건과 문화가 점차 없어지고 있는 현실 속에서 이들이 쉽게 선택하게 되는 방식은 응보적 접근이 될 가능성이 더욱 커져간다. 생활지도가 어렵다는 사실은 누구나 다 알고 있지만, 이 문제는 누군가에게 떠넘김으로써 해결될 수 있는 성질의 것이 아니다. 그런 의미에서 교사들에게는 생활지도에 대한 교사의 공동체적 접근의 해법을 찾아야 하는 숙제가 남겨져 있다.

우리는 어떤 문제를 풀어갈 때, 원인을 먼저 분석하고 대책을 마련해야 한다고 믿는다. 현상과 결과만을 놓고 근시안적 해결책을 내서는 안 된다는 뜻이다. 교사가 건강하지 않으면, 교사가 학생들과의 관계가 좋지 않으면, 교사가 지지를 받지 않으면, 학교가 건강할 수 없다. 그리고 그 영향은 학생들에게 고스란히 전달된다. 이제부터라도 우리 사회의 교사양성기관에서 이 급박한 당면 과제에 대한 대안을 마련하는 시도를 시작해야 한다. 수업에 대한 기술적 능력을 높여주는 것과 학폭법 내용을 알려주는 것에 머무르지 말고, 어떻게 하는 것이 학교 공동체를 모두에게 '안전한 공간'이 될 수 있을지 고민하도록 도와줘야 한다. 농부는 아무 데나 씨를 뿌리지 않는다. 농부가 먼저 하는 일은 밭을 가는 것이다. 씨가 뿌리를 내리고 자랄 수 있는 최적의 조건을 만드는 것이 가장 기본이기 때문이다. 마찬가지로 생활교육은 수업보다 우선적으로 이뤄져야 하는 교육적 토대를 만드는 작업이다. 더는 미루거나 현장에서 알아서 해야 할 문제로 두어서는 안 된다. 학교폭력에 대한 대책과 정책이 현상에 대한 것에만 머물지 말고 미래를 향한 준비까지 포함해야 하는 이유이다.

회복적 생활교육,
어떻게 이해할 것인가?

훈육이 교육적이려면

'벌의 목적은 무엇인가?' 또는 '우리는 왜 벌을 주는가?'라는 질문을 하면 대체로 '반성해서 다시 그렇게 하지 않게 하기 위해서'라는 답변을 많이 듣는다. 벌은 대개 어떤 행동이 문제인지 인식시켜주고 잘못한 행동을 반복하지 않도록 하기 위해 내린다. 벌의 목적을 한 단어로 축약해서 표현한다면 '변화'이다. 그것도 '긍정적 변화'를 일으키기 위해 우리는 벌을 준다. 하지만 언제부터인가 우리 사회에서 벌은 그 자체가 목적이 되어버렸다. 잘못하면 벌을 받고, 벌을 받음으로써 자신의 '죗값'을 치르는 것으로 모든 목적을 이루는 것처럼 받아들인다.

우리가 가정에서 가정교육이라고 부르고, 학교에서 생활지도라고 부르는 훈육은 '잘못을 하면 혼이 난다'라는 메시지를 주는 위협을 통한 행동 통제만을 의미하지 않는다. 원래 훈육의 단기적 목적은 문제행동에 대해 지적하고 바른 행동을 가르치는 것이 맞다. 그래서 '~해라'와 '~하지 마라'를 중심으로 이뤄진다. 그러나 훈육의 장기적 목적은 스스로 책임감 있는 행동을 하는 사회 구성원으로 성장시키기 위한 '교육'을

하는 것이다.[8] 즉 부정적이고 다른 사람에게 피해를 주는 행동을 긍정적
행동으로 변화시키는 교육을 하는 것이다. 따라서 훈육을 벌을 통한 문
제행동의 제지나 통제로만 인식하지 말고 훈육의 궁극적 목적인 '변화'
를 이끌어내기 위한 교육의 영역으로 이해하는 것이 중요하다.

교육부가 발표한 자료[9]를 보면 학교폭력 가해 학생들 중에 '최근 1년
간 가해 행동을 하지 않게 된 이유'로 68.5%가 '스스로 나쁜 행동임을 알
게 되어서'로 가장 많이 나타났다. 그다음으로 선생님의 꾸지람(14%),
피해 학생 부모의 꾸지람(2.9%), 학교의 처벌(2.2%), 경찰서 처분(1.5%)
순이었다. 내가 회복적 대화모임 진행자로 함께 참여했던 가정법원의
소년범죄에 대한 회복적 접근 효과성 연구자료[10]에도 가해 소년의 가장
높은 욕구 중의 하나는 '스스로 변화 행동 개선을 위한 실천 노력'이었
다. 그리고 피해자를 만나 대화모임을 하려고 하는 이유에 관한 질문에
도 '진심으로 사과하고 용서를 구하고 싶어서'와 '내 느낌과 감정을 표현
하고 피해자들에게 직접 말하고 싶기 때문'이 '사건에 대해 책임을 져야
한다는 의무감'보다 훨씬 더 높게 나타났다.

이런 조사 연구를 통해 우리가 알 수 있는 것은 가해 학생들에게는
비난이나 처벌로는 채워지기 어려운 기본적 욕구가 존재한다는 사실이

8   Lorraine Stutzman Amstutz & Judy H. Mullet 지음, 이재영·정용진 옮김,《학교현
장을 위한 회복적 학생생활교육》, 대장간, 2011, pp.23-24.
9   교육부, '2014년 전국학교폭력 실태조사 주요결과' 교육부 홈페이지(www.moe.
go.kr) 참조.
* 2014년 이후 실태조사에서는 이 문항이 빠짐.
10   김은경·평화여성회 갈등해결센터,《21세기 소년사법개혁의 방향과 과제(II): 회복
적 소년사법 실천모델의 효과성 연구》, 한국형사정책연구원, 2008, p.138, p.178.

다. 그리고 그 필요를 채우는 것이 처벌의 원래의 목적인 변화를 이끌어
내는 데 더 유효하다. 이는 소위 말하는 '봐주는 것'과는 다른 이야기이
다. 오히려 자신에 의해 발생한 피해를 직면함으로써 무엇이 잘못인지
인지하게 도와주고, 피해 회복을 위한 자신의 역할을 찾고 실행하는 기
회를 제공하는 것이 진정한 의미에서의 훈육이라는 것이다. 그래서 회
복적 정의에 기초한 훈육은 잘못이나 갈등이 벌어진 순간이 가정과 학교
의 '위기'가 아니라, 다음 세대에게 진정한 책임을 가르치는 교육의 '기회'
로 삼을 수 있도록 어른들의 관점 변화를 중요하게 여긴다.

훈육과 수치심

한 초등학교로부터 학부모 교육을 부탁받아 간 적이 있다. 마침 그날
운동장에서 교사가 한 학생을 세워놓고 야단을 치고 있었고, 다른 학생
들은 운동장 한편에 모여 앉아 그 상황이 끝나기를 기다리고 있었다. 그
모습을 보면서 나는 그 교사가 하고 있던 이야기나 학생에게 주려고 하
는 교훈이 교육적이었을 것이라는 점을 전혀 의심하지 않았다. 하지만
그날 지도를 받고 앞으로 '변화'해야 하는 그 학생에게 그 순간과 그날이
어떻게 기억될까 궁금해졌다. 과연 어떤 교훈을 배운 날로 기억할까? 어
떤 중요한 교훈을 얻은 날이 아니라 오히려 선생님에게 심하게 혼난 날,
친구들 앞에서 공개적으로 창피를 당한 날 정도로 기억되지 않을까?

학생들을 공개적으로 비난하지 말고 일대일로 문제를 지적하라는 이
야기가 아니다. 교사가 주려고 하는 교육 내용과 받아들이는 학생들 사
이에는 커다란 간극과 인식의 차이가 존재한다는 의미이다. 학급긍정
훈육법PDC의 저자들은 "학생들을 올바르게 행동하게 하려면 우선 학생

들의 기분부터 상하게 해야 한다는 해괴한 생각은 대체 어디서 온 것일까?"라고 우리에게 되묻는다.[11] 흔히 훈육은 수치심과 연결되어 있다. 잘못한 행동은 공동체 안에서 지탄의 대상이 된다. 이런 사회적 비난을 통해 잘못을 저지른 사람에게 책임을 묻고, 구성원들에게 어떤 행위가 사회적으로 수용될 수 없는 행동인지 알리는 예방 효과를 준다. 따라서 예로부터 수치심의 활용은 훈육에 필수 불가결한 요소로 여겨졌다. 예나 지금이나 "너 때문에 창피해 죽겠다"라는 말은 공공장소에서 아이를 야단치는 어른들의 입에서 흔히 나오는 말이다. 과연 수치심의 자극은 진정 아이들을 변화시키고 있을까?

심리학자인 도널드 나단슨Donald Nathanson 박사는 수치심이 자극될 때 일반적으로 나타나는 4가지 반응을 '수치심 나침반The Compass of Shame[12]으로 표현했다. 누구든 자기가 한 행동 때문에 수치심 자극이 일어나면 도망, 회피 무시, 자기 공격, 타인 공격 등 4가지의 부정적 반응으로 나타나는 경향성이 있다는 주장이다. 내가 방문한 초등학교 운동장에서 꾸중을 들은 학생의 경우 아무 대답도 못 하고 기가 죽어 있다가 심한 경우 학교에 오기 싫어질 수 있다(도망). 또는 자기가 왜 이렇게 바보같이 행동하는지 스스로 책망하면서 깊은 자책감에 빠져들 수도 있다(자기 공격). 아니면 이런 꾸중 정도는 아무것도 아니라고 의도적으로 무시하면서 그날 사건이나 선생님의 반응에 대해 대수롭지 않게 여길 수도 있다

---

11   Jane Nelsen, Lynn Lott & Stephen Glenn, 김성환 옮김, 《학급긍정훈육법: 친절하고 단호한 교사의 비법》, 에듀니티, 2014.
12   Donald L. Nathanson, *Shame and Pride: Affect, Sex, And the Birth of the Self*, W.W. Norton & Company, 1992, pp. 305-306.

(회피 무시). 그렇지 않다면, 그 후로 선생님과의 관계를 틀어버리고 말을 더 듣지 않으려 하고 자기를 놀리는 아이들에게 신경질적이고 폭력적인 행동을 보일 수도 있다(타인 공격).

결국 잘못한 아이들을 훈육할 때 주의할 사항은 행위에 대한 비난은 필요하지만, 존재에 대한 비난은 삼가야 한다는 점이다. 쉽게 말하면 '너의 행동은 우리 반에서는 용납이 안 돼'라는 명확한 메시지를 줌과 동시에 '그래도 너는 우리 공동체에 필요한 존재야'라는 이중적 메시지를 동시에 보내라는 의미이다. 물론 이것은 생각만큼 쉬운 일이 아니다. 아무리 주의하려 해도 잘못을 지적하고 훈계하다 보면, 또 같은 잘못을 반복적으로 하는 아이들을 보면, 행위에 대한 지적뿐만 아니라 존재에 대한 평가와 비난으로 귀결되기 쉽기 때문이다.

오줌싸개와 키

이런 어려운 훈육의 문제를 우리 선조들은 심리학자의 이론을 빌리지 않아도 오랜 삶의 지혜로 풀어왔다. 오줌싸개와 키에 관한 이야기에서 그 지혜를 살펴볼 수 있다. 과거에는 밤에 이불에 오줌을 싼 아이들에게 키를 씌워 바가지와 함께 이웃에게 보내곤 했다. 그러면 이웃 어른들은 '너 밤에 오줌 쌌구나.' 하면서 소금을 주어 돌려보냈다. 지금 기준으로 보면 이것은 매우 수치스러운 방식으로 아이들의 인권을 침해하는 행위가 될 것이다. 그런데 우리 선조들은 왜 집 안에서 야단을 쳐도 될 일을 일부러 자녀들을 이웃에게 보내 모두에게 공개하는 방법을 택했을까? 나는 이것이 뉴질랜드 마오리 전통에서 중요하게 여긴 '공동체 재통합을 위한 수치심의 활용'과 맥을 같이한다고 생각한다. 수치심을 자극하는 방법이 부정적 반응을 일으키기 쉽다는 것은 모두가 알고 있다. 그러나 우리 조상들은 이웃 관계를 신뢰했기 때문에 이웃에게 보내는 행위가 자녀들에게 '낙인'이 아니라, 공동체의 '건강한 압력'으로 작동하길 기대한 것이다. 이런 훈육방식은 공동체와 관계성이 탄탄하지 않으면 이뤄질 수 없다. 결국 수치심을 자극하는 훈육방식이 무조건 나쁜 것이 아니라, 수치심이 교육적 효과를 볼 수 있는 환경적 전제 조건이 중요하다는 의미이다.

아이들이 잘못할 때 우리는 본의 아니게 그들의 수치심을 자극하는 언행을 하기 쉽다. 그리고 그런 언행은 장기적으로 행동을 바꾸는 힘보다는 관계를 멀어지게 하는 힘으로 작동하기 쉽다. 이는 단지 훈육의 언어를 순화해서 사용하라는 의미가 아니다. 우리의 가정이나 학교, 심지어 마을 안에서 관계성이 좋고 공동체성이 높다면, 수치심의 자극으로 여전히 교육적 효과를 볼 수 있다는 점을 고민해야 한다는 것이다. 모든 수치심의 자극이 부정적 결과를 가져오는 것이 아니라 안전한 공동체와 높은 관계성이 전제되었을 때 수치심의 자극은 행동의 변화를 가져올 수 있는 긍정적이고 교육적 기능을 할 수 있다는 의미이다. 훈육이 교육적이려면 어떤 방식으로 훈육을 해야 하는지 그 방법의 문제도 있지만, 어떤 토대 위에서 훈육이 이뤄지고 있는가를 먼저 고민해야 한다.

그런 의미에서 우리 학교들은 체벌이 더 이상 허락되지 않는 학생 인권 중심의 제도적 성장은 이뤄냈지만, 학교 구성원 간의 관계성과 공동체성을 높일 기회와 문화는 치열한 입시와 경쟁적 교육환경 속에서 밀려나 오히려 줄어들고 말았다. 빈틈없이 짜여 내려오는 학사 일정 속에서 학생들은 둘러앉아 소소한 이야기를 나눌 시간조차 제대로 갖지 못한다. 심지어 과거 학생들이 가정과 마을에서 자연스럽게 습득해오던 공동체성과 관계성은 시간과 노력을 기울여야 배울 수 있는 프로그램처럼 되어버렸다. 이것이 문제 학생을 처리하는 과정으로 생활지도를 생각했던 과거의 이해에서 벗어나 관계와 공동체에 대해 배우는 생활교육으로 이해해야 하는 가장 중요한 이유이다. 나는 학업 성적의 유불리나 효과성을 떠나 이 시대의 진정한 훈육을 고민하는 부모와 교사라면 관계성을 높이는 공동체 교육이 학교의 생활교육에서 중심이 되도록 지지와 지원을 아끼지 말아야 한다고 생각한다. 그런 문화적 이해와 노력이 결여된 수많은 훈육 방법론의 대두는 결코 지속가능한 대책이 될 수 없다.

회복적 생활교육이란?

회복적 생활교육이란 말이 매우 낯설었던 시절 경기도의 혁신학교 생활지도 담당 대상 강의에서 나는 이런 질문을 던진 적이 있다. "생활지도 전문가들로서 여러분이 생각하는 생활지도를 한마디로 정의한다면 무엇이라고 하겠습니까?" 누구도 먼저 나서서 이야기하려고 하지 않았다. 그런데 한 교사가 일어서서 명쾌한 답을 주었다. "수업의 방해 요소를 제거하는 겁니다!" 이 답변을 듣는 순간 나는 자연스럽게 학창 시절이 떠올랐다. "야, 누구누구 밖으로 나가!", "너, 뒤에 가서 손들고 있어!" 그렇다. 학교 본연의 임무인 수업을 잘 진행하기 위해 '방해 요소'를 제거하는 것, 그 이상도 이하도 아닌 것이 생활지도였다. 그 교사의 발언을 들으며 시대가 흘렀음에도 이 본질적 이해는 크게 달라지지 않았다는 사실을 새삼 느낄 수 있었다. 오히려 이제 체벌을 할 수 없는 현실 속에서 '방해 요소'를 효과적으로 제거할 묘안을 찾고자 고심하며 모여 있는 전담 교사들의 모습이 안쓰러워 보였다.

지금 기성세대에게 익숙한 학교의 학생생활지도는 사법의 응보적 정의와 그 맥을 같이하는 전통적 생활지도 패러다임이다. 앞에서 '방해 요소 제거'라고 표현한 전통적 생활지도는 처벌과 통제를 통한 위에서부터 아래로 내려지는 권위와 힘에 의한 생활지도 방식이다. 2010년 경기도를 시작으로 학생인권조례가 제정되면서 교육 현장에서 체벌이 공식적으로 금지되었다. 이후 대안으로 그린마일리지(상벌점제)가 시행되었으나 이 또한 학생들의 행동을 점수로 환산하여 평가하는 비교육적 요소가 다분했기 때문에 정착되기 어려웠다. 그 후 회복적 생활교육이 가능성을 넓혀가면서 서서히 학생생활지도의 새로운 패러다임으로 등장하기 시작했다. 하지만 회복적 생활교육이 추구하는 지향점이 무엇인지 깊이 이해하는 교사는 여전히 부족한 것이 현실이다. 회복적 생활교육을 이해하려면 먼저 회복적 정의가 무엇인지 이해해야 한다. 회복적 정의에 대한 이해가 깊지 않은 교사가 회복적 생활교육을 한다는 것은 모순이다. 마치 배의 노를 열심히 젓는데 점점 육지와 멀어지는 사람과 같다.

회복적 생활교육은 회복적 정의 패러다임이 사법의 범위를 넘어 교육에 접목되기 시작하면서 등장한 용어이기 때문에, 회복적 정의가 강조하는 가치들이 그 바탕을 이루고 있다. 특히 회복적 정의의 3대 핵심 주제라고 할 수 있는 존중, 책임, 관계[13]를 생활지도 영역과 학교 교육환경을 이루는 토대가 되도록 하는 것이 회복적 생활교육의 핵심이다. 따라서 회복적 생활교육이란 **회복적 정의 패러다임을 기초로 학교에서 발**

생하는 갈등의 문제를 접근하고, 학급운영과 학교폭력 사안처리에 이르는 일련의 학생생활지도 과정을 회복적 정의 가치와 방식으로 접근하는 **전반적 교육과정**을 의미한다. 이는 생활지도의 방법을 새롭게 바꾸는 것을 넘어 학생들과의 관계 설정과 학교공동체에 대한 이해를 새롭게 접근하는 관점과 방식을 포함한다.

30여 년간 미국에서 회복적 생활교육 영역을 개척해온 로레인 교수는 교사가 회복적 정의 가치에 기초해 회복적 생활교육을 실천하면서 놓치지 말아야 할 필수 실천 원칙으로 다음 7가지를 제시하고 있다.[14]

1. 관계가 공동체 형성의 중심이라는 점을 인식할 것
2. 단순히 규칙을 어긴 부분이 아니라 발생한 피해와 영향 부분에 초점을 맞출 것
3. 피해자가 자기 목소리를 낼 수 있게 할 것
4. 자신이 일으킨 피해를 이해하고 스스로 만드는 자발적 책임을 키울 것
5. 최대한 모든 당사자가 참여하는 문제해결 방식을 활용할 것
6. 사안처리를 넘어 변화와 성장이 가능하도록 힘을 실어줄 것
7. 관계를 강화하는 방향으로 잘못된 행동에 대한 책임을 지고 피해를 회복할 수 있는 학교 시스템을 고안할 것

---

13 회복적 정의의 3Rs로 불리는 회복적 정의 철학의 3대 핵심 요소로 'Respect, Responsibility, Relationship'으로 불리며, 간혹 4Rs라고 해서 회복Restoration을 포함하기도 한다.

14 Lorraine Stutzman Amstutz & Judy H. Mullet, 위의 책, pp.44-48.

결국 회복적 생활교육을 실천한다는 것은 몇몇 프로그램을 운영한다는 단순한 의미가 아니다. 오히려 학교에서 발생하는 수많은 크고 작은 갈등을 위기가 아니라 나름의 원칙으로 풀어가는 교육의 기회로 인식한다는 의미이다. 학교 현장에서 가장 큰 부담이고 숙제인 개인 간 또는 집단 간 '갈등 상황'을 통제와 처벌이 필요한 순간이 아니라, 교육의 기회로 전환할 수 있다는 발상 자체가 회복적 관점이라고 봐야 한다. 따라서 회복적 생활교육의 실천을 위해 학급과 학교의 일상에서 무수히 흘려보내고 있는 갈등과 충돌의 시간을, 삶이라는 진짜 학교를 위한 교육의 기회로 인식하는 교사들의 갈등전환 관점이 무엇보다 중요하다.

교육으로서의 생활교육

학교가 가진 교육 기능에는 두 가지 중요한 분야가 존재한다. 하나는 수업을 통해 이뤄지는 교과교육이고, 다른 하나는 생활지도를 통해서 이뤄지는 생활교육이다. 이 두 교육 영역은 학교라는 마차의 두 바퀴와 같다. 그럼에도 지난 수십 년간 학교 교육은 수업을 향상하는 데에만 집중해왔다. 입시라는 커다란 목표 앞에서 학생과 학부모, 심지어 교사마저도 수업과 성적이라는 결과에 몰두할 수밖에 없는 현실이 지속되어왔다. 그 과정에서 생활지도는 학교의 가장 우선순위인 수업을 방해하는 '문제 학생'들을 통제하여 수업의 방해 요소를 제거하는 역할에 머물러왔다. 결국 교과교육을 위해 생활교육이 우선순위에서 밀려 교육의 부차적 분야로 머물게 되면서, 학교라는 마차의 두 바퀴 크기가 달라지는 불균형 현상이 발생한 것이다. 지금 학교에서 벌어지고 있는 교권 침해와 생활지도의 어려움이 이런 불균형을 잘 보여주고 있다. 바퀴 크기가 서로 다른 마차는 한 방향을 향해 제대로 갈 수 없다.

이런 문제의식에서 회복적 생활교육이란 두 단어가 갖는 의미는 남다르다. 우선 '회복적'이란 단어가 갖는 목표의 전환이다. 기존의 생활지도가 '잘못을 바로잡는 과정과 결과로' 처벌을 과녁에 놓고 있었다면, 회복적 생활교육의 목표는 '회복을 위한 노력'으로 규정할 수 있다. 여기서 말하는 회복은 관계의 회복, 피해의 회복, 그리고 공동체성의 회복을 의미하며, 이는 자발적 책임을 통해 이뤄진다. 교실에서 벌어지는 생활교육의 핵심은 '존중'을 가르치고 그것이 실행되게 하는 것이다. 안전하고 평화로운 학급공동체는 학생과 교사 사이, 학생과 학생 사이, 교사와 교사 사이, 교사와 학부모 사이에 상호 존중을 기본으로 구현되는 공간이다. 따라서 기존의 생활지도는 문제 발생 이후 집중하는 접근이라면, 회복적 생활교육은 학기를 시작하는 첫 만남의 단계부터 생활교육이 시작되어야 할 시점이라고 본다.

또 하나의 의미는 '생활교육'이란 단어가 갖는 상징성이다. 생활지도라는 말에는 권위와 힘을 가진 사람과 제도에 의해 위에서 아래로 내려오는 방향성의 의미가 내포되어 있다. 순종적 인간상을 만드는 것이 교육 패러다임일 때 작동하던 용어가 요즘같이 참여적이고 주체적인 민주 시민을 양성하는 교육 목표에서 여전히 사용되고 있다는 점은 문제가 아닐 수 없다. 따라서 이제 생활교육은 생활지도가 수업의 방해 요소를 제거하는 수동적이고 부정적 영역이라는 인식에서 벗어나 학교 교육의 중요한 양대 축의 하나로 회복되어야 한다는 인식으로 변화해야 한다. 결국 생활교육은 문제 사안이 발생했을 때 어떻게 처리하는 것이 학교공동체의 질서를 잘 유지하는 것인가를 넘어, 타인과의 관계를 맺는 것과 공동체의 구성원으로서 어떤 책임을 질 것인가를 고민하는 일상의 학교생활에 관한 '교육'으로 인식되어야 한다.

앞에서 언급한 것처럼 학교라는 마차가 제대로 앞을 향해 나가기 위해서는 생활교육이 원래의 교육적 기능을 회복해야 한다. 지금까지는 생활지도라는 단어 안에 숨겨 있던 사법 패러다임에 의해 형성된 비교육적 요소들이 많았다. 이제는 이것을 교육적 요소로 바꾸는 변화의 과정에 회복적 생활교육이 기여해야 할 때다. 회복적 생활교육은 그저 한때 유행하고 지나가는 생활지도 프로그램이 돼서는 안 된다. 그보다 더 근본적으로 학교라는 교육기관에 걸맞은 교육적 생활지도의 철학과 방법을 창조하는 새로운 흐름이자 교육 패러다임이 되어야 한다. 그러기위해서는 회복적 생활교육이란 단어 속에 내포된 교육적 의미를 잘 이해할 필요가 있다. 즉 회복적 생활교육은 '관계와 피해, 공동체, 자발적 책임의 회복'을 목표로, '학교 공동체 속에서 벌어지는 일상생활의 갈등을 교육의 기회로 삼고 공동체적으로 접근'하는 생활지도의 관점이자흐름이다.

회복적 생활교육의 의미

회복적	관계, 피해, 공동체, 자발적 책임의 회복
생활	학교의 일상인 **공동체 생활**
교육	사안처리가 아닌 **교육의 기회**

내가 처음 '회복적 생활교육'이란 용어를 소개할 때는 매우 낯설고 생소한 말이었기 때문에 다른 용어를 사용하면 안 되냐는 요청도 많이 받

았다. 하지만 이 용어가 널리 회자된 지금은 오히려 그 의미가 제대로 전달되지 못하고 있는 것이 아닌가 하는 아쉬운 생각도 든다. 회복적 생활교육은 '전처럼 처벌하지 않고 잘 이야기해서 좋게 끝내도록 하는 것' 또는 '둥그렇게 둘러앉아서 이야기하는 생활지도 방법'이라고 단순화될 때 무엇인가 본질적 이해가 빠져 있는 아쉬움을 느끼게 된다. 내가 만난 교사 가운데 회복적 생활교육을 '아직 정리되지 않아 뭐라 정의定義하기는 어렵지만, 나의 교육 철학에 도전을 주고 있는 무엇'이라고 표현한 교사가 있었다. 나는 그런 정의를 좋아한다. 설명하기 쉽지 않을 수 있지만, 회복적 생활교육이 교사들의 교육 방향 설정에 도전을 주는 교육 철학이자 생활교육의 패러다임이 되길 기대하기 때문이다. 교사들이 회복적 생활교육이란 용어를 사용할 때 그 단어 속에 들어 있는 의미를 잘 이해하고 사용하길 바란다.

교사 출신으로 영국 회복적 생활교육의 어머니라고 불리는 벨린다 홉킨스Belinda Hopkins 박사는 회복적 정의가 사법 영역을 중심으로 이해되는 한계를 극복하고 교육 영역에 저항 없이 녹아들기 위해서는 회복적 실천Restorative Practice이나 회복적 접근Restorative Approach이란 표현이 더 적합하다고 오랫동안 설명해왔다고 한다. 하지만 최근에는 이보다 회복적 문화Restorative Culture라고 표현하는 것이 학교와 같은 교육기관에 회복적 정의 패러다임이 추구하는 가치를 더 통합적으로 접목할 수 있는 개념이라고 믿게 되었다고 한다.[15] 일리가 있는 말이다. 회복적 생활교육

15 한국평화교육훈련원, 《제5회 회복적 정의 해외연수 자료집: 영국의 회복적 도시로부터 배우다》, 피스빌딩, 2020.
* Belinda Hopkins 박사 회복적 생활교육 워크숍 내용 중.

이 생활지도 방법론을 넘어 학교문화를 바꾸는 데 기여하지 못하면 미래 사회 구성원을 길러내는 학교에서 이뤄지는 회복적 생활교육은 하나의 접근법에 머물고 말 것이다. 회복적 정의가 사법의 한계만을 개혁하기 위해 등장한 것이 아니듯, 회복적 생활교육도 지금 학교가 당면해 있는 생활지도의 어려움만을 극복하는 데 그치지 않고, 교육과 학교를 어떻게 이해할 것인가라는 사회적 관점을 재정립하는 데 기여할 수 있어야 한다.

썩은 사과 이야기

이 시점에서 썩은 사과 이야기에 주목해보자.[16] 사과 상자에 썩은 사과가 한 개 있다면 그것만 빼내면 다른 사과들은 썩지 않는다. 이것은 너무나도 간단한 해결책처럼 보인다. 하지만 만약 사과 상자가 썩었다면 어떻게 할 것인가? 상자 자체가 썩었다면 계속해서 썩은 사과가 생겨날 것이 뻔하다. 사과 상자 자체를 새것으로 바꾸지 않으면 모든 사과가 썩는 것은 시간문제이다. 그런데 만약 사과 상자를 만드는 사람이 형편없는 사람이라면 어떻게 될까? 썩은 재료인 줄도 모르고 계속해서 썩은 사과 상자를 만들어낸다면 한 상자의 사과가 썩는 정도로 그칠 문제가 아니다. 이 비유는 인간의 나쁜 행동을 이해하는 데 중요한 세 가지 분석을 제공한다. '나쁜 행동을 하는 사람들의 문제는 과연 기질적 문제

16   Brenda Morrison, 'Beyond the Bad Apple: Analytical and Theoretical Perspective on the Development of Restorative Approaches in Schools' in 'Restorative Approaches to Conflict in Schools: Interdisciplinary Perspectives on Whole School Approaches to Managing Relationship,' Routledge, 2013, Chapter 12 참조.

인가, 상황적 문제인가, 아니면 시스템의 문제인가?' 스탠퍼드대학교 감옥실험으로 유명한 미국의 심리학자 필립 짐바르도 Philip Zimbardo 박사[17]가 제기한 이 흥미로운 질문을 우리의 학교 현실에도 똑같이 던져볼 수 있다.

학교에서 문제를 일으키는 학생을 단지 그 학생의 기질과 성질의 문제로 본다면, 그 학생에 대한 개인적 해결책만 찾으면 된다. 그 학생의 문제행동의 원인이 무엇인지 인내심을 가지고 상담하고 이해하면서 설득해갈 수 있고, 학칙에 따라 엄하게 징계하고 심지어 학교 밖으로 내보낼 수도 있다. 어느 것이 그 학생의 문제를 해결하는 데 효과적일지 알수 없지만, 어쨌든 문제 학생 개인에 대한 접근이라는 점은 동일하다.

하지만 어떤 학생이 개인적 상담이나 가정환경에서는 큰 문제를 발견할 수 없는데 학급에서 친구들과 어울리면 문제행동을 반복적으로 일으킨다고 치자. (실제로 문제 학생에 대한 도움을 요청한 학교에서 개인적으로 만나본 학생들은 대게 정상적으로 행동한다.) 그 학생의 문제행동이 촉발되는 최적의 환경은 교실에서 자기를 지지하는 친구들이 주변에 있을 때다. 수업 시간이나 쉬는 시간이 그 학생에게는 어떤 행동을 해도 괜찮다고 느끼는 (부정적 의미에서) 가장 '안전한 공간'이 된다. 나쁜 행동의 원인이 상황적 문제일 때 개인적 대화 접근이나 징계는 효과를 보기 어려워진다. 왜냐하면 상담과 같은 일대일 접근에서 그들은 극히 평범한 모습을 보일 가능성이 크기 때문이다. 또한 징계는 오히려 그 학생에게 훈장을 달아주는 꼴이 되기도 한다. 징계 후 그 학생은 친한 또래집단으로부

17　필립 짐바르도, 이충호 옮김, 《루시퍼 이펙트: 무엇이 선량한 사람을 악하게 만드는가》, 웅진지식하우스, 2007.

터 인정과 공감을 받고 오히려 영웅시되어버린다. 결국 그 문제 집단은 외부 자극에 대한 내부 결속이 강화되어 가면서, 그 무리로 교사와 학급은 더 큰 어려움에 직면하게 된다.

한편 어떤 학생의 경우 학교에 오는 것을 꺼리거나 수업에 흥미가 없을 수 있다. 자신이 하고 싶은 것이 무엇이고 어떤 꿈을 꾸고 싶은지 고민이 없는 무기력한 학생들의 전형적인 모습이다. 어느 시점부터인지 모르지만, 그저 개인을 탓하기 어려운 나쁜 행동이 시스템과 구조의 문제로 나타나기 시작해서 점점 고질적 교육환경의 문제로 자리를 잡아버린다. 초등학교 때부터 시작되는 입시지옥이라고 불리는 경쟁구도, 획일화되어 있는 서열문화, 자녀에 대한 학부모들의 과도한 관심과 기대, 기울어진 운동장으로 표현되는 교육 불균형 현상, 사법화되어버린 학교 내 갈등과 학교폭력 대응 문제 등 학생 개개인이 어떻게 하기 쉽지 않은 사회구조적이고 문화적 문제들이 학교 부적응 학생을 양산해내고 있다. 이런 사회적 원인이 만들어놓은 문제행동을 부적응 학생 개인의 탓으로만 돌리고 정형화된 처벌로 처리하는 것은 정당하지 않을 뿐만 아니라 궁극적 해결책도 되지 못한다.

연장을 바꿀 것인가, 연장통을 바꿀 것인가?

학교가 문제 학생의 개인 성향을 문제로 보고 어떤 결정을 할 것인가 하는 접근은 근시안적 해결책은 될지 몰라도 근본 원인에 대한 대책은 되지 못한다. 그렇다면 회복적 생활교육이 이런 문제 분석에 대안을 제시할 수 있을까? 결론부터 이야기하면 쉽지는 않겠지만 회복적 생활교육이 던지는 몇 가지 중요한 시사점을 고려해볼 필요가 있다고 본다. 첫 번째, 공동체적 접근의 중요성이다. 한번은 생활지도가 어렵다는 한 중학교에 생활지도 컨설팅을 해달라고 해서 방문한 적이 있다. 한 학생 때문에 전 학년이 '고통'을 받고 있고 교실이 '붕괴'되었다고 했다. 그 자리에 나온 교사 중에 두 명 정도를 빼고 모두 그 학생에게 교권 침해를 당하고 있고 수업 방해로 극심한 어려움을 겪어왔다고 했다. 소위 '안 해본 것이 없다'는 교사들에게 외부인인 내가 줄 수 있는 해결책은 없었다. 나는 다만 "그 학생 말고 다른 학생들을 위해서는 무엇을 해왔나요?" 하고 물었다. 잠시 멈칫하던 교사들은 이내 그 학생이 문제이지 다른 학생들은 문제가 안 된다고 했다.

하지만 내가 지적한 것은 교사들의 관점에 관한 문제 제기였다. 문제가 되지 않는다고 하는 학생들을 무시할 것이 아니라 학교의 변화를 이끌 소중한 주체로 봐야 한다는 관점을 이야기한 것이었다. 이제는 문제를 일으키는 소수의 5% 문제 학생이 아닌 멀쩡하고 평범한 다수의 80% 학생을 위한 생활교육이 필요하다. 회복적 생활교육은 문제를 넘어 문제가 야기되는 환경과 상황을 고려한 접근을 중요시해야 한다고 믿는다. 보통 학생들이 잘 지내면 평소에 생활지도를 특별히 할 필요가 없다고 느낀다. 하지만 오히려 그때가 공동체에 기반을 둔 건강한 또래 압력이 작동하도록 학급문화와 안전한 관계성을 만드는 중요한 시기이다. 문제 학생을 제어할 수 있는 거의 유일한 세력은 교사나 외부 전문가가 아니라 바로 '또래집단'일 가능성이 크기 때문이다. 우리는 썩은 사과를 골라내는 일에 너무 익숙한 나머지 사과 상자가 썩어 있지는 않은지 돌아보는 관점을 놓쳐서는 안 된다.

두 번째는 연장이 아니라 연장통을 바꿀 필요가 있다는 점이다. 회복적 생활교육은 생활지도라고 하는 연장통 안에 새로운 연장 하나를 추가하는 조치가 아니다. 전체 학교의 문화와 시스템이라는 연장통을 바꾸는 노력이 함께 이뤄져야 한다. 개별 교사의 생활지도 '개인기'를 높이는 접근으로는 지금의 현상에 대응할 수 없다. 따라서 새 학기가 시작될 때부터 모든 학년이 같은 방향으로 생활교육을 시도할 수 있도록 함께 생각과 방법을 맞춰가는 교사공동체 형성이 중요하다. 학교 운영 전반에 걸쳐 회복적 생활교육을 적용하는 영국의 회복적 학교[18]에서는 교사뿐만 아니라 행정 지원, 배움터지킴이, 조리 종사원까지 학생을 만나는 모든 직원이 회복적 생활교육에 대한 이해 교육을 이수해야 한다고 한다. 회복적 생활교육이 전체 학교 차원의 학생들을 대하는 문화와 구성원 사이의 갈등을 바라보는 관점의 변화라는 점을 이해하는 것이 중요하다고 믿기 때문이다. 이 말은 학교에서 처벌을 완전히 없애야 한다는 이야기가 아니다. 심지어 처벌마저도 피해 회복과 연결해 자발적 책임을 높이는 방식이 가능하다는 의미이다.

　마지막으로 회복적 생활교육은 사회 시스템의 전반적 변화를 추구하는 교육 운동이자 사회운동으로 인식돼야 한다. 학교 교사들을 대상으로 연수를 해본 경험을 돌아볼 때, 교사들은 회복적 생활교육을 본인들이 해내야 하는 또 다른 '업무'로 이해한다. 그렇다 보니 자연스럽게 회복적 생활교육은 부담스러운 일이고, 하나의 유행하는 생활지도의 트렌드로 이해될 수밖에 없다. 하지만 회복적 생활교육은 단순히 교사의 업무기능을 강화해서 이룰 수 있는 것이 아니라, 학교 공동체 전체의 변화

18　한국평화교육훈련원, 《제5회 회복적 정의 해외연수 자료집: 영국의 회복적 도시로부터 배우다》, 피스빌딩, 2020, pp. 58-62.

가 필수적이고 이러한 변화의 주도권은 대개 학교 관리자에게 있다. 즉 교장과 교감 같은 관리자들의 의지가 그 학교 구조의 변화를 좌지우지 한다는 것이다. 또한 교육지원청의 역할과 더 나아가서는 교육부의 의 지가 필요한 부분이기도 하다. 더 확장하자면 우리의 교육문화 자체가 바뀌어야 가능한 것일 수도 있다.

따라서 회복적 생활교육이 지속해서 정착하기 위해서는 학교와 교 육청의 리더십, 그리고 사회적 관심과 지원 등 더 큰 차원에서의 협력이 필요하다. 우리가 더 많은 학교에서 회복적 정의가 교육 주제가 되어야 한다고 주장하는 이유는 미래세대가 지금보다 더 '회복적 사회Restorative Society'에서 살기를 바라기 때문이다.'[19]

왜 회복적 생활교육이어야 하는가?

정의에 시제가 있다면 회복적 정의의 시제는 미래이다. 과거의 잘못 에 기초해서 지금의 처벌을 결정하는 응보적 정의 관점에서는 과거 시 제가 중요하고 과거형 질문이 중요하다. 회복적 정의에서 과거의 잘못 을 밝히는 것은 중요하지만, 잘못을 계량화하고 측정해서 지금의 처벌 양을 결정하지 않는다. 오히려 그 잘못이 일으킨 피해가 무엇이고 회복 의 대상이 누구인지 규정하고 그 책임을 미래의 역할로 전환한다. 교육 의 시제도 미래이다. 지금 교육 내용을 이해하지 못한다고 해서 교육을 포기하지 않는다. 모든 교육의 목적은 미래를 위한 것이다. 하지만 전체 적 시제가 미래인 학교에서마저 여전히 과거형 시제에 머물러 있는 영

19 Brenda Morrison, *Restoring Safe School Communities: A Whole School Response to Bullying, Violence and Alienation*, The Federation Press, 2007, p.79.

역이 바로 생활지도 영역이다. 이제는 교육기관의 시제에 맞게 생활지도 영역도 좀 더 미래형 모델로 바뀌어야 한다.

더욱이 앞으로 빠르게 다가올 미래인 4차 산업혁명 시대를 대비하며 그 미래가 교육에 미칠 영향을 생각해보면, 이제 교사는 가르치는teaching 능력이 아니라 진행하는facilitating 능력이 필수가 될 것이 자명하다. 앞으로 인지능력은 인공지능AI과 컴퓨터가 인간의 능력을 대신해줄 것이 뻔하다. 결국 정보의 취득이 빨라지는 시대에 교육자가 갖춰야 할 자질은 각종 디바이스로 스스로 정보를 취득하는 데 익숙한 학생들이 협업과 협동, 의사소통과 의사결정을 통해 배움을 나눌 수 있도록 학급 공동체를 유연하게 이끌어가는 지휘자와 같은 능력이 된다. 앞을 보고 앉아 일방적으로 수업을 듣는 시대는 가고, 원이나 소그룹으로 둘러앉아 각자의 생각과 의견을 공유하는 양방향 교육의 시대가 도래할 것이다. 따라서 서클이나 조정과 같은 회복적 대화모임을 이끌 수 있는 진행 능력이야말로 미래의 교사에게 필수적인 능력이 될 수밖에 없다. 그런 면에서 지금의 회복적 생활교육에 참여하는 것이 미래 교사의 역량을 높이는 방편임을 놓치지 말아야 한다.

만약 생활교육이 관계와 공동체성에 관한 것이라면, 앞으로 학교 현장에서 중요하게 발전해야 할 교육은 수업보다 생활교육 영역이다. 특히 민주시민을 양성하는 것이 우리 교육의 궁극적 목표라면 더더욱 생활교육 내용을 진지하게 발전시킬 필요가 있다. 민주시민을 양성한다는 것은 민주주의가 무엇인지 수업을 통해 지식적으로 가르치는 것만을 의미하지 않는다. 성숙한 민주시민으로서 참여적이고 창의적인 공동체 구성원이 되도록 학교공동체의 일상생활 속에 발생하는 수많은 문제를 인식하고 경험적으로 풀어나가게 한다는 의미가 내포되어 있다. 이제 생활교육이 수업을 통한 교과교육만큼이나 중요하다는 사실을 이해하는 교사가 늘어나야 하고, 그들을 통해 회복적 교육환경이 새롭게 형성될 수 있어야 한다.

한번은 내가 사는 지역의 초등학교 학생들에게 "학교에서 잘못하면 어떻게 되니?" 하고 물은 적이 있다. 아이들은 이구동성으로 "혼나요!" 하고 대답했다. 당연하지만 불현듯 이 어린 학생들도 자연스럽게 응보적 정의 패러다임 속에서 자라나고 있구나 하는 생각이 들었다. 우리 시대의 상식은 '잘못(죄)은 벌을 낳는다!'이다. 누구도 의심하지 않는 상식이다. 하지만 우리가 회복적 생활교육을 통해 회복적 정의가 추구하는 가치들을 잘 교육할 수만 있다면, 나는 이 아이들의 답변이 분명 달라질 것이라 믿는다. 회복적 정의 관점에서 생각하면 잘못은 벌을 낳기 전에 먼저 피해를 낳는 것이다. 그리고 그 피해가 회복되는 것이 진정한 의미의 바른 자리매김이다. 쉽지 않겠지만 가정과 학교에서 회복적 생활교육을 지속해서 시도함으로써 우리의 다음 세대가 이 질문에 대해 "잘못하면 누군가 힘들어져요. 힘들어진 사람이 좋아지게 하는 게 책임이고 정의예요!" 하고 이야기하는 세상이 올 수 있기를 기대한다.

회복적 생활교육,
어떻게 실천할 것인가?

회복적 학교 만들기

회복적 생활교육은 새로운 관점의 교육 철학인 동시에 경험을 통해서 익히게 하는 생활교육 방법이다. 그리고 학생들만을 위한 교육이 아니라 교사와 학부모를 위한 '삶의 교육'이기도 하다. 해외의 한 또래조정 매뉴얼 이름은 'Tools for Life'이다. 삶을 위한 연장이란 의미이다. 학교에서만 필요한 것이 아니라 인생에서 반드시 겪게 될, 따라서 반드시 배워야 하는 내용이라는 것을 강조한 제목이다. 이처럼 삶의 교육으로서 중요한 회복적 생활교육이 학교공동체 전체에 구체적으로 적용되기 위한 회복적 생활교육의 실천 요소들을 몇 가지 소개하고자 한다. 오랫동안 '회복적 정의의 전체 학교 적용 모델'을 역설해온 브렌다 모리슨 박사의 도식을 참고하면 이 장에 열거한 회복적 생활교육 실천이 전 학교 차원에서 어떻게 가능할지 좀 더 구체적으로 이해될 것이다.

회복적 학교: 전체 학교에 회복적 생활교육을 적용하는 학교[20]

```
                        ┌─────────────────┐
                        │  1~5% 문제 학생  │
                        └─────────────────┘
              관계 회복
   3차 / 전문적  (회복적 조정 등)
              - - - - - - - - - - - - -
              관계 개선
   2차 / 집약적  (회복적 대화/서클,
              문제해결 서클, 또래조정 등)
              - - - - - - - - - - - - - - -
              관계 형성                    ┌───────────┐
   1차 / 전체적  (회복적 질문, 존중의 약속, 공동체 서클,  │  전체 학생  │
              평화감수성, 공동체성 훈련 등)     └───────────┘
```

회복적 학교 만들기 I – 예방적 접근

회복적 생활교육이 가장 먼저 실천되어야 할 영역은 교실이다. 학생들이 일상의 시간을 가장 많이 공유하는 공간인 교실이 안전하고 평화로운 공간이 된다면 수업과 학교생활은 자연스럽게 안정화될 수 있다. 따라서 안전한 학급공동체를 만들기 위한 담임교사들의 노력과 지원체계는 회복적 생활교육의 기본이자 시작점이다. 이 단계는 위의 삼각형에서 가장 하부에 있고 가장 일상적으로 이뤄지는 영역이다. 회복적 학교 만들기에 관심 있는 교사와 학교라면 다음과 같은 회복적 생활교육 실천을 교실과 학교에서 지속적으로 시도해야 한다.

20   Brenda Morrison, 위의 책, p.109.

1) 회복적 질문

교육의 힘은 질문의 힘이다. 질문을 통해 학생들의 사고 범위가 정해질 수 있다. 따라서 교사는 일상에서 어떤 질문을 던질 것인가 고민해야 한다. 학생들이 함께 생활하는 교실에서 생기는 크고 작은 일들 가운데 교사가 지금까지 던져온 질문의 방향은 응보적 정의 방향일 가능성이 크다. 아래의 표는 하워드 제어 박사의 위대한 발견인 회복적 질문에 기초하여 응보적 관점의 질문과 회복적 관점의 질문을 학교에 대입해서 비교해놓은 것이다.

학교의 질문 비교

응보적 생활지도	관점	회복적 생활교육
누가 잘못했는가? 어떤 잘못을 한 것인가? 어떤 학칙을 위반했는가? 문제 학생을 어떻게 처리할 것인가? 어느 정도의 징계가 적절한가?	질문	무슨 일이 있었는가 누가 피해를 당했는가? 어떤 피해가 발생했는가? 피해를 회복하기 위해 무엇이 필요한가? 학교공동체가 해야 할 일은 무엇인가?

이처럼 매우 작은 영역 같지만, 질문의 틀을 '응보적'에서 '회복적' 관점으로 바꿔 사용한다는 것은 학생들을 어떤 존재로 대할 것인지 결정짓는 매우 큰 관점의 변화이다. 응보적 질문은 잘못을 한 학생에게 낙인이나 처벌로써 잘못에 대한 책임을 묻는다는 메시지를 준다. 반면 회복적 질문은 잘못된 행동이 다른 사람에게 끼치는 영향을 생각할 기회를 제공하기 때문에, 잘못에 집중하는 것을 넘어 잘못으로 발생한 피해와 그 영향까지 생각하게 한다. 본인이 일으킨 피해와 영향이 무엇인지 인지할 수 있어야 자신의 책임에 대해 스스로 생각할 수 있는 시작점이

된다. 따라서 응보적 질문은 잘못한 행위와 잘못을 한 사람에게 초점을 맞추기 쉽고 반발과 자기 합리화에 더 집중하는 실마리를 제공하는 반면, 회복적 질문은 자신이 의도했든 의도하지 않았든 발생한 피해와 그에 대한 적극적이고 창의적인 해결책을 생각하게 돕는다. 결국 교사가 어떤 질문을 던질 것인가가 회복적 생활교육의 시발점이고 가장 중요한 일상의 실천일 수 있다.

영국 회복적 생활교육 전문가 벨린다 박사 역시 교사가 학급에서 회복적 생활교육을 가르칠 때 질문의 중요성을 강조한다. 특히 그가 회복적 질문을 교육적으로 중요하게 여기는 것은 질문을 통해 회복적 생활교육의 핵심적인 신념을 배워갈 수 있기 때문이다. 회복적 질문을 통해 배울 수 있는 회복적 신념 다섯 가지를 정리하면 다음과 같다.

회복적 생활교육 신념과 질문[21]

회복적 생활교육의 신념	회복적 질문
핵심신념 1 누구나 자신만의 독특한 관점과 목소리를 가지고 있다.	무슨 일이 있었는가? 그 일이 왜 발생했다고 생각하는가?
핵심신념 2 사람의 생각은 감정에 영향을 주고 감정은 행동에 영향을 준다.	그때 어떤 생각이 들었는가? 그동안 어떤 생각을 했는가? 그때 어떤 감정이 들었는가? 그 일을 생각하면 지금은 기분이 어떤가?
핵심신념 3 모든 행동은 자신뿐만 아니라 주변 사람들에게 영향을 준다.	그 일로 누가 영향을 받았을까? 그 사람들이 어떤 방식으로 영향을 받았을까?
핵심신념 4 필요를 채우는 것이 문제 해결을 위한 최고의 방법이다.	영향을 받은 사람이 필요로 하는 것은 무엇일까? 피해를 바로잡으려면 무엇이 필요할까?
핵심신념 5 문제 해결의 최고의 자원은 바로 당사자이다.	문제를 해결하기 위해 무엇을 할 수 있는가? 주변 사람들이 어떻게 도와주면 좋겠는가?

이처럼 회복적 질문은 회복적 생활교육 실천의 핵심 중의 핵심이다. 회복적 질문에 기초하여 성찰문(반성문)을 바꿔 만들어본 것이 '회복적 성찰문'이다. 회복적 성찰문은 백지가 아닌 회복적 질문이 들어간 성찰문에 답하는 시간을 통해 스스로 자신의 감정과 상황, 자신으로 인해 발생한 어려움이나 피해, 스스로 어떻게 피해를 회복할 수 있을지 고민하게 해주어 자기 성찰과 자발적 책임에 관해 생각할 시간을 제공한다. 내가 회복적 성찰문을 만들 때 영감을 준 교사들에게 물었던 질문이 있다. "이렇게 질문을 바꿔서 회복적 성찰문 써보니 학생들이 달라지던가요?" 돌아온 답변은 "이 종이 하나 쓰게 한다고 학생들이 달라지면 누가 생활지도를 못 하겠습니까?"

　뭔가 효과가 나타나는지 궁금했는데 실망스러운 답변이었다. 그러나 바로 이어서 "그런데 이걸 쓰면서 확실히 바뀐 것이 하나 있다면, 학생들이 생각하는 범위가 달라졌다는 겁니다." 회복적 성찰문이 바로 행동을 바꾸지는 못한다. 사실 그런 묘약은 없다. 하지만 학생들이 무의미하게 채워넣는 반성문 질문이 아니라 자신이 아닌 다른 사람에게 끼친 영향에 대해 생각하게 해주고 한 번이라도 고민하게 하는 것은 중요한 교육이다. 회복적 성찰문은 학생들의 사고와 생각의 범위를 넓혀주고 해야 할 일들이 무엇인지 스스로 찾아가는 길라잡이 역할을 할 수 있다. 자녀를 키우는 부모나 학생들을 가르치는 교사라면 자신이 던지는 첫 질문의 중요성에 대해 다시 한번 고민해야 한다.

21　Belinda Hopkins, *The Restorative Classroom: Using Restorative Approaches to Foster Effective Learning*, Speechmark, 2011, p. 32.

	담임교사	학년부장	학부모(선택)
회복적 성찰문[22]			

1. 무슨 일이 있었나요? (말, 행동 등을 누가, 언제, 어디서, 무엇을, 어떻게, 왜)

2. 자신의 행동으로 가장 큰 영향을 받은 사람은 누구(들)라고 생각하나요?
   (자신, 친구, 학교, 가정 차원에서)

3. 자신의 행동으로 발생한 피해를 회복하기 위해 직접적으로 할 수 있는 일은 무엇인가요?

4. 선생님과 주변(학부모, 학급 등)에서 어떻게 도와주면 좋을까요?

5. 이번 일을 통해 배우고 느낀 점은 무엇인가요?

일시: 학번 :   성명 :

2) 서클을 통한 학급운영

서클은 원으로 둘러앉아 평등하게 이야기를 나누는 북미 원주민 전통에서 나온 공동체 대화방식이다. 원형 대화라고 불리는 서클을 통해 마을의 대소사를 결정하고 심지어 범죄와 같은 침해와 책임에 대한 결정도 마을주민들과 함께 이뤄왔던 전통적 의사소통 및 의사결정 방식이다. 서클이 갖는 특성인 수평성, 공동체, 자율, 존중 등이 현대사회에서도 다양한 공동체에 유의미하게 되살아나고 있다. 이를 학급에 적용한 것이 학급공동체 신뢰 서클, 문제해결 서클과 같은 공동체 서클이다.

새 학기 첫날 만남부터 시작하여 학생들과 교사, 학생들 사이에 관계성과 신뢰를 높이고 공동체성을 고취하는 공동체 서클은 그 자체로 교육적 의미가 크다. 왜냐하면 관계를 쌓고 높이는 과정이 있어야 나중에 회복하고자 하는 동기가 생길 수 있기 때문이다. 따라서 갈등 자체를 학급공동체에서 완전히 막을 수는 없지만, 관계성을 높이는 서클과 같은 공동체 대화시간을 교실에서 일상적으로 시도하는 것은 매우 중요하다. 현재 회복적 생활교육 실천으로 가장 많이 활용되고 있는 형태의 공동체 서클—신뢰 서클, 문제해결 서클, 회복적 서클, 치유 서클 등—을 통해 학생들과 교사가 한 공동체에 속해 있다는 연결성을 인식하고 갈등을 함께 풀어낼 수 있는 자생력을 키워갈 수 있다.

서클을 통해 문제를 함께 해결한다는 것은 여러 가지 의미가 있으나 가장 중요한 요소는 분쟁 당사자뿐만 아니라 소위 방관자라고 볼 수 있는 반 구성원 모두의 역할과 책임을 높일 수 있다는 점이다. 일반적으

---

22   이재영·정용진, 《회복적 정의 이해와 실천: 회복적 정의 워크숍 통합과정1 워크북》, 피스빌딩, 2019, p. 46.

로 잘못한 사람은 처벌로써, 그리고 피해를 본 사람은 상담이나 보호로써 조치를 받는 경험을 하게 된다. 하지만 문제해결 서클은 (양측 당사자가 동의하고 학급이 준비되어 있다는 전제 속에) 어떤 사건의 당사자뿐만 아니라 학급공동체 모두에게 끼친 영향과 관계적 어려움에 집중한다. 이는 직면이라는 쉽지 않은 경험을 요구하지만, 동시에 직면을 통한 변화라고 하는 신비한 경험을 제공할 수 있다. 서클에서는 문제를 일으키는 개인을 제어하는 방식의 생활지도가 갖는 한계를 극복하고 공동체 구성원 모두의 감정과 영향, 그리고 역할을 찾아가도록 돕는 과정 자체가 문제 해결의 절차가 되도록 지원한다.

서클은 모두가 참여하는 방식을 기본으로 삼기 때문에 상호 책임과 공정한 기회라는 민주시민 교육의 내용과 맥을 같이하고 있다. 따라서 자치나 문제해결 능력을 높이고 나아가 성숙하고 주체적 시민으로 성장하는 데 필요한 경험과 교육의 기회를 제공한다. 또한 또래 압력의 건강한 활용이라는 측면에서 문제가 발생했을 때, 잘못한 학생에게 공동체의 압력이 배제와 낙인을 향하지 않고, 회복(피해와 책임)과 치유를 향해 작동하도록 돕는 역할을 한다. 결국 민주시민을 길러내는 것과 학생들의 참여를 통해 공동체의 역할을 배우는 교육적 기능을 내포하고 있는 것이 서클이다. 결국 서클은 학급을 통제하는 좀 더 효과적인 방법이 아니라, 그 자체로 생활교육의 내용이다. 서클을 통해 좀 더 효율적인 학급 운영을 기대하는 것은 어쩌면 부차적 효과라고 볼 수 있다. 오히려 서클이 갖는 교육적 의미를 잘 이해하는 교사들이 서클의 효과를 넘어 수업과 연결하고 생활교육을 학교의 중요한 교육 내용으로 발전시킬 수 있다.

서클을 잘 운영하는 비법은 없다. 서클에 앉아 있는 사람들을 신뢰하고 작은 소리와 몸짓이라도 귀를 기울이는 학급 공동체 구성원 모두의 평화적 습관을 높이는 길밖에는 없다. 서클 전문가인 케이 프라니스[Kay Pranis][23] 선생이 말하는 '누군가의 이야기를 존중하며 들어준다는 것은 그 사람의 고유한 가치를 존중해주는 것이며, 건설적인 방법으로 말하는 사람에게 힘을 실어주는 것'이란 의미를 깊이 새겨봐야 한다.

3) 규칙을 넘어 존중의 약속으로

모든 학교는 규칙과 규율이 있다. 이 규율을 통해 학생들에게 책임을 가르치고 여러 사람이 모이는 공동체의 질서를 유지할 수 있다. 하지만 시대가 변하고 사회문화가 발전해가면서 이제 누군가에 의해 주어지는 규율은 구속력이 없고 일상의 행동에 자발적 동기 부여를 하지 못하게 되었다. 권위주의 사회에서는 규율을 통한 통제가 더 쉽게 작동되고 공동체 생활에 효과적으로 적용될 수 있다. 그러나 탈권위적이고 수평적인 민주사회로 바뀌어가면서, 자율적이고 참여적인 절차나 제도를 요구하는 사회현상에서 학교도 자유로울 수는 없다.

존중의 약속은 무엇을 지켜야 한다고 강제되는 규율이 아니라, 개인 간의 경계(영역)와 전체 공동체의 경계를 스스로 참여하여 함께 만들어가는 과정이고 결과이다. 그렇기 때문에 존중의 약속은 '무엇을 지키게 할 것인가?'라는 질문에서 '우리는 언제 존중받는다고 느끼는가?'라는 주체와 관점을 달리하는 질문을 기초로 이뤄진다. '나는'이란 표현이 '우리'를 대신하고, '할 것인가'에서 '느끼는가'로 방향이 전환되는 과정을 통

23　케이 프라니스, 강영실 옮김, 《서클 프로세스: 평화를 만드는 새로운/전통적인 접근방식》, 대장간, 2012, p.60.

해, 학급 또는 학교 공동체를 구성하는 주체로서의 나를 다시 발견하게 되고 소속감을 높일 수 있다.

존중의 약속 만들기[24]

A ——→ B	A ←—— B
① 교사는 학생/관리자/학부모가 어떻게 할 때 존중받는다고 느끼는가? ② 교사는 관리자가 어떻게 할 때 존중받는다고 느끼는가? ③ 교사는 학부모가 어떻게 할 때 존중받는다고 느끼는가?	① 학생은 교사가 어떻게 할 때 존중받는다고 느끼는가? ② 관리자는 교사가 어떻게 할 때 존중받는다고 느끼는가? ③ 학부모는 교사가 어떻게 할 때 존중받는다고 느끼는가?
A ←——→ A'	**All ←——→ All**
① 학생들은 반의 친구들이 어떻게 할 때 존중받는다고 느끼는가? ② 교사는 동료교사가 어떻게 할 때 존중받는다고 느끼는가? ③ 학부모는 다른 학부모가 어떻게 할 때 존중받는다고 느끼는가?	우리가 가정/학교(공간, 시설, 공동체)를 존중할 수 있는 방법은 무엇인가?

* 화살표가 가리키는 대상이 존중받을 때가 언제인지를 박스 안에 채워넣는 방식으로 각자 작성하여 나중에 하나의 표로 모아 완성하면 된다. 위에 표시한 것처럼 학급에서는 교사와 학생 사이에, 학교에서는 직원과 관리자 사이에, 교사와 학부모 사이에 활용할 수 있다. 존중의 약속은 한번 만들면 영원한 것이 아니라 일정 시기를 두고 평가하고 다시 만들 수 있다. 약속들이 잘 지켜지는지에 대한 평가를 서클을 활용해서 하는 것도 좋은 방법이다.

어느 초등학교 복도 벽에 '○○학교 공동체 존중의 약속'이라고 커다랗게 써진 존중의 약속 걸개그림을 본 적이 있다. 교사공동체 존중의 약속, 학생공동체 존중의 약속, 학부모공동체 존중의 약속으로 구분되어

---

24   이재영·정용진, 위의 워크북, pp. 199~207.

* Discipline That Restores(Ron Claassen & Roxanne Claassen, 2008)에서 인용하여 변형했다.

있었다. 그 커다란 걸개를 보는 순간 그 내용이 궁금하기보다 존중의 약속을 만드는 과정을 함께했을 학교 구성원들의 모습이 그려졌다. 존중을 시각화하는 존중의 약속 질문들을 가지고 학급공동체가 약속을 함께 만드는 시간 자체가 학교공동체를 더불어 만들어가는 유의미한 과정이다. 따라서 학기 시작 단계에서 존중의 약속을 함께 만드는 시간을 가진 이후 학기가 마치는 시점에 학급 존중의 약속이 어떻게 이행되었는지 평가하는 시간을 함께 갖는 것만으로도 공동체의 존중이라는 중요한 가치를 충분히 높일 수 있다.

4) 평화감수성 교육과 공동체성 훈련

평화감수성은 타고나는 것이 아니라 습득되는 것이다. 한국에서 평화교육은 곧 통일교육으로 인식되던 시절이 있었다. 하지만 이제는 자신이 속한 학급과 학교에서 벌어지는 일상의 일들을 통해 배우는 교육이 곧 평화교육이 되어야 한다. 간디의 비폭력사상이나 유엔의 역할과 기능에 대해 학습하는 것도 중요하지만, 일상의 학급에서 벌어지는 왕따 문제, 학교폭력, 차별과 혐오, 경쟁문화를 바꿀 수 있는 평화적 대응 능력을 외면해서는 안 된다. 특히 경쟁적 입시제도와 무한 경쟁 사회 분위기 안에서 학업성취라는 스트레스를 받으며 성장하고 있는 학생들에게 일상의 평화교육은 너무나도 절실히 필요한 교육 내용이다. 평화로운 공존, 존중의 문화, 상호책임성, 협업과 협동, 갈등해결 능력, 분노조절, 의사소통 훈련, 조정과 진행훈련, 다양성과 세계시민 등 다양한 갈등해결교육 Conflict Resolution Education 또는 체험적 평화교육 Experiential Peace Education 같은 우리 삶에서 반드시 필요한 지식과 행동을 학교에서 배워나갈 수 있도록 지원해야 하는 것이 생활교육이다.

또한 점차 개인화되는 사회문화 속에서 공동체성을 경험하기 어려운 환경에서 자라는 다음 세대에게 학교는 공동체성을 가르쳐야 하는 마지막 보루가 되고 있다. 공동체성이 낮은 사회에서 나타나는 현상 중 하나는 권리의 충돌 현상이다. '나의 권리my right'를 찾는 것은 현대사회에서 매우 중요한 일이지만 서로 다른 권리와 권리가 충돌하는 현상으로 학교는 민원의 폭주, 학교 내 갈등의 사법화, 보신주의, 관계성 저하, 상호 불신의 문화 같은 어려운 상황에 놓이게 되었다. 현대사회에서 개인의 권한과 동시에 강조돼야 할 영역이 공공의 영역에 대한 책임을 배우는 공동체성이다. 나의 권한도 공동체의 존재 속에서 의미가 있기 때문이다. 따라서 회복적 생활교육이 추구하는 생활교육의 목표 중 하나(어찌 보면 가장 중요한 목표)는 점차 약화되고 있는 공동체성을 회복하는 것이다.

공동체성을 높이기 위해서는 위에 제시한 서클을 통한 학급 운영도 중요하고, 학급이 함께 배우고 성장할 수 있는 학급공동체 평화감수성 프로그램들이 더욱 많이 제시되고 경험되도록 해야 한다. 교사가 배워서 진행하는 프로그램도 있지만, 지역사회 교육 인프라를 활용하여 학급, 특히 위기 학급이라고 할 수 있는 곳을 지원해줄 필요도 있다. 교사도 프로그램 참여자 중 한 명으로 학급공동체를 세우는 과정에 참여함으로써 이전과 다르게 다가오는 새로운 시각이 큰 도움이 될 것이다.

특히 문제해결 서클이나 조정 같은 회복적 대화모임을 통해 불거졌던 갈등을 해결해가는 학급이라면 반드시 평화감수성 훈련이나 공동체성 훈련이 이어질 필요가 있다. 개인 간의 대화와 약속을 넘어 학급공동체 전체가 위기를 기회로 전환하는 과정에 참여하는 것은 회복적 생활교육에서 중요시하는 방향성이다. 모든 갈등은 역사와 과정을 갖는다. 따라서 일회성 대화모임으로 문제를 해결하는 것은 불가능하다. 안전한 직면이라는 대화의 시간 뒤에 서로의 관계가 회복될 수 있도록 관계성 훈련이 이어져야 하는 이유가 바로 여기에 있다.

5) 학년별 생활교육 운영체계 확립

회복적 생활교육은 학급공동체의 역량을 강화하는 것을 통해 그 토대를 구축하는 것을 강조한다. 이를 위해 현재의 전담기구(전담교사) 중심의 생활지도 체제를 학년 중심 생활교육 운영체제로 전환할 필요가 있다. 학년별로 대표 교사(학년부장)와 회복적 생활교육 코디네이터를 지정하고, 학년에 맞는 회복적 생활교육을 습득하여 이들이 학년별 담임교사들을 지원하는 형태로 일상의 생활교육을 강화해야 한다. 보통의 경우 수업과 마찬가지로 생활지도는 교사 스스로 책임지는 고유 영역이다. 하지만 개별 교사에게 생활지도의 모든 책임과 역할을 맡기는 것은 현실적으로 무리이다.

따라서 법으로 정해져 있는 사안처리가 아닌 일상의 생활교육에서는 개인을 넘어 학년별 생활교육 체계를 통해 지원과 공유를 확대해나갈 필요가 있다. 특히 교권 침해 같은 사안이나 집단 대 집단 간의 갈등의 경우 교사 개인의 역량만으로는 대응해나가기 어렵다. 더욱이 갈수록 심각해지고 있는 학부모 민원 문제의 경우 교사 개인의 힘만으로는 대응해나가기가 쉽지 않을 뿐만 아니라, 교사의 자긍심을 떨어트려 결과적으로 교육적 학급 운영을 현저하게 저해하는 원인이 되기도 한다. 이런 학년별 생활교육 체계는 더 많은 에너지를 들게 하는 것처럼 보이지만, 현재처럼 교권 침해를 당한 교사가 병가를 내고 다른 교사(주로 기간제)에게 학급을 맡기는 임시방편은 결과적으로 상황을 훨씬 어렵게 만든다. 그렇기 때문에 평소에 위기에 대응할 수 있는 선제적 노력을 기울일 수 있는 학년별 생활지도 협력체계 구축이 중요하다.

이제 학년별 생활교육 운영체계를 통해 새 학기 시작 전부터 학년별 생활교육 목표를 공유하고 회복적 생활교육의 실천을 학생 개인이 아닌 학년 중심으로 시도할 필요가 있다. 경험과 이해가 부족한 교사의 경우 학년부장이나 회복적 생활교육 코디네이터 교사의 도움을 통해 공동체 서클이나 공동체성 훈련 등을 지원받을 수 있다. 그리고 무엇보다 같은 생활교육 패러다임을 공유하고 같은 방향을 향해 나아가는 연대의식을 강화하는 과정이 중요하다.

지금 학교 현장에서 가장 힘든 영역은 생활지도이다. 그 이유는 학교만이 아니라 사회의 다양한 현상과 문화에 기인한다. 따라서 이런 현상을 극복하는 책임이 개인 교사의 역량에만 달려 있을 수는 없다. 교사공동체 특히 학년 공동체가 함께 고민하고 만들어내는 생활교육 방향과 프로그램들이 결과적으로는 일관성 있는 생활교육 내용을 만들어낸다. 교사공동체의 회복 없이 학교 공동체의 회복은 불가능하며, 회복적 생활교육도 발전해가기 어렵다. 교사의 관계성과 공동체성이 높은 학교가 학생들의 관계성과 공동체성을 높일 수 있다는 단순한 핵심을 간과해서는 안 된다. 이를 위해 전문적 학습공동체 같은 교사 연구동아리 모임을 활용하여 회복적 생활교육 연수를 받은 교사들을 중심으로 서로의 이해와 경험을 나누는 나눔 공동체를 운영하는 것도 바람직한 실천 중에 하나라고 할 수 있다.

회복적 학교 만들기 II – 사안처리 접근

점차 복잡해지고 사법화되고 있는 학교폭력의 문제를 좀 더 교육적으로 접근하기 위해 앞에서 살펴본 일상의 회복적 생활교육 접근을 하루속히 일반화할 필요가 있다. 또한 학교폭력 사안처리 과정과 그 이후 과정에서 기존의 응보적 절차나 접근을 대치할 수 있는 회복적 접근 방식이 더욱 확대되어야 한다.

1) 회복적 대화모임을 위한 기구 [학교공동체 회복위원회] 운영

일선 학교에서 학교폭력이 발생했을 경우 전문 훈련을 받은 조정자에게 의뢰하여 조기에 회복적 대화모임을 시도하는 것이 필요하다. 학교폭력이 발생할 경우 학교가 할 수 있는 조치는 극히 제한적이기 때문에 대개 당사자들 갈등이 더욱 심화되거나 학교를 벗어나 사법기관을 통한 문제 해결을 시도하기 쉽다. 그러나 그 과정에서 학생들은 물론이고 양측 가족, 학교 등 많은 사람이 원치 않는 대결과 갈등 속으로 내몰린다. 이런 문제를 극복하고 당사자의 직접 문제 해결을 초기에 돕기 위해 훈련된 조정자(교사 또는 외부자원)를 통한 당사자 간 대화모임이 활성화되어야 한다. 따라서 이제는 학교가 외부기관과 협력하여 학교폭력 대응 모델을 만들어갈 필요가 있다. 한 가지 실현 가능한 옵션은 기존 '학교폭력대책자치위원회' 기능을 '학교공동체회복위원회'가 대체하는 것이다. 2020년부터 처벌 결정을 할 심의기구가 개별 학교에서 지역교육청으로 이관되고, 앞으로 학교 자체 해결의 여지가 더 열린 만큼 그 취지를 잘 살려보는 것이 중요하다. 또 다른 처벌 결정 기구보다 관계와 피해 회복에 초점을 맞춘 회복적 대화가 가능하도록 새로운 개념의 '학교공동체회복위원회'를 구성하여 교내 사건을 초기부터 당사자 사이의 직접 대화로 문제 해결을 시도하고, 모니터링을 지원할 수 있도록 해야 한다. 또한 몇몇 교육청에서 이미 운영하고 있거나 준비 중인 '조정지원단' 구축도 적극적으로 확대할 필요가 있다. 교육청의 심의 기구는 학교에서 넘어온 사건을 심의할 때 사건에 따라 조정지원단으로 사건을 의뢰하여 당사자 간 대화를 통한 문제 해결을 먼저 시도하고 그 결과에 따라 심의를 결정하는 방식을 시도해볼 수 있다.

2) 처벌 전후에 건강한 복귀를 위한 공동체 서클의 활용

학교가 교칙이나 처벌로만 학생들의 행동을 제어할 수는 없다. 일방적으로 내려지는 학교의 처벌이 실제로 이를 수행하는 학생이나 보호자, 또는 학교 공동체 전체에게 발전적 영향을 주지 못해왔다. 하지만 여러 가지 인식이나 여론상 처벌을 약화하는 것에 대한 반대가 있기 때문에 그냥 내버려둘 수도 없다. 따라서 기존의 처벌을 유지하더라도 처벌 이후 교실로 복귀하기 전 무엇을 배우고 느꼈는지 공유하고 새로운 약속을 점검하는 복귀 서클을 고려할 필요가 있다.

서클의 구성원은 학생과 보호자, 담임교사, 관리자, 학생부장, 학급대표 등이 참가할 수 있다. 이 서클에서는 모든 참가자가 자신의 기대와 우려를 표명하고 좀 더 직접적이고 자발적 형태로 앞으로의 계획과 마음가짐을 공유해서 공식적 기록을 남기는 편이 좋다. 이 모임의 목적은 처벌의 효과성 확인이나 재발 방지를 약속하기 위해서만이 아니라, 자신의 행동에 대한 책임감과 새로운 미래를 위한 공동의 역할을 함께 찾는 것이다. 한 사람의 각오만 듣는 시간이 아니라 모든 서클 참가자들이 어떤 노력과 지원을 할 수 있을지 고민하고 지지를 보여주는 시간이기도 하다. 처벌과 낙인으로 끝나는 결과가 아니라 자발적인 책임과 공동체 관계를 배우고 성장하는 기회를 제공하는 것이 궁극적 목적이다.

3) 학생들이 주체가 되는 또래조정 프로그램 시행

회복적 생활교육에서 학생은 수혜자이면서 동시에 주체이다. 회복적 생활교육의 목표는 교사가 주도하는 생활교육을 넘어 학급공동체가 같이 이뤄가는 생활교육으로 진화하는 것이다. 생활지도는 혼자 이끌어 갈 수 있지만, 생활교육을 선언하는 순간 '함께', '같이', '공동체'와 같은 단어가 기본적으로 바탕에 있어야 한다. 그러기 위해서 학생들이 서클이나 회복적 조정에 참여자를 넘어서 진행자로 성장하도록 지원해야 한다. 일부 학교에서 시도해온 또래가 서로 문제 해결을 돕는 '회복적 또래조정' 프로그램을 지속해서 발전시키고 확산할 필요가 있다. 이때 진행자는 같은 학년으로 국한할 필요가 없다. 선배들이 진행자가 되어 후배들의 갈등을 지원해주는 '선배조정' 프로그램도 잘 기획된다면 건강한 선후배 관계를 형성하는 데 도움을 줄 수 있다.

학교도 회복적 생활교육을 접한 교사들 가운데 담당자를 지정하여 체계적 훈련을 지원해야 한다. 또래조정의 목적은 조정으로 학교 내 갈등의 문제를 풀어가도록 하는 것에만 국한되지 않는다. 또래조정 훈련에 참여하는 학생들은 인간관계 기술을 배우기 때문에 그 자체로 회복적 생활교육을 하는 효과가 크다. 그리고 공식적 조정보다 비공식적인 '운동장 대화'나 '친구 조언'과 같은 일상의 대화 능력을 높이는 효과가 더 많이 나타난다. 따라서 더 많은 학생이 또래조정 교육에 참여하는 것은 사후와 예방적 접근 모두를 위해 중요하다.

4) 관리자의 능력으로써의 갈등해결

현재는 학교폭력이 발생하면 학교의 조사 내용과 학폭위 결과 등이 보고된다. 결국 학교폭력이 발생할 경우 책임을 다하지 못한 학교의 잘못으로 보여지기 쉬워 이런 문화 속에서 상위기관에 학교폭력과 같은 불미스러운 일을 보고하는 것은 관리자로서는 매우 부담스러운 일이다. 자신에게 책임 소지가 떨어질 수도 있는 사항인데 마냥 상부기관에 보고하는 순진한 관리자는 많지 않을 것이다. 이제는 학교 내 갈등이 발생하는 그 자체에 대한 평가가 아니라 발생한 갈등을 잘 풀어가는 능력을 평가하는 것이 필요하다. 한 조직의 관리자가 가져야 할 많은 자질 가운데 갈등해결 능력이야말로 가장 높이 인정받아야 할 요소 중의 하나이다.

학교폭력과 같은 민감한 문제를 음성적으로 풀려고 하거나 학교 책임을 최소화하기 위해 매뉴얼에 따른 처리만을 강조하는 방식으로는 오히려 문제를 키우기 쉽다. 관리자에게 문제가 생기지 않게 예방하는 능력만 잣대로 들이대지 말고, 갈등 관리와 해결 능력을 키워주고 지원해주는 시스템과 문화를 만들어야 한다. 여러 학생이 모인 학교에서 갈등이 발생하고 분쟁이 표출되는 것은 극히 정상적이고 일반적 현상이라는 점을 인정해야 한다. 또한 교사들 사이의 어려움이 발생했을 때도 뒤로 빠지거나 권위로 누르려 하는 리더십보다 갈등을 조율하는 조정 능력이 관리자 능력의 필수 요소로 자리 잡아야 한다. 어쩌면 가장 먼저 회복적 생활교육 연수가 필요한 대상은 관리자일 수도 있다. 반드시 명심해야 할 것은 관리자는 회복적 생활교육의 지원자이자 동시에 방향키를 잡아주는 중요한 선장의 역할을 한다는 점이다.

5) 조정능력을 가진 인력 양성

외부 조정자의 도움을 받는 것도 좋지만 더욱 중요한 것은 학교나 교육청 내부적으로 갈등해결 능력과 조정 능력을 갖추는 것이다. 학교 구성원 중에서 조정위원을 선발하고 그 조정위원들이 훈련을 받아 대화모임과 같은 조정을 실제로 진행할 수 있다면 학교의 문제를 구태여 외부로 돌리는 부담스러운 선택을 하지 않아도 된다. 그게 여의치 않을 경우 현재 일부 시도하고 있는 조정지원단(조정자문단)처럼 외부 지역사회 자원들을 훈련하여 조정자로 양성하는 것도 필요하다. 또한 지역 교육청의 도움을 받아 관리자 또는 담당 교사를 위한 갈등해결 및 조정훈련 과정을 지속적으로 개설한다면, 학교폭력 해결을 위한 회복적 정의 프로그램을 운영하는 데 도움이 될 것이다.

무엇보다 학교 주변의 전문단체와 종교기관이 연계하여 학교폭력 문제를 공동체적 관점으로 접근하고 상호 협력하는 지역 모델을 만들어가는 것이 학교의 고립적인 접근방식을 변화시키는 방법이 될 수 있다. 학부모를 대상으로 홍보하고 교육하여 자신들이 학교폭력의 당사자가 될 경우 어떻게 학교로부터 도움을 받아 대화 과정을 통해 문제를 풀 수 있는지 알려주는 것도 중요하다. 학부모의 이해가 있어야 학교폭력 발생이 불러올 수 있는 교사와 학부모 사이의 불필요한 오해나 시비를 예방할 수 있고 서로 대화로 문제를 풀어갈 수 있게 된다. 이를 위해 학기 초부터 학부모들에게 '회복적 생활교육 학부모 동의서'를 공유하고 지지를 공식적으로 요청하는 것도 필요한 작업이다.

이러한 회복적 생활교육의 실천 영역은 선택적이거나 별도로 작동되면 일개 프로그램 시도에 그치기 쉽다. 따라서 여러 가지 프로그램이 체계적으로 진행되고, 구조적 변화로까지 발전하는 학교를 진정한 의미에서 '회복적 학교'라고 할 수 있다. 마치 모든 조각이 맞춰져야 전체 퍼즐이 완성되는 것과 같이 학교의 모든 영역에 회복적 접근이 녹아서 작동하는 학교를 목표로 해야 한다.[25] 그런 의미에서 회복적 학교는 단기적 접근이 아니라 중·장기적 관점에서 시도해야 하고 궁극적으로 회복적 생활교육이 학교문화를 바꾸는 데까지 나아갈 수 있어야 한다.

회복적 학교 단계별 접근[26]

교육지원청	• 회복적 학교를 위한 회복적 지구 구축 – 학교분쟁해결을 위한 조정지원단 운영(조정위원＋자문위원) – 관리자, 학부모, SPO, 청소년기관 등 회복적 생활교육 연수 – 회복적 도시 인프라 및 연계 시스템 구축 (시청＋사법기관＋민간) – 회복적 생활교육 지원체계 (교육청＋학교＋전문기관) 구축 및 운영
학교	• 회복적 학교 운영 시스템 구축 및 운영 – 학년별 생활지도 운영 체계 – 학교공동체회복위원회 구성 및 운영 – 또래조정반 운영, 회복적 생활교육 전문적 학습공동체 운영 – 교사 및 학부모 회복적 생활교육 연수와 지원자원 연계(지역사회) – 회복적 생활교육 교육과정에 편성
교사	• 회복적 생활교육 학급운영 – 회복적 질문(성찰문), 비폭력대화(NVC), 학급긍정훈육법(PDC), 상담 – 공동체 서클, 문제해결 서클, 회복적 서클(RC) – 존중의 약속, 마음의 신호등, 감정카드 – 의사소통 훈련, 평화감수성 훈련, 공동체성 훈련 – 회복적 정의 가치 교과과목에 접목

25　Belinda Hopkins, *Just School: A Whole School Approach to Restorative Justice*, Jessica Kingsley Publishers, 2004, pp. 38-39.

26　이재영·정용진, 위의 워크북, p. 155.

학교, 다시 한번 기로에 서다

새로운 학폭법 개정은 기회인가 위기인가

교육부는 그동안 문제가 많았던 학폭법을 일부 수정하는 2019년 학교폭력 대응 절차에 대한 개선안을 발표했다. 그 골자는 '학교자체해결 권한부여', '학교폭력 처분 결과 생활기록부 기재요건 완화', 그리고 '학교폭력대책자치위원회 교육청 이관'이다. 사실 이 세 가지는 2012년 정부 종합대책 발표 이후 학교 현장을 어렵게 만든 핵심 정책들이기에 지속해서 수정 요구가 많았던 부분이다. 따라서 이번 개선안에 이 부분이 다뤄진 것은 매우 고무적이고 환영할 만하다. 하지만 개정안 시행에 있어 충분히 고려해야 할 사안이 많이 남아 있다는 점도 간과해서는 안 된다.

첫 번째인 '학교자체해결 권한부여'는 그 방향성에서 큰 박수를 받을 만하다. 지금까지 학교는 학교폭력 발생 시 자체적 접근이나 해결을 할 수 없었고 그로 인해 오히려 교육권이 박탈당하는 현상까지 나타나고 있다. 교사들은 학생들의 문제를 직접 다루고 개입하려는 노력보다는 전담기구로 넘기는 것을 더 안전하다고 생각하게 되었다. 따라서 이번 개정으로 학교 공동체의 힘으로 자신들의 문제를 직접 해결하고 풀어가는 권한을 다시 갖는다는 것은 바람직한 현상이고 학교를 교육기관으로 회복하는 중요한 시발점이 될 것이다. 관건은 '학교자체해결제' 도입이 과연 어떤 형태로 학교 내의 문제를 풀어가게 할지와 관련하여 구체적 세부 시행 프로그램을 개발하고 새로운 접근의 적용 기간을 어떻게 부여할 것인지를 정하는 것이다.

두 번째 개선안인 '학교폭력 처분 결과 생활기록부 기재요건 완화' 조치는 지난 몇 년간 교육부와 지역교육청 사이에 수많은 논란과 갈등을 빚게 했다. 결국 탄생하지 말아야 할 정책이 만들어지면서 학교 현장은 더욱 혼란스럽게 되었고 교사와 학생, 학부모가 대결하는 구도가 확산되는 슬픈 현실을 만들어냈다. 따라서 이번 완화 조치는 당연히 환영받아야 한다. 다만 교내 선도 형 처분 조치인 1~3호 처분만 생활기록부 기재가 유예되는 것은 또 다른 갈등의 요소가 될 수도 있어 우려된다. 예를 들어 4호, 5호 처분 결정을 받은 학생과 학부모의 경우 여전히 처분 결과에 불만을 가질 가능성이 크고 처분 결과를 낮추거나 번복하기 위해 부단히 노력할 것이 예상된다. 이번 개정을 시작으로 향후 불합리한 정책은 완화를 넘어 서서히 폐지하는 방향으로 전환하여 학교 현장의 혼란을 막고 교사들을 민원과 소송 대응 업무로부터 구해줘야 한다. 이제는 학교를 교육기관으로 되돌려놓아야 할 때이다.

세 번째인 '학교폭력대책자치위원회 교육청 이관' 부분은 일선 교사들에게는 숙원사업과 같은 것이었다. 학폭위 개최 기준의 모호성, 처분 결과에 대한 책임 소지 문제, 학부모 민원 증가와 소송 증가, 자치위원들의 비전문성과 이해관계 충돌 등 수많은 문제를 안고 있었기 때문이다. 따라서 비전문가인 학부모가 학폭위 구성의 50%를 넘는 현 제도의 한계를 극복하고, 교사들의 업무를 경감해주기 위한 학폭위 교육청 이관은 표면적으로는 합리적인 대책이라 평가받을 만하다. 하지만 이번 개정안으로 일선 교사들의 업무가 실제로 얼마나 줄어들 수 있을지는 사실 불문명하다. 또한 교육청에 설치될 심의기구의 성격이 학교의 그것보다 더 사법적 기구의 성격을 띨 수밖에 없어 여전히 우려된다. 학생들의 일차적 관계성이나 맥락을 알기 더 어려운 지역교육청의 심의기구는 법원처럼 일방적 주장이 난무하는 진실 공방의 장으로 변질될 위험성이 크다. 앞으로 이 부분에 관한 근본적인 고민이 필요하다. 무엇보다도 한 지역의 교육 최고 책임자인 교육장이 경찰서장이나 판사와 같은 사법기관의 수장처럼 인식되지 않도록 처벌보다는 피해 회복과 공동체와 관계 회복의 방향으로 문제 해결이 이뤄지는 교육적 접근에 대한 진지한 고민이 어느 때보다 필요한 때이다.

새 부대에 새 술을 – 학교 공동체 회복위원회

이처럼 이번 교육부가 발표한 학교폭력 대응 절차 개선 방안은 여전히 한계가 있지만 새로운 교육적 조치를 내릴 수 있는 최소한의 제도적 토대를 마련했다는 점에서 높이 평가할 만하다. 이번 개선안 발표에 담겨 있는 몇 가지 정책을 잘 가다듬어 새로운 정책 실행이 효과적으로 자리 잡기를 기대한다. 나는 이번 개선안의 핵심은 결국 학교 스스로 학교 공동체 안에서 발생하는 갈등을 교육적이고 자치적으로 해결하는 능력을 갖도록 하자는 데 있다고 본다.

그리고 이를 통해 학교 내의 갈등이 외부로 증폭되는 것을 막고 교사들의 권위 회복과 학생들의 관계 회복을 근본적으로 지원하기 위한 것이라고 본다. 따라서 이번 개선안의 핵심을 '학교공동체 회복위원회(이하 회복위원회)'라는 회복적 정의 패러다임에 입각한 분쟁해결기구의 신설을 통해 풀어가는 것이 필요하다. 2019년 교육부 발표에도 '교육적 해결 여부는 학교장 단독으로 판단하지 않고, 학칙으로 정하는 위원회의 심의를 거쳐 결정한다.'라고 정의하고 있다. 만약 이 위원회의 성격을 또다시 선도와 징계를 목적으로 하는 위원회로 규정한다면 이번 개선안은 발표할 이유조차 없다. 교육부 발표안대로 '학교의 교육능력 회복 지원'이라는 목표에 부합하기 위해서는 전혀 새로운 개념의 자치적 제도가 만들어질 필요가 있다.

회복위원회는 다음과 같은 특성을 가진 기구이다. 회복적 정의 패러다임에 기초하여 잘못을 한 사람의 처벌을 통해 정의를 이루는 것을 넘어, 피해자와 학교 공동체의 회복을 궁극적 목표로 삼는다. 이 말은 처벌의 내용이 단순히 일으킨 피해에 상응하는 고통의 부과가 아닌, 피해의 회복을 위한 직접적이고 자발적인 책임의 기회를 통해 채워져야 한다는 것을 의미한다. 그리고 이런 자발적 책임을 지는 학생은 용서와 공동체로의 복귀가 안전하게 보장되어야 한다는 뜻이다. 결국 회복위원회의 궁극적인 역할은 처분 결정이 아니라 피해와 관계 회복을 통한 공동체 회복으로 자리매김하는 것이다. 처분은 결정이 되었지만 피해 회복이 이뤄지지 않는 현행 시스템의 한계를 극복하고 사건의 초기부터 당사자들이 직접 문제 해결의 주체가 되도록 돕는 환경을 의무화하는 것이다. 접촉금지가 핵심이 아니라 피해 학생이 안전하게 자기의 피해 회복 방법을 생각할 수 있게 돕고, 가해 학생 스스로 피해자의 요구에 창의적인 대안을 만들도록 돕는다. 이를 위해 학교는 안전이 보장된 환경을 제공하여 스스로 만족할 만한 해결책을 찾아갈 수 있도록 공동체가 지원하는 역할을 해야 한다. 결국 학교의 교육적 기능을 회복하고 사회가 생활지도를 교육 영역으로 재인식하게 하는 것이 중요하다.

이를 위해 가장 시급한 것은 회복위원회 개최 시 조정이나 서클 같은 회복적 대화모임을 이끌 수 있는 훈련된 진행자들의 확보이다. 회복위원회의 구성이 교원과 학부모로 이뤄지는 것은 지금의 자치위와 별반 다르지 않을 수 있다. 하지만 지금처럼 전혀 회복적 정의 패러다임을 모르고 진행 훈련을 받지 않은 사람들로 채워지는 것이 아니다. 회복위원회 위원들은 회복적 생활교육을 실천하고 회복적 대화모임이나 서클 등을 진행해본 경험이 있는 교원과 회복적 정의 훈련을 받은 학부모와 지역사회 자원으로 구성하는 것이 가장 바람직하다. 만약 이런 자원이 없으면 위촉된 회복위원회 위원들은 최소한의 교육 훈련을 통해 회복적 접근의 의미를 이해하고 분쟁 해결을 위한 진행 능력을 습득하도록 도와야 한다. 특히 교육청에서 관할 학교마다 2~4명의 조정 훈련을 받은 진행자를 양성하여 회복위원회 진행을 담당하게 할 수 있다면 더욱 효과적인 운영을 기대할 수 있다.

회복위원회가 구성되고 운영돼도 처음에는 당사자들이 참여하기가 쉽지 않을 수 있다. 왜냐하면 보통의 경우 분쟁 해결에 대한 응보적 접근에 익숙한 학생과 학부모들이 더 많기 때문이다. 하지만 회복위원회가 가질 수 있는 당사자 중심 해결의 유익이 무엇인지 잘 이해하도록 실질적으로 초기 결과가 더 회복적이라는 것이 증명된다면 새로운 접근이 자리매김을 잘할 수 있을 것이다. 회복위원회를 통한 학교 내 분쟁 해결 접근이 늘어날수록 피해 측에서 요청하는 피해 회복의 내용에 대한 구체적인 접근이 가능해질 수 있다. 또한 책임을 져야 할 가해 측에서는 교육청으로 이관된 심의기구로 넘어가서 징계 수위가 높아지지 않도록 하기 위해서라도 피해 회복의 실질적 책임을 다할 필요가 발생한다. 현행 제도처럼 개최와 동시에 처분 결정으로 귀결되는 일방적인 제도가 아니기 때문에 자발적이고 참여적 대화를 통한 분쟁 해결의 문화를 경험할 수 있다. 또한 학생들과 교사는 학교분쟁해결 과정의 객체가 아니라 주체로서 역할을 부여받고 능동적이고 적극적으로 자신들의 문제에 대응할 수 있다는 장점이 있다. 이는 앞으로 우리 사회의 구성원이 될 학생들을 민주적이고 책임감 있는 사회 구성원으로 키우는 교육적 목적에도 부합하는 것이다. 즉 학교 현장에서 점차 확대되고 있는 회복적 생활교육의 취지를 학교폭력 해결 과정에 제도적으로 접목하는 효과를 낳을 수 있다.

그렇지만 회복위원회의 설치와 운영이 모든 학교 문제를 해결해줄 수는 없다. 오히려 회복위원회가 다뤄야 할 사안은 전체 학교 공동체에서 발생하는 갈등의 5~10%를 넘지 않는 것이 바람직하다. 결국 대부분의 사안은 학급과 학년에서 회복적 생활교육으로 예방 및 조기 해결이 되어야 한다는 것이다. 이를 위해 '회복적 생활교육 지원체계'가 구축될 필요가 있다. 회복적 생활교육 지원체계는 교육청 내에 회복적 생활교육 지원센터와 같은 기구를 설립하여 그 지원 영역 안에 1) 회복적 생활교육 연수 2) 교사연구회 3) 회복적 학교 중점학교 4) 분쟁조정지원단 5) 회복적 정의 마을강사단 등의 회복적 생활교육 업무 전반을 통합적으로 기획, 운영 및 지원하는 컨트롤타워를 말한다.[27] 이는 정책의 연속성과 상호 효율성을 높이고 생활지도가 문제 학생들 '에게^{to}' 집중되는 것이 아니라, 전체 학생들과 학교 공동체 전체를 '향해 toward' 있도록 방향을 선회하는 것을 의미한다.

나는 2012년 개정안 발표 이후부터 꾸준히 학교 공동체 회복위원회가 학폭위를 대신하는 날이 오기를 고대해왔다. 무엇보다도 학교라는 교육기관에서 더는 징계위원회, 선도위원회, 대책위원회 같은 사법적 제도들을 만들어내지 말고 좀 더 교육적 철학과 방식을 가진 새로운 대안들로 채워져나가기를 기대했기 때문이다. 이제 새로운 정책의 본격적 시행을 앞두고 새로운 변화에 걸맞은 교육적 접근과 구조적 지원체계가 이뤄지길 바란다. 부디 이번 개선안이 2012년 개정안이 가져온 학교 공동체의 혼란과 어려움을 극복하고 안전하고 평화로운 학교 공동체로 회복되는 시발점이 되기를 간절히 소망한다. 이번에는 정말 임계점에 와 있는 교사와 학생, 학부모를 위해서도 더는 혼란을 부추기는 정책이 되어서는 안 된다. 더 이상 뒤로 물러날 수 없는 학교 공동체의 회복이라는 매우 시급한 시대적 과제가 우리 모두의 앞에 놓여 있다는 점을 함께 명심해야 할 것이다.

27　　경상남도교육청의 경우 2015년부터 회복적 생활교육을 위한 5가지 인프라를 꾸준히 구축해왔기 때문에 '회복적 생활교육 지원체계'를 구성하기 용이한 상황이고 현재 이를 위한 협의가 진행 중에 있다.

5장

회복적 정의를 경험하다

"잘못은 피해를 낳고, 피해를 회복하는 것이 정의이다!"

피해자 이야기

왜 피해자는 가해자와의 만남을 선택하는가?

  피해자는 한참을 혼자 앉아 있었다. 무언가 혼란스러워하는 듯했다. 언니를 재촉하며 집에 가자고 했다. 그러면서 남긴 말은 "며칠 더 생각해봐야겠어요."였다. 며칠이 지나고 연락이 왔다. 만나겠다고 했다. 나는 안도했지만 동시에 이번 만남이 가져올 수 있는 파장에 대한 부담도 커졌다. 지역 경찰이 의뢰한 회복적 대화모임이었으나 자신을 흉기로 위협하고 감금·폭행한 사람을 다시 마주한다는 것은 누구에게도 권하고 싶지 않은 일이었다. 하지만 사법기관의 조사 외에는 혼자서 헤쳐가야 할 일만 남는 것이 피해자의 현실이다. 일도 하지 못한 채 병원과 상담을 받으러 다니면서 느끼는 엄청난 스트레스와 경제적 부담도 크지만, 누구에게 말하기도 어렵고 수치스럽기까지 한 두려운 기억을 스스로 정리해야 하는 고통은 가혹하기 짝이 없다. 꼬리에 꼬리를 무는 '왜 나에게?'라는 질문이 머리를 떠나지 않고 맴돈다. 지금도 문제지만 '언젠가 내가 다시 좋아질 수 있을까?' 하는 불안감이 짓누른다. 피해자는 사건 전과 후로 완전히 다르게 나눠진 삶을 살 수밖에 없다.

따뜻한 방 안의 공기와는 다르게 진행팀을 비롯한 모든 사람의 얼굴에 긴장과 불안함이 묻어 있었다. 애써 시선을 회피하고 있는 양측을 사이에 두고 나는 미리 준비한 질문들을 던지기 시작했다. 처음 어떻게 만나게 된 것인지, 어떤 일이 벌어졌고, 어떤 피해가 생겼는지, 사건 이후 가장 힘든 점은 무엇인지, 지금 가장 필요한 것은 무엇이고, 어떻게 하길 바라는지…. 때론 감정적으로, 때론 이성적으로 언니와 번갈아가며 쏟아내는 피해자의 이야기는 그 방에 있는 모든 사람의 마음을 아프고 불편하게 했다. 나는 듣는 사람뿐만 아니라 피해자들도 힘들어하는 질문을 하는데 많은 시간을 할애했다. 고통스럽고 수치스러운 피해자의 이야기를 다시 하게 하는 데는 이유가 있다. 세부적 내용이 궁금해서가 아니다. 그것은 사전모임을 통해 이미 다 파악하고 있었다.

　피해자의 이야기는 누구에 의해 전달되는 것이 아니라 직접 표현되어야 하는 말들이다. 그것도 자신에게 피해와 고통을 야기한 상대 앞에서 쏟아내야 할 이야기이다. 속에서부터 치밀어 올라오는 감정을 토해내는 것이 피해자의 긴 치유의 여정에 실질적인 도움이 되기 때문이다. 상대적으로 힘의 우위에 있는 사람 앞에서 자기감정을 표출할 수 있다는 것 자체가 이미 피해자의 힘이 회복되고 있다는 상징적 사인이다. 그리고 이런 자기감정의 표출은 상대에 대한 것이라기보다는 오히려 자신에 대한 직면 과정이다. 다시는 보고 싶지 않았던 사람 앞에서 쏟아내는 피해자의 분노는 분명 치유 효과가 있다는 사실이다. 결국 진행자나 사법기관, 공동체의 역할은 어떻게 피해자에게 이런 물리적이고 심리적으로 안전한 공간을 확보해줄 수 있는가이다.

　피해자는 새로 마련한 공간이자 자신이 가장 안전하다고 느끼는 장소에서 벌어진 끔찍한 일로 삶이 완전히 망가져버렸다고 했다. "방에 있던 물건이 부서진 것은 속상하지만 다시 고쳐놓을 수 있고, 몸에 난 상처와 멍도 시간이 흘러가면 사라지겠죠. 하지만'사람 만나는 것을 좋아하고 남을 쉽게 믿어왔던 내 성격이 이제는 원망스럽고 후회돼요. 앞으로 사람에게 마음을 쉽게 열기 어려울 것 같아요." 이처럼 피해자가 괴로워하는 것 중의 하나는 어떤 사건으로 인해 자신이 지향하는 가치와 정체성을 부정해야 하는 상황에 내몰린다는 점이다. 예기치 않게 찾아온 사건이 준 충격은 자신의 정체성을 흔들리게 하고, 불안감 때문에 문제의 원인을 자신의 실수에서 찾으려는 성향으로 나타나기도 한다. 혹시 자신이 잘못한 것이 있는지, 더 주의를 기울였어야 하는데 그렇게 하지 못한 것은 아닌지 괴로워한다. 피해자는 대부분 자신이 피해자인데도 어느 정도의 죄책감을 갖는다. 이것은 그들이 정말로 뭔가를 잘못했기 때문이 아니라 잘못이 자신에게 일어났기 때문에 생기는 감정이다. 사건 이후에 생겨날 수 있는 이런 부정적 에너지는 안타깝게도 자신을 향한 분노나 자책으로 발전하기 쉽다.

따라서 회복적 대화모임에서 반드시 다뤄야 하는 내용 중에 하나는 '피해자 인정' 과정이다. 자신의 잘못이 아닌 다른 사람의 잘못으로 발생한 일이고, 피해자에게 생긴 일은 잘못된 것이라는 피해자의 정당성을 확보해주는 과정이 필요하다. 이는 가해자를 비난함으로써 채워질 수 있는 단순한 성격의 것이 아니다. 피해자는 자신이 이해하는 자기만의 이야기를 통해 사건을 재구성해서 풀어내야 하고, 그 자리에 모인 사람들의 집단적 공감과 지지를 통해 자신이 단지 피해자였을 뿐임을 인정받아야 한다. 결국 내 잘못이 아니라는 정당성을 획득하는 자기 이해의 과정이 (만약 여러 조건이 충족된다면) 상대에 대한 수용성을 높이는 기초가 된다.

피해자는 "내가 왜 이런 일을 당했는지 도무지 이해가 안 돼요. 차라리 엄마 뱃속으로 다시 돌아가고 싶었어요."라며 언니의 손을 꼭 잡았다. 두 사람을 묶어주는 매개는 엄마에 대한 기억이었다. 나는 자연스럽게 대화의 방향을 피해자 가족의 이야기로 옮겨갔다. 자란 환경, 가족과의 관계, 지금의 상황, 그리고 사건이 피해자의 가족들에게 미친 영향에 관해 묻기 시작했다. 가해자나 공동체가 피해자를 온전히 이해하는 데는 그가 살아온 배경과 주변의 맥락을 이해하는 과정이 매우 중요하다. 북미 원주민들의 말처럼 폭력은 한 사람의 신체와 정신을 피폐하게 하는 것일 뿐만 아니라 그를 둘러싼 온전한 관계를 근본적으로 훼손하는 행위이다.

한 사람의 삶의 맥락을 이해하는 것은 그 사람의 존엄성을 높이는 기회를 제공한다. 그리고 이것은 아이러니하게도 가해자에게도 마찬가지이다. 피해자에 대한 다차원적 이해는 가해자에게 자신의 행동이 끼친 영향의 범위를 확장해주고, 반성과 자발적 책임을 향상하는 계기가 된다. 사건으로 고통스러워하며 분노하는 주변 사람들의 이야기는 비록 진행자와 이야기를 나누는 형식을 빌리지만 가해자의 이해에 새로운 시각을 제공한다. 가해자에게 자신이 한 행동이 잘못한 (또는 불법적) 행동이라는 메시지보다 가해자로 하여금 피해자와 그 주변이 받은 고통이 얼마나 큰지, 무엇이 실제로 파괴되었는지를 인식하게 하는 것이다. 회복적 대화를 통해 가해자에게 생겨야 할 관점의 변화는 '잘못'에 대한 인식과 인정을 넘어, 그 잘못이 일으킨 '피해와 고통'으로 확장되어야 한다.

피해자의 대화 과정에서 말보다 더 중요하게 집중해야 할 요소는 몸동작과 표정이다. 분노하고, 경직되고, 흥분하고, 불안해하고, 안도하고, 평안해하는 그들의 미묘한 변화 속에 많은 메시지가 담겨 있기 때문이다. 나는 피해자와 가해자의 이야기가 어느 정도 나온 이후 피해자에게 직접 질문하고 싶은 것이 있는지 물었다. 회복적 대화모임에서 진행자를 통해 이뤄지는 간접 대화가 아닌 당사자 간 직접 대화가 가능하다고 판단하는 시점은, 피해자가 보여주는 비언어적 의사소통 방식에서 힌트를 얻는 경우가 많다. 두려움의 대상이었던 상대를 똑바로 바라보는지, 목소리나 손이 떨리지 않는지, 앉아 있는 자세가 편안해 보이는지 등의 태도를 통해 피해자가 어느 정도의 힘을 회복하고 있는지 가늠하게 된다.

피해자는 가해자에게 "그날 나를 위협하는 당신을 설득하려고 했던 내 말이 기억나나요?" 하고 물었다. 나는 왜 그것이 알고 싶은지 되물었다. 사실 그 질문은 가해자에게 어떤 기억을 확인하고 싶어서 묻는 것이 아니었다. 그 위급한 상황에서 피해자가 강한 의지가 있었기 때문에 살아난 것이지 가해자가 살려준 것이 아니라는 의미를 전달하고 싶은 것이다. 답을 하지 못하고 고개를 숙이고 미안해하는 가해자에게 피해자는 "처음에는 왜 그랬는지 궁금했지만, 이제는 더 이상 궁금하지 않아요. 당신이 이 일을 계기로 자기 자신이 어떤 사람인지 제대로 들여다보길 바라요." 하고 지적했다. 꿈속에서라도 마주칠까 봐 두려웠을 사람을 똑바로 바라보면서 직접 훈계하는 피해자의 모습은 말의 내용이 얼마나 전달되느냐와 상관없이 나에게 작은 희열로 다가왔다.

나는 회복적 대화모임 과정에서 피해자와 가해자의 힘이 역전되는 순간을 포착하려고 유심히 관찰하곤 한다. 피해자의 힘은 과연 어디서 오는 것일까? 사실 그 힘은 이미 그들에게 있다. 어떻게 보면 대화모임에서 피해자는 자기 자신이 받은 피해와 아픔을 이야기할 뿐이다. 하지만 상대 앞에서 표출되는 아픔과 분노, 그리고 자신의 필요를 당당히 이야기하는 과정은 피해자의 힘을 북돋아주고 강한 자아로 회복되도록 돕는다. 수많은 질문에 답을 찾으려고 했지만, 그 어떤 답보다 더 중요한 자기 회복의 실마리를 발견하는 것이다. 스스로 어떻게 할 수 없는 일을 당했지만, 그 마무리를 자신이 할 수 있다는 자기 주도성의 회복이 주는 일종의 안도감 같은 것이다.

피해자는 마지막에 어떻게 피해 회복을 위한 방안을 만들어갈지 협의하는 과정에서 자기 피해 회복을 위해 변상을 요구했다. 그것은 지금까지 겪은 신체적, 경제적, 정신적 피해에 대한 보상이었다. 지금까지 피해자의 고통의 여정을 들어온 가해자는 기꺼이 요구를 수용하겠다고 했다. 다만 형편상 분할로 지급하는 방법을 요청했고, 피해자는 그 실행 여부를 확인할 방법을 모두와 함께 논의한 후 그것을 받아들였다. 그 외에도 사과와 재발 방지를 위한 대책 등이 세부적으로 협의되었다.

피해 회복을 위한 합의를 만들어갈 때, 피해자에게 채워져야 할 가장 중요한 필요는 무엇일까? 흔히 물질적인 배상이 가장 중요한 욕구라고 생각하기 쉽다. 금전적 배상이 피해자 회복에 실질적으로 매우 필요한 부분인 것은 틀림없다. 가해자가 반성하고 책임을 진다는 구체적 행동의 일환으로 배상금은 중요한 상징성이 있다. 하지만 당사자들이 자신의 이야기를 풀어내고 직면하는 시간이 전제되지 않은 채 논의되는 금전적 해결은 치유적 기능을 하는 데 한계가 있다. 금전적 배상이 피해자의 치유 여정에 제대로 기여하려면, 그에 대한 합의도 전체 대화모임의 흐름 안에서 다뤄져야 한다. 피해에 대한 정당한 보상을 요구하는 일이 마치 욕심을 부리거나 돈에 집착하는 것으로 오해되지 않도록 하기 위해서라도 피해자의 '피해자화' 과정이 반드시 먼저 공유될 필요가 있다. 그래서 배상에 대한 협의 시간은 항상 대화모임 마지막에 둔다.

회복적 대화모임은 원하는 결과가 나왔든 그렇지 않았든 함께한 대화에 대한 참석자들의 소감을 나누는 것으로 마무리한다. 매번 이 시간이 나에게는 가장 큰 의미로 다가온다. 모임을 시작할 때 나타나는 불안한 기대와 비교하여 짧은 시간의 대화가 과연 어떤 경험으로 남았을지 알고 싶기 때문이다.

피해자: "오늘 여기 참석하기로 마음먹기까지 사실 힘들었어요. 사전모임 후 여러 생각이 들었지만 가해자를 처벌하는 것이 모두를 위한 답이 될 수 없다고 생각했어요. 가해자는 진지하게 '나는 누구인가?'를 고민하길 바라요. 피해자 입장에서 합의금이 전부는 아니니까요. 가해자에게도 같은 인생이 있기 때문에 피해자가 이렇게 말해주는 걸 고맙게 생각하길 바라요. 아직 기회가 있으니 꼭 변하면 좋겠네요. 이런 프로그램이 있다는 것에 감사하고 지속되었으면 좋겠어요. 이번 일을 계기로 앞으로 나처럼 피해를 입은 사람들에게 도움을 주고 싶습니다."

피해자 언니: "경찰서에 있는 동생을 처음 만났을 때 감정이 생각나네요. 무섭고 슬프고 막막했던…. 오늘 이 자리를 선택할 수 있도록 사전모임부터 용기를 주신 것에 감사드립니다. 전부는 아니지만 해결이

된 것 같다는 생각이 듭니다. 고생스럽겠지만 앞으로 이런 노력을 계속 기울여주셨으면 좋겠습니다. 동생이 한 발짝 나아간 것 같아 다행입니다. 그리고 가해자는 이번 기회에 깊이 반성하고 본인 스스로를 사랑하는 법을 연습했으면 좋겠어요."

가해자: "이런 기회를 주셔서 감사하고, 다시 한번 피해자에게 진심으로 사과할 수 있는 자리에 감사드립니다. 조금이라도 자신을 돌아볼 수 있는 기회가 되었습니다. 앞으로 저 스스로 변화하기 위해 노력하겠습니다. 너무 감사하고 죄송합니다."

회복적 대화모임에서 어떤 결론이 이뤄졌는지, 어떤 합의에 도달했는지가 한 장의 종이에 표현된다. 하지만 대화모임을 함께하다 보면 합의문이라는 종이 한 장에 다 담을 수 없는 수많은 이야기, 눈물, 몸짓, 느낌이 있다. 나는 피해자가 정의를 느끼기 위해 회복적 대화모임을 통해 채울 수 있는 가장 중요한 필요는 배상금도, 사과도, 피해 인정도 아니라고 생각한다. 피해자에게 더 근본적으로 생기는 정의 필요는 자기 '삶의 통제력'이 회복되는 것이다. 우리는 누구나 자기의 삶을 자신의 의지에 따라 자유롭게 결정하며 살고 싶은 욕구가 있다. 이런 삶의 자율성이 타인에 의해 훼손당하는 것이 곧 범죄이고 폭력의 경험이다. 누군가에 의해 강제로 삶의 일상이 파괴되어 버렸을 때 오는 깊은 좌절과 불안은 피해자를 피해자 주기Victim Circle**1**로부터 벗어나기 어렵게 만든다. 따라서

1　Carolyn Yoder, *The Little Book of Trauma Healing: When Violence Strike and Community Security Is Threatened*, Good Books, 2005, p.18.

빼앗겼다고 느끼는 삶의 통제력을 회복하는 것이 피해자에게 무엇보다 중요하다. 하지만 그것을 자신의 노력만으로 이루는 것은 거의 불가능하다. 자신의 삶의 통제력을 회복하기 위해 주변 사람들과 심지어 원인을 제공한 가해자의 도움이 필요한 이유가 바로 여기에 있다.

나는 피해자가 왜 어렵고 불편한 회복적 대화모임에 나오려고 결심하는지 그 이유를 정확히는 모른다. 하지만 이런 대화를 이끌면서 분명해지는 것은 모든 피해자들에게 회복적 접근의 기회가 반드시 주어져야 한다는 것이다. 그것을 선택할지 말지는 전적으로 피해자의 몫으로 남겠지만, 그 기회 자체가 없어서는 안 된다. 나는 가해자 처벌에 집중되어 있는 사법 절차에서 피해자의 권리를 높이기 위한 사회공동체의 노력이 강화된다면 더 많은 피해자들이 더 빠르고 직접적인 피해 회복의 기회를 경험할 수 있을 것이라고 확신한다.

몇 달 후 사무실을 찾아온 가해자는 당시 많이 힘들었는데 회복적 대화모임에 참여한 것이 자신에게 큰 기회였고 힘이 되었다고 했다. 합의금을 마련하는 일이 큰 부담이었고 다른 사람들에게 도움을 구하기가 쉽지 않았지만, 그 과정에서 자신과 싸우며 자신을 되돌아보는 시간을 가질 수 있었다고 했다. 대화모임 마지막에 피해자가 내가 누구인지를 고민해보라는 말이 마음에 깊게 남았고, 그 말이 마음을 다잡는 데 도움이 되었다고 했다. 그 이후로는 술을 끊고 건강한 직장을 찾았고 몸과 마음이 안정되는 것을 느낀다고 했다. 곧 재판인데 예상하는 결과와 마음이 어떤지 물었을 때 그는 담담하게 이렇게 이야기했다. "나름 최선을 다했기 때문에 좋은 결과가 나오면 좋겠지만, 그것과 상관없이 마음이 가볍습니다. 얼마 전 약속했던 금액을 모두 갚았거든요." 그는 피해자에 대해 책임을 다했다는 것에 더 큰 의미를 두고 있는 듯했다.

회복적 대화모임이 끝나고 얼마 후 피해자는 마지막 소감 나누기에서 밝힌 것처럼 자신과 같은 피해자들에게 회복적 대화모임에 참석하기를 권유하는 편지를 보내왔다. 하지만 안타깝게도 이 편지를 쓴 몇 달 후 피해자는 사법 절차에 따라 검찰에서 다시 진술을 하게 되면서 힘든 시간을 보내야 했다고 했다. 왜 쉽게 합의를 해줬냐는 이야기를 듣게 되면서 자신이 뭔가 잘못한 것이 아닌가 하는 혼동이 있었다고 했다. 이해할 수 있는 부분이지만, 조사서와 함께 동봉된 합의문이란 한 장의 종이에 다 담을 수 없는, 회복의 전체 과정을 이해받지 못하는 안타까운 현실이었다.

(중략) 기억하고 싶은 않은 일들을 기억해 내고 감정을 털어놓고 세세한 상황을 설명해야 하는 자리. 지금껏 살아온 인생에서 가장 어렵고 힘든 순간이 아니었을까 싶습니다. 이 일을 겪으면서 너무나 당혹스럽고 혼란스럽고 그 어떤 말로도 표현할 수 없는 순간들이 너무나 많았습니다. 그러나 감사하게도 저에게는 엄마 같은 언니가 있습니다. 언니가 없었다면 어땠을지. 지금 다른 피해자들을 위해 이런 글을 쓸 수나 있었을지 정말 모르겠습니다.

피해자라는 단어가 너무나 생소하고 아직도 마음속으로 받아들여지지 않는데 이런 대화 프로그램이 없었다면 그 모든 일들을 어찌 감당하고 해결해 나갔을지. 이 순간에도 감사할 곳이 있다는 건 행운이 아닐 런지요. 옆에서 따뜻하게 나눠주는 마음, 진심으로 걱정해주는 마음, 누군가가 잡아주는 그 손이, 그 마음이 자연스럽게 회복으로 이어지고 있는 것만 같습니다.

아마 많은 분들이 가해자를 대면해야 하는 것에 대해 어찌 해야 할지 생각하고 또 생각해도 답을 찾지 못하고 계실지 모르겠습니다. 무서우실 테고 화가 치밀어 올라 그 사람을 되레 내가 죽이고 싶어지면 어쩌나 하는 생각을 하실 수도 있겠지요. 저는 처음엔 만나고 싶은 생각이 전혀 없었습니다. 그냥 "대체 왜 그랬어?"라고 누군가 물어봐주길 바랬습니다. 또 그 사람과 대화는 해서 무엇 하나? 그 어떤 것으로도 진심 어린 사과를 한다 해도 조금의 치유도 도움도 되지 못할 거라 생각했습니다. "나는 이렇게 이겨내 보려 애를 쓰고 있고 이렇게 아프기만 한데 너는 니 걱정만 하고 있겠지"라고 생각했습니다.

사전모임 후에도 생각은 계속 바뀌었지만 어느 순간 한번은 봐야할 거 같아 약속을 하고 가해자를 만나러 갔습니다. 조정위원의 도움으로 이어지는 가해자와의 대화. 그 또한 전혀 기대하지 않았던 회복의 과정이 되었습니다. 조금씩 정리를 해 나아가는 제 마음을 그 만남을 통해 들여다볼 수 있었습니다.

여러분도 아마 지금껏 살아온 나는 사라지고 상처는 나의 일부가 되어 그 어떤 방법으로도 다시 전처럼 돌아갈 수는 없을 겁니다. 긴 시간의 싸움이 아직 남아있고 정상적인 삶으로 돌아가고 싶어도 돌아갈 수 없을 거 같을 거예요. 이 모든 과정을 포기하고 싶은 순간들도 무수히 많을 것이고, 자포자기 하고 싶은 순간도 분명히 올 거라 생각합니다. 그런 순간이 오면 옆을 돌아보면 좋을 거 같아요. 옆에 같이 서 계셔 주실 분들이, 손을 잡아주실 분들이 가족만이 아니어도 '혼자만의 싸움이 아니다'라고 말해주고 있을 테니까요. 회복이라는 과정은 짧은 시간 안에 되는 것은 아니라고도 말해주고 싶습니다. 저도 계속 매 순간 저 자신과 싸우고 있으니까요. 그러나 아직도 상처와 싸우고 있는 이 순간에도 나 혼자는 아니라는 걸 알고 있기에, 언제든 손을 내밀면 잡아주실 분들이 계시기에 또 힘을 낼 수 있게 되네요.

사람에게 크나 큰 상처를 받았지만 또한 사람에게서 더 큰 위로를 받습니다. 꼭 이겨낼 수 있다 생각하지 않으려고 합니다. 그냥 안정을 찾아가는 중입니다. 잠 못 이루는 이 새벽에도 저는 조금씩 나아지고 있습니다. 언제 갑자기 숨이 막혀올지 또 도망가고 싶어지진 않을지 저도 모릅니다. 그런 때가 오면 손을 내밀어 잡아 달라 도움을 청하려고 합니다. 조금씩 아주 조금씩 그냥 앞으로 나아가다 보면 행복할 날도 기뻐할 날도 분명 오리라 믿습니다. 힘내세요. 많은 시간이 걸리겠지만 꼭 힘을 내세요.

마지막으로 저에게 도움주신 분들께 진심으로 고개 숙여 감사드립니다. 이 글이 그 누군가에게 조금이나마 위로와 힘이 되길 기도하고 바랍니다.

가해자 이야기

직면의 힘, 진정한 책임을 배우다!

사전모임을 위해 보호자와 함께 나타난 김 군의 팔에 문신이 보였다. 자리를 잡고 앉은 후 나는 "학생이 팔에 문신해도 돼?" 하고 물었다. 김 군은 손가락에 침을 발라 문신을 지우며 "그냥 장난으로 하는 지워지는 문신 스티커예요." 하고 말했다. 또래 학생들보다 월등히 큰 키에 점잖은 말투까지, 중학생이라고는 믿기 어려울 만큼 조숙해 보였다. 이 학생에게 10명도 넘는 동네의 또래들이 몇 달 동안 맞고 돈을 빼앗기고 협박을 당하는 피해를 보았다.

또래들 사이에서 김 군의 별명은 '조폭'이었다. 김 군은 동네의 조직폭력배 형들과 친하다면서 조직폭력단 행동대원이 될 것처럼 말하고 다녔다. 얼마 전 자전거 절도로 입건되어 보호처분을 받은 전과가 있는 김 군은 동네의 또래들 사이에서 소위 짱으로 통하는 학생이었다. 하지만 김 군은 학교에서 큰 말썽을 부린 적은 많지 않았다. 대신 또래들이 싸우거나 다른 학교와 문제가 생겼을 때, 주변 아이들이 자기를 불러서 가면 지레 겁을 먹고 피하고 자기 말을 듣는 것을 보면서 점점 자신의 힘을 과신하게 되었다. 같은 학년에서 싸움 좀 한다는 아이들도 자기를 따르고 치켜세워주기 때문에, 친구들과 몰려다니면서 또래들을 겁주거나 돈을 뺏어 담배를 사는 등 자기 필요를 쉽게 채우는 데 재미를 들이기 시작했다. 그러면서 점차 주변에 친구들이 있을 때 자신의 힘을 과시하고 싶은 소영웅주의 성향이 강화되었다. 또래 남자아이들 사이에서는 흔히 생길 수 있는 사춘기 아이들의 특성이라 김 군이 어떤 상황에서 이런 행동들을 해왔는지 이해할 수 있었다.

가해 측과의 만남에서 가장 중요한 일은 판단하지 않고 들어주는 것이다. 진행자도 사람인지라 사전 정보를 접할 때 잘못을 저지른 사람에 대해 부정적 선입견이 생기는 것은 어쩔 수 없다. 하지만 이런 선입견은 사전모임에서부터 매우 위험한 방해 요소가 될 가능성이 크다. 그렇기 때문에 판단이나 비난에 익숙한 가해자에게 대화모임에 나가는 것이 또다른 판단의 자리가 아니라는 안전감을 줄 수 있어야 한다. 가해자에게 주어지는 안전감은 비단 가해자만을 위한 것이 아니라, 자신이 일으킨 피해를 객관적으로 인식하고 피해자의 피해 회복에 더 집중할 수 있도록 도와주기 때문에 매우 중요하다. 사람은 누구든 공격이나 비난을 받으면 방어적으로 되기 쉽고, 방어기제를 찾기에 몰두하기 때문에 피해자의 아픔에 온전히 집중하기 어려워진다. 대화모임 진행자는 가해 측이 먼저 공감을 얻어야 피해자의 마음에 공감할 수 있다는 평범한 이해가 필요하다. 이것이 진행자가 절대적이고 기계적 중립성이 아닌 의지적 중립성을 가져야 하는 중요한 이유이다.

또다시 형사입건된 아들을 걱정하는 어머니는 도저히 아들의 일탈을 이해할 수 없다며 속상해했다. 특별히 부족하지 않은 평범한 가정환경에서 자랐고, 누나들도 대학을 다니고 있고, 가족의 귀여움을 독차지하며 자란 아들이었다. 심지어 중학교로 올라갈 때 성적이 우수하고 리더십이 있어 학교와 부모의 기대를 한 몸에 받았다고 한다. 항상 주변의 칭찬 대상이었고 부모의 자랑이던 아들이 이제는 지탄을 받는 범죄소년이 되어 있는 현실에 마음이 너무 무겁고 힘들다고 했다. 대개 어려운 가정환경이 범죄의 원인이 되기 때문에, 김 군의 평범해 보이는 가정환경을 들으면서 의외라는 생각이 들었다. 하지만 아버지와의 관계에 관해 물었을 때, 김 군은 매우 불편해하면서 좋지 않다고 했다. 어머니는 기대가 컸던 아들이 점점 사고를 치면서 아버지가 엄하게 대하다 손찌검까지 하게 되고, 결과적으로 아들과의 관계가 많이 틀어져서 이제는 아들에 대해 포기한 상태라며 눈물을 보였다. 김 군은 그런 엄마를 쏘아보며 왜 그런 이야기를 하느냐고 핀잔을 주었다.

학교폭력과 같은 소년사건을 접하다 보면 보호자이지만 자식을 통제할 방법이 없어 막막해하는 부모를 많이 만나게 된다. 처음에는 야단도 치면서 노력하지만 자극하면 더 빗나갈 것 같아 어쩌지 못하고 마음고생만 하는 부모가 의외로 많다. 비록 가정의 문제이긴 하지만, 이런 부모를 볼 때마다 훈육과 관련해 올바른 책임을 가르치는 법에 대해 주변으로부터 도움을 받을 수 있으면 좋겠다는 생각을 자주 하게 된다.

소년사건을 다루는 데 회복적 정의가 필요한 이유는 가해 소년의 가족 관계가 변화하는 계기를 마련해줄 수 있기 때문이다. 가장 이상적인 회복적 대화모임은 뉴질랜드의 FGC처럼 가해 소년의 가족과 주변 사람들이 함께 참여하는 형태이다. 가해 소년에게 피해자와 만나는 대화모임은 아무리 회복적 접근이라고 해도 처벌과 별반 다르지 않게 느껴질 수 있다. 오히려 피해 측으로부터 직접 비난받을 가능성이 크고 무엇보다도 자신을 잘 아는 사람들 앞에서 잘못을 드러내야 하는 부담도 있다. 그렇지만 바로 그 부분이 변화의 핵심이기 때문에 반드시 포함돼야 한다는 것이 회복적 접근의 신념이다. 직면만큼 큰 처벌은 없다. 하지만 이 처벌의 방향은 비난을 넘어 자발적 책임을 통한 관계의 회복을 향하도록 공동체가 돕는 과정이란 차이가 있다.

김 군에게 피해를 본 학생은 많았지만, 실제로 김 군을 만나는 대화모임에 나오겠다고 용기를 낸 학생은 세 명뿐이었다, 그중에 보호자까지 함께 온 학생은 한 명뿐이었다. 사실 많은 피해 학생이 사전모임에는 나왔지만, 대부분 불안해하고 부담스러워했다. 그들에게 원하는 해결책을 물으니 집과 학교 사이에 경찰서를 10개 만들어달라거나, 김 군을 감옥에 보내 못 나오게 해달라고 할 만큼 불안감과 공포심이 컸다. 그도 그럴 것이 학생들은 경찰에 신고하면 다 해결될 줄 알았는데, 경찰조사 후 김 군이 "신고했더라. 귀여운데. 모두 당장 집합해."라는 문자를 보냈기 때문이다. 그때부터 피해 학생들은 극도로 불안해져 외출도 자제해왔다. 그런 상황에서 김 군을 직접 만난다는 것은 상상하기 힘든 일이었다. 하지만 나는 그들에게 안전을 보장해줄 사람은 세상에 딱 한 명밖에 없다고 했다. 그 사람은 부모도, 교사도, 경찰도 아니다. 바로 김 군이 너희에게 약속하고 그것을 지키는 방법밖에 없다고 설득했다.

결국 사전모임 이후 고민 끝에 자발적으로 결심한 세 학생만 회복적 대화모임에 참석하게 되었다. 사실 피해 학생들의 처지에서는 달리 방법이 없었고 계속 피하면서 살 수도 없는 노릇이었다. 만나기로 결심한 학생들은 나름 힘이 있는 친구들이라기보다 더는 피해를 견딜 수 없는 상황에 놓인 친구들에 가까웠다. 김 군과 초등학교 동창으로 김 군의 연락을 받고 친구들에게 돈을 모으거나 어떤 장소로 집합하라는 메시지를 전달해야 했던 A 군, 김 군과 친구들이 집에 와서 동생 옷을 가져가버려 부모님이 분노하고 불안해하는 B 군, 할머니와 단둘이 살고 있어 금전 갈취를 더는 견디기 어려운 C 군 등이었다. 어떤 범죄나 억압 상황 속에서 피해자의 자발적 또는 어쩔 수 없는 상황적 침묵은 가해자의 문제행동을 더욱 강화하는 악순환을 만들어낸다. 어쩌면 피해자에게 회복의 시작은 자기의 목소리를 내는 것에서부터 출발한다. 김 군과 만나기로 결심한 세 학생은 이미 자기 목소리를 내기 시작한 용감한 피해자들이었다.

회복적 대화모임이 열리는 날, 보호자로 따라온 피해 학생의 어머니가 심장이 떨려서 도저히 올라가지 못하겠다고 한참을 1층 로비에 앉아 있었다. 아들 말을 들어보니 진짜 조폭이라는데 걱정이 많이 된다고 했다. 나는 실제로 만나보면 같은 또래 아이여서 걱정할 필요 없고, 오히려 어른으로서 우리가 같이 이야기해줄 것이 많다고 안심시키며 모임 장소로 올라갔다. 그런데 모임 장소에 그날 가장 중요한 참가자인 김 군이 나타나지 않았다. 김 군의 보호자인 어머니, 김 군의 힘을 믿고 함께 여러 가해 행위를 저지른 친구인 박 군, 그리고 박 군의 보호자까지 참석해 있었지만 정작 김 군의 모습이 보이지 않았다. 김 군의 어머니는 밤까지 방에 있는 것을 확인했는데, 새벽에 보니 사라져버려 어쩔 수 없이 경찰서로 바로 오라는 연락을 남기고 자기만 왔다며 난감해했다. 담당 경찰도 어렵게 모인 피해자들을 봐서라도 김 군이 꼭 참석해야 한다는 마음에 계속 연락을 취하고 있었다. 나 역시 김 군이 참석하지 않으면 낭패라는 생각이 들었지만, 동시에 김 군이 이 대화모임에 부담을 느끼고 있다는 사실이 한편으로 무척 다행스럽다는 생각이 들기도 했다. 자기가 만만하게 보던 또래들을 만나는 것은 부담스럽지 않을 수 있겠지만, 자신의 행동을 가족과 친구, 많은 사람들 앞에서 이야기해야 하는 자리가 결코 쉬운 자리일 수는 없었을 것이다.

더 지체할 수 없어 나는 일단 대화모임을 시작하기로 했다. 대화모임에는 김 군을 제외한 가해 학생, 피해 학생 세 명과 그 보호자, 진행팀과 담당 경찰, 소년사건에 대한 회복적 접근에 관한 연구를 맡은 연구자 등이 자리하고 있었다. 참가자 소개를 하고 몇 가지 질문으로 대화모임을 시작한 지 얼마 되지 않았을 때 갑자기 김 군이 문을 열고 들어왔다. 김 군은 늦어서 죄송하다 말과 함께 자리를 잡고 앉았다. 나는 그에게 왜 늦었는지 자세히 묻지 않았다. 대신 부담되었을 텐데 늦게라도 참석해줘서 고맙다고 했다. 반면 김 군이 나타나자 표정이 굳어버린 쪽은 피해 학생들이었다. 조금 전까지만 해도 여유 있게 조금씩 이야기를 나누던 이들이 갑자기 고개를 숙이고 큰 잘못이라도 저지른 것처럼 김 군에게서 최대한 시선을 피하려 애썼다. 고개를 들고 누가 참석했는지 차근히 살펴보는 가해 학생의 모습과 비교해보면 누가 잘못을 한 쪽이고 누가 피해를 본 쪽인지 혼란스러울 정도였다.

나는 인내심을 유지하며 피해 학생들과 보호자가 이야기를 차근차근 풀어내도록 이끌었다. 김 군이 이전에 친구들 사이의 장난이라고 했던 말과 행위들이 피해 학생들에게 어떤 어려움을 주었는지, 김 군 일행이 집에 와서 옷장을 뒤지고 옷을 가져간 사실을 알았을 때 피해 학생의 보호자가 어떤 심정이었는지, 김 군에게 계속 상납된 돈이 어떻게 마련된 것인지, 신고 후 협박 문자를 받았을 때 어떤 생각이 들었는지 등 계속 이어지는 질문과 답변 속에서 김 군의 고개가 점점 밑으로 내려가는 모습이 보였다. 이와 반대로 피해 학생들은 점차 자기 이야기를 조금씩 편하게 내놓기 시작했고, 나를 바라보고 이야기하는 와중에 간혹 김 군 쪽을 직접 바라보는 모습도 보였다.

피해자들의 이야기를 충분히 들은 다음 나는 상황을 정리하면서 대화모임에서 자주 던지는 질문을 꺼냈다. "그동안의 과정에서 자신에게 가장 힘들었던 것이 무엇인지 말해줄 수 있나요?" 그러자 할머니와 함께 어려운 형편에서 지내는 C 군이 먼저 입을 열고 "할머니에게 거짓말 하는 거요." 하면서 울먹였다. 왜 거짓말을 해야 하느냐고 물었더니, 김 군이 연락해서 얼마의 돈을 모아오라고 하면 자기도 돈을 내야 하기 때문에, 폐지를 주워 자기를 돌보고 계시는 할머니에게 학교에서 필요한 것이 있어 사야 한다는 거짓말로 돈을 받아야 하는 상황이 너무 괴롭고 죄송했다고 말했다. 듣고 있는 모두의 마음이 아팠다. 그리고 그 말은 자존심 강한 김 군을 부끄럽게 만들었다.

김 군 자신에게는 어렵지 않게 생긴 돈이고, 심지어 피해자들과 나눠서 쓰기도 한 것이라 별문제 없다고 생각했을지 모른다. 하지만 그 돈이 어떻게 모인 것인지 듣는 순간, 자신의 행동이 왜 잘못된 것이고 무엇때문에 비난받아야 할 부끄러운 행동인지를 분명히 인식하게 되었다. 재판에서는 피해액과 치료 기간과 같은 수치적 피해가 처벌을 결정하는 주요한 기준이 된다. 하지만 회복적 대화모임에서는 그런 수치 너머에 있는 삶과 관계의 맥락이 드러나는 것이 중요하다. 그리고 이는 당사자들이 편하게 말하고 들을 수 있는 안전한 환경이 조성되어야 비로소 드러나는 내용이다.

나는 김 군에게 친구들의 이야기를 들으면서 새롭게 알게 된 것이 무엇이냐고 물었다. 그는 자기가 한 행동이 얼마나 친구들과 부모님을 어렵게 했는지 알게 되었다고 했다. 그러면서 자신은 그럴 의도는 아니었는데, 친구들이 그렇게 힘들었는지 몰랐다고 했다. 회복적 대화모임을 할 때 가해자의 입에서 흔히 나오는 이 말은 과연 진실일까? 아무리 철부지라도 때리고 돈을 갈취하고 위협하는 행동이 상대방을 힘들게 한다는 것을 몰랐다고 하는 건 말이 안 된다고 생각하기 쉽다. 하지만 나는 가해자들이 하는 이 말에 오히려 진실이 담겨 있다고 생각한다. 학교폭력이나 가정폭력처럼 피해자가 반복적으로 같은 공간에 머무는 환경 속에서 자행되는 폭력은 가해자와 피해자 양측 모두가 익숙해지는 일종의 '폭력 면역력'을 키운다. 피해자가 이야기하지 않아서 몰랐다거나, 그 정도 상황인지 몰랐다는 주장은 비난받아야 할 무책임한 말이 틀림없지만, 이는 동시에 일상적 폭력에 둔감해 있는 가해자가 자신의 행위로 생겨난 피해자의 피해 감정을 절실히 느끼도록 깨우쳐줘야 하는 중요한 지점이기도 하다.

어린 나이에 잘못을 저지를수록 우리는 그들을 '선도'해야 한다고 이야기한다. 하지만 그 의미가 이만큼의 잘못은 이만큼의 처벌을 받는다는 메시지를 주는 데 그쳐서는 안 된다. 오히려 이만큼의 잘못은 이만큼의 피해를 낳는다는 사실을 분명히 인식하도록 이끌어야 한다. 잘못한 행동을 바로잡아 다시 그렇게 하지 않도록 하는 과정에서, 피해자와 공동체가 할 수 있는 가장 중요한 역할은 일차적으로 가해자에게 자신의 문제가 왜 문제인지 깨닫도록 하는 것이고, 이차적으로는 피해를 회복하는 책임을 배우게 하는 것이다. 우리는 피해자를 주체로 보지 않고 보호의 대상으로만 여기는 문화에 익숙하다. 하지만 가해자가 존재한다면 피해자도 존재한다. 따라서 피해자의 회복이 가해자의 책임이 되는 사회를 이루기 위해서는, 가해자가 피해자의 목소리에 귀를 기울일 기회를 부여해야 한다. 어떤 면에서 회복적 정의는 목소리가 없었던 사람들의 목소리가 들려지도록 돕는 전반적 노력을 의미한다.

회복적 대화모임의 결과로 피해 측이 원하는 피해 회복 방안들과 가해 측이 만들어낸 책임 방안을 논의하는 단계까지 나아갔다. 지금까지 생긴 물질적, 정신적 피해를 어떻게 책임질 것인지, 또 피해 학생들이 가장 염려하는 김 군이 앞으로 위협을 주지 않을 구체적 재발방지 대책들이 무엇인지 진지하게 논의했다. 남이 보기에는 대단한 것이 아닐지 모르지만, 당사자인 피해 학생들에게는 일상의 회복을 위한 절실한 조치들이었다. 사과와 배상, 그리고 재발방지를 위한 구체적 약속을 만들고 대화모임이 의미 있게 마무리되었다.

모임 이후 그 자리에 나오기까지 두려워했던 피해 학생들과 보호자로부터 참석하길 참 잘했다는 이야기를 듣는 것은 나에게 큰 보람이고 위안이었다. 앞으로 친구들에게 어려움과 위험을 주지 말아야 하는 이유를 깨닫게 되었다는 김 군과 친구의 소감을 통해 청소년의 잘못에 대해 나름 교육적 접근으로 잘 지도했다는 긍지를 갖도록 했다. 이후 결과가 최종 판결에 어떤 영향을 미칠지 모르지만, 그것과 관계없이 일련의 경험이 학생들에게 오랫동안 좋은 배움으로 남기를 바라는 마음은 나뿐만 아니라 그 자리를 함께한 모두가 동일했다.

나는 김 군의 행동이 극적으로 바뀔 것이라고 기대하지는 않았다. 다만 김 군이 최소한 그 자리에 온 친구들에게 피해를 주는 행동을 하지 않을 것이라는 확신은 분명히 들었다. 그럼에도 불구하고 그날 김 군의 아버지와 학교 관계자들이 같이 참석해서 이 아이들이 더 건강하게 자라도록 지속가능한 대책을 함께 나누지 못한 점은 아쉬움으로 남았다.

김 군은 회복적 대화모임의 결과로 다시 보호처분을 받아 중학교를 무사히 졸업한 후 일반 고등학교가 아닌 대안학교에 입학했다는 소식을 들었다. 그리고 몇 년 뒤 검정고시를 통과해 또래보다 빨리 대학에 입학했다는 반가운 소식을 들었다. 김 군의 어머니가 아들을 바로잡아준 것에 대한 감사의 마음을 담아 회복적 대화모임이 열린 경찰서로 김장김치를 보내주었다는 이야기를 들으니 흐뭇했다. 탈선의 기로에 서 있던 한 청소년이 건강한 사회인으로 성장하게 되었다는 사실은 한 가정을 넘어 모두를 위해 여간 다행스러운 일이 아니다. 왜냐하면 우리 사회가 훗날 책임져야 할지도 모를 잠재적 피해자들이 줄었다는 의미이기도 하기 때문이다. 이것이 내가 회복적 정의가 방향성뿐만 아니라 효율성에서도 응보적 정의에 결코 떨어지지 않는 접근이라고 믿는 중요한 이유이다.

일상에서 만나는 작은 기적들

공동체의 관계를 회복하는 학급 서클의 힘

초등학교 6학년인 최 군은 3학년 때부터 친구들과 어울리지 못하고 소외되는 아이였다. 담임교사는 학기 초부터 최 군이 특이하고 친구와 관계 맺기가 되지 않는 학생이라는 점을 파악하고 있었다. 하지만 초등학교 고학년의 교우관계가 어른들이 개입해서 해결할 수 있는 문제가 아니라는 생각으로 짐짓 모르는 체 한 학기를 보내게 되었다. 그러다가 2학기 수학여행을 준비하는 과정에서 최 군이 문제 상황에 있다는 사실이 드러나고 말았다. 6학년 아이들은 학급에 상관없이 원하는 친구들끼리 방을 배정하길 원했다. 이런 학생들의 요구에 교사들의 허락 조건은 방 배정에 소외되는 친구가 한 명도 없도록 명단을 작성하는 것이었다. 방과 후 교사들이 학생들이 제출한 방 배정 신청서를 정리하고 나니 100여 명의 학생 중에서 최 군만 어떤 방에도 초대받지 못했다는 사실이 드러났다. 결국 학생들이 원하던 방 배정 방식은 없던 일이 되었고, 학급별로 방을 배정하게 되었다. 수학여행 준비 과정에서 최 군의 따돌림 문제가 공개적으로 드러나자 학생들이 최 군에게 핀잔을 주는 눈치였다. 담임교사는 정신이 아찔해지면서 더는 자신이 방관자로 있을 수 없다는 사실을 직감했다. 때마침 '회복적 생활교육 연수'[2]를 받은 터라 담임교사는 용기를 내어 공동체 회복을 위한 학급 서클을 진행해보기로 결심했다.

금요일에 진행되는 서클을 위한 준비는 월요일부터 시작되었다. 먼저 최 군을 불러 서클 중에 친구들에게 말할 내용을 미리 정리하는 시간을 가졌다. 처음에는 힘든 일이 없다며 부정하던 최 군은 담임교사가 질문을 하면서 진지하게 기다려주자 이내 속마음을 털어놓기 시작했다. 담임교사는 최 군이 따돌림을 당하면서 느끼는 솔직한 감정과 그런 최 군의 모습을 지켜본 부모의 심정을 중요하게 다루었다. 그리고 혹시 서클 당일 최 군이 말문이 막혀 제대로 얘기하지 못할 경우를 대비해 하고 싶은 이야기를 글로 정리해오도록 했다. 이야기를 나눈 뒤 앞으로 친구들과 어울릴 수 있을 것이라고 짐짓 기대하는 최 군의 모습을 보고 담임교사는 혹시 서클이 잘 안될 수도 있으니 하루아침에 모든 것을 해결하려고 욕심 부리지 말라고 당부하기도 했다.

금요일 아침 담임교사는 학생들에게 서클의 규칙을 알려주고 토킹스틱을 든 사람부터 질문에 따라 순서대로 답변하도록 했다. 첫 번째 질문은 우리 반의 자랑은 무엇일까였다. "친구들이 다 착해요, 학년 줄넘기 대회에서 1등 했어요, 협동심이 좋아요, 모두 밝고 명랑해요." 등 긍정적 대답들이 쏟아졌다. 다음 질문은 학교에 오면 무엇이 가장 즐거운지를 물었다. 학생들은 친구와 노는 것이 제일 좋다고 대답하는데, 최 군

---

2   한국평화교육훈련원의 회복적생활교육 RD1-2 과정을 이수한 경기도의 한 교사 이야기이다.

만 자기는 학교에서 즐거운 일이 없다고 답했다. 다른 아이들이 야유를 보냈지만, 담임교사는 토킹스틱을 가진 사람만 이야기를 한다는 서클의 규칙을 다시 한번 환기하며 분위기를 다잡았다. 어느 정도 집중하는 분위기가 조성되자 담임교사는 본론으로 들어가기 위한 질문을 던졌다. "다들 학교에 오면 친구들이랑 노는 것이 가장 즐겁다고 했는데, 우리 반 모두 그럴까? 혹시 다른 친구들과 어울리지 못하는 사람도 있지 않을까?" 당연히 최 군의 이야기가 나올 줄 알았는데 많은 학생이 그런 사람은 없다고 했다. 다만 관계에 민감한 서너 명의 학생들이 최 군의 이야기를 꺼냈다. 그제야 최 군을 떠올린 학생들은 그럴 만한 이유가 있다며 담임교사에게 항의 아닌 항의를 하기 시작했다. "너희에겐 잠시 후에 말할 시간을 줄게. 오늘은 최 군의 이야기를 들어보자. 그동안 최 군이 자기를 설명할 기회가 한 번도 없었잖아." 이제 담임교사는 최 군과 함께 준비한 문답을 진행하기 시작했다.

"아까 학교에 오면 즐거운 일이 없다고 했는데 왜 그렇게 생각하니?"
"학교에 와도 다른 친구들이 저를 피하고 싫어해서요."
"조금 더 자세하게 말해줄래?"

최 군은 친구들이 평소 자신이 지나갈 때 과장되게 피하거나 학습지를 나눠줄 때 짜증을 내는 일, 활동할 때 자기 옆자리에 앉지 않는 일 등 학급에서 소외당해온 것을 세세하게 이야기했다. 담임교사는 최근 학생들이 간혹 최 군에게 그렇게 행동하는 것을 본 적이 있다고 거들었다. 그러면서 왜 친구들이 학습지를 나눠줄 때 짜증을 내는 것 같은지 물었다.

"아마, 저를 더럽다고 생각하는 것 같아요."
"그래? 너는 그게 사실이라고 생각하니?"

최 군은 자신은 매일 저녁 샤워를 해서 몸을 깨끗이 하고 학교에 올 때마다 세탁한 옷을 입고 온다고 했다. 그러면서 자신은 더러운 사람이 아니라 다른 친구들과 똑같은 평범한 사람이라고 얘기했다. 담임교사는 그런 오해를 받으면서 소외당하고 있는 사실을 부모님이 알고 있는지 물었다. 최 군은 저학년 때부터 그런 일이 있었기 때문에 부모님도 모두 알고 있고, 지금도 가끔 학교에서 힘든 일이 있냐고 물어보면 어쩔 수 없이 있었던 일을 말씀드린다고 답했다. 담임교사는 그런 이야기를 부모님께 알릴 때 어떤 생각이나 느낌이 드는지 질문했다. 최 군은 학교에서 있었던 일을 사실대로 모두 말하면 부모님이 화가 나서 일이 커지게 될까 봐, 작게 속여서 말하게 돼서 죄송하고 자신이 학교생활을 잘하지 못하는 모습을 보여서 창피하다고 했다.

"부모님은 그 말을 듣고 뭐라고 말씀하시니?"
"별말씀은 없으시지만 아마 속상하시겠죠."

담임교사는 잠시 최 군과 대화를 멈추고 전체 학생들에게 물었다.

"6년 동안 학교생활을 하면서 한두 명에게라도 따돌림을 당한 경험이 한 번씩은 있을 텐데, 최 군은 6학년 전체 친구들에게 소외를 당하고 있으니 얼마나 힘들었겠니? 또 그런 사실을 부모님이 아셨다고 생각해봐. 너희 부모님이었다면 마음이 어떠셨을까?"

최 군의 부모님 이야기가 나오기 전까지는 억울하다는 듯 입을 비죽거리던 학생들이 부모님의 이야기가 시작되자 너 나 할 것 없이 눈물을 보이기 시작했다. 조금 지나서 담임교사는 최 군에게 친구들이 어떻게 대해주면 부모님께 부끄럽지 않게 학교생활을 할 수 있을지 물어보았다. 놀아줄 때 끼워준다던가, 자신에게 짜증 내지 않았으면 좋겠다는 대답을 예상했다. 그런데 최 군은 "저를 그냥 보통 아이처럼 대해주면 좋겠어요." 하고 대답했다.

담임교사는 그동안 최 군을 위해서 해줄 수 있는 일이 없다고 손 놓고 있던 자신이 부끄러워졌다. 최 군에게 간절한 것은 친구나 다른 사람의 친절이 아니라, 그저 자신을 남들과 다를 것 없는 평범한 사람으로 대해주는 것이었다. 최 군이 이야기를 마치자 다들 숙연해진 분위기였다. 최 군의 이야기를 모두 듣고 난 후 반 아이들에게 오늘 서클로 어떤 생각이 들었는지 답하도록 했다. 친구를 따돌린 나 자신이 부끄럽다, 나였더라면 학교에 오기 싫었을 텐데 용기를 내서 학교에 오는 최 군이 용감하다 등 긍정적 반응이 이어졌다.

이제 최 군의 이야기를 들은 다른 학생들이 최 군에게 말할 차례였다. 먼저 최 군을 피하게 된 계기에 대해서 말하도록 했다.

"코를 파서 옷에 닦아요."

"재채기를 해서 손에 침이 튀면 옷에 닦아요."

"오버해서 행동하는 게 싫어요."

"살짝 밀쳤는데도 과장되게 넘어져요."

"전학을 왔는데 다른 친구가 쟤는 더러우니 놀지 말라고 했어요."

친구들이 이야기하는 동안 최 군은 발개진 얼굴을 두 손으로 가리고 있었다. 코를 파거나 손에 묻은 이물질을 옷에 닦는 행동이 친구들에게 반감을 산다는 걸 그동안 모르고 있었던 눈치였다. 담임교사는 최 군에게 왜 그렇게 얼굴을 가리고 있냐고 물었다.

"너무 부끄러워서요."

"뭐가 그렇게 부끄럽니?"

"제가 한 행동들이 더러운 줄 몰랐어요."

최 군은 친구들이 자신을 싫어해서 피하는 줄 알았는데, 사실은 최 군의 행동 자체가 친구들에게 불쾌감을 주고 있었던 것이다. 담임교사는 최 군은 자기 행동이 더럽다는 걸 잘 모르고 있어서 했던 것이니, 이제 최 군이 또 그런 행동을 한다면 살짝 알려주면 어떻겠냐고 제안했다. 학생들은 그럴 수 있다고 했다. 친구들이 최 군의 부탁을 들어주기로 했으니 최 군도 친구들의 부탁을 들어주겠다고 했다. 코를 파지 말아 달라, 재채기를 했으면 휴지로 닦아 달라, 오버하지 말아 달라 등 친구들의 부탁은 간단한 것이었다.

담임교사는 마지막 서클 질문으로 앞으로 최 군과 학교생활을 행복하게 하기 위해서 각자 해줄 수 있는 일이 무엇인지 한 가지씩 이야기하도록 부탁했다.

> "아침 운동 시간에 같이 배드민턴을 쳐요."
> "점심시간에 같이 놀아줘요."
> "다른 남자애들을 대하는 것처럼 대할 거예요."
> "준비물을 안 가져왔으면 빌려줄 거예요."
> "다른 반 친구가 나쁘게 대하면 말릴 거예요."

담임교사는 반나절의 대화로 최 군에 대한 인식을 바꾸고 친구를 생각하는 마음을 보여준 학생들이 대견스럽고 고마웠다. 최 군도 친구들과 잘 어울리기 위해서 친구들이 부탁한 것을 꼭 지키기로 다짐했다. 담임교사는 혼자 책임지고 해결해야 하는 문제라고 생각했던 학급 소외 문제를 아이들과 함께 해결해갈 수 있다는 배움을 느끼며 마음이 한결 가벼워졌다. 주변에서 '왕따'를 당한 최 군의 문제를 해결하려고 시도한 그 마음이 대단하다고 격려해줬지만, 담임교사는 반 아이들에게 다른 사람을 배려하는 마음이 있다고 믿었기 때문에 가능한 일이었다고 생각했다.

아이들과 서클을 하고 한 달 후 만난 담임교사에게 이런 말을 들었다. "이제 우리 반에서 최 군을 피하거나 더럽다고 따돌리는 아이는 없어요. 우리 반의 분위기가 6학년 전체에 퍼졌는지 복도에서 일어나던

실랑이도 많이 없어졌어요. 그렇다고 최 군이 다른 친구들과 친하게 어울리거나 한다는 말은 아니에요. 여전히 또래의 관심사나 흥미에 대해 잘 알지 못하고 엉뚱한 말을 해서 핀잔을 듣기 일쑤지만, 최 군의 표정은 한결 밝아졌고 수업 중에 발표를 해도 이젠 다른 친구들의 비난을 받지 않아요. 최근 '학년 세계지도 퍼즐 맞추기 대회'에서는 세계지리에 대한 해박한 지식으로 우리 반을 우승으로 이끌기도 했어요. 그때 본 최 군의 밝은 표정이 눈앞에 아른거리네요. 최 군이 중학교에 가서도 좋은 친구들과 선생님을 만났으면 좋겠어요."

최 군의 담임교사처럼 학생들의 문제를 스스로 직면하도록 돕는 교사는 많지 않다. 이런 접근을 오히려 위험하다고 보는 교사가 더 많은 것이 현실이다. 하지만 회복적 생활교육을 시도하는 교사들은 이를 무릅쓰고 건강한 직면에 도전하고 있다. 학생들을 문제의 원인이나 지도의 대상으로 바라보는 것이 아니라 문제 해결의 주체로 인식하기 때문이다. 그리고 학생들을 믿고 공동체의 힘을 신뢰하기 때문이다.

처음 시도하는 교사는 회복적 생활교육에 대한 훈련이 필요하겠지만, 나는 서클을 통한 학급운영이야말로 가장 훌륭한 민주시민 교육이라고 확신한다. 교육 현장의 위기가 실질적인 위기가 아니라 교육의 기회가 될 수 있다고 믿는 교사들이 조금씩 늘고 있다는 점은 참 기적 같은 변화임에 틀림없다.

피해자에서 후견인으로

몇 해 전 7월 어느 날 자정쯤, 서울 한 지역의 동네 놀이터에서 담배 피우며 노래 부르는 청소년들을 야단치던 동네 어른이 10대 후반 청소년 4명에게 폭행을 당하는 사건이 발생했다. 경찰의 출동으로 상황은 마무리되었지만, 폭행에 가담한 18세 박 군은 체포되어 조사를 받고 입건이 되었다. 조사를 마친 박 군은 보호자로 경찰서에 나온 삼촌과 함께 집으로 돌아갔다. 이후 이 사건은 가정법원 소년부로 송치되었고 담당 판사의 권유로 회복적 대화모임을 진행하게 되었다. 피해자는 목에 디스크 증상이 나타나는 등 일하는 데 지장이 생길 정도로 피해를 보았고, 치료하는 데도 많은 비용과 시간을 써야만 했다.

사건을 접했을 때 요즘 흔히 볼 수 있는 사건이라 대략 어떤 부류의 학생들이 그런 일을 벌였을지 짐작할 수 있었다. 그런데 실제로 만난 박 군은 생각보다 조용하고 얌전한 성향의 청소년이었다. 초등학생 때 부모님이 이혼하여 지금은 아버지와 조부모, 그리고 중학교에 다니는 동생과 함께 지내고 있었다. 박 군은 아버지와는 이야기를 거의 안 하고 있고 사이가 무척 나쁘다고 했다. 박 군은 자신의 행동을 크게 후회하고 있었다. 지금도 그날 왜 자신이 그렇게 심하게 폭력을 휘둘렀는지 잘 이해하지 못하는 듯했다. 순간적으로 화가 나서 어른에게 해서는 안 될 잘못을 저질렀다고 했다. 박 군은 피해자에게 어떻게 책임을 져야 할지 몰라 막막해했다. 알바해서 버는 적은 돈으로 조부모에게 생활비를 드리고 나머지로 자기 용돈을 쓰는 형편이라, 배상은 엄두도 내지 못하는 현실을 걱정하고 있었다. 가족으로부터 도움을 받거나 정서적 지지를 받을 수 있는 상황이 아니어서 더욱 안타까웠다.

피해자는 지방에서 일하며 주말에만 가족이 있는 서울로 올라오는 50대 가장이었다. 경제적으로 부족하지 않은 형편이고 대학에 다니는 남매를 키우고 있었다. 전우회 활동에 참여하면서 동네 치안을 위해 노력하는 정의의 사도로 불리는 사람이었다. 아버지의 무용담을 듣고 존경심을 표현하는 자식들을 자랑 삼아 살아온 사람이었다. 그런데 이번 일로 자식들과 부인에게 큰 걱정을 끼쳐 앞으로는 나서지 말라는 핀잔을 듣고 있었다. 사건이 있던 날 밤 피해자는 전우회 모임을 마치고 술에 취해 집으로 돌아가다가 동네 놀이터에 앉아 잠이 든 상황이었다. 그런데 학생들이 시끄럽게 기타를 치는 통에 깨어나 담배를 피우는 모습을 보고, 늦은 시간에는 조용히 해야 한다고 이야기했다가 최 군으로부터 봉변을 당한 것이었다. 평소에 동네에서 방범과 선도 활동을 많이 했던 그는 사건 이후 몸을 좀 추스르고 나서, 자신을 폭행한 학생이 누구인지 학교와 주변을 찾아다녔지만 만나지 못했다고 했다. 피해자는 당시 자신이 훈계한 것이 학생들의 기분을 상하게 했을 수도 있다고 생각하지만, 도대체 왜 그렇게 자신을 심하게 구타했는지 이해가 가지 않는다고 했다. 그리고 막내아들보다 어린 학생에게 맞은 데 대해 자존심이 많이 상해 있었다. 만나면 병원비나 위자료보다 어른에게 해서는 안 되는 행동을 한 것을 알려주고 싶고, 청소년이 깡패처럼 행동하는 것을 막아보고 싶다는 생각이 강했다.

두 사람이 처음 만나는 회복적 대화모임에서 피해자는 생각했던 것보다 얌전해 보이는 박 군의 모습에 놀란 듯했다. 어색한 인사를 나누고 내가 진행하는 몇 가지 질문에 대한 답변이 오고 간 뒤, 이내 피해자는 박 군에게 궁금한 것을 직접 묻기 시작했다. 그는 그날 왜 그렇게 자신을 심하게 폭행했는지 이유를 듣고 싶다고 했다. 박 군은 피해자를 제대로 쳐다보지 못하면서, 순간적으로 자제하지 못해 그랬다며 죄송하다는 말을 반복했다. 나는 사전모임에서 들은 박 군의 가정 형편과 아버지와의 관계에 관한 이야기를 끌어내기 시작했다. 지금 누구와 지내고 있으며 어떤 일을 하고 있는지, 왜 아버지하고 사이가 좋지 않게 되었는지 등에 관해 질문했다.

박 군은 초등학교 때 부모님이 이혼한 이후 정서적으로 많이 힘들었다고 했다. 그러다 중학교 1학년 때 왕따를 당해서 학교에 가지 않은 적이 있었는데, 그때 아버지가 자기를 억지로 학교에 데려갔다고 했다. 그날 아버지는 학교 복도에서 아들을 괴롭힌 학생들 나오라며 소리를 질렀고, 아무도 나오지 않자 괴롭힌 아이들의 이름을 대라며 오히려 박 군의 뺨을 때렸다고 했다. 그길로 뛰쳐나온 박 군은 학교를 그만두었고, 잠시 재혼한 어머니가 있는 외국에서 지내기도 했으나 적응하지 못해 한국으로 돌아왔다고 했다. 지금은 아버지와 함께 지내고 있지만 거의 말을 나누지 않는 사이라고 했다. 가만히 최 군의 이야기를 듣던 피해자는 알겠다는 듯이 고개를 끄덕였다. 그러면서 "그래서 나한테 그랬구먼!" 하고 퉁명스럽게 말했다. 사건 당일 피해자가 다가와 조용히 하라면서 시비가 붙었는데 피해자가 마치 위협하듯 손을 드는 것을 본 순간, 박 군은 피해자의 모습과 자기 아버지의 모습이 오버랩됐던 것이었다. 아버지에게 쌓인 울분이 순간적으로 피해자에게 쏟아지면서 되돌릴 수 없는 큰 실수를 하고 만 것이었다.

어떤 이유로든 박 군의 행동은 정당화될 수 없는 것이었다. 피해자가 겪은 어려움과 고통을 들으면서, 그 자리의 모든 사람들이 박 군의 행동이 사회의 어른에게 해서는 안 되는 불법적이고 부도덕한 행동임을 강조했다. 그 자리를 통해 자신의 잘못을 더 확실하게 인지한 박 군은 연신 미안해하며 깊이 반성한다고 했다. 그런데 문제는 자신의 잘못을 어떻게 책임져야 할지 막막하다는 것이었다. 이에 대해 피해자는 박 군의 배경 이야기를 다 듣고 나서 왜 자신에게 그토록 무자비한 폭력을 행사했는지 조금은 이해하게 되었다는 반응을 보였다. 아버지로부터 받은 상처가 그 연배의 어른들에게 반항적인 모습으로 투영됐다는 것을 박 군의 말을 통해 알게 되었기 때문이다. 피해자는 형편이 어려운 박 군에게 변상을 요구하기보다는 할 수 있으면 공부를 계속하면 좋겠다고 했다. 자신도 어린 시절 불우하게 자랐는데 기회를 만나 공부해서 지금의 일도 하고 있다는 이야기도 들려주었다. 그러면서 지금 결론을 내지 말고 다음에 할아버지나 아버지, 삼촌 누구라도 좋으니 보호자와 같이 식사하면서 마무리를 하고 싶다고 했다. 그때 보호자들과 박 군의 미래를 위해 공부를 다시 시작할 수 있도록 장학금을 제공할 용의도 있으니 꼭 같이 나오라고 당부했다. 박 군은 따뜻한 피해자의 진심어린 이야기에 더욱 미안함이 커질 수밖에 없었다.

이 두 사람은 같은 동네에 살았지만, 한 번도 만난 적이 없었다. 불행하게도 폭행사건의 가해자와 피해자로 대면하게 되었다. 가장 좋지 않은 상황에서 만났음에도 두 사람은 대화를 통해 조금씩 서로를 이해하기 시작했고, 서로의 미래까지 걱정하게 되었다. 폭력의 피해자와 가해자로 만난 두 사람이 나누는 대화라고는 믿을 수 없는 기적 같은 결과였다. 하지만 안타깝게도 박 군은 보호자를 설득하지 못했고, 보호자와 같이 만나 최종 협의를 하자던 피해자와의 약속을 지키지 못했다.

피해자는 그런 박 군의 가족을 안타까워했다. 나 또한 나름대로 노력해보았지만 가족들과 이야기가 되지 않아 피해자의 선의가 이뤄지지 못한 채 박 군은 재판 결과를 기다리게 되었다. 모두가 원하는 결과를 얻지는 못했지만, 나는 이 사건으로 왜 회복적 정의가 깨어진 공동체를 회복하는 기회가 될 수 있는지 그 가능성을 엿볼 수 있었다. 만약 대화모임 이후에 약속이 이뤄졌다면 피해자가 꺼낸 또 하나의 제안, "나중에 나와 함께 동네 방범을 같이 돌자."라는 약속도 지켜졌을 것이다. 참 아쉬웠지만, 나는 우리가 조금만 관심을 가진다면 공동체의 역할은 무한대로 확장될 수 있고, 모두가 불안한 사회가 아니라 문제를 오히려 긍정적 변화로 만들어내는 안전한 사회로 나아갈 수 있다는 믿음을 갖게 되었다.

6장

회복적 정의,
세상을 치유하다

"회복적 정의: 치유와 화해를 부르는 정의!"

한국의 회복적 정의 운동

회복적 정의, 작은 흐름을 만들다

한국에서는 1990년대 후반과 2000년 초에 교정복지 영역에서 회복적 정의 실현을 목표로 한 최초의 실천이 시도되었다. 당시 안양교도소에서 회복적 대화모임과 소년수형자 대상 시카모 나무 프로그램이 시도되었다.[1] 하지만 아쉽게도 이 시도는 계속해서 이어지지 못했다. 세계적으로 회복적 정의에 대한 관심이 본격적으로 확산되기 시작한 2000년대 들어 한국에서도 사법 영역을 중심으로 회복적 정의에 관한 연구와 실천들이 등장하기 시작했다.

한국형사정책연구원과 같은 국책연구기관과 한국피해자학회 같은 민간 관련 연구기관에서 회복적 사법 관련 논문들이 나오기 시작한 시기도 2000년 이후부터이다. 당시는 구체적 실천이 이뤄지지 못한 시기

---

[1] 숭실대학교 사회복지과 배임호 교수 주도로 회복적 정의 실천이 시도되었다. 배임호 교수는 2001년 아시아청소년교정연구원을 설립했고, 지금은 숭실대학교 사회복지대학원 (사)한국회복적사법정의센터로 변경되어 2019년부터 회복적교정보호전문가 자격과정을 운영하고 있다.

였기 때문에, 피해자 보호 측면과 소년사법 영역에서 회복적 접근이 필요하다는 점과 해외의 회복적 사법 실천에 대한 소개가 주를 이루었다. 또한 그즈음 법학자들 가운데 소수이긴 하지만, 회복적 사법의 필요성과 한국 내 모델 개발에 대해 목소리를 내는 학자들이 등장하기 시작했다.[2] 한편 2003년 대구지하철 참사를 계기로 형사사건이나 사고의 피해자에 대한 지원책 마련과 피해자 인권 보호를 돕기 위한 범죄피해자지원센터가 김천 지역에서 처음으로 생겨났다. 이후 대검찰청의 지원 속에 전국적으로 범죄피해자지원센터가 생겨나게 되었고, 이후에는 전국 단위 법인으로 발전했다. 2005년 말, 범죄피해자 보호법이 제정되어 피해자 보호와 지원을 위한 법적 기반이 마련되기에 이르렀고, 2006년부터 검찰에서 형사조정제도[3]를 활용하기 시작하여 점차 대안적 형사분쟁 해결제도로 공식화되었다.

민간 영역에서도 2000년 초부터 한국아나뱁티스트센터[KAC](한국평화교육훈련원의 모 단체)와 평화를만드는여성회 갈등해결센터와 같은 NGO에 의해 회복적 정의 운동 영역이 조금씩 개척되었다. 당시 회복적 정의 운동은 잘 알려지지 않은 생소한 영역이라 회복적 정의 자체보다는 갈등 해결 분야의 한 부분으로 다뤄지는 정도에 머물렀다. 따라서 교육이나 훈련도 회복적 정의에 관한 이해는 상대적으로 낮았고, 대신 일상의 갈등 상황에서 비공식적 개입을 목표로 하는 민간 조정자를 양성하는 데 초점이 맞춰져 있었다. 흥미로운 점은 초기 한국의 민간 영역

---

2   초기 대표적으로 성균관대 김성돈, 대전대 김용세, 서강대 이호중 교수 등이 회복적 사법의 필요성을 주장했다.

3   형사조정에 관해서는 뒷장 회복적 사법-검찰단계의 적용에서 더 자세하게 다룬다.

에서 회복적 정의와 갈등 해결 분야가 시작되는 데 기여한 곳이 미국친우회American Friendship Service Committee**4**와 한국아나뱁티스트센터MCC(한국 파트너 단체) 같은 전통적 평화교회 관련 기관이란 점이다. 비록 한국에 교세가 거의 없는 기독교 교단들이지만, 세계적인 평화 사역으로 잘 알려진 두 기관의 보이지 않는 지원과 협력이 불모지인 한국 시민사회에서 회복적 정의 운동을 시작하는 데 의미 있는 기여를 해주었다.

2006년 한국형사정책연구원은 소년사법에서의 회복적 접근 가능성에 대한 연구 프로젝트**5**에 회복적 정의 관련 민간단체들이 함께 파트너로 참여해줄 것을 요청하면서 본격적으로 민관이 함께 참여하는 한국형 회복적 정의 실천 모델에 대한 개발이 시도되었다. 당시 시범 프로젝트의 목표는 경찰과 법원 단계의 소년사건을 민간 회복적 정의 전문가들이 진행하는 피해자-가해자 대화모임에 의뢰하여, 회복적 사법 프로그램의 효과성을 확인해보는 것이었다. 결국 3년간의 시범 사업은 긍정적 성과를 낳았고, 한국 사회에서 회복적 정의 적용 가능성을 높이는 계기가 되었다. 소년사건에 대한 시범사업의 결과로 2008년 개정 소년법에 '피해자 진술권 보장 및 화해권고제도'가 도입되었고, 2010년 서울가정법원에서부터 시행되기 시작해 점차 전국 소년법원으로 확대되어갔다.

4　미국친우회AFSC 이사회 멤버였던 이행우 선생의 제안으로 AFSC 도쿄지부 존 페퍼John Feffer 대표의 기획하에 2001년 한 해 동안 시민사회 단체 대표들을 대상으로 국내 최초의 갈등해결Conflict Resolution 워크숍 시리즈가 진행되었고, 미국과 필리핀의 관련 교육 및 실천기관도 방문했다. 나도 그 기획 강좌 중 하나로 2001년 4월 회복적 정의를 주제로 국내 첫 발표를 했다.
5　캐나다에서 소년사법 관련 연구를 한 김은경 박사의 제안으로 연구 프로젝트가 시작되었고, 민간단체로는 평화여성회 갈등해결센터(박수선 소장)가 대표 파트너로 참여했다.

2010년 이후부터는 좀 더 지속가능한 회복적 정의 운동의 토대가 놓이기 시작했다. 회복적 정의 운동에 관심을 보이고 있던 민간단체들이 2009년부터 연대를 위한 모임을 갖기 시작하면서 2010년 '회복적 정의 시민사회 네트워크'(RJ 네트워크)를 발족했다.[6] 그리고 RJ 네트워크를 통해 사법기관이나 교육청에 공동으로 회복적 정의 실천 프로젝트를 제안하거나 의뢰를 받아 현장의 실천을 함께 하기 시작했다. RJ 네트워크 회원 기관들은 꾸준히 회복적 정의 실천에 필요한 진행자와 실천가를 양성하는 자체 양성 프로그램을 운영하면서, 각자 또는 연대를 통해 사회에 필요한 회복적 정의 실천 영역을 개척해왔다.

비슷한 시기에 회복적 사법을 주제로 사법 관계자들이 모이는 연구모임도 생겨났다. 2009년 이화여자대학교 법학전문대학원 내 연구기관으로 회복적사법센터(소장 조균석 교수)가 설립되었고, 2010년부터 연구모임으로 '회복적 사법연구회'(RJ 포럼)가 결성되어 정기모임을 갖기 시작했다. RJ 포럼은 학자, 사법 종사자, 민간 활동가, 학생 등 회복적 사법에 관심 있는 전문가들이 정례적으로 모이는 국내 유일의 회복적 사법 관련 연구모임으로 10년 동안 100회가 넘는 모임을 이어오고 있다. 또한 회복적 사법센터는 대검찰청이 실시해온 형사조정위원 교육을 위탁받아 관련 전문가들을 초청하여 회복적 사법을 기본 토대로 한 형사조정위원 전문교육을 실시해오고 있다.

교정 영역에서는 1990년 후반 배임호 교수에 의해 처음 시도된 프로

---

6   2009년 비폭력평화물결 박성용 대표의 제안으로 결성되어 현재 사)갈등해결과대화, 사)좋은교사 회복적생활교육센터, 한국NVC센터, 한국평화교육훈련원, 사)회복적정의협회 등이 참여하고 있다.

그램에 이어 2012년 살인죄로 복역 중인 재소자들과 다른 사건의 피해자 유가족이 참여한 한국형 회복적 정의 프로그램인 시카모 나무 프로젝트가 실시되었다. 그 후 서울소년원, 소년분류심사원, 서울보호관찰소 같은 소년교정 영역과 몇몇 교도소에서 회복적 정의 관련 프로그램이 진행되었다.[7] 또한 교정선교 관련 대표적 민간단체인 사)기독교세진회와 수용자 자녀를 지원하기 위한 사)아동복지실천회 세움, 성폭력 전과자의 사회 재통합을 돕는 코사 코리아COSA Korea 같은 민간 기관들에서도 회복적 정의에 관심을 두고 관련 교육이나 프로그램을 접목해오고 있다.

최근에는 회복적 사법의 가장 초기 단계인 경찰에서도 회복적 접근에 관심을 보이기 시작했다. 2015년부터 피해자보호담당관 제도를 신설하는 등 기존의 가해자 중심 사법 절차의 한계를 극복하고자 시도하던 경찰청에서 2019년 전격적으로 회복적 경찰활동을 추진하기 시작했다. 우선적으로 수도권의 15개 경찰서를 회복적 경찰활동 시범사업 경찰서로 지정하고 RJ 네트워크 회원단체들과 파트너십을 결성하여 회복적 대화모임으로 경찰 단계 형사사건을 다루기 시작했다. 6개월간 진행된 시범사업의 긍정적 성과를 바탕으로 2020년부터 전국적으로 연계되는 경찰서를 중심으로 회복적 경찰활동을 점차 확대해가고 있다.[8]

7　주로 한영선 교수와 '평화적 갈등해결을 지향하는 법조인들의 모임'(평지)의 회원들에 의해 소년교정시설에서 지속적 실천이 이뤄져왔다.

8　회복적 경찰활동에 관해서는 '6장 회복적 정의, 세상을 치유하다: 회복적 사법-경찰 단계'(p. 356)에서 더 자세하게 다루고 있다.

회복적 생활교육, 학교로 확산되다

2010년 이후 회복적 정의 운동이 학교의 생활지도 영역으로 확대되기 시작했고, 많은 학교와 교육청에서 회복적 생활교육이란 이름으로 교육훈련 및 실천이 이뤄지고 있다. 회복적 생활교육이란 개념이 본격적으로 소개된 것은 2011년《학교현장을 위한 회복적 학생생활교육》[9] 이란 책이 번역출판되면서부터이다. 이 책의 출판과 함께 이전부터 학교폭력에 대한 대안을 고민해오던 기독교사단체인 사)좋은교사운동[10] 과 한국평화교육훈련원(이하 KOPI)이 2011년 여름, 교사를 대상으로 첫 번째 회복적 생활교육 워크숍을 진행했다. 이 워크숍에 참여한 사)좋은교사운동 리더들이 회복적 생활교육에 큰 관심을 보이며 학교 현장의 필요에 대응하기 위한 회복적 생활교육 적용에 대한 논의가 시작되었다. 같은 해 10월 사)좋은교사운동에서 '학교폭력에 대한 대안, 회복적 생활교육 제안'이란 주제의 토론회가 개최되었고, 수도권을 중심으로 회복적 생활교육에 대한 실천이 서서히 시작되었다.

한편 2011년 KOPI가 경기도로 사무실을 이전하면서 경기도교육청과 연결되어 교사와 장학사를 대상으로 회복적 생활교육의 개념과 실천을 소개하는 연수를 기획하여 3년간 꾸준히 진행했다. 이후 경기도교육청은 관내 25개 지역교육청별로 회복적 생활교육 연구회를 결성하고 지역별로 연구와 실천을 할 수 있도록 지원했다. 2014년 이후부터는 기

---

[9]   한국아나뱁티스센터에서 2011년 책 출판 이후 2013년 저자 로레인 스투츠만 암스투츠 교수를 MCC의 지원으로 초청하여 KOPI와 함께 국내 여러 지역에서 강연회와 워크숍을 개최했다.

[10]   이후 좋은교사운동에서는 회복적생활교육센터(박숙영 소장)를 출범하여 교사들을 위한 회복적 생활교육 실천을 지원하고 있다.

존의 생활지도의 패러다임을 바꿔 학생인권조례와 결을 같이할 수 있는 새로운 생활지도의 필요성이 대두되면서 진보교육감들의 관심 속에 회복적 생활교육이 전국적으로 확산하는 계기가 되었다.

특히 경상남도의 경우 2016년부터 연수받은 소수의 교사들이 자발적으로 회복적 생활교육 연구회를 꾸려 동료 교사들에게 전파하면서 시작된 자생적 흐름이 경상남도교육청의 지원을 받아 점진적으로 성장하게 되었다. 현재 회복적 생활교육 연구회뿐만 아니라, 회복적 생활교육 교사 강사단, 학교갈등 조정지원단, 마을(학부모) 강사단, 회복적 학교 만들기 프로젝트 등의 다양한 회복적 생활교육 실험이 진행되고 있다. 전라북도교육청의 경우 2015년부터 학교폭력 전문상담사를 중심으로 회복적 정의에 기초한 조정자 양성과정이 진행되었고, 2019년부터는 지역 전문가들이 중심이 된 회복조정지원단이란 이름의 조정기구를 도교육청에 설치하여 운영하고 있다. 또한 전라남도교육청은 2019년부터 회복적 생활교육 리더양성과정을 개설하여 교원 중에서 회복적 생활교육 전문 자원을 양성하는 장기 프로젝트를 운영하고 있다. 그 외에 강원도교육청은 학교 영양사를 위한 특화된 교육 프로그램을 진행하기도 했다.

이처럼 회복적 생활교육에 관심을 보이는 교사가 늘어나면서, 자생적 또는 교육청에 의해 만들어진 회복적 생활교육 연구회가 지역별로 조직되어 지역적 특색에 맞게 활동을 펼쳐가고 있다. 경기, 경남, 충북, 대구, 전북, 전남, 강원 등 지역별 교사 연구회가 자생적 네트워크로서 꾸준한 활동을 이어가고 있다. 최근에는 제주, 울산, 세종 등 새롭게 연구회가 만들어지는 지역도 늘어나고 있는 추세이다. 연구회 활동까지 적극적으로 참여하는 교사의 수는 한정적이지만, 연구회 단위별 교육과 실천, 나눔을 통한 성장은 회복적 생활교육 확산에 매우 중요한 초석이 되고 있다. 그 외에도 사)회복적정의협회에서도 오래전부터 회복적 학교 연구회를 지원하고 있고, 1년 과정으로 교사 훈련 코스를 운영하는 사)좋은교사는 자체 연구회를 운영하고 있다. 이와 더불어 개별 교사의 역량을 높이는 방식에서 학교의 근본적 문화를 바꾸기 위한 문화운동으로 회복적 학교 만들기 프로젝트 같은 장기적 접근도 서서히 시도하고 있다.

학교에서 회복적 정의 실천이 점진적으로 확대되어감에 따라 이를 종합적으로 구현하려는 회복적 도시에 대한 관심도 조금씩 생겨나고 있다. 아직은 초기 단계로 몇몇 마을과 도시에서 회복적 도시에 관심을 두고 관련 세미나를 개최하는 단계에 머물고 있지만, 청소년이 안전할 수 있는 평화로운 회복적 도시를 향한 비전은 회복적 정의 운동에 관심 있는 기관이나 개인들에게 지속적으로 확산되고 있다.

회복적 정의 실천 영역

한국 사회에서 회복적 정의를 도입한 최초의 실험은 사법 영역에서 시작되었고, '회복적 사법'이란 고유한 연구와 실천의 영역을 확보해오고 있다. 하지만 최근에는 회복적 정의 운동이 사법을 넘어 다양한 사회 분야와 일상의 영역으로 확대되고 있는 추세이다. 학교 생활지도의 근본적 틀을 변화시키고 있는 '회복적 생활교육', 부모의 변화를 통한 가정의 '회복적 가정교육', 안전하고 평화로운 마을 만들기에 적용될 수 있는 '회복적 마을/도시' 만들기, 직장이나 기관의 갈등을 평화로운 에너지로 전환하는 '회복적 조직/공동체' 등이다. 이런 실천 영역의 확대는 고무적인 현상이지만, 회복적 정의 운동의 가장 중요한 토대가 되어야 하는 것은 회복적 정의라는 패러다임이 삶의 방식으로 정착하는 회복적 문화의 형성이다. 갈등을 어떻게 접근할 것인지, 이웃과 공동체를 어떻게 규정할 것인지, 잘못을 어떻게 바로잡을 것인지, 아이들을 어떻게 훈육할 것인지 등 삶의 많은 영역에서 부딪치게 되는 일상의 질문에 방향성을 제시하는 회복적 정의 패러다임을 통해 사회 안에 '회복적 문화'가 정착하도록 노력하는 것이 중요하다.

회복적 정의 실천 영역

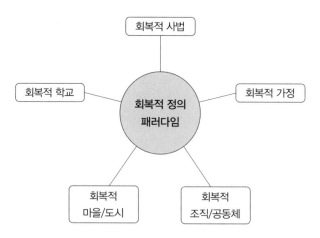

한국에서 실천해온 회복적 정의 영역은 알려진 것보다 더 넓고 다양하겠으나 나는 내가 일해온 KOPI와 사)한국회복적정의협회(이하 KARJ)를 통해 실천해온 회복적 정의 운동의 사례를 통해 지금까지 진행되어온 회복적 정의 운동의 일면을 소개하고자 한다. 매우 중요한 영역이지만 지면의 한계로 여기에 소개하지 못한 부분도 있다는 것을 밝혀둔다.

회복적 가정

가정에서 필요한 회복적 가정교육

회복적 정의 패러다임을 배우기 위해 워크숍에 참여하는 참가자들이 마지막에 가장 많이 나누는 이야기 중 하나는 "우선 내 가정에서부터 실천해보고 싶다."는 것이다. 이 말은 우리가 그동안 익숙하게 해오던 부모 역할이나 가정교육이 별 의심 없이 응보적 관점에서 이뤄지다가 회복적 정의를 배우면서 기존 방식의 한계를 발견하게 된다는 의미를 내포한다.

일반적으로 자녀들이 잘못했을 때, 부모의 대응은 크게 두 가지로 나뉜다. 엄하게 훈계해서 잘못을 반복하지 않도록 분명한 메시지를 전달하거나 아니면 누구나 실수할 수 있으므로 이해하고 보듬어주어 상처받지 않도록 하는 것이다. 자라온 환경이나 가정문화, 교육에 따라 정도의 차이는 있을 수 있으나 이 두 가지 대응 방식에서 크게 벗어나지 않는다. 대부분의 부모는 자녀를 키우면서 엄벌주의로 갈 것인가, 온정주의로 갈 것인가라는 두 갈래 선택을 놓고 고민하게 된다. 하지만 둘 다 분명한 한계가 있음을 알기 때문에 자녀들이 성장할수록 어떻게 대응해야 할지 혼란을 느끼기 쉽다. 회복적 정의는 두 훈육의 스펙트럼을 넘어서는 또 다른 길이 필요하다고 믿는다. 그 핵심은 책임과 존중을 동시에 높일 수 있는 길이 가능하다는 것이다.

회복적 실천을 설명할 때 자주 인용되는 와치텔 박사의 사회성 관계도Social Discipline Window를 참고해서 보면, 잘못한 사람이 긍정적 행동 변화를 나타내는 최고의 환경은 권한과 힘을 가진 사람이 문제를 함께with 해결해나갈 때이다. 잘못한 사람을 대상으로 주어지는 징벌적 대응TO이나, 그냥 봐주는 허용적 접근FOR은 궁극적으로 행동 변화에 효과가 떨어진다는 주장이다. 그러므로 가정교육에서 자녀들이 의무와 요구에 대한 반응을 높이면서도 지원과 격려를 받고 있다고 느끼도록 돕는 것이 중요한데, 그 접근에 가장 가까운 방법이 곧 회복적 정의 접근이라는 것이다.

사회성 관계도[11]

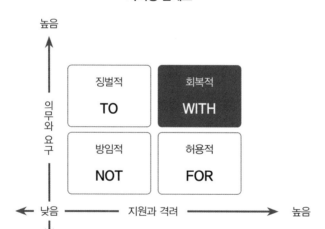

11   Ted Wachtel & Bob Costello, *The Restorative Practice Handbook*, International Institute for Restorative Practice, 2009, p. 50.

자녀들이 잘못하면 부모는 당연히 이를 지적하고 잘못을 바로잡아주어야 한다. 이때 부모는 가정 내 '교사'나 '판사'의 역할을 행사하는 것이 아니라 자녀와 함께 잘못을 바로잡아가도록 돕는 '조력자'와 '촉진자'의 역할로 재규정할 필요가 있다는 것이 회복적 정의가 강조하는 부분이다. 왜냐하면 자녀들이 문제 해결의 주체가 될 수 있도록 돕는 것이 궁극적으로 책임과 관계를 모두 강화하는 길이기 때문이다. 이를 위해 가장 중요한 요소는 혼내는 부모의 역할에서 벗어나 질문하는 부모의 역할로 전환하는 것이다. 질문을 통해 자녀들이 문제를 부모와 함께 풀어가는 과정을 익숙하게 하는 것이 가정교육의 핵심으로 보는 관점이다.

회복적 가정교육 실천하기

그렇다면 가정교육을 할 때 책임과 관계를 둘 다 높이는 방법은 무엇일까? 첫 번째, 가장 먼저 실천할 수 있는 영역은 원칙과 질문을 통해 자녀들이 스스로 문제 해결의 주체가 되도록 부모가 해결 과정을 이끌어주는 것이다. 회복적 정의를 배운 어떤 부부는 세 아이를 홈스쿨링으로 키우고 있는데, 이 아이들의 갈등을 풀어야 할 때 적용하는 나름의 회복적 접근 기준이 있다고 한다. 이 부부는 자녀가 다투면 다음과 같은 세 가지 원칙을 적용한다. 1) 모두 식탁에 둘러앉는다. 2) 부모의 질문에 따라 한 사람씩 이야기를 나눈다. 3) 앞으로 약속이 안 지켜질 때는 어떻게 할 것인지 상의한다. 주로 이뤄지는 회복적 질문은 "어떤 일이 있었는지? 왜 그렇게 하게 됐는지? 그때 감정이나 기분은 어땠는지? 어떻게 하기를 바라는지? 본인이 할 수 있는 일은 무엇인지?" 등이다. 그리고 대화는 "부모가 어떻게 도와주기를 원하는지?" 묻고 결정하는 것으로 마무리된다.

물론 이런 회복적 접근은 하루아침에 이뤄지지 않는다. 그래서 부부가 조언하는 부모의 중요한 태도는 몇 번 해보고 끝내는 것이 아니라 자녀들이 익숙해질 때까지 지속적이고 일관적으로 실천하는 것이다. 또한 자녀들의 행동에 실망하고 예전의 방법으로 돌아가는 부모가 되기보다 아이들을 믿어주는 것을 강조한다. 회복적 접근은 초기에 많은 시간과 에너지가 들 수 있다는 사실을 잊어서는 안 된다. 회복적 접근은 지금 불거진 문제를 어떻게 처리할 것인가보다는 자녀들이 자신의 갈등을 어떻게 풀 수 있는지 그 방법과 원칙을 교육해주는 것이기 때문에 효과성보다 방향성에 초점을 맞춘 접근이다.

두 번째 실천 방법은, 가족 안에서 자녀들과 함께 존중의 약속을 만들고 부모와 자녀가 같이 지켜나가는 것이다. 학교의 학부모 교육을 통해 회복적 정의를 배운 한 학부모는 사춘기 10대 아들 둘과 함께 집에서 지켜야 할 존중의 약속을 만들어 사용하고 있다고 했다. 가족들이 모두 모이는 시간을 만들어 부모는 아들들이 어떻게 할 때 존중받는다고 느끼는지를 쓰고, 아들들은 부모가 어떻게 해줄 때 존중받는다고 느끼는지를 적어서 공유한다. 가족들이 만든 존중의 약속은 거창한 것이 아니다. '자기 공간 자기가 청소하기', '함께 식사하는 시간 지키기', '공부하라는 말을 하지 않아도 스스로 알아서 하기', '가족외식 횟수를 미리 정하기' 등이다. 이렇게 모인 존중의 약속 내용을 거실 한쪽 벽에 붙여놓고 한 달에 한 번씩 잘 지켜지고 있는 것과 그렇지 않은 것을 점검하는 시간을 보내면서 약속을 확인하고 수정하기도 한다고 한다.

부모는 이런 시간을 통해 다루기 어려운 사춘기 남자아이들을 키우면서도, 서로 비난하거나 공격하지 않고 존중과 책임이라는 기본적인 가족관계를 유지해가는 기초를 놓을 수 있다. 더 근본적으로는 자녀를 종속의 개념으로 보지 않고 하나의 인격체로 인정해주는 일상의 경험을 통해 변화하는 시대에 맞춰 부모와 자식의 관계를 재설정하는 가정교육의 기회를 갖는 것이 중요하다. 자신이 존중받고 있다고 느끼는 자녀가 다른 사람을 존중할 줄도 알게 된다는 평범한 진리를 가정에서부터 실천하는 것이다.

세 번째, 가족 안에서 적용하는 회복적 접근은 가족이 함께 둘러앉아 진행하는 가족 서클이다. 회복적 정의를 통해 공동체와 관계성에 관한 새로운 접근을 고민하게 된 부모 중에 집에서 자녀들과 가족 서클을 실천하고 있는 사람들이 있다. 특히 미취학 자녀나 초등학교 저학년 자녀를 둔 부모라면, 자기 전에 온 가족이 둘러앉아 서로의 하루를 돌아보는 간단한 질문을 통해 가족 서클을 진행할 수 있다. 아이들에게 토킹스틱을 가진 사람만 이야기하는 규칙을 알려주고, 매일 아이들에게 원하는 토킹스틱을 정해보라고 유도하면 아이들은 흥미롭게 참여한다. 하루를 돌아보는 가족 서클에서 자주 등장하는 질문은 "오늘 있었던 일 중에 가장 기억이 나는 것은?", "오늘 제일 맛있었던 음식은?", "내일 가장 기대되는 것은?" 등이 있다. 이런 질문을 통해 아이들이 생각하는 하루의 작은 사건들을 들어보고 자녀들의 관점에서 일상을 바라보는 간접 경험을 할 수 있다.

특히 맞벌이 부부나 회사 일로 바쁜 아빠에게 자녀들과 함께 둘러앉는 짧은 가족 서클 시간은 중요한 교감의 시간이 된다. 10대 남매를 둔 어떤 가정에서는 엄마의 제안으로 바쁜 가족 구성원들이 일주일에 한

번 가족 서클을 한다고 한다. 주로 주말을 이용해서 함께 식사하고 둘러앉아, "한 주 동안 있었던 일 가운데 나에게 가장 기억나는 것은 무엇인가?"를 나누는 방식이다. 가족 서클은 자녀들에게 가족공동체가 주는 소속감의 의미를 경험으로 배우는 기회를 제공할 수 있고, 동시에 부모가 성장하는 자녀들의 삶에서 어떤 역할을 해야 하는지 고민하는 기회를 제공한다.

가족 서클은 명절 같은 큰 가족 모임 때 시도할 수도 있다. 명절로 오랜만에 만난 가족들과 식사 후 둘러앉아 토킹스틱을 돌리면서 '평소 가족에게 감사했는데 하지 못한 말을 하나씩 나눠달라.'는 주제로 가족 서클을 진행했다는 한 교육 참가자의 이야기를 들은 적이 있다. 본인이 평소 이야기를 잘 나누지 못하는 며느리나 손자들과 마음을 나누고 싶어 시도한 가족 서클이 3시간 넘게 이어졌고, 나중에는 미안함과 감사함으로 눈물바다를 이루며 끝이 났다고 한다. 그 이후 평소 잘 표현하지 못했던 가족을 향한 애틋한 마음이 더 커져서 오랫동안 가족의 관계에 좋은 영향을 주는 기회가 되었다고 한다.

이렇듯 가족 서클은 가정공동체가 탄탄해지도록 돕고, 자연스럽게 다음 세대가 가족 안에서 관계의 중요성을 배우는 기회로 작용한다. 사회가 건강해지려면 가정이 건강해야 하고 건강한 가정문화의 기초는 가족 내 소통문화가 실질적으로 존재하고 경험될 수 있을 때 정립된다. 방황하는 많은 청소년이 애초 가족 공동체 안에서 긍정적 훈육의 경험을 하지 못한 경우가 많다는 것은 잘 알려져 있는 사실이다. 회복적 정의가 추구하는 가치들이 가정에서부터 잘 정착될 수 있다면, 우리 사회의 많은 문제, 특히 청소년 문제를 해소하는 근본적 접근이 될 수 있다.

회복적 학교

한 초등학교의 회복적 학교 실험

2012년 이후 회복적 생활교육에 대한 관심이 점차 높아지면서 많은 학교에서 회복적 생활교육을 실천하려는 노력이 확산해왔다. 그럼에도 해를 거듭할수록 개별 교사의 생활지도 역량을 높이는 것이나 학교에서 부분적으로 접근하는 것으로는 한계가 나타날 수밖에 없다는 점 또한 분명해졌다. 한계에 봉착한 회복적 생활교육이 현재 생활지도의 대안이 되기 위해서는, 학교의 문화를 바꾸려는 학교 전체의 노력으로 이어지는 통합적인 접근을 해야 하고, 학교 구성원들이 함께 공유하는 교육 철학이자 생활교육 방식이 돼야 한다. 결국 장기적 관점으로 볼 때 회복적 생활교육은 부분적 실천을 넘어, 회복적 학교를 만들려고 하는 시도가 필수적이라는 결론에 도달하게 된다.

하지만 이런 장기적 관점의 시도에 동의하는 학교가 나타나기란 쉬운 일이 아니다. 왜냐하면 회복적 생활교육에 대한 이해가 아직 길지 않은 한국에서 학교 구성원 전체의 동의를 얻는 것과 장기적 프로젝트를 함께 진행한다는 것은 현실 속에서 결코 만만한 일이 아니기 때문이다.

이런 현실적 한계에도 불구하고 2017년부터 3년 동안 회복적 학교 만들기 실험을 꾸준히 하고 있는 학교가 있다. 돌아보면 어려운 결정을 실행해준 교사들과 뒤에서 많은 도움을 준 교육청의 여러 관계자의 진지한 관심에 경의를 표하지 않을 수 없다.

KOPI는 2015년부터 회복적 정의와 회복적 생활교육에 관심 있는 경남의 교사들과 연결되기 시작했다. 이후 경남도교육청과 업무협약을 통해 지속적인 교육을 해오면서, 회복적 생활교육 연수를 받은 연구회 교사들이 개별 교사를 넘어 학교가 전반적으로 변화해야 하는 필요성에 공감하게 되었다. 그러면서 회복적 학교를 통한 회복적 도시 만들기에 관심이 커졌다. 그 결과로 2017년 경남도교육청의 행복지구 사업 담당 부서에서 김해 행복교육지구 사업 중 하나로 '회복적 학교 만들기를 거점으로 하는 회복적 도시 만들기 프로젝트'를 진행하기로 결정하고, 관심과 필요가 맞는 학교를 물색하기 시작했다.

그러던 중 관계자들의 추천을 받고, 핵심 교사들이 관심을 보인 '김해봉황초등학교'가 자원하게 되었다.[12] 학생 수 700여 명에 교직원 75명이 함께 일하는 나름 큰 초등학교인 이 학교가 관심을 보인 이유는 행복학교(경남형 혁신학교)로서 학교문화에 변화가 있기를 바라는 교사들의 열망이 있었기 때문이다. 또한 교사들을 힘들게 하는 생활지도에 대한 부담이 증가하고 있었기에 이를 변화시킬 돌파구가 필요했기 때문이기도 하다. 결국 이 학교를 중심으로 회복적 학교를 만드는 새로운 실험이

12　　김해에서 회복적 학교를 통한 회복적 도시 만들기 프로젝트가 추진되고, 김해봉황초등학교가 자원한 배경에는 행복학교와 행복지구사업을 위해 경남도교육청의 파견교사로 근무 중이던 경남회복적생활교육연구회 하경남 당시 회장의 역할이 컸다.

시작되었다. 이 사업을 진행하면서 KOPI는 교육 내용 기획과 교육을 담당하고, 전체적 행정 운영 코디는 행복지구사업팀이 맡아주었다.

1년 차 – 2017년

2017년 새 학기 시작 전인 2월 말에 전체 교직원을 대상으로 회복적 생활교육 소개 워크숍을 가질 예정이었으나, 여러 사정으로 4월이 되어서야 진행할 수 있었다. 4월 초에 있었던 소개 워크숍에는 교장, 교감을 비롯하여 전체 교사가 참여하는 것이 필수조건이었고, 기꺼이 모든 교사가 참여해주었다. 몇몇 교사는 다른 기회를 통해 회복적 생활교육에 대한 연수를 받은 적이 있었지만, 교사 대부분이 처음 접하는 내용이었다. 우선 회복적 정의의 개념과 회복적 생활교육에 관한 이해, 그리고 학교에서 이를 어떻게 실천할 수 있는지 전달하는 시간이 있었다. 이어 김해 봉황초에 3년 과정의 회복적 학교 만들기 전체 계획을 소개했다.

이후 관리자와 교사들이 함께 앞에서 들은 내용을 기초로, 회복적 학교 만들기를 실제로 할 것인지, 처음부터 모든 학년에 적용하는 것은 무리가 따를 것이므로 어떤 학년을 중심으로 할 것인지 등을 구체적으로 논의했다. 열띤 논의 끝에 교사들은 4~5학년을 중점 학년으로 삼아 회복적 학교 만들기를 진행하기로 결의했다. 처음 시도하는 일이라 쉽지 않은 시간이었지만, 그날 회복적 학교에 관한 개념 소개와 자체적 동의 과정이 없었다면 3년이란 긴 시간이 소요되는 프로젝트를 진행하기는 어려웠을 것이다. 특히 그 첫 시간을 교장, 교감을 비롯하여 모든 교사가 함께했다는 것이 앞으로 진행될 장기적 교육과 실천에 중요한 밑거름이 되었다.

회복적 학교 만들기 프로젝트의 첫해 목표는 교육을 통해 학교 구성
원들이 회복적 생활교육의 철학과 방법에 익숙해지도록 돕는 것이었
다. 2017년 한 해 동안 교사 33시간, 학부모 15시간, 또래조정 동아리
학생 15시간, 4~5학년 9개 반별 2시간 등 거의 모든 학교 구성원을 위
한 교육이 진행되었다. 특히 교사연수는 주말을 활용한 집중 교육이었
기 때문에 교사들에게는 큰 도전이었다. 4~5학년 담임과 관심 교사들
은 교육과정에 꾸준히 참여했고, 학부모(주변 학교 학부모 포함) 20여 명
도 열정적으로 교육에 임했다.

연수에서 배운 회복적 정의 패러다임이 교사와 학부모에게 신선한
충격으로 다가왔다고 했다. 특히 공동체성 훈련이나 서클을 통한 학급
운영, 회복적 질문을 통한 일상의 갈등에 대한 새로운 접근 등에 대한
반응이 좋았다. 연수 이후에는 서클을 학생들만 하는 것이 아니라 평소
진행되는 교직원 회의나 학부모 모임 등에서도 활용하게 되었다. 그 결
과, 이전과 다르게 학교 내에 수평적이고 민주적인 소통 문화가 점차 확
산되어 학교공동체라는 인식이 강화되기 시작했다.

첫해의 가장 큰 성과 두 가지는 지속적인 연수를 통해 회복적 생활교
육에 진지한 관심을 갖게 된 교사 그룹이 형성되었다는 것과 학부모의
이해와 지지가 생겨났다는 점이다. 연수에 참여한 교사들이 각자 자신
의 학급에서 배움을 적용하고 실천하는 경우는 어디에든 있기 마련이지
만, 1년 동안 꾸준히 열린 워크숍을 통해 각자 시도하고 있는 회복적 생
활교육을 함께 공유하고, 워크숍 내용을 통해 건강한 자극을 계속해서
받을 수 있었다는 점이 지속성을 유지하는 주요한 역할을 했다. 아무리
좋은 내용도 일회성으로 끝나거나 개인적 역량 강화로 끝나는 경우가

많은데, 함께 지속적인 교육에 참여하면서 자연스럽게 교사 사이의 관계성이 향상되고 생활교육의 지향점이 한 방향으로 모아지는 기회가 주어진 것이다.

또한 학생들 활동으로 회복적 또래조정 동아리가 구성되어 1년간 운영되면서 학부모들의 만족도가 높았다는 점도 특이할 만한 성과였다. 또래조정을 훈련받은 자녀들이 집에서 변화된 태도와 행동을 보이면서 학부모들은 교육 내용을 자세히 알지는 못해도, 학교에서 뭔가 좋은 교육을 받고 있다는 느낌을 갖게 되었다. 이런 학부모들의 긍정적 인식은 이후 학부모 사이에서 김해 봉황초 교사들이 하는 새로운 시도를 지지하게 만드는 원동력이 되었다.

이처럼 김해 봉황초의 회복적 학교 만들기 프로젝트 첫해는 낯선 내용과 많은 교육 시간의 어려움을 극복하고 교사들의 관심을 이끌어내어 의미 있는 실천과 성과를 거두는 데 성공할 수 있었다.

2년 차 – 2018년

다음 해인 2018년의 목표는 첫해 배우고 실천해본 교육 내용을 기초로, 새 학기부터 김해 봉황초에 맞는 회복적 생활교육을 계획해서 전면적으로 실시하는 것이었다. 이를 위해 학기 초부터 전체 교사를 대상으로 하는 새 학기 기획워크숍을 계획했다. 하지만 이 계획은 교사들의 전입출로 2017년 교육받은 교사 중 3분의 1이 다른 학교로 옮겨가고, 새로운 교사들로 채워지면서 난관에 봉착하게 되었다. 공립학교의 특성상 어쩔 수 없는 일이었지만, 새로 온 교사들과 교육을 줄곧 받아온 기존 교사들 사이의 내용이해 격차를 어떻게 메워야 할지 난감한 상황이 되었다.

협의 끝에 2018년 계획을 수정하여 일부 반복되더라도 교육훈련을 좀 더 진행하기로 하고, 기존의 교사들은 김해 봉황초에 전입해온 교사들에게 회복적 생활교육을 자연스럽게 안내하는 역할을 맡기로 했다. 이와 동시에 첫해 열정적으로 참여한 핵심 교사들을 중심으로 회복적 학교를 도교육청의 정책연구 과제로 삼아 연구해보기로 했다. 또한 전문적 학습공동체와 교사 자율동아리의 주제도 회복적 생활교육으로 정해서 기존 관심 교사에 더해, 새로 전입한 교사들 가운데 관심 있는 교사들이 자연스럽게 참여하도록 했다. 이로써 KOPI가 진행하는 정기 연수를 통해 내용적 공급(재공급)이 이뤄짐과 동시에 정책연구팀과 '따뜻한 봉황(따봉)'이라고 명명한 자율연구모임의 결성으로 극적인 인적 변화에도 불구하고 회복적 학교 프로젝트를 지속하여 진행할 수 있는 구조가 만들어졌다.

한편 둘째 해에도 회복적 또래조정 동아리는 계속 운영되면서 자리를 잘 잡아갔다. 이 학생 동아리는 또래조정을 교육받은 학생들이 실제로 학생들 사이에서 공식적으로 조정하는 것을 기대하고 운영한 것이라기보다 교육적 측면에 대한 기대가 컸다. 모든 학생이 이 기회를 얻은 것은 아니지만, 또래조정 훈련을 받은 학생들이 학급에서 친구들과 관계를 잘 맺으며 성장하고, 학교생활 가운데 배움을 실천하는 모습을 보여줌으로써 충분한 교육적 효과를 나타냈다. 첫해에 반응이 좋았던 학부모 교육은 경남도교육청에서 학부모와 주민을 대상으로 회복적 마을교사 과정을 개설했기 때문에 학교에서 따로 진행하지는 않았다. 대신 학부모회를 대상으로 자체적인 비폭력 대화 연수를 진행했다.

2018년은 교사가 대폭 교체되고 중간에 교장도 바뀌는 등 인적 변화가 많은 해였다. 이 때문에 원래 계획한 대로 적용하는 해가 되지는 못했지만, 정책연구와 동아리를 통해 열심히 해오던 교사들이 자율적으로 회복적 학교 만들기의 주체로 자리매김하는 계기가 되었다. 또한 교사들 사이에 회복적 실천 역량과 교육 내용을 받아들이는 온도차는 있었지만, 그럼에도 1년간 지속된 교육과 재교육을 통해 회복적 생활교육을 적용하는 내용과 방식이 익숙해지고 넓어지는 성과를 거뒀다. 이런 점에서 2018년은 위기이면서 동시에 회복적 생활교육에 기초한 자생적 학교문화를 본격적으로 만드는 원년이기도 했다.

3년 차 - 2019년

회복적 학교 만들기 프로젝트 마지막 해인 2019년은 회복적 생활교육을 학교운영 전반에 구조화하는 것이 목표였다. 지난 2년간 우여곡절이 있었지만 김해 봉황초에 근무하는 교사들은 회복적 생활교육 관점에 점차 익숙해졌고, 새로 전입해온 교사들도 동료 교사들의 실천을 보면서 그 방향성에 동의해가고 있었다. 언제부터인지 분명하진 않지만, 학교에서 크고 작은 좋은 변화가 곳곳에서 감지되었다. 예를 들어 학교에서 거의 모든 협의가 관리자를 포함하여 서클로 진행되는 수평적 소통구조가 정착됐고, 그 결과 교사공동체의 분위기가 매우 친밀해졌다. 그리고 복도에서 학생과 실랑이하는 교사의 모습은 어느덧 사라지고 있었다. 눈에 띄는 큰 갈등이 많이 없어졌다는 변화 또한 김해 봉황초에 오래 근무한 교사들은 이미 체감하고 있었다.

2019년에는 관심 있는 교사들만 열심히 하는 회복적 생활교육이 아니라 모든 교사가 자연스럽게 회복적 학교 만들기에 동참하는 흐름을 만들어야 한다는 필요성을 느껴 전체 교사 모임에서 학교 교육과정 중점교육 세 가지 목표 중 하나로 회복적 학교를 선정했다. 2년간 진행하는 동안 교사 개인의 자율에만 맡겨서는 큰 흐름에 동참하지 않으려는 교사들이 있다는 것을 알았기 때문에 구조적 접근이 필요하다는 것이 핵심 교사들의 생각이었다. 이와 같은 고민의 결과로 교육과정의 핵심 중점교육에 회복적 학교가 들어가게 되었다. 이들은 이것을 '평화적 강제성'이라고 불렀다. 결국 3년 차의 목표인 회복적 학교 운영의 구조적 토대가 교사들에 의해 자생적으로 수립된 셈이었다.

3년 차 교육은 전년도의 경험을 바탕으로 처음부터 두 갈래로 기획되었다. 새로운 교사들은 회복적 생활교육 기본과정을 이수하고, 기존에 교육을 받아오던 교사들은 회복적 대화모임(조정과 문제해결 서클) 중심의 교육으로 구성하여 필요에 맞게 선택하도록 했다. 또한 3년 차 목표인 회복적 학교 운영체계 구축을 위한 구조화의 방안으로 기존의 교육과 연구동아리 운영 외에 두 가지 새로운 시도가 더해졌다. 학년별 회복적 생활교육 코디네이터를 세우는 것과 학교폭력에 대한 회복적 접근이 가능하도록 학교공동체회복위원회(이하 회복위원회) 운영을 준비하는 것이었다.

이를 위해 2019년 첫 워크숍에서 학년별로 회복적 생활교육을 지원할 코디네이터를 한명씩 정해서 학년부장과 함께 학년별 생활교육 체계를 강화했다. 학년별 회복적 생활교육 코디는 연구모임에 참석하여 학년에 맞는 회복적 생활교육을 고민하고, 전체 학년이 같이 진행할 주제와 프로그램을 만들어내는 역할을 담당했다. 연구모임과 학년별 코디

교사의 역할을 통해 시기별 회복적 생활교육 실천 방안이 전체 교사에게 공유되어 학년 단위별 실천이 한층 강화될 수 있었다.

한편 학교폭력에 대한 대응이 처벌과 징계 중심으로 이뤄지다 보니 가장 중요한 시기에 회복적 접근을 시도하는 데 근본적인 한계가 있었다. 그런데 마침 학폭법이 일부 개정되어 학교 내 자체 해결이 가능해지면서, 김해 봉황초에서는 회복위원회 구성과 운영을 위한 구체적 논의가 시작되었다. 회복위원회를 교사 8명과 학부모 4명으로 구성하기로 협의하고, 회복위원회를 포함하여 학교폭력 대응 접근을 5단계로 나눠 단계적으로 접근하도록 했다.

5단계는 1단계: 담임 해결, 2단계: 학년 해결(학년별 회복위원회), 3단계: 필요한 학생의 경우 상담, 치료(Wee센터 등) 연계, 4단계: 학교 회복위원회, 5단계: 지역교육청 심의위원회 의뢰 순이다. 학교 내 사안들을 이처럼 자체 회복적 절차를 통해 처리하기 위해 운영체계를 갖추는 일은 시행착오를 겪으며 이뤄져야 하기 때문에 꽤 오랜 시간이 필요한 상

김해 봉황초 회복적 학교 만들기 과정

	1년 차	2년 차	3년 차
목표	교육·훈련	실천·적용	운영 시스템 구축
주요 활동	대중강연회 및 학교선정 소개강의와 중점학년 선정 교사, 학생, 학부모 연수 또래조정반 운영	회복적 학교 정책연구 전문적학습공동체 운영 교사, 학생, 학부모 연수 또래조정반 운영	자율연구동아리 활성화 회복위원회 운영체계 구축 교사, 학생, 학부모 연수 또래조정반 운영
성과	핵심교사 그룹 형성 학부모 지지 도출 콘퍼런스 개최(도교육청)	정책연구 보고서 자율연구동아리 운영 홍보영상제작(학교)	학교교육과정 중점교육 학년별 생활교육 코디 홍보영상제작(도교육청)

황이었다. 그럼에도 학급과 학년별 예방적 노력이 정착되면, 갈등 초기 대응 능력이 향상되어 학교폭력 사안처리 과정에 회복적 접근이 가능하다고 보았다. 이런 일련의 회복적 접근을 교사들이 스스로 만들어낸 것은 봉황초가 이미 회복적 학교로 변모해 있다는 방증이었다. 이처럼 3년 차가 지나는 동안 김해 봉황초는 어느새 회복적 학교로 변화되고 있었다.

회복적 학교 3년의 실험이 남긴 것들

3년간 진행된 김해 봉황초의 '회복적 학교를 거점으로 하는 회복적 도시 만들기 프로젝트'는 주관한 경남도교육청이나 기획과 교육을 맡았던 KOPI, 그리고 무엇보다도 직접적으로 배우고 실천하느라 바쁘게 도전적 3년을 보낸 교사와 학생들에게 특별한 의미가 있는 경험이었다. 매년 반복되는 교사들의 전출입으로 지속성에 어려움이 있었지만, 3년 동안 꾸준하게 이어진 지원과 교육 및 컨설팅, 교사들의 열정과 노력으로 김해 봉황초의 학교문화는 전과 비교하여 크게 변화했다.[13]

무엇보다도 회복적 학교라는 특성에 걸맞게 학교에서 벌어지는 갈등의 문제를 다루는 방식이나 관계와 공동체성에 대한 인식이 높아지면서, 상호 존중과 협력의 문화가 학교공동체에 스며든 것이 가장 큰 성과라고 할 수 있다. 한 예로 회복적 생활교육이란 말을 전혀 들어보지 못한 김해 봉황초의 전입 행정직원들이 업무 워크숍에서 교사들과 대화와 서클을 경험하면서 학교 조직문화가 이전에 경험한 학교와 많이 다른

13　김명일, 〈김해 행복교육지구 "회복 꿈꾼다"〉, 《경남매일》, 2017. 09. 11, 참고.

것을 느꼈다고 한다. 평소 교사들과 잘 소통하지 않고 업무적 관계만 유지하는 행정직원들이 학교의 문화가 마음에 들어 오랫동안 열심히 일하고 싶다는 이야기를 나눌 만큼 교직문화가 열린 공동체로 정착하고 있다는 방증이었다.

더욱 의미 있는 변화는 일부 교사들이 회복적 생활교육을 문제행동에 대한 생활지도의 영역을 넘어, 공동체를 이해하는 교육적 내용으로 수업에 회복적 생활교육의 가치를 접목하기 시작했다는 점이다. 2020년 초 김해 봉황초의 몇몇 교사들과 가진 지난 3년간의 회복적 학교 만들기 프로젝트에 대한 평가모임에서 교육적 가치의 중요성을 이렇게 표현했다.[14]

"회복적 생활교육은 단순히 스킬이나 활동이 되어서는 안된다고 봐요. 그 철학과 가치가 공유되는 것이 가장 중요하다고 생각합니다. 회복적 생활교육은 우리에게 학생들이 학교에서 자치, 자율, 자립을 경험적으로 배울 기회를 어떻게 줄 수 있을까 고민하게 만들어줬어요. 그래서 저희는 회복적 생활교육에서 자주 하는 서클도 많이 하긴 했지만, 이 가치를 교육과정 속에 어떻게 녹여낼 수 있을까 고민하게 되었어요. 예를 들어, 자치라면 이 가치를 무엇을 통해 할 수 있을까 고민하다가 자율동아리를 학생들 스스로 기획하고 만들어 모집하고 공부하

14　2020년 초, 김해 봉황초 교사들과 3년간의 회복적 학교 만들기 프로젝트에 대한 평가회가 있었다. 회복적 학교 만들기를 위해 애써온 오세연, 허연주, 박수현, 강지빈, 황진희 교사가 참석했다.

게 했어요. 그러면서 회복적 생활교육에서 강조하는 공공성, 배려, 공감, 경청을 어떻게 녹여낼 것인가를 고민하게 했죠."

"저희 반 같은 경우 회복적 생활교육이 추구하는 공공성, 민주성, 약자에 대한 배려, 평화 감수성 등을 어떻게 수업에서 풀어내면 좋을 것인가 생각했고, 결국 욕을 가지고 수업하게 되었어요. 우리나라와 세계의 욕을 골라 사전에서 그 의미를 찾아오게 했지요. 욕은 약자, 병자, 여성, 부모 등을 비하하는 경우가 많았는데 그것을 분석하면서 왜 이런 말들이 욕이 되었을까 고민하게 되었어요. 이러한 수업을 하면서 아이들이 언어에 대한 평화 감수성이 발전하게 되었죠. 회복적 생활교육에서 배운 방법이나 스킬도 좋지만, 그 안에 깔려 있는 가치를 수업에 녹여내는 것이 진정한 의미에서 회복적 생활교육이라 생각하게 되었어요."

한 교사는 회복적 생활교육을 주제로 10회 이상의 교육 과정을 만들어 수업을 진행했고, 그 경험으로 회복적 생활교육이 민주시민을 양성하는 과정과 맞닿아 있다는 것을 생각하게 되었다고 했다. 이처럼 회복적 생활교육의 가치를 토대로 만들어지는 학교는 회복적 문화를 수업과 생활교육에 전반적으로 풀어내는 학교를 의미한다. 그런 토대 위에서 형성되는 안전성은 단순히 규칙을 지키고 잘못을 바로잡는 강제적 통제가 줄 수 없는 새로운 형태의 교육적 메시지를 포함하게 된다. 3년 차 마지막 워크숍에서 한 교사는 학교문화의 변화가 궁극적인 안전하고 평화로운 학교를 만드는 생활교육의 목표임을 강조해서 이야기해주었다.

> "우리 학교에서 지난 몇 년간 가장 좋았던 점은 우리가 '회복적 학교'라는 인식을 공유하고 있다는 점입니다. 모든 선생님이 회복적 생활교육 연수를 같이 받고 철학을 공유하며 생활지도의 방향성을 통일해왔기 때문에, 다른 반과 갈등이 발생했을 때 '나는 이렇게 하는데 저 선생님이 다르게 하면 어떡하지?' 하는 우려를 거의 하지 않는다는 점이죠. 대부분의 선생님이 일관성 있게 지도를 하시고 일관성 있게 이야기해주시기 때문에 아이들 스스로 '난 안전하구나.' 하고 갈등 상황을 안전하게 받아들이는 문화가 생겼습니다."

여기서 이야기하는 안전성은 법과 학칙을 기초로 통제와 제거를 통해 이루고자 하는 '상식적' 안전성과는 다른 뉘앙스로 들렸다. 회복적 학교는 결국 문화를 만드는 과정이라는 것이 3년을 경험한 교사들의 일관된 목소리이다. 같은 철학과 가치를 공유한 사람들이 만들어내는 평화롭고 민주적인 문화 속에서 느끼는 안정성은, 갈등이 표면적으로 드러나지 않는다는 의미가 아니라 갈등을 평화적으로 다룰 제도와 문화가 존재한다는 의미일 것이다. 이런 문화적 접근을 위해 김해 봉황초는 3년간 나름대로 최선의 노력을 다하여 그 가능성을 충분히 제시해주었다.

얼마 전 나는 한 학부모로부터 김해 봉황초에서 회복적 학교를 2년간 경험하다가 중학교로 진학한 큰딸의 안타까운 사연을 듣게 되었다.

새롭게 진학한 중학교에서 딸이 예전 초등학교에서 하던 대로 대화하고 행동하다가 친구들 사이에서 어려움을 겪고 있다는 내용이었다. 흔히 있는 또래들의 험담이나 편 가르기에 참여하지 않고 중립적으로 대하며 전체 학급공동체를 생각하려고 한 행동으로 오히려 또래들에게 밉보인 것 같다고 했다. 참 안타깝고 속상한 이야기였다.

학교의 문화는 이토록 강력하고 큰 차이를 만들어낸다. 김해 봉황초의 실험이 그저 한 학교의 특별한 시도로 끝나지 않도록 더 많은 학교들이 회복적 학교라는 문화적 특성을 갖춰가도록 도와야 하는 이유이다. 반가운 소식은 경남도교육청에서 김해 봉황초의 3년간 실험을 발판으로 2020년에는 자발적 공모에 지원하여 선발된 6개 학교(중학교 4곳과 고등학교 2곳)에서 회복적 학교 만들기 1년 프로그램을 새롭게 진행하기로 했다는 사실이다. 김해 봉황초가 3년간 진행한 프로젝트는 비록 마무리되었으나 2020년 현재 회복적 학교라는 특색을 이어가기 위해 교사들이 자체적으로 연수와 실천계획을 세우고 있다. 동시대 학부모의 한 사람으로서 이들의 아름다운 수고에 감사와 지지를 보낸다.

회복적 조직

사회인으로서 사람들이 가장 많은 시간을 보내는 곳은 직장이나 삶의 터전인 주거공동체 같은 공간이다. 따라서 직장이나 이웃들 사이에서 생기는 일상의 갈등을 가장 많이 경험하게 된다. 최근 회복적 정의 패러다임이 퍼져나가면서 일터나 삶의 공동체의 문제를 회복적 관점으로 접근하는 회복적 조직(공동체)을 만드는 시도들이 자연스럽게 생겨나고 있다. 회복적 조직 만들기의 목표는 회복적 정의 관점에서 조직이나 공동체의 문제를 바라보고, 조직 내부에 있는 잠재력을 극대화하여 좀 더 유기적인 공동체로 성장하도록 돕는 데 있다. 회사, 기관, NGO, 교회, 병원, 아파트 커뮤니티 등 그 규모와 관계없이 사람들의 모임인 조직이 갈등을 겪는 것은 불가피한 일이다. 하지만 갈등이 반드시 부정적인 것만은 아니기 때문에 내부적 결속을 강화하고 정체성과 소속감을 높여 결과적으로 발전적 에너지로 전환되기도 한다.

하지만 한국 사회에서는 조직 내 갈등의 문제를 어떻게 다뤄야 건강한 것인지 방향을 잡지 못한 채 법적 해결로 나가려는 경향이 커지고 있다. 법이 최소한의 가이드라인이 될 수는 있지만, 직장 내 괴롭힘을 근본적으로 해결해줄 수는 없다. 그런 점에서 2019년 시행된 '직장 내 괴롭힘 금지법'도 실효성을 거두기는 어렵다. 이 법이 실행된 이후 사측에 의해 피해 신고자들만 어려움을 겪고 있다는 결과도 나오고 있다.[15] 그도 그럴 것이 사용자인 가해자의 처벌이 쉽지 않고, 피해자 보호에 소홀한 회사가 많기 때문이다. 자율적 조치와 처벌조항을 두긴 했지만 근본적 원인에 대한 접근이나 문제 해결을 위한 구체적 장치를 제시하지 않고 있기 때문에, 불이익을 감수하고 적극적 대응을 하는 사용자를 기대하기가 쉽지 않은 구조적 한계를 지니고 있다. 법 제정 이후로 형식적인 내용으로 교육 시간만 채우려는 비전문적인 교육 업체만 늘어나고 있다.

직장이라는 조직 안에서 스스로 문제를 인식하고 대화로 문제를 해결하는 문화가 성숙하지 않는 한 법 제정만으로 상황이 좋아지기를 기대하긴 어렵다. 회복적 조직(공동체)의 비전은 리더십뿐만 아니라 구성원 모두가 회복적 정의의 가치와 방향에 동의하여 갈등을 예방하는 구체적 노력과 실질적인 문제 해결 프로세스를 조직 내에 존재하도록 하는 것이다. 성인들이 모여 일하는 조직에서 징계나 제재를 통한 문제 해결은 한계가 있을 수밖에 없다. 그러므로 좀 더 성숙한 조직문화를 만드는 노력이 지속적으로 이뤄져야 한다. KOPI와 연결되어 선제적 예방과 회복적 접근을 통해 나름대로 회복적 조직 만들기를 시도해온 몇몇 기관의 예를 통해 회복적 조직의 가능성을 가늠해보고자 한다.

15　　JTBC 보도, 〈직장 내 괴롭힘 금지법' 시행 1년 지났지만..아직 현실은〉, 2020. 06. 18.

회복적 병원

우리 사회에서 병원은 갑질, 태움 문화 등 직장 내 근무 환경이 어려운 곳으로 알려져 있다. 병원의 업무 구조상 수많은 전문 직종이 협력적으로 일해야 하고 사람의 생명과 직결된 일을 하다 보니 긴박한 상황 속에서 업무 스트레스가 높아질 수밖에 없는 근무 환경에 놓여있다. 이런 배경 속에서 서울의 한 대형병원이 회복적 정의 교육을 접목해 4년 동안 의미 있는 변화를 만들어왔다.

2015년 사회를 떠들썩하게 했던 메르스 MERS 사태를 겪으면서 삼성서울병원은 내부적으로 여러 가지 도전과 어려움에 봉착하게 되었다. 당면한 조직의 문제들을 근본적으로 해결하고 건강한 병원조직으로 발전하기 위해 여러 방안이 논의되었다. 그 일환으로 병원 내 분산되어 있던 교육 부서를 통합하여 교육인재개발실을 신설했다. 이곳에서 직원 설문조사를 벌인 결과 직원 간 신뢰를 높이는 건강한 소통문화, 갈등의 긍정적 해결 방법, 직원들의 자긍심 향상, 유연한 조직문화 형성 등을 위한 교육프로그램을 개발할 필요성이 대두되었다.

이런 내부적 필요에 따라 교육인재개발실에서 임상교육을 책임지고 있던 파트장이 지인의 소개로 KOPI를 소개받고 회복적 정의를 알게 되면서 그 내용을 병원 안에 도입하게 되었다. 생소하고 병원에 적용된 적이 없는 내용이라 초기에는 우려도 있었지만, 임상교육파트장의 확신과 꾸준한 내부 설득 과정을 거쳐 2016년부터 회복적 정의 교육이 삼성서울병원에서 시작되게 되었다.

삼성서울병원에서 이뤄진 교육은 크게 두 가지로 형태로 진행되었다. 회복적 정의 개념과 관계성을 강화하기 위한 서클 중심 교육으로 이뤄진 입문교육(이후 병원에 의해 '신뢰서클 소통과정'이라고 명명됨)과 입문교육을 받은 직원들 가운데 여러 직종에서 자원하고 추천된 소수 인원(의사 포함 24명)을 위한 조정자 양성 교육이었다. 최대한 많은 직원이 참여하도록 한 입문교육은 회복적 정의 패러다임에서 갈등을 바라보는 관점의 변화, 서클을 통해 서로의 신뢰를 높이고 소통을 통해 공동체성을 재발견하는 내용으로 구성되어 있어서 참여자 사이에 좋은 연대와 지지의 시간이 되었다. 그리고 90시간 넘는 교육을 이수한 갈등조정 전문가 양성과정에 참여한 직원들은 병원 조직 내에 생기는 갈등을 회복적 관점에서 개입하는 내부 조정자 역할을 하도록 준비해나갔다. 첫해 교육에서는 신뢰서클 소통 과정에 대한 만족과 관심이 예상보다 높게 나타났다. 피해를 당하면 힘이나 법에 의존해서 풀어가야 한다는 기존 상식을 바꾸는 새로운 관점의 이해가 생겼고, 서로 둘러앉아 이야기하는 서클 시간을 통해 일상의 관계성이 중요하다는 것을 재발견하는 시간이었기 때문이었다.

서클의 경험은 조직을 생각하는 마음이나 동료를 생각하는 서로의 마음을 확인하고, 좀 더 안전하게 이야기하는 것이 왜 큰 갈등을 예방하는 데 중요한지를 새롭게 인식하는 계기가 되었다. 그 결과로 2016년부터 교육파트에서는 CS(고객만족) 교육을 실시하지 않고, 대신 '내부 소통 및 협업 과정'을 만들어 운영했다. 고객에게 잘 응대하는 기술적 교육을 받는 것보다 직원들이 먼저 건강한 조직과 환경을 만들어가는 것이 더 중요하다는 취지로 직장이 안전하고 일이 즐거워지면 고객을 대하는 에너지는 저절로 생긴다는 인식 변화에서 나온 결정이었다. 어떤 면에서 '내부 소통 및 협업 과정'은 기본을 강조한 교육이었다. 고객을 어떻게 대하는 것이 환자의 만족도를 높이고 민원을 줄여 병원의 이미지를 좋게 할 것인가라는 기술적 접근이 아니라, 직원들이 함께하는 서클을 통해 "내가 이 병원에 왜 들어왔고, 내 일의 의미가 무엇인지, 일하고 싶은 조직으로 만들기 위해 내가 할 수 있는 일은 무엇인지" 등을 찾아 스스로 동기 부여를 하는 자발적 조직문화를 만드는 것이었다.

2017년부터 '신뢰서클 소통과정'은 수강생 모집 30분 만에 신청이 마감될 만큼 인기 있는 사내교육 프로그램으로 자리를 잡았다. 여기에 더해 서클을 자체적으로 운영할 병원 내 자원을 양성하기 위한 '신뢰서클 프로바이더provider 과정'이 새롭게 신설되었다, 그리고 보직자 및 잠재적 리더들을 위한 회복적 갈등관리 심화과정, 직접적으로 팀 내 갈등에 적용하기 위한 '문제해결 서클 워크숍', '치유와 회복을 위한 힐링 프로그램', '자기조율 프로그램' 등이 추가로 개설되었다.

둘째 해부터 이런 다양한 교육으로 확산한 이유는 애초 KOPI가 회복적 조직 만들기를 위해 제시한 관계 형성, 관계 개선, 관계 회복의 3단계 접근을 교육팀이 교육과정 설계에 기본으로 삼고 운영했기 때문이었다. 어떤 조직이나 공동체의 문제를 한 번에 풀 수 있는 요술 방망이는 존재하지 않는다. 정보에 대한 접근성과 양방향 의사소통이 활발하게 이뤄지는 현대사회에서는 뛰어난 리더십 훈련이나 과학적 관리 시스템으로 위에서 아래로 관리해나가는 방식보다, 조직 전체의 역량을 높일 수 있도록 관계 설정에서 피해 회복까지 단계적이고 체계적인 접근을 통해 밑에서부터 위로 갈등에 대응하는 것이 중요하다. 그렇기 때문에 KOPI는 조직 내 회복적 접근의 근본적 방향에 동의를 이끌어내고, 단계적으로 차근차근 교육을 더해나갔다. 또한 갈등조정 전문가 양성과정을 통해 교육받은 직원들을 중심으로 '회복적 소통팀'을 구성하여 조직 내 문제를 자체 조정하는 접근을 시도했다. 처음에는 조정 경험이 없기 때문에 KOPI의 도움을 받아 회복적 대화모임을 진행했지만, 점차 자체적으로 개입하는 시도를 늘려나갔다.

처음에는 회복적 정의 프로그램에 참여하는 대상자 중에 간호사 비율이 월등히 높았지만, 2018년부터는 병원생활을 시작하는 신규인턴 교육과 간호사와 의사가 함께 참여하는 '인턴의사-간호사 역지사지 워크숍' 등을 개설하여 교육받는 의사 비율을 점차 높여나갔다. 병원도 다른 직장과 마찬가지로 많은 갈등을 유발하는 주체는 더 많은 권한을 가진 사람들이다. 하지만 이들을 자기 업무와 관련된 전문교육 외에 관계와 공동체 훈련에 참여하게 하는 것은 생각처럼 쉬운 일이 아니었다. 그렇지만 역지사지 워크숍은 평소에 안전한 대화가 있었다면 생기지 않았을 오해와 문제를 서클 공간에서 함께 푸는 경험을 제공했기 때문에 상대적으로 나이가 적고 경력이 짧으며 직급이 낮은 사람들의 이야기를 들을 기회가 되었다. 비록 한정적이지만, 이런 시간들이 서로의 관계성을 높이고 잠재적 갈등을 예방하는 데 나름 의미 있게 기여했다.

2019년부터는 신뢰서클 프로바이더 교육을 받은 직원들이 자체적으로 신뢰서클 소통교육을 진행하게 되었고, KOPI는 '회복적 갈등관리 심화과정'과 '조정자 연습모임'을 중심으로 교육을 진행했다. 그리고 장차 신뢰서클 소통과정을 이끌 내부 진행자와 병원 내 갈등을 풀어갈 회복적 소통팀의 역할이 확대되어 외부 지원 없이도 건강하고 안전한 회복적 병원 만들기가 이어져왔다.

이처럼 지난 4년간 KOPI의 교육을 바탕으로 삼성서울병원이 자체

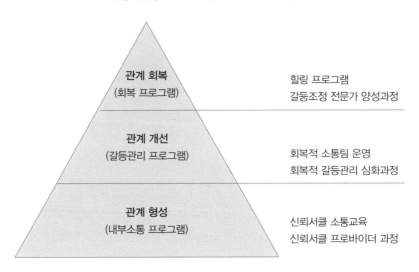

삼성서울병원 회복적 정의 관련 교육과정[16]

관계 회복
(회복 프로그램)

힐링 프로그램
갈등조정 전문가 양성과정

관계 개선
(갈등관리 프로그램)

회복적 소통팀 운영
회복적 갈등관리 심화과정

관계 형성
(내부소통 프로그램)

신뢰서클 소통교육
신뢰서클 프로바이더 과정

적으로 만들어온 조직 내 변화를 살펴보면, 규모가 큰 병원임에도 의미 있는 성과가 나타났음을 알 수 있다. 꾸준히 진행된 회복적 정의 교육 프로그램에 전체 직원 7500명 중 20%가 넘는 직원이 참여했고, 2018년 에는 신뢰서클 소통교육이 조직 내 근본적 변화를 가져온 최고의 프로 그램으로 선정되기도 했다. 병원 내 문화적으로는 최근 밀레니얼 세대 가 병원 직원의 70% 이상을 차지하는 현실에서 그동안 진행된 교육과 개입을 통해 직원 개인의 언행이 상대방에게 어떠한 영향을 끼치는지 직면함으로써, 스스로 문제를 인식하고 재발하지 않기 위한 자발적 노 력을 이끌어 내는 데 큰 영향을 주었다. 또한 병원 내 구조적으로는 특 정 부서에서 자발적으로 요청이 올 경우 1단계: 조직진단 실시, 2단계:

16   신기영, 〈삼성서울병원 이야기-건강한 공동체를 위한 회복적 소통〉, 한국회복적정
의협회 주최 회복적 정의 아카데미RJA 시즌 8 회복적 조직 발표 내용 중.

맞춤형 신뢰서클 소통교육 운영, 3단계: 공동체를 위한 실천 약속 작성 후 포스터로 제작하여 부서 내 게시와 같은 일련의 갈등 해결 절차를 개발하여 운영하게 되었다.

더욱이 2019년 '직장 내 괴롭힘 금지법' 적용 이전에는 의사직과 관련 있는 신고 건에 한해서만 회복적 조정을 진행해오다가, 금지법 이후에는 병원 원장단에서 전 직원 대상으로 괴롭힘, 폭언, 폭행 등 업무상 노출되는 갈등 상황에 대해 반드시 회복적 조정 프로세스를 밟도록 했다. 이처럼 회복적 정의에 기반을 둔 다양한 접근이 병원 조직 안에 하나씩 자체적으로 운영되는 시스템으로 갖춰지기 시작했다. 삼성서울병원은 회복적 병원을 '휴머니즘과 회복적 정의 패러다임을 기초로 하여 공동체성에 기반을 둔 병원문화를 형성하고 그 토대 위에 건강한 갈등 접근 시스템을 구축하는 병원'이라고 나름대로 규정하고 있다.

회복적 정의 교육을 병원에 처음 도입한 교육인재개발실 신기영 임상교육파트장은 그동안의 과정을 이렇게 회고한다. "우리 병원에서 생소한 주제인 회복적 정의 교육이 도입되고 바쁜 근무시간에 교육을 이수한다는 것은 처음에는 쉬운 일이 아니었습니다. 교육인재개발실장님과 병원 리더십의 이해와 지원이 초기에 있었기에 가능했다고 봅니다. 그리고 직원들이 서클의 힘이 상당이 크다는 것을 경험을 통해 알았기 때문에 그 동력으로 계속 이어갈 수 있었습니다. 지난 과정을 통해 2016년 이후 서로에게 어려웠던 마음들이 이제 조금씩 열리기 시작하는 것 같습니다. 그러나 여기에 안주하지 말고 병원 조직이 앞으로 10년을 바라보고 나가야 한다고 봅니다. 의사도 간호사도 환자도 결국 사람이고, 상호 존중, 이해, 공감 이런 요소들이 사람 사는 집단에는 가장 중요한 요소이기 때문입니다. 문제가 있다면 그 이유도 있는 것이니까 그 걸 헤아려서 그것들이 끊어지지 않게 하는 것이 우리 일입니다. 돌아보면 회복적 정의를 만난 것이 다행이고 회복적 정의는 우리 병원에서 계속해서 이어질 거라고 봅니다."

직장, 그것도 대형병원에서 '회복적 정의 패러다임을 어떻게 접목할 수 있을까'라는 의문은 교육을 의뢰한 병원의 교육팀이나 교육을 진행한 KOPI 양쪽 모두에게 도전적 과제였다. 하지만 지난 교육 기간을 돌아보면 회복적 정의 가치에 대한 확신으로 꾸준히 추진한 결과 나름대로 의미 있는 변화를 만들어온 과정이기도 했다.

이번 병원 교육을 경험하면서 언젠가 한국의 병원에 장기 입원하는 환자와 환우들이 입원 오리엔테이션의 필수코스로 회복적 정의에 기초한 공동체 서클을 경험하는 날이 오기를 상상해본다. 의료 소비자로서의 권리와 의료 서비스 제공자로서의 역할이라는 서로의 범위를 규정하지 않고 모두 치유되고 행복해지기를 바라는, 인간 대 인간으로 만나는 최소한의 이해와 공감의 시간이 병원이라는 치료와 치유를 목적으로 운영되는 조직에 당연히 있어야 하지 않을까? 교육에 참여한 한 간호사가 "오늘 처음으로 다른 분들과 업무가 아닌 인간적 이야기를 나눈 것 같아 모든 분에 대해 새롭게 느끼게 된 것 같아요."라고 이야기한 것처럼 병원이란 조직에서 서로가 관계적으로 회복되는 시간이 계속해서 이뤄지길 기대해본다.

회복적 교회

한국의 경제성장기와 더불어 더욱 크게 성장하는 교회를 지향했던 한국의 교회들은 양적, 질적 한계를 겪으면서 점차 도전을 받아왔고, 이제 본격적인 쇠퇴기를 겪고 있다. 하지만 이런 교회의 외향적 변화 속에서 건강한 작은 교회를 추구하는 새로운 움직임도 등장하기 시작했다. 여기서 작은 교회란 비단 그 규모만을 의미하는 것이 아니라 교회공동체의 패러다임이 작지만 건강한 생명력이 있는 교회를 지향한다는 의미를 담고 있다. 이런 작은 교회 운동에 참여 중인 경기도의 한 교회는 초기부터 건강한 교회 만들기의 일환으로 회복적 정의 훈련을 받고 그 내용을 교회공동체에 맞게 적용해오고 있다. 경기도 구리에 자리한 낮은마음교회는 2011년 한 가정에서 시작하여 지금은 50여 가정이 모이는 교회로 성장했으나 일반적 관점에서 보면 작은 규모의 교회이다. 이 교회는 "크고 싶지만 크지 못한' 작은 교회가 아닌 '의도적인' 건강한 작은 교회, 홀로 빛나는 큰 교회가 아니라 더불어 아름다운 건강한 작은 교회"[17]를 꿈꾼다고 소개하고 있다.

낮은마음교회가 회복적 정의를 만나게 된 계기는 교회의 성도 중에 회복적 생활교육을 열심히 실천하는 중학교 교사가 있기 때문이었다. 회복적 정의를 소개받은 오준규 목사와 교사인 성도는 함께 KOPI를 방문하여 회복적 정의가 강조하는 가치가 낮은마음교회가 추구하는 교회공동체를 만드는 데 도움이 될 것 같다면서 교회에서 교육을 진행해달라고 요청했다.[18] 이들은 건강한 교회공동체를 만들기 위해서는 기존 교회에서 가지고 있는 익숙한 방식이 아니라 갈등에 대한 새로운 방식

17 　　낮은마음교회 홈페이지(www.nazunch.com) 참조.
18 　　낮은마음교회를 개척한 오준규 목사는 '건강한작은교회동역센터'를 이끌면서 한국사회 안에서 교회공동체의 건강한 회복을 위해 애쓰고 있다.

의 이해와 접근이 필요하다는 점을 공감하고 있었다.

2015년 봄, 건강한 교회공동체를 위한 회복적 정의 워크숍이 교회의 중심 멤버를 대상으로 진행되었다. 회복적 정의는 대부분의 교인에게 생소한 주제였지만, 이 교육이 교회공동체에 꼭 필요하다고 믿은 교사 부부가 교육비의 절반을 부담해주었기 때문에 더 많은 사람이 참여할 수 있었다. 워크숍에 참여하는 교인들은 건강한 공동체에 관심이 많았고 열정적인 사람들이었다. KOPI는 다른 워크숍과 다르게 회복적 정의의 성경적 배경을 포함하여 기독교 관점에서 바라볼 수 있는 내용으로 워크숍을 구성하여 진행했다. 워크숍을 통해 회복적 정의 운동의 뿌리에 기독교의 샬롬 개념을 실천적으로 나타내는 의미가 포함되어 있다는 점 때문에 참가자들이 큰 관심을 보이기도 했다. 아울러 교회공동체 안에서 생기는 수많은 갈등의 순간 속에서 갈등을 단지 없애야 하는 부정적 요소로 보지 말고, 갈등을 잘 해결해나가는 곳이 건강한 공동체라는 인식에 공감대가 형성되었다. 특히 공동체 서클을 통해 평소 건강한 소통구조를 만들어가는 것이 파괴적 갈등을 예방하고 건강한 교회공동체를 만드는 데 중요한 초석이라는 인식이 높아졌다.

교육 이후 낮은마음교회의 목회자와 교인들은 교회 내 거의 모든 소그룹을 서클 형태로 진행하기로 결의하고 공동체 서클을 교회 부서와 모임에 적용해나가기 시작했다. 일요일 예배 후 식사를 하고 나서 아둘람(피난처)이란 소그룹 모임을 하는데, 이 모임부터 서클로 진행하기 시작했다. 아울러 각 소그룹에서 교육에 참여한 교인들이 질문을 만들어 주보 한 면에 같이 나눌 서클 질문으로 공유하도록 했다. 그 주에 있었던 이슈나, 교회공동체에서 고민해야 할 부분, 함께 나누고 싶은 개인적 이야기 등을 정해 아둘람 서클에서 나누었다.

처음에는 자기 생각과 느낌을 다른 이들과 나눈다는 것에 낯설어하고 부담스러워했지만, 점점 그 자리가 치유를 경험하는 시간으로 바뀌기 시작했다. 형식적인 이야기보다 진솔한 자기 삶의 이야기 그리고 교회나 목사에 대한 불만까지도 서클에서 나누며, 다른 사람들의 인정이나 공감을 받기도 하고 때론 자신과 다른 생각들을 듣게 되기도 했다. 또 어떤 문제에 대해서는 나이 드신 분들이 중간에서 자연스럽게 조율하기도 하면서 개인과 공동체의 소소한 문제들을 건강하게 공유하기 시작했다.

기존의 전형적인 교회 행사와 예배에도 작은 변화가 생겨났다. 교회의 수련회 이름이 수묵담채화(수양. 묵상. 담화. 채움. 화목)인데, 교육 이후 기존 집회 형태의 수련회가 아니라 함께 둘러 앉아 전 교인이 서클로 이야기를 나누는 방식으로 전환했다. 평소 전 교인이 함께 모여서 시간 제한 없이 이야기할 기회가 많지 않기 때문에 수련회가 가장 좋은 기회가 되었다. 수련회에서 전 교인 서클은 4시간 30분 정도 진행되었다. 긴 시간이었지만 놀랍게도 한 사람도 지치지 않고 함께 웃고 울며 자신과 교회공동체, 그리고 신앙에 관한 이야기로 진지하게 참여했다. 비록 전통적 방식의 신앙 수련회는 아니었지만, 지금까지 했던 수련회 중에 최고의 수련회라고 모두 감사해했다. 또한 연말 송구영신 예배도 예배 형식이 아니라 송구영신 공동체 서클로 대신했다. 교회 생활을 돌아보고 감사한 사람들의 이야기를 나누면서 한 해를 마무리하는 시간으로 함께했는데, 이 시간은 그저 참석만 하는 예배가 아니라 함께 삶을 나누는 신앙공동체를 느끼고 경험하는 시간이었다. 그 밖에도 남자 교인들을 위한 서클, 청소년 서클, 어린이 서클 등 교회 안에 가능한 한 많은 공동체 대화의 기회를 마련함으로써 회복적 교회를 만들기 위한 토대를 다지는 데 전체 교인이 함께 노력했다.

이런 새로운 시도들은 많은 부분을 목회자가 제안했지만, 함께 교육받은 교인들이 그 뜻을 지지해주고 역할을 함께 맡아줬기에 가능했다. 특히 서클은 목사 중심이 되지 않도록 신경을 많이 썼다. 목회자도 서클의 한 일원으로 참여하는 것인 만큼 교회나 목회자에 대한 비판적 이야기도 건강하게 공유될 수 있어야 수평적이고 열린 교회 문화를 만들 수 있다는 목회자의 신념이 바탕이 되었다.

그런데 안타깝게도 이런 새로운 시도가 확장되어 갈 즈음 교회에 새로 등록하는 교인이 늘어가기 시작하면서 목회자가 새로운 교인을 돌보는 일에 많은 에너지를 써야 하는 상황이 되었다. 회복적 정의를 잘 모르는 교인이 늘어나면서 사전 이해가 부족한 부분을 메우기가 쉽지 않아졌다. 그럼에도 기회가 될 때마다 교육받지 않은 교인들을 대상으로 회복적 정의에 대한 개념을 공유하고, 목회에서 공동체성을 강조하면서 교회 내 크고 작은 갈등을 회복적 정의의 관점으로 해결해나가려는 노력을 여전히 멈추지 않고 있다.

이처럼 낮은마음교회는 작은 교회이지만 자기들만의 독특한 이야기를 만들어가고 있다. 그중에 한 부분이 회복적 교회공동체를 일궈가는 것이다. 회복적 정의를 교회공동체의 화해와 평화의 기초로 삼고 서로의 관계를 실질적으로 강화하는 노력을 교회 문화로 만들고 있다. 이는 회복적 정의가 담고 있는 성경적 뿌리와 맥을 같이하고 있기 때문이기도 하다. 초기 단계지만 교인들이 연대하면 얼마든지 교회공동체 안에서도 회복적 가치를 펼쳐나갈 수 있다는 가능성을 충분히 보여주고 있다. 앞으로 교회 정관에도 교인들의 실수나 공동체 문제를 풀어가는 과정에 회복적 접근을 적용하도록 구체적 절차를 넣을 계획이다. 또한 교회와 지역사회에 회복적 정의 접근이 가능하도록 교회 예산의 일부를 '회복기금'으로 조성하여 도움과 회복이 필요한 이웃들을 위해 사용할 준비를 하고 있다.

낮은마음교회가 회복적 교회라는 새로운 정체성을 갖도록 노력해온 오준규 목사는 회복적 정의가 왜 교회에 필요한지에 관해 이렇게 이야기해주었다. "교회는 참 갈등이 많은 곳입니다. 그런데 안타깝게도 수없이 발생하는 갈등을 제대로 해결하지 못해 다투고 분열하는 일이 빈번한 곳이 또 교회입니다. 솔직히 지금까지 한국 교회는 교회 안에서 갈등을 풀어나갈 때 제대로 된 성경적 정의 개념이 없었다고 해도 과언이 아닙니다. 그동안 교회 내에서 통용되고 있는 '정의'라면 그건 철저하게 율법주의에 입각한 '응보적 정의'였습니다. 그리고 목회자는 응보적 정의 관점에서 목회하는 것이 자신의 권위를 보호하는 방편이 되기 때문에 훨씬 편리하게 생각해왔던 것입니다. 하지만 이제 교회 안팎에서 이러한 패러다임을 극복해나갈 필요가 있습니다. 그건 시대적 요구이기도 합니다. 목사에게 '회복적 정의'를 고민하며 목회하는 것은 많은 배움의 노력이 필요하고 기다림의 시간도 필요합니다. 사실 기존 방식보다 어렵고 부담스러운 길이라고 생각합니다. 그렇지만 저는 회복적 정의를 기반으로 한 교회 운영이 다양한 교회 안의 갈등을 슬기롭게 극복하도록 도울 수 있다고 확신합니다. 우리 교회도 앞으로 교회공동체와 지역사회를 위해 회복적 교회가 되도록 더욱 노력할 예정입니다."

쉽지 않은 과정이겠지만 앞으로 계속해서 낮은마음교회의 회복적 정의를 향한 관심과 실천이 새로운 희망의 메시지가 되어 다른 교회공동체로 퍼져나가길 기대해본다.

회복적 아파트

한국 사회에서 아파트는 단지 주거의 한 형태를 의미하지 않는다는 것은 누구나 아는 공공연한 사실이다. 아파트는 먹고 자고 생활하는 단순한 주거지가 아니라 가장 확실한 자산이자 때로는 사회적 신분을 나타내는 지표이기도 하다. 1962년 정부에 의해 대규모 아파트 단지들이 생겨난 이래로 현대인의 욕망과 거대 자본, 대형 건설사, 정치적 이해관계가 복잡하게 맞물려 기형적인 한국 자본주의의 민낯을 그대로 보여주는 표상이 된 것이 오늘날 한국의 아파트이다. 또한 아파트는 수많은 일상의 갈등이 폭발하는 최전선이기도 하다. 층간소음, 쓰레기, 흡연, 주차 문제 등 이웃 간 분쟁이 하루가 멀다고 벌어지고 있고, 때론 심각한 수준의 범죄로 이어지기까지 한다. 최근에는 일부 입주민들의 폭력으로 경비원들이 수모를 겪고 극단적 선택으로 이어지는 등 아파트는 여러 문제를 구조적으로 안고 있는 현장이다. 많은 사람이 물리적으로 가장 가깝게 살고 있지만, 아이러니하게도 관계적 거리는 가장 먼 비공동체적인 공간이 오늘날 한국의 아파트가 양산해온 기형적 문화의 현실이다.

이런 아파트에 대한 이해를 근본적으로 바꾸고 사람이 사는 공동체를 지향하는 새로운 형태의 아파트 문화를 만들기 위해 시작된 아파트 공동체가 있다. 경기도 남양주 별내에 자리한 '위스테이Westay별내' 아파트는 우리나라 최초의 협동조합형 공공지원민간임대아파트로서, 소유와 자본의 상징인 아파트를 주거와 공동체의 공간으로 바꾸고자 하는 혁신적 아이디어를 구현하고 있는 마을공동체 아파트이다. 위스테이별내는 사회적기업인 더함이 사업 주관과 시행을 맡고, 협동조합 형태의 입주자-운영자 방식으로 기존 뉴스테이의 공공성 부족 문제를 근본적으로 해결했다는 평가를 받고 있다.

위스테이별내는 주변 시세 대비 80% 정도의 임대료를 부담하면, 최소 8년간 이사 걱정 없이 거주할 수 있다. 위스테이별내는 아파트에 살면서도 공동체가 살아 있는 마을을 만들고 나아가 지역사회에도 기여하는 모델을 그리고 있다. 커뮤니티 공간은 주민이 참여하는 참여형 설계가 반영되어 동네 카페, 동네 부엌, 동네 책방, 동네 체육관, 돌봄 공간 등이 아파트 단지에 포함돼 있다. 그리고 입주민끼리만 살기 좋은 아파트가 아닌 마을 주민들과 협력하면서 마을공동체에 보탬이 되기 위한 여러 가지 창의적인 지역사회 공생 프로젝트 구상도 함께 진행하고 있다.[19]

아파트를 분양하는 사업을 시작할 때부터 평화로운 공동체를 형성하겠다는 고민을 가지고 있었기 때문에 회복적 정의 패러다임과 실천에 관심이 컸던 위스테이별내 사회적협동조합 임원들이 2017년 KOPI를 방문하여 향후 조합원 교육에 대한 요청을 해왔다.[20] 이들은 진작부터 위스테이별내 아파트가 지향하는 근본 방향과 회복적 정의가 추구하

[19]　양승진, 〈입주 전에 시작된 주거공동체…'위스테이 별내'〉, 《노컷뉴스》, 2018. 09. 08. 참조.
[20]　2017년 11월 위스테이별내 사회적협동조합 이상우 사무국장의 소개로 손병기 이사장과 함께 회복적 아파트를 위한 첫 협의모임이 KOPI 피스빌딩에서 있었다.

는 가치가 잘 맞는다고 생각하고 있었는데, 마침 두 기관이 같은 도시에 있어서 협력이 가능하다고 생각했다. 이런 취지에 공감한 KOPI는 위스테이별내 사회적협동조합의 핵심 조합원을 대상으로 회복적 정의 교육을 맡아 회복적 아파트가 되는 과정을 돕기로 했다. 2018년 초부터 8주간 회복적 정의 개념 이해와 회복적 아파트가 되기 위해 필요한 기초교육 과정이 진행되었다. 회복적 정의 교육에 참여한 조합원들은 그동안 마을공동체와 사회적경제 영역에서 활동해왔지만, 여전히 응보적 정의 관점에 익숙했던 터라 워크숍에서 만난 회복적 정의에 관해 신선하게 받아들였다.

위스테이별내 사회적협동조합이 아파트 공동체를 지향하면서 모인 조합이긴 해도 여러 사람이 모여 사는 공간인 아파트에서 생겨나는 갈등을 구체적으로 어떻게 접근해야 하는지 철학이나 방법과 관련해서는 막막했던 것이 사실이었다. 그런 측면에서 회복적 정의 교육은 위스테이별내 아파트가 지향해야 할 공동체의 방향성을 확립하고 구체적 준비를 해나가는 좋은 기회가 되었다. 2019년에는 심화과정으로 회복적 대화모임을 진행하는 조정자 양성 교육이 진행되었다. 이 과정은 입주 이후 함께 살게 될 500여 가구의 아파트 주민들 사이에서 발생하는 여러 형태의 갈등을 회복적 대화모임으로 다루기 위해 기획된 것이었다. 이렇게 기초와 심화 교육을 이수한 조합원들은 일반 조합원 교육에서 공동체 서클 진행자 역할을 담당하게 되었다. 또한 아파트 주변 마을공동체를 만들어가고 있는 조합원의 경우, 마을 주민을 대상으로 하는 주민강좌에 회복적 정의 내용을 소개하는 역할을 하기도 했다. 그뿐 아니라 학교 현장에서 근무하는 조합원들은 학생들에게 회복적 생활교육을 실천하고, 일반 직장인의 경우에는 회사에서 동료들과 함께 회복적 정의와 공동체 서클에 대한 강좌를 직원연수 프로그램으로 적용하는 등 교육 수료 후 일상에서 회복적 접근을 나름대로 실천하는 역할을 하기 시작했다.

처음 회복적 아파트 공동체 비전을 KOPI와 협의했던 위스테이별내 사회적협동조합의 손병기 이사장은 "사람이 모여 살면서 갈등은 피할 수 없는 것이기에 갈등 상황이 발생했을 때 어떻게 조율하고 해결해야 할 것인지 막막했던 것이 사실이었습니다. 그런데 회복적 정의 교육을 통해 갈등 상황을 미연에 방지하고, 혹여 발생할 때 어떻게 조정하고 해결해야 할지에 대한 서광이 보이는 것 같아 매우 기뻤습니다. 회복적 정의와의 만남은 위스테이별내 아파트에 공동체의 기초를 다지고 앞으로의 방향을 설정하는 데 큰 도움을 주었습니다."라는 말로 그간의 교육에 의미를 부여했다. 아파트 주민 사이에 갈등이 없을 수는 없겠지만, 발생한 갈등마저 주민 간의 대화모임으로 관계 회복이 가능한 회복적 아파트를 만들어가겠다는 기대와 비전을 품고 아무도 해보지 않은 새로운 시도를 하고 있는 것이다. 실제로 위스테이별내 아파트의 공식 비전에 '공동체 생활문화운동의 정립과 보급을 위해 회복적 과정과 민주적 시스템, 사회적경제 방식의 연대를 통해 함께 살아가는 방안을 모색한다.'라고 선언하고 있다.[21]

2020년 여름 입주를 앞두고 위스테이별내 사회적협동조합 이사회는 갈등조정위원회를 구성하기로 결의했다. 갈등을 푸는 시스템이 필요하

---

21   위스테이별내 사회적협동조합 홈페이지(www.westaynamb.net) 참조.

다는 데 동의한 30~40명의 주민들이 입주 전 갈등관리 교육을 받아 단지 내 갈등조정위원회도 생겼다.[22] 위스테이별내는 향후 입주민 모두가 함께 지켜야 할 위스테이별내 아파트 '존중의 약속'을 만들 계획이다. 갈등조정위원회에서 초안을 마련하여 아파트 각 동의 소모임을 통해 피드백을 모아 최종안이 완성되면 아파트 엘리베이터와 모든 공유 공간에 게시하여 입주민이 인지할 수 있도록 할 예정이다. 또한 모든 입주민이 이웃 만남의 시간을 갖도록 조합 차원에서 적극적으로 권장할 예정이며, 아파트 라인별 공동체 서클을 1년에 2회 이상 진행할 계획을 갖고 있다.

이와 같이 함께 살아갈 조합원끼리 일상의 소통이 가능하도록 기회를 부여하고 신뢰 관계를 쌓아가도록 여건을 조성하여, 갈등을 예방하고 건강한 공동체 문화를 만드는 데 가장 큰 강조점을 두고 있다. 이런 노력에도 어쩔 수 없이 발생하는 주민 갈등은 갈등조정위원회에서 준비하고 있는 갈등조정매뉴얼을 통해 회복적 대화모임으로 조정하도록 안내하고 최대한 관계 회복의 기회가 되도록 절차를 정비하고 있다.

위스테이별내 아파트는 국내 최초로 시도하는 많은 영역이 있다. 그만큼 특별한 아파트로 자리매김할 것이 분명하다. 그중에 한 영역인 '회복적 아파트'라는 특성이 이 아파트를 더욱 특별하게 만들고 있다. 회복적 공동체를 만들기 위해 2년 전부터 조합원들을 준비시킨 위스테이별내 사회적협동조합 이사장과 리더십의 비전을 공유하고 이를 실천하기 위해 함께해온 조합원들에게 감사와 경의를 표한다. 위스테이별내 아파

---

22   박미리, 〈위스테이는 '사회주택'…부동산 문제 실마리 역할 기대〉, 《이로운넷》, 2020. 11. 02.

트가 회복적 아파트 공동체로서 성공적으로 나아가길 진심으로 기원한다. 나는 지금까지 진행한 이들의 실험이 한국의 수많은 아파트에 새로운 문화 충격을 줄 것이라고 확신한다. 그리고 이들을 따라 아파트를 건강한 공동체로 다시 세우는 희망적 움직임이 계속해서 나타나길 기대한다.

이처럼 병원, 교회, 아파트 등에서 회복적 정의를 기초로 건강한 회복적 조직과 공동체를 만들기 위한 노력이 이뤄지고 있는 것은 매우 반갑고 희망적인 이야기가 아닐 수 없다. 이 외에도 경기도자활센터, 월드비전, 한살림, 각당복지재단 등이 꾸준히 회복적 정의 교육훈련을 통해 회복적 조직과 공동체 만들기에 관심을 가져온 기관들이다. 회복적 정의에 관심을 보이는 기관이 늘어나고 있다는 사실은 그만큼 우리 사회에 건강한 사회공동체로 회복되기 위한 자양분이 쌓이고 있다는 방증이라고 할 수 있다.

회복적 사법

해외와 마찬가지로 한국에서도 회복적 정의가 가장 많이 필요하고 실천돼야 할 영역은 사법 영역이다. 그럼에도 불구하고 사법 영역에서 회복적 정의 실천은 법적 근거의 미비, 프로그램 운영 전문가 부족, 법조인들의 이해 부족 등의 이유로 제대로 제도화하지 못하고 주변부를 맴도는 실정이다.[23] 하지만 응보적 사법제도 안에서도 회복적 사법의 이념과 실천을 이뤄보려는 시도는 꾸준히 있어왔다. 2005년 피해자 보호와 지원에 관한 법적 근거인 '범죄피해자보호법' 제정 이래, 2018년 양형위원회가 주최한 심포지엄 주제가 '회복적 사법 이념구현'이었던 것처럼 사법부 안에서 회복적 사법에 대한 관심이 점차 확산되고 있는 것은 분명하다.

이런 작은 변화는 회복적 정의가 추구하는 이념에 관심을 두고 꾸준히 실천을 고민해온 경찰, 검사, 판사, 교정공무원, 변호사, 교수, 민간위원들이 있었기 때문에 가능했다. 제한적 환경 속에서도 신념을 가지고

---

23 조균석 외 8명(김선혜, 김재희, 안성훈, 이동원, 이연미, 이재영, 조은경, 한윤경), 《형사조정의 이론과 실제》(개정판), 대검찰청, 2017, p.51.

자기 목소리를 내온 이런 이들의 노력에 의해 한국의 회복적 사법이 조금씩 전진하고 있고 제도적 변화를 이끌어내고 있다.

사법 영역에서 시도되는 회복적 접근은 크게 두 가지 모델로 분류한다. 피해자-가해자 등 특정 사건의 당사자들이 직접 대면하는 순수모델과 다른 사건의 피해자-가해자가 만나거나 범죄 영향에 대해 깨닫도록 돕는 비대면 형태의 확장모델이다. 어떤 모델이든 가해자의 자발적 책임성 향상을 통한 피해자와 공동체의 회복과 치유, 가해자의 안정적 사회복귀라는 회복적 사법의 이념을 구현하고자 하는 목적은 다르지 않다. 한국의 사법 영역 여러 단계에서 시도해왔던 회복적 사법 실천들 가운데 KOPI와 KARJ가 직접 관여한 프로그램을 중심으로 소개하고자 한다.

경찰 단계

회복적 경찰활동

사법의 가장 첫 단계는 경찰 단계이기 때문에 세계의 회복적 사법 실천이 대부분 경찰 단계에서 이뤄지는 경우가 많다. 경찰 단계의 회복적 사법을 회복적 경찰활동Restorative Policing이라고 부른다. 한국에서도 경찰 단계의 회복적 사법 실천을 위한 시도가 몇 번 있었지만 제대로 제도화되어 진행되지 못하다가, 2018년부터 본격적인 회복적 경찰활동의 움직임이 나타나기 시작했다. 21대 경찰청장으로 취임한 민갑룡 청장은 취임사를 통해 제복 입은 시민으로서 지역공동체와 함께하는 경찰상을 제시했고, 더불어 범죄 피해자의 삶을 책임진다는 자세로 피해자 보호

및 지원체계를 마련해나가겠다고 천명했다. 이후 회복적 경찰활동이 수사권조정과 자치경찰제와 같은 경찰 개혁의 흐름과 맞물려 경찰의 주요 관심 사항으로 적극적으로 추진되었다. 경찰청은 2018년 말 '회복적 경찰활동 도입 추진계획'을 수립하고 이듬해 2월 회복적 사법 분야 전문가 13명을 '회복적 경찰활동 자문단'으로 위촉하여 한국에서 회복적 경찰활동의 본격적 시행을 위한 준비 작업을 시작했다.

경찰청은 회복적 정의 전문단체로 구성된 회복적정의시민사회네트워크(이하 RJ 네트워크)에 회복적 경찰활동 실행모델 개발을 의뢰하면서 민관협력모델로 시범운영 계획을 수립했다. 경찰청은 수도권에 시범경찰서를 지정하여 회복적 경찰활동으로 다룰 사건을 선정 및 의뢰하고 RJ 네트워크 단체들은 사안을 의뢰받아 회복적 대화모임을 통해 피해자와 가해자 간 직접 대화로 문제 해결을 시도하는 협력구조를 만들었다. 그리고 2019년 4월부터 본격적으로 수도권 15개 경찰서를 대상으로 회복적 경찰활동 시범사업을 시작했다.[24] 본격적인 사건 의뢰에 앞서 지정된 15개 경찰서를 경찰청의 사업 담당자와 담당 전문기관 대표가 일일이 방문하여, 관할 경찰서에 회복적 정의와 회복적 경찰활동에 대한 설명회를 열고 협업을 위한 준비를 진행했다. 또한 지정 경찰서를 비롯하여 회복적 경찰활동에 관심을 두고 있는 일반 경찰관을 대상으로 3일간의 집합 연수를 진행함으로써, 회복적 경찰활동 시범사업에 앞서 경찰조직 내부에서 새로운 사업에 대한 이해를 늘리고 지원을 이끌어내

24　회복적정의시민사회네트워크 참여 단체는 수도권 4개 권역별로 담당했다. 1권역: 사)갈등해결과대화, 2권역: 비폭력평화물결/사)좋은교사, 3권역: 한국NVC센터, 4권역: 한국평화교육훈련원KOPI/사)한국회복적정의협회KARJ

기 위한 사전작업을 해나갔다.

2019년 4월 말부터 10월 말까지 6개월간 진행된 회복적 경찰활동 시범사업을 통해 총 95건의 사건이 15개 경찰서에서 의뢰되었고, 그중 84건이 회복적 대화모임으로 성사되었다.[25] 회복적 대화모임이 이뤄지기 위해서는 피해자와 가해자의 동의가 전제되어야 하기 때문에 이들을 별도로 만나 자발적 참여 의사를 확인하고 준비하는 사전모임이 선행되었다. 사건을 선별하고 당사자들에게 초기 정보를 제공하는 일은 오로지 경찰의 몫이기 때문에 업무를 맡은 담당 경찰관의 관심과 의지가 중요했다. 사전모임과 본대화모임까지의 평균 소요시간은 총 6시간 정도로 진행자들은 사전모임 2회, 본모임 1회로 총 3회의 모임을 진행했는데, 경우에 따라 10시간 정도가 걸리기도 했다. 사전모임 이후 실제 대화모임이 진행되지 않은 경우도 일부 있었으나 대부분 대화모임까지 진행되었다.

시범사업을 설계하면서 회복적 정의 전문기관이 제시한 사건 선정 기준의 주요 고려 요소는 범죄 유형보다 당사자 간의 관계성이었다. 회복적 대화모임에서 관계성이 낮은 경우 금전적 합의 외에는 별 관심을 갖기 어렵기 때문이었다. 그 결과 주로 의뢰된 사건 유형을 보면 학교에서 벌어지는 학교폭력 사건이 가장 많았다. 그리고 가정폭력·아동학대, 폭행·협박, 절도 등 다양한 사건이 접수되었으며, 피해자와 가해자가 같은 지역사회에 연고를 두고 서로 아는 사이인 경우가 80%로 대다수를 차지했다. 주로 경미한 사건이 의뢰되었지만, 살인미수와 같은 강

25　심보영, 〈회복적 경찰활동 추진현황 및 향후과제〉, 경찰청-한국피해자학회 공동학술대회 자료집(2019. 12. 20.) 참조.

2019년 회복적 경찰활동 시범사업 통계자료[26]

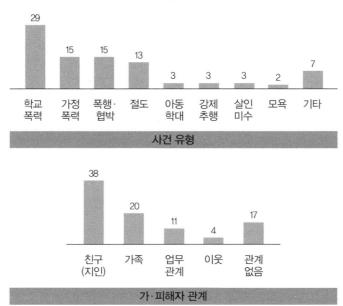

사건 유형

29 학교폭력
15 가정폭력
15 폭행·협박
13 절도
3 아동학대
3 강제추행
3 살인미수
2 모욕
7 기타

가·피해자 관계

38 친구(지인)
20 가족
11 업무관계
4 이웃
17 관계없음

력 사건도 종종 포함되어 있었는데, 대부분 가족이나 특수 관계 안에서 벌어진 사건이었기 때문에 회복적 대화모임이 적합하다고 판단되어 진행되었다.

2019년 진행된 회복적 경찰활동 참가자 설문조사를 살펴보면 전체적으로 당사자들은 회복적 대화모임 과정과 결과에 높은 만족도를 나타내고 있음을 알 수 있다. 일반적으로 많이 나오는 회복적 대화모임의 결과는 사과와 재발 방지, 관계 개선, 변상 등이었다. 피해자의 경우 대화모임 결과에 84%가 만족했으며, 회복적 대화모임이 자신의 피해 감정

26   심보영, 위의 자료집, p.57.

회복에 도움이 되었다는 의견이 81%, 가해자가 재범하지 않을 것으로 생각한다는 응답은 71.4%로 나타났다. 가해자의 경우에도 83%가 대화 결과에 만족한 것으로 나타났으며, 회복적 대화모임을 통해 자신의 잘못을 깨닫게 되었다는 응답이 86.7%에 이르렀다.

이 외에도 다른 피해자나 가해자에게 회복적 대화모임을 권유하겠느냐는 질문에 피해자가 다른 피해자에게도 권유하겠다는 의견이 81%에 달했고, 가해자가 다른 가해자에게 권유하겠다는 응답이 88%로 나타났다. 특이한 사항은 회복적 대화모임에 참석하면서 경찰에 대한 신뢰도를 제고하게 되었다는 응답이 피해자는 92%, 가해자는 90%로 매우 높게 나타났다는 점이다.[27] 이 결과는 경찰이 처벌기관으로서의 사법기관을 넘어 실질적인 시민의 갈등분쟁 해결의 장으로 역할을 할 수 있다는 가능성을 보여주었다.

시범사업의 결과에서 특히 주목해봐야 할 것은 피해자의 만족도 부분이다. 지금까지 피해자는 처벌요구 외에는 자신의 필요를 구체적으로 채울 길이 없었다. 하지만 회복적 경찰활동 시범사업을 통해 드러났듯이, 피해자들이 자기가 당한 피해의 결과를 직접 당사자 앞에서 안전하게 드러낼 수 있고, 구체적인 사과, 책임, 재발 방지 약속을 받을 수 있었다. 그 결과 피해자는 피해자 사이클을 벗어나는 가장 중요한 요소인 피해 감정(두려움, 억울함, 분노, 수치심, 죄책감 같은)을 덜어내는 기회가 되었다. 그리고 이러한 피해 감정의 해소는 가해자에 대한 막연한 불안을 줄이고, 일상을 회복하는 중요한 실마리가 될 수 있었다. 이런 측면에서

27   심보영, 위의 자료집, pp.57-58.

기존 경찰 단계에서 찾아보기 어려웠던 '피해자 회복을 위한 공간'이라는 첫 번째 회복적 대화모임의 목표가 성공적으로 이뤄진 것은 높게 평가할 만하다.

2019년 회복적 경찰활동 시범사업의 성과를 바탕으로 경찰청은 점차 회복적 경찰활동을 전국의 경찰서로 확대 운영할 계획을 가지고 있다. 우선 2020년부터 수도권 경찰서부터 실시하고 여건이 준비되는 대로 지방 경찰서로 확대해나갈 예정이다. 이를 위해서 RJ 네트워크가 전국적으로 회복적 대화모임을 진행할 전문 진행자를 양성해나가는 과제를 안게 되었다. 짧은 시간에도 회복적 경찰활동 시범사업이 높은 당사자 만족도와 경찰신뢰 제고라는 긍정적 결과를 낳을 수 있었던 이유는 경찰의 적극적 의지와 회복적 대화모임을 진행하는 진행자들의 역량이 주요한 역할을 했기 때문이다. 대부분의 진행자가 회복적 정의와 조정, 의사소통 등 관련 훈련을 이수하고 수년간에 걸친 실전 경험이 있었기 때문에 가능했다. 하지만 전국 단위로 확대 시행되면 전국의 경찰서에 필요한 전문 인력을 단기간에 확보하는 것은 쉽지 않은 도전이 된다. 경찰 입장에서는 경찰서별로 의뢰할 사건은 넘치지만, 그 사건들을 의뢰받아 회복적 대화모임을 이끌 지역의 전문 자원은 현저히 부족한 것이 현실이기 때문이다.

따라서 민관협력모델로 시작된 한국의 회복적 경찰활동이 시범사업의 성공을 넘어 지속가능한 회복적 사법의 실현 모델로 안정적으로 자리 잡아가기 위해서는 급격한 확대가 아니라 준비된 지역별로 서서히 확대해나가는 전략이 필요하다. 동시에 RJ 네트워크에서도 양질의 진행자를 양성하고 공급할 수 있도록 자격제도 등 내용적, 제도적 장치를 수립하여 양적 확대가 가져올 수 있는 질적 저하를 막는 노력을 기울일 필요가 있다. 또한 장기적으로는 경찰관들이 전문 훈련을 통해 회복적 대화모임의 진행자로 양성될 필요도 있다. 물론 경찰관이 진행자 역할을 하는 것은 사법공무원으로서 갖는 제도적 한계와 부담 때문에 아직 적절하지 않을 수 있다. 하지만 영국 경찰이 시도하고 있는 민관협력모델처럼 사건에 따라 경찰관이 직접 진행하는 사건(level 1)과 전문 진행자가 개입하는 사건(level 2, 3) 유형을 분리하여 좀 더 신속하고 상황에 맞는 회복적 사법 서비스를 제공하는 것도 점차 고려해볼 수 있을 것이다.[28] 이런 접근이 가능하기 위해서는 경찰의 수사종결권에 대한 제도적 보장이 먼저 정리되어야 한다.

경찰청의 회복적 경찰활동 실무책임자인 심보영 피해자보호기획계장은 향후 회복적 경찰활동이 성공적으로 정착하기 위한 과제로 "회복적 경찰활동 법제화와 민간진행요원의 체계적 확보와 함께 국민과 경찰 내부의 회복적 정의에 대한 공감과 지지가 매우 중요하다."라고 지적하고 있다.[29] 결국 응보적 정의 관점에 익숙한 국민 정서와 경찰 내부의 회복적 경찰활동에 대한 지지가 전제되지 않고서는 경찰의 새로운 접근이 성과를 거두기는 어렵다는 의견이다. 이런 한계를 극복하기 위해 경찰청도 언론 등을 통해 대국민 홍보활동을 강화하고 경찰 내부 이해와 지지를 높이기 위해 경찰 자체교육용 온라인 강좌[30]를 개설하여 관심 있

---

28 Kerry Clamp & David O'Mahony, 'Restorative Policing Provision Across England and Wales in 2018', pp. 5-6.

29 심보영, '회복적 경찰활동 시범운영' 발표 중, 2019 회복적 정의 콘퍼런스 – 회복적 경찰활동의 성과와 미래, 사)한국회복적정의협회(2019. 11. 16.)

30 이재영, '회복적 정의에 기초한 회복적 경찰활동', 2019년 경찰청 제작.

는 경찰관들이 학습할 수 있게 하는 등 부단한 노력을 기울이고 있다.

그럼에도 새로운 제도인 회복적 경찰활동이 자리 잡기 위해서는 앞으로 더 많은 노력과 시간이 필요하고, 적지 않은 시행착오를 겪을 수밖에 없다. 따라서 성과주의에 연연하지 말고 장기적 안목에서 서서히 확대해나간다면, 국민들이 체감할 제대로 된 회복적 정의 실천모델이 경찰 단계에서 자리 잡을 것이다. 그리고 그 혜택이 당연히 국민에게 돌아갈 것이므로 국민적 지지도 함께 높아갈 것이다. 더불어 회복적 경찰활동을 통해 한국에서 오랫동안 권력기관으로 자리매김한 사법기관에 대한 국민의 불신과 불만을 줄여나가는 계기를 마련하는 데도 크게 이바지할 수 있을 것이다. 여러 도전이 있겠지만 어렵게 시작한 회복적 경찰활동이 원래의 취지대로 잘 발전해나가길 바란다.

회복적 정의에 기초한 '사랑의 교실'

'사랑의 교실'은 경찰청에서 비행문제를 일으킨 청소년들을 대상으로 선도 목적으로 지역의 다양한 청소년 전문기관들과 연계하여 일정 시간 프로그램을 이수하도록 한 제도이다. 현재 전국적으로 약 100개의 청소년 유관기관이 지역 경찰서와 연계되어 사랑의 교실을 운영하고 있다. 2018년 초, 평소 회복적 정의에 관심이 있었던 남양주경찰서의 담당 경찰관이 KARJ를 방문하여, 사랑의 교실 운영에 관한 의뢰를 문의했다. 당시 남양주경찰서는 사랑의 교실을 자체적으로 운영해왔지만, 경찰서 자체 선도프로그램의 한계를 많이 느껴오던 차에 관내에 회복적 정의 전문기관이 있다는 사실을 알게 되어 사랑의 교실 의뢰 협의를 하러 찾아온 것이었다.

처음 경찰의 제안을 받고 KARJ가 제시한 프로그램 운영의 원칙은 5~8명 이내 소수 참가자의 참여, 그리고 참가자의 보호자가 반드시 참석해야 한다는 것이었다. 사실 회복적 정의 관점에서 할 수만 있다면 피해 측과 사건이 주로 발생하는 학교 관계자들까지 모두 참석하는 방법이 이상적이라고 제안했지만, 경찰의 입장에선 피해 학생 측이나 학교의 참여를 요청하는 것은 구조적으로 쉬운 일이 아니었다.

　　매월 한 차례씩 진행한 사랑의 교실은 매회 청소년 5~8명과 동수의 보호자가 참석하여 3일 동안 진행되었다. 보호자들이 3일 동안 참석하는 과정은 직장 문제를 해결해야 하는 등의 어려운 조건이 있기 때문에 참여를 설득해야 하는 담당 경찰관들도 애를 많이 먹었다. 3일간 10시간 진행되는 프로그램만으로 위기 청소년과 부모의 관계가 회복된다는 것은 불가능한 일이다. 그렇지만 자녀와 부모가 함께 '회복적 정의에 기반을 둔 선도프로그램'을 경험하면서, 적어도 서로의 입장을 이해할 기회를 제공함으로써 관계 회복의 계기를 만들어주는 일은 매우 중요했다.

　　사랑의 교실 운영을 의뢰한 이상열 경위는 보호자 참여와 관련해 이렇게 평가했다. "힘든 시기를 겪는 청소년들에게 부모와의 새로운 관계를 경험시켜주는 것은 그 자체로 큰 의미가 있었습니다. 부모 또한 자녀를 이해할 수 있는 계기를 만들어주고 자신들처럼 힘들어하는 다른 부모들을 만나 공감하는 자리를 갖게 되면서 용기를 얻는 시간은 다른 프로그램에서 좀처럼 보기 어려운 모습이었습니다. 사실 부모를 섭외하는 과정이 힘들어서 포기할까 하는 생각도 있었지만, 출산을 앞둔 산모가 힘들어도 출산 후 기쁨으로 그 모든 것을 잊어버리는 것처럼 사랑의 교실에 참여한 부모들이 마치면서 눈물을 흘리는 모습을 보면 그 노고가 기쁨으로 변하여 감사한 마음뿐이었습니다."[31]

　회복적 정의에 기반을 둔 사랑의 교실은 크게 세 단계 교육과정으로 나눠 진행되었다. 첫날은 '참여자 이해와 공감, 자기수용'이란 주제로, 참가자들 간의 관계를 형성하고 청소년과 보호자가 각각 따로 만나는 시간을 통해, 비난과 낙인에 익숙한 청소년들과 수치심과 좌절감에 노출되어 있던 부모들이 자기의 감정을 솔직하고 안전하게 드러내는 기회를 제공했다. 이튿날은 '피해자 이해와 자기성찰'이란 주제로, 잘못이 일으킨 피해와 어려움이 누구에게 영향을 주고 있는지 인식하고, 피해자의 필요에 대해 생각해볼 수 있도록 회복적 질문을 통한 자기 직면 시간이 진행되었다. 마지막 날은 '자발적 책임과 공동체 회복'이란 주제로, 건강한 의사소통에 관한 교육과 가족이 함께 회복적 대화모임을 하는 시간을 통해 가족과 학교 등 자신이 속한 공동체 안에서의 자발적 책임을 구체적으로 성찰해보는 기회를 갖도록 했다.[32] 이런 3일간의 교육 프로그램이 한 흐름 속에서 이뤄지기 때문에 첫날부터 마지막 날까지 참가자뿐만 아니라 진행자들도 자연스럽게 참여와 나눔을 통해 공감대가 훨씬 높아지는 경험을 할 수 있었다.

　2년간 진행한 사랑의 교실을 통해 청소년과 보호자 모두 합쳐 총 200여 명이 프로그램에 참가했고, 매회 6~10명의 자원봉사 진행자들이 함께해주었다. 10시간이란 짧은 시간으로 큰 변화를 기대하기는 무리겠지만, 그래도 그동안 참가한 200여 명 가운데 프로그램 중간에 사라지는

31　한국회복적정의협회 & KOPI 사랑의교실 진행팀, 《회복적 정의에 기반한 사랑의 교실: 청소년 선도프로그램》, 피스빌딩, 2019, p.62.

32　한국회복적정의협회 & KOPI 사랑의교실 진행팀, 위의 책, pp.11-12.

이탈자가 한 명도 나오지 않았다는 사실은 사랑의 교실이 매우 의미 있는 교육이었다는 방증이다. 보통 선도프로그램은 시간을 때우는 자리이거나 처벌을 대신하는 의무라 마지못해 참석하는 경우가 많은데, 사랑의 교실은 보호자 동반 참여라는 쉽지 않은 조건에도 불구하고 참가율이 매우 높았다는 점에서 아주 긍정적인 결과였다.

프로그램을 마치며 청소년들에게서 가장 많이 나온 이야기는 "제 이야기를 들어주는 어른들이 있다는 것이 신기하고 좋았어요. 걱정은 아직 있지만 앞으로 잘해야겠다는 생각이 들었어요."였다. 그럼에도 불구하고 아쉬운 점은 사랑의 교실을 통해 자신들 때문에 피해를 본 피해 학생들과 학교에 사과하고 책임지고 싶은 마음이 생겨도, 그것을 실천할 수 있는 환경이 쉽게 주어지지 않는다는 안타까운 현실이었다. 이들이 돌아가는 학교와 지역에서는 오히려 낙인을 찍고 바라볼 가능성이 커서, '선도교육도 받았으니 앞으로 다시 사고치지 마라.', '이제 피해자 근처에 절대 가지 마라.', '한 번 더 그러면 이제는 더 큰 벌 받는 것 알지?' 식의 이야기를 들으면서 어렵게 다짐해온 의지도 꺾여버리고 또 다른 상처로 반발하기 쉬워진다. 이런 점은 학교공동체 밖으로 내보내서 책임을 배우게 하는 응보적 제도가 갖는 한계일 수밖에 없다. 앞으로 사랑의 교실이 발전하면서 참가자의 범위를 피해 측과 이들이 속한 공동체까지 확대할 필요가 있다는 점을 진지하게 고민해야 하는 이유가 여기에 있다.

사랑의 교실에 오는 보호자들은 주로 자녀들의 문제 때문에 속상하고 원망하는 마음으로 프로그램에 참여한다. 하지만 불안하고 창피한 마음도 비슷한 처지의 부모들끼리 함께 나누는 시간을 통해 어느새 위로를 받는다. 누구도 쉽게 공감하지 못하는 이야기를 이해해주는 사람들을 통해 치유를 받고 자녀와의 관계 회복을 위해 노력할 힘을 얻게 된다. 교육에 참여한 한 아버지는 "첫날은 우리 아이에 대해 어디에도 하소연하지 못한 이야기를 나누고 부모들과 함께 공감했다면, 둘째 날부터는 프로그램 진행자를 유심히 관찰했습니다. 진행자들이 아이들의 이야기에 귀 기울이고 고개를 끄덕이는 모습을 보며 나를 반성하고 아이에게 어떻게 관심을 가져야 하는지 배울 수 있었습니다. 셋째 날 가족대화를 하고 나서는 아이와 더 대화를 나누는 부모가 되어야겠다고 결심하게 되었습니다."라면서 프로그램에 참여한 것을 잘한 선택이라고 했다. 참가자들의 말처럼 지난 2년간 사랑의 교실은 청소년보다 부모가 더 많이 느끼고 성장해서 돌아가는 시간이었다. 많은 부모가 여기에 오기 싫었는데 오지 않았다면 크게 후회할 뻔했다고 이야기하는 것을 들으면서 위기 상황을 전환할 수 있는 안전한 기회가 부모와 자식 사이처럼 가까운 관계일수록 더 필요하다는 사실을 새삼 느끼게 되었다.

사랑의 교실 진행에서 가장 중요한 요소는 진행자의 역량과 자세라고 봐야 한다. 2년간 협회에서 진행한 사랑의 교실 진행자는 대부분 KOPI와 KARJ의 스태프였다. 평소 회복적 정의 관련 교육을 꾸준히 해오던 이들이 교육을 맡았기 때문에 높은 만족도와 성과를 낼 수 있었다고 볼 수 있다. 2019년부터 사랑의 교실을 담당한 박기영 경위는 3일간의 교육 이후 진행자들 간의 디브리핑 시간을 통해 많은 것을 배웠다고 했다. "KARJ의 사랑의 교실이 이렇게까지 완성도 있는 프로그램으로 만들어질 수 있었던 것은 진행팀이 프로그램 후 반복적으로 나누는 피드백과 그에 대한 반영이 누적되었기 때문이라고 봅니다. 연령과 스타

일이 다양한 진행자들이 가진 최고의 능력은 청소년을 대하는 진심이었습니다. 누군가에게 자신의 시간과 마음을 내어주는 것은 아무나 할 수 있는 일이 아닙니다. 진행자들이 청소년을 위해 정성을 다하는 모습을 보면서 나 스스로 수년간 선도프로그램을 담당하면서도 한 명의 청소년에게도 마음을 제대로 열지 못했던 건 아닌지 반성하게 되었습니다."[33]

회복적 정의에 기반을 둔 사랑의 교실이 보호자 참여라는 새로운 시도를 통해 좀 더 근본적인 가족공동체의 관계 회복을 시도한 것은 결과적으로 바른 선택이었다. 이제 앞으로 경찰의 사랑의 교실도 잘못한 가해 청소년들이 좀 더 흥미 있게 참여하는 선도프로그램이 무엇일지 고민하는 단계를 넘어, 자신으로 인해 발생한 피해가 무엇인지 알도록 돕고 피해를 회복하는 자발적 책임을 논의하는 기회로까지 발전할 수 있어야 한다. 그리고 거기에 더해 우리 사회에 피해 청소년들의 피해 회복을 위한 사랑의 교실 프로그램도 생겨나야 한다. 가해 청소년을 선도하는 것만큼 중요한 것이 피해 청소년들의 회복이고, 이들의 회복과정에 가장 큰 역할을 할 수 있는 자원이 바로 가족공동체와 가해 청소년이기 때문이다. 가해 측만이 아니라 피해를 본 청소년과 가족, 학교, 공동체가 안전하게 함께 참여하는 사랑의 교실이 진행될 날이 하루빨리 오기를 바란다. 그리고 그때를 위해 회복적 정의에 기초한 사랑의 교실을 운영할 수 있는 진행자들이 먼저 곳곳에서 양성되어야 한다. 협회도 사랑의 교실의 확대와 진행자 양성을 위해 더욱 노력할 계획이다. 앞으로 공동체의 참여를 통한 건강한 청소년의 선도라는 사랑의 교실의 취지가

33　한국회복적정의협회 & KOPI 사랑의교실 진행팀, 위의 책, p.69.

잘 구현되는 과정에서 회복적 정의가 계속 기여해갈 수 있기를 바란다.

검찰 단계

형사조정제도

형사조정제도는 한국의 형사사법절차 안에서 회복적 사법의 취지를 반영하면서 운영되고 있는 가장 오래된 제도라고 볼 수 있다. 비록 형사조정제도 자체가 전적으로 회복적 사법의 이념을 구현하기 위해 시작된 것은 아니지만, 당사자 간 분쟁 해결의 장을 지역사회 자원들이 참여하여 돕고, 그 결과를 형사사법에 반영한다는 측면에서 피해자, 가해자, 공동체 세 주체가 중추적 역할을 하는 회복적 사법의 특성을 충분히 담고 있다. 물론 검찰에서 형사조정제도를 확산한 실질적 이유는 이를 통해 검찰의 업무 효율성을 높이려는 현실적 목적도 있었다. 검찰에서 형사조정을 본격적으로 시작한 것은 2006년 대전지방검찰청과 부천지청에서 시범 시행한 이래, 그 결과가 긍정적이어서 이듬해 전국 검찰청으로 확대 시행되었다.

사실 검찰에 형사조정제도가 생기게 된 배경에는 범죄피해자지원센터 설립과 깊은 연관이 있다. 2003년 대구지방검찰청 김천지청의 지원으로 범죄피해자 보호와 지원을 위한 전문기구인 범죄피해자지원센터가 김천·구미에 처음 설립되었다.[34] 그 후 대전 범죄피해자지원센터가

34　당시 김천지청장이었던 조균석 검사(현 이화여자대학교 로스쿨 교수, 회복적사법센터 소장)는 일본 게이오대학교 유학 당시 일본의 범죄피해자 지원시스템에 대해 연구하면서 국내 범죄피해자에 대한 지원과 돌봄이 제도화되지 못한 부분을 개선하고자 범죄피해

화해중재분과를 두고 초기 형사조정을 시도했고, 2005년 전국 검찰청에 범죄피해자지원센터가 생겨나면서 화해중재 업무가 확대되었다. 이런 상황 속에서 대검찰청은 민사 성격의 분쟁이 형사사건화되는 사례가 늘어나자 범죄피해자지원센터의 민간위원에게 조정을 의뢰하는 '고소 사건 조정제도'를 2006년부터 운영하기 시작했다. 하지만 피해자지원업무를 위해 설립된 범죄피해자지원센터가 조정 업무를 담당하는 것에 대한 구조적 한계와 피해단체들의 오해 때문에 법제화하지 못했다. 그러다가 2009년 범죄피해자지원센터 안에 있는 형사조정위원회를 독립적 기구로 분리하여 검찰청 내에 두게 되면서 조정 주체가 명확해지게 되었고, 2010년 범죄피해자보호법이 개정되어 형사조정에 대한 법적 기반이 확립되게 되었다.[35]

형사조정제도가 법제화된 이후 형사조정은 더욱 활성화되기 시작했다. 법제화 이듬해인 2011년 전체 형사사건 대비 형사조정 의뢰 건수가 1%를 넘어서기 시작했고, 2012년 형사조정이 가능하도록 기소를 한시적으로 중지하는 시한부 기소중지 제도가 도입되면서 의뢰 건수도 급격히 늘어났다. 2012년에 전체 형사 건의 2%가 의뢰되었고, 2015년에 4.47%, 2016년에는 전체 사건의 5.5%가 의뢰되는 등 5년 사이에 5배나 양적으로 성장했다. 형사조정 성공률도 2014년 56.1%, 2015년 58%로 점차 올라갔고 2016년에는 60%를 넘어서기 시작했다.[36] 또한 형사조정으로 의뢰된 사건 가운데 합의가 성립되어 합의 내용을 완전히 이행한

자지원센터 설립을 주도하게 되었다.

35   조균석 외 8명, 위의 책, pp.85-88.
36   조균석 외 8명, 위의 책, pp.90-91.

경우도 2014년 기준 81%나 되었다. 이런 높은 합의 이행률은 결과적으로 형사조정이 성립한 사건의 88%가 불기소처분으로 마무리되는 결과를 낳았다. 더욱이 2014년 평균 합의금을 보면 887만 원으로 이 금액을 당해 전체 사건에 대입하면 약 1100억의 합의금이 피해자에게 지급된 것을 알 수 있다. 결국 2014년 형사조정제도 운영을 위해 국가 예산 33억을 투입해서 약 30배가 넘는 금액이 당사자 피해 회복을 위해 사용되는 성과를 냈다고 평가할 수 있다.[37] 이런 금전적 변상 외에 시간이나 정신적 스트레스를 줄이는 등 돈으로 환산할 수 없는 많은 혜택이 갈등 당사자들에게 주어진 것은 형사조정제도가 이뤄낸 긍정적 성과로 평가할 수 있다.

이처럼 검찰 단계의 형사조정제도가 외양상 의미 있는 성과를 내왔음에도 불구하고, 전국 59개 검찰청과 연계되어 활동 중인 2500명이 넘는 형사조정위원들에 대한 교육은 처음부터 체계적으로 이뤄지지 못한 아쉬움이 많았다. 형사조정위원 전문화 교육은 2008년부터 실시됐지만, 교육 내용이 주로 법률적 유의사항과 '성공사례' 발표 중심으로 이뤄지다 보니, 형식적이고 일회성 교육에 그치는 경우가 많았고 참가율도 저조했다. 관심 있는 형사조정위원들의 꾸준한 요구 사항은 더 체계적이고 실질적 교육의 필요성이었다. 이후 다행히 이화여대 회복적사법센터가 출범해서 형사조정위원 교육을 맡게 되어 회복적 사법에 관한 이념적 기반과 구체적인 조정기술 교육이 강화되었다. 또한 전국의 형사조정위원들의 접근성을 용이하게 하기 위해 서울에서 주로 이뤄지던 교

---

37   이동원, '형사조정의 실효성 연구 II', 대검찰청 용역보고서, 2015, p.55.

육을 5대 광역시를 순회하며 진행했고, 2016년에는 처음으로 상근 조정위원을 중심으로 심화교육도 실시했다.

이처럼 점차 형사조정위원들의 조정능력 향상을 위한 노력이 확대되고 있는 것은 고무적 현상이라 할 수 있다. 그렇지만 전체 형사사건의 약 5%에 해당하는 10만 건 이상이 형사조정으로 처리되고 있고, 연간 20만 명 이상의 국민이 형사조정을 경험하고 있는 현실 속에서 형사조정 전체의 1%도 안 되는 예산이 형사조정위원 교육과 훈련에 사용되어 있는 상황은 분명 개선되어야 할 지점이다. 회복적 사법을 실시하고 있는 대부분 나라에서 회복적 사법 프로그램의 성공을 위한 두 가지 중요한 요소로 제도적 뒷받침과 프로그램 진행자의 역량을 꼽고 있다. 형사조정위원에 대한 선발, 교육, 관리 등에 대한 전반적 컨트롤 타워가 부재한 현 시스템을 두고 민간위원들의 헌신만 기대하는 것은 한계가 있을 수밖에 없다. 이는 결과적으로 사법기관이 '제도'를 만드는 데는 신경을 쓰지만, 그 제도를 운영할 '사람'에게는 투자하지 않고 있다는 방증이다.[38] 좀 더 발전적 형사조정제도의 운영을 위해 반드시 제고되어야 할 영역이다.

형사조정제도의 발전을 위한 또 하나의 제도적 보안 요소는 형사조정센터의 설립이다. 오랫동안 회복적 사법 제도화에 노력해온 이화여자대학교 조균석 교수는 형사조정센터의 설립 필요성을 강조해왔다. 그는 "사법개혁위원회에서도 고소·고발을 통하여 형사 사건화되고 있는 민사분쟁 해결을 위하여 '민간 영역에서의 대체적분쟁해결기구[ADR]의 확충

---

[38]　이재영, 〈형사조정 운영실태와 전문화 방안〉, 대검찰청·형사정책연구원 공동주최 형사조정 학술심포지엄 1주제발표, 대검찰청, 2016. 09. 26.

을 위한 기반을 조성할 필요가 있다'고 건의한 바에 따라서, 형사조정제도가 앞으로 형사 절차 전반에 걸친 대체적 분쟁해결제도^{Alternative Dispute Resolution, ADR}로 발전해 나가야 한다. 이를 위해서는 상설 형사조정센터를 설립하여 형사조정위원회를 상시로 운영하는 형태로 개선할 필요가 있다"라고 주장하고 있다.³⁹ 결국 검찰 내부 조직에서 비상설위원에 의해 이뤄지고 있는 현 형사조정제도로는 점차 확대되고 있는 형사조정의 양적 수요를 감당하기에 한계가 있을 수밖에 없다는 지적이다. 물론 이런 제도적 변화를 위해서는 형사조정 종합법률 제정과 같은 법제화가 선행돼야 하기 때문에 단기간에 이뤄질 수 있는 문제는 아니다. 그럼에도 초기에는 합의금을 통한 피해 회복에 초점을 맞추던 형사조정제도가 점차 관계와 공동체 회복과 같은 비금전적 사안들을 다루는 비율이 높아지고 있는 것처럼, 앞으로 사회에서 벌어지는 무수한 갈등에 대해 형사조정과 같은 회복적 접근은 갈수록 확대될 것이 분명하다. 따라서 형사조정제도가 독립적 운영체계를 갖추고 사법 절차 모든 단계의 사건을 의뢰받을 수 있도록 형사조정센터가 운영되는 것이 바람직하다. 그리고 형사조정센터를 통해 조정위원의 선발과 교육훈련, 사례관리, 평가, 홍보에 이르기까지 형사조정 전반에 걸친 체계적인 운영시스템을 갖추는 것이 제도의 성공적 운영을 위해 필요하다.

이런 제도적 보안이라는 장기적 과제가 남아 있지만 2019년 국제검사협회^{IAP}는 한국 검찰이 만든 형사조정 표준안을 국제표준으로 채택했다. 이 형사조정 표준안은 한국의 형사조정제도를 기반으로 형사조정

---

39 조균석, 〈형사조정제도의 과거, 현재, 미래〉, 대검찰청·형사정책연구원 공동주최 형사조정 학술심포지엄 특별강연, 대검찰청, 2016. 09. 26.

전반에 대한 운영원칙 및 절차를 상세하게 담고 있으며, UN 등 국제사회가 권장해온 사법 절차에서의 회복적 정의 구현을 위해 노력해야 한다는 취지에 초점을 맞춰 만들어졌다.[40] 이는 반갑고 자랑스러운 일이면서 동시에 더 큰 책임을 느끼게 하는 일이다. 한국 검찰의 형사조정제도가 국제형사조정의 표준이 되었고, 회복적 정의 실현을 목표로 하고 있다고 천명한 이상 최소한 현재 활동 중인 형사조정위원들은 회복적 사법에 관한 이해가 반드시 있어야 할 것이다. 현재로선 전국의 형사조정위원 사이의 지식이나 기술적 편차가 매우 큰 편이고, 명단에만 이름을 올리고 실제 활동을 하지 않는 위원도 상당수 존재하는 등 제대로 관리되지 않고 있는 실정이다. 또한 현재 한 사건당 조정시간(약 30분)이 매우 짧게 편성되어 있고, 사전모임도 없이 단회 조정으로 이뤄지다 보니 합의금 협상 중심의 조정으로 편중되는 경향이 있어 원래 회복적 사법이 중요시 여기는 당사자 간 관계 회복과 건강한 공동체성 회복이라는 취지를 살리기에는 한계가 있다.

따라서 이런 한계점들을 보안해나가기 위해 예산이나 정책적 지원이 꾸준히 이어져야 할 것이다. 한국의 형사조정제도는 회복적 정의에 대한 이해와 실천이 척박한 사회 환경 속에서 오랫동안 의미 있는 성과를 만들어온 한국형 회복적 사법 실천 프로그램임이 틀림없다. 그렇기 때문에 이제는 양적 성장보다 질적 성장에 초점을 맞춰, 더욱 내실 있는 회복적 사법 프로그램으로 자리매김해야 할 시점이다. 형사조정제도가 앞으로 회복적 사법의 이념을 잘 반영하는 제도로 발전해갈 수 있도록

40　임순현, 〈한국형 형사조정표준안 세계가 사용: 회복적 정의 구현 초점〉, 《연합뉴스》, 2019. 02. 03, 참조.

운영 주체인 검찰의 지원과 국민의 관심이 높아지기를 기대한다.

법원 단계

화해권고제도

우리나라에서 법원 단계의 회복적 사법의 시도는 2008년부터 시행된 소년법상의 화해권고제도와 2013년 인천지방법원 부천지원에서 진행된 형사재판 회복적 사법 시범 실시사업 정도이다. 이처럼 법원 단계에서 시행돼온 회복적 사법 실천이 미비한 데는 여러 가지 이유가 있겠으나 전반적으로 법원의 회복적 사법에 대한 이해 부족과 적용 프로그램에 대한 경험 부족이 근본적 원인이라고 볼 수 있다, 그렇지만 소송이 급증하는 현대사회에서 한정된 인원으로 밀려드는 소송의 최종 처리를 해야 하는 법원이 앞으로 회복적 사법을 확대 적용할 가능성은 분명 커질 것이다. 이런 점에서 소년보호재판에서의 화해권고제도와 부천지원이 진행한 형사화해를 활용한 시범사업은 법원 단계의 회복적 사법 발전을 위해 중요한 밑거름이 될 것이다.

소년법상의 화해권고가 법제화되어 시행되는 데에는 형사정책연구원이 회복적 정의 민간 전문기관과 함께 시도한 회복적 사법 시범연구 프로젝트가 큰 역할을 했다. 2006년부터 진행된 시범사업은 처음에는 법원보다는 주로 경찰 단계에서 의뢰되는 사건이 많았다. 하지만 2007년부터 서울가정법원에서 사건 의뢰가 늘어나기 시작했는데, 이는 소년부 판사들의 적극적인 의뢰와 초기 당사자들을 설득하는 조사관들의 노력 덕분이었다. 3년간의 시범사업을 기초로 2010년 서울가정법원은 시범사업에 참여한 회복적 정의 전문가, 상담사, 변호사 등 46명을 화해권고 위원으로 위촉하여 본격적으로 화해권고제도를 활용하기 시작했다. 소년사건의 특성상 소년과 보호자 모두 갈등 당사자에 포함되기 때문에, 당사자 수는 통상 4~5명을 넘었다. 따라서 일반 형사사건보다 더 많은 시간과 에너지가 소모되는 것이 소년사건에 대한 회복적 사법 접근의 특성이었다.

재판부에 의해 화해권고가 당사자에게 권유되면, 원하는 당사자에 한해 화해권고위원과 따로 만나는 사전모임부터 진행했다. 이때 대부분의 사건 당사자들은 법원의 안내를 받더라도 생소하게 생각하다가, 사전모임을 통해 화해권고에 관해 정확하게 이해하게 되면서 당사자 간 만남에 대한 불안감이나 부담을 줄이는 계기가 되었다. 실제로 화해권고기일에 참석할지 여부를 최종 결정하는 시간도 사전모임이었기 때문에 사전모임은 화해권고기일의 성패에 상당한 영향을 주었다. 처음에는 상대적으로 법원 단계에서 피해 측의 참여를 이끌어내는 것이 쉽지는 않았지만, 대부분 학교나 마을에서 벌어지는 학교폭력이나 또래 간의 사건이기 때문에, 사법적 처벌과는 별개로 관계 개선과 안전보장 같은 청소년들의 관계성 문제를 중요하게 생각한 부모들에 의해 참여 수요가 늘어나게 되었다.

화해권고위원은 변호사 위원을 포함하여 3명으로 구성되어, 대화의 진행은 2명의 회복적 정의 전문가들이 맡고, 변호사 위원은 합의 과정에서 법적 조언을 지원하는 역할을 맡았다. 대화의 진행 과정은 조정위원들이 책임을 지지만, 내용적 협의의 주체는 철저하게 당사자들 몫으로 합의안을 제시하는 것은 조정위원들의 역할이 아니었다. 따라서 당사자

간 쌓인 갈등과 오해를 푸는 시간이 오래 걸릴 수밖에 없기 때문에 당시 화해권고는 사전모임을 포함 평균 4~6시간의 시간이 소요되었다.

초기 3년(2010~2012) 동안 진행된 화해권고제도에 대한 평가를 보면 매우 긍정적 결과가 나타나는 것을 알 수 있다. 이 기간에 총 133건의 소년사건이 화해권고에 회부되어 그중 110건(83%)이 양측 모두 만족할 만한 결과를 도출했고, 참석한 소년들과 보호자의 만족도는 대부분 긍정적으로 나타났다.[41] 가해 소년 측은 화해권고기일 참여를 통한 변화에 대해 '피해자의 이야기를 듣고 피해자가 겪고 있는 어려움을 알게 되어 사과와 책임을 지는 동기가 강화되었다'라고 표현한 경우가 가장 많이 나왔다. 피해 소년측은 '가해 소년의 사과와 책임지려고 하는 자세를 보면서 분노와 불안이 많이 해소되었다'가 가장 큰 성과로 나타났다. 또한 피해와 가해 측 모두 화해권고위원들의 중립적 태도와 동등한 발언 기회, 사전모임을 통한 충분한 정보 제공, 부드러운 분위기와 인간적 배려 등이 당사자 간 대화가 잘 진행되게 된 이유라고 평가했다.[42]

이런 화해권고제도에 참여한 당사자들의 높은 만족에도 불구하고 문제점으로 지적된 것은, 법원 단계에서 진행되는 당사자 간 대화모임이 사건 발생 이후 시간이 꽤 지나서 이뤄질 수밖에 없기 때문에, 사법 절차를 진행하는 과정에서 생겨난 오해와 불신이 여전히 장애 요소로 작동하는 점이었다. 결국 당사자들이 좀 더 일찍 만나는 기회가 주어졌더

---

41 최은주 판사, 〈소년재판제도에 대한 안내〉, 《서울가정법원 2013년 화해권고위원 간담회 자료집》, 2013. 05. 07, pp.8-10.

42 이광우 판사, 〈2012 화해권고제도 운영평가〉, 《서울가정법원 2012년 화해권고위원워크숍 자료집》, 2012. 11.16, pp.17-23.

라면, 양 당사자들 모두, 특히 어린 학생들이 심리적으로 어려움을 겪는 일이 줄어들었을 것이라는 아쉬움이었다. 결국 화해권고제도를 학교폭력에 대한 통고제도와 연계하여 개입 시점을 앞당긴다거나, 보호처분의 조건으로 합의안의 이행 여부를 연계하는 방식으로 실질적 피해 회복에 대한 구속력을 높이는 노력이 필요하다는 숙제를 남겼다.

서울가정법원에서 회복적 사법의 이념에 기초하여 활성화된 화해권고제도는 점차 수도권과 지방의 소년법원으로 확대되어갔다. 하지만 전국으로 확대되면서 회복적 사법의 본래 취지를 잘 살리지 못하는 안타까운 결과가 나타나기 시작했다. 그 이유 중 하나는 화해권고제도를 실질적으로 진행하는 화해권고위원들의 역량과 깊은 연관이 있다. 제도 시행 초기와 비교해보면 전국 소년법원에 위촉된 화해권고위원들은 회복적 사법에 관한 이해나 적용 프로그램에 익숙하지 않은 경우가 많았다. 이런 상황은 화해권고제도 운영 주체인 법원도 마찬가지였다. 초기에는 서울가정법원 소년부 판사와 조사관이 회복적 정의 전문기관 소속 화해권고위원들과 정례적 워크숍을 갖고 회복적 정의에 대한 이해와 사례발표, 평가 등을 함께 공유해나갔다. 이를 통해 화해권고제도의 취지가 잘 반영되도록 함께 협의하고 새롭게 위촉된 위원들도 회복적 사법에 대해 배우고 소통하는 과정이 있었지만, 점차 이런 기회가 사라져버리고 말았다.

2019년 발표된 화해권고 참가자 대상 연구 결과에 따르면, 초기 참가자들과 비교되는 차이가 나타나고 있다는 것을 발견할 수 있다.[43]

---

43 윤석현, 〈소년법상 화해권고제도에 관한 소년들의 평가를 통한 재통합 프로그램 개발에 대한 연구〉, 《인문사회21》(제10권 2호), 사)아시아문화학술원, 2019.

2015~2016 사이 서울, 부산, 광주가정법원에서 성립된 52건의 화해권고 의뢰사건의 당사자 설문조사 내용을 보면 화해권고위원들이 조언과 상담자로서의 역할은 충실하지만, 중립적 조정자로서 대화를 이끄는 능력은 상대적으로 떨어지는 것으로 나타났다. 또한 화해권고위원들에 대한 신뢰도 조사에서 피해 소년들이 가해 소년들보다 상대적으로 화해권고위원들을 덜 신뢰하는 것으로 나타났다. 연구 자료에 따르면 화해권고위원들이 사건 종결과 합의 노력은 많았으나, 여전히 일반 사법제도와 마찬가지로 가해 측의 반성과 변화에 초점을 두고 있고, 피해자 회복과 앞으로의 재발 방지와 관계 설정을 통한 (학교)공동체 안에서의 재통합에 대해서는 상대적으로 낮은 관심을 두고 있는 것으로 조사되었다.

연구보고서는 화해권고제도가 가해자와 피해자의 관계 회복과 회복적 사법 이념의 구현이라는 근본 취지에 맞게 실현될 수 있도록 사전준비 절차의 활동, 대화모임의 질적 향상, 화해권고 이후의 공동체 연계과정에 관한 지원체계 등 화해권고 전반에 대한 교육을 화해권고위원들에게 강화할 것을 권고하고 있다.[44] 결국 사전모임이나 회복적 대화모임의 진행과정, 공동체와의 연계 등이 초기 화해권고제도의 핵심 특성인데도 점차 약화되어왔다는 것을 알 수 있다. 제도를 실질적으로 운영하는 화해권고위원들의 역량 강화를 위해 더욱 지원해줄 필요가 있다는 분석이 설득력을 얻게 된 것이다.

소년법 '제25조의 3'에 근거한 화해권고제도는 피해 소년의 실질적 피해 회복과 가해 소년의 품행 교정을 목표로, 전문위원이 이끄는 당사

---

[44]   윤석현, 위의 글, pp.899-901.

자 간 대화를 통해 화해를 이루고, 그 결과를 보호처분에 반영하도록 한 법원 단계의 대표적 회복적 사법 적용 제도이다. 따라서 그 본래의 취지가 잘 반영되도록 화해권고기일 표준절차 확립, 화해권고위원 교육 및 관리, 화해권고의 성과 및 평가 정례화, 처분 이후의 공동체 재통합 과정 모니터링 연계 등에 대한 체계적 운영관리 시스템이 정비되어야 한다. 더욱이 가해 소년과 피해 소년 모두 부모의 개입이나 권유로 본인의 의사와 상관없이 법원까지 오는 경우가 많기 때문에, 화해권고제도가 사건의 빠른 종결과 원만한 금전적 합의의 기회를 넘어 소년들이 스스로 문제를 해결하는 기회를 제공함으로서 자발적 책임과 주체성을 배우는 교육의 기회가 되도록 도울 필요가 있다.

그리고 늦은 감은 있지만 '화해권고'라는 제도명이 주는 오해를 극복하기 위해 새로운 이름을 고민해볼 필요가 있다. 화해권고는 법원에게는 적합한 이름일지 몰라도 당사자, 특히 피해 측에게는 회복적 사법의 취지와는 다르게 참가하고 싶지 않은 부담스럽고 부당한 이름으로 다가올 수 있기 때문이다. 처음 시범실시 때와 비교하여 운영상의 보완점이 많이 나타나고 있으나, 소년법상의 화해권고제도는 처음부터 회복적 사법의 이념을 구현하기 위해 시행된 제도이기 때문에 그 취지를 잘 살려 더욱 발전시킬 필요가 있다. 외국의 경우도 마찬가지지만 회복적 사법이 소년사건에 가장 많이 적용되고 있고, 또 가장 큰 성과를 나타내기 때문에 한국의 소년법원의 화해권고제도도 청소년들의 바른 성장을 위해 기여하는 한국형 회복적 사법 프로그램으로 계속 발전해나가길 기대한다.

부천지원 형사재판 회복적 사법 시범사업

2013년 인천지방법원 부천지원에서 실시한 '형사재판 회복적 사법 시범사업'은 처벌과 응보라는 기존 형사법 이념에서 치유와 화해, 자발적 책임과 용서를 통한 원상회복이라는 회복적 사법의 이념을 법원 단계에서 구현하고자 기획된 실험적 성격의 프로젝트였다. 과거에 법원이 형사화해를 활용한 사례는 간헐적으로 있었지만, 법원 차원에서 (가)제도화하여 실질적으로 시행한 것은 부천지원이 처음이었기 때문에 시범사업 자체에 남다른 의미가 있었다. 원래 형사상 화해 절차는 소송촉진 등에 관한 특례법 제36조에 명시돼 있지만, 제도 자체가 잘 알려져 있지 않고, 회복적 사법 이념에 기초해서 진행할 전문가가 없어 사문화되다시피 했다. 그러나 부천지원은 이런 제약 속에서 형사화해제도를 활용하여 형사사건을 당사자 간 대화로 해결하기 위해 회복적 정의 전문기관들을 섭외하여 형사화해위원을 구성하고, 형사화해 절차를 진행하기 위한 준비 작업을 시작했다.[45] 그리고 첫 번째 행사로 2013년 4월 말 부천지청, 부천시, 부천교육지원청, 회복적정의 전문기관과 함께 '회복적 사법 부천지역 합동 포럼—회복적 정의에 기반을 둔 안전하고 평화로운 회복적 도시 만들기'를 개최했다.

그 후 부천지원은 회복적 정의 전문기관들과 업무협약을 맺고, 2013년 8월부터 11월까지 4개월 동안 형사재판 중인 사건 10건에 대해 회복적

---

45 시범사업 종합평가 자료집 참조. 2013년 당시 정준영 부천지원장 제안으로 임수희 부천지원 판사가 실무를 맡아 시범사업을 진행했고, 전문단체로 한국비폭력대화센터, 비폭력평화물결, 평화를만드는여성회 갈등해결센터, KOPI 등이 프로그램 운영 파트너로 참여했다.

대화모임을 실시했다. 그 결과 대부분의 대화모임에서 가해자와 피해자 사이에 대화를 통해 상호 이해가 높아지는 결과가 나타났고, 이런 점은 기존 형사재판에서 상상하기 어려운 결과임이 틀림없었다. 또한 사건마다 차이는 있겠으나 가해자의 사과와 피해 회복을 위한 자발적 책임이 만들어지고, 피해자가 자기 감정과 필요를 직접 이야기하는 기회를 통해 피해 회복과 치유, 용서의 경험이라는 회복적 사법 취지에 맞는 의미 있는 결과들이 나타났다. 비록 사안 자체는 많지 않았으나 일반 형사재판 절차에서 공식적 지원 없이 부천지원의 의지만으로 형사재판에서의 회복적 사법 적용 가능성을 실제로 보여준 첫 시도라는 점에서 의미가 컸다.

이런 성과를 바탕으로 부천지원은 12월 중순 '형사재판 회복적 사법 시범 실시 종합평가 합동포럼-형사재판 절차에의 회복적 사법 도입에 관한 논의'를 개최했다. 포럼에서 실무책임자로서 시범사업을 주도한 임수희 판사[46]는 "이번 시범사업을 통해 우리 형사사법 법제하에서의 형사재판에서 회복적 사법의 가치를 구현하는 구체적 형태가 한 발짝 다가왔고, 본 시범실시 각 사례의 구체적 결과와 과정에서 나타난 다양한 자료들이 앞으로 제도화와 정책 입안 내지 입법을 위한 기초 자료로 쓰일 수 있기를 바란다."는 기대를 나타냈다. 하지만 안타깝게도 2013년 시범사업 실시 이후 형사재판에서 회복적 사법 도입을 위한 구체적 노력은 이어지지 못했다. 그렇지만 법원 단계에서의 회복적 사법 시행 가능성은 앞으로 계속해서 확대될 것으로 본다. 그 일례로 2018년 대법

---

[46]   부천지원의 시범사업과 사법에서 회복적 사법 적용 전반에 관한 자세한 내용은 《처벌 뒤에 남는 것들: 임수희 판사와 함께하는 회복적 사법 이야기》(임수희 저, 오월의 봄, 2019)를 참고하길 바란다.

원 산하의 양형위원회가 양형연구회를 설립하면서 던진 첫 번째 화두가 '양형에서의 회복적 사법 구현'이었다는 점만 봐도 그 가능성이 커지고 있음을 알 수 있다. 앞으로 국민들이 법원에서 시행하는 다양한 회복적 사법 프로그램을 경험할 날이 머지않기를 기대해본다.

교정 단계

교정 단계는 이미 형을 선고받고 사법적 책임을 지고 있는 단계이기 때문에 가해자의 참여 동기를 올리거나 피해자의 참여를 끌어내는 것이 구조적으로 쉽지 않다. 그럼에도 다른 사법 단계와 다르게 법적 이해관계 없이 순수한 목적으로 회복적 정의의 이념을 구현할 수 있는 단계이기도 하다. 또한 건강한 사회 복귀를 위한 재사회화의 패러다임으로서 회복적 정의가 교육적으로 활용될 수 있는 가능성이 높은 곳도 교정 단계이다. 사실 세계 최초의 회복적 정의 실천이 교정 단계에서 시작되었고, 1998년 벨기에를 시작으로 교정 영역에서 회복적 접근을 시도하고 있는 나라들이 늘어나고 있다는 점은 주목해봐야 할 부분이다.[47]

교정 단계의 회복적 사법은 일반적으로 두 가지 형태로 실천되고 있다. 하나는 수형자가 범죄 피해자와 만나는 대면 프로그램 또는 대리 피해자와 만나는 비대면 프로그램을 통해 범죄의 영향impact에 대해 깨닫고 피해 회복과 책임성을 높이는 형태이다. 또 다른 하나는 교정시설 내 수형자들 사이의 문제를 회복적 관점으로 다루는 시설 내 회복적 대화 모임이나 재소자 인성교육과 사회복귀 교육에 회복적 사법의 이념을 접

---

47   Dot Goulding, Guy Hall, Brian Steels, 'Restorative Prison: Towards Radical Prison Reform', *Current Issues in Criminal Justice*, Vol. 20. 2008. 11, p. 5.

목하는 교육프로그램 형태이다. 그리고 점차 이런 실천을 통합적으로 구현하기 위해 교도소의 전반적 구조와 문화를 회복적 사법 이념에 기초한 '회복적 교도소Restorative Prison' 프로젝트가 시도되고 있다. 이처럼 점차 확대되고 있는 교정 단계의 회복적 사법 실천을 총칭하여 '회복적 교정Restorative Correction'으로 부르고 있다. 그리고 비록 선언적 의미가 강했지만 2006년 법무부 교정국 미래 변화전략에 회복적 교정 프로그램의 시행을 제시하기도 했다.[48] 그 이후 비록 한정적이지만 교정 단계에서 회복적 사법을 실천하려는 시도가 이어져왔다. 가장 활발한 영역은 소년 보호기관에서 진행해온 회복적 사법 적용 프로그램이다. 그와 더불어 간헐적이지만 성인 교도소에서도 회복적 사법 적용 프로그램이 시도되어왔다.

회복을 위한 여정

2012년 서울남부교도소에서 진행된 '회복을 위한 여정'은 세계적 회복적 교정 기관인 국제교도협회PFI의 시카모 나무 프로젝트에서 모티브를 얻어 기획된 한국형 모델로 수형자와 대리 피해자가 참여하는 비대면 프로그램이다. 당시 법무부 교정본부 사회복귀과의 제안으로 민간교정전문단체인 기독교세진회가 주관하고, KOPI가 프로그램 개발과 진행을 맡았으며, 사회복지공동모금회가 예산을 지원했다.[49] 이 프로그램

48 김영식, 〈회복적 교정에 관한 연구〉, 전북대학교 대학원 법학과 박사학위논문, 2016, p. 201.
49 당시 회복적 교정에 깊은 관심을 보인 사회복귀과 교화업무 담당 김영식 사무관(현 부산교도소 소장)의 기획으로 처음 제안되었고 한국교도선교회PF Korea가 협력하여 진행되었다.

은 피해자와 수형자들에게 서로를 이해하는 시간을 가지고 상대의 아픔을 공감하는 기회를 줌으로써 본인들의 잘못과 상처로부터 치유될 수 있도록 돕고자 기획되었다. 또한 회복적 정의의 주요 가치인 존중, 자발적 책임, 관계의 회복을 주요한 이념으로 삼고 형벌로 채워질 수 없는 인간 내면의 깊은 성찰과 회복의 기회를 제공하는 것이 목표였다. 총 5일 동안 진행된 프로그램에는 살인죄로 복역 중인 수형자 4명과 연쇄살인범에게 가족 3명을 잃은 피해자 한 명이 참여했다. 사실 준비 단계에서 피해자 섭외가 가장 큰 난관이었다. 비록 다른 사건일지라도 피해자가 교도소까지 와서 수형자를 만나는 프로그램에 참석하는 것이 쉬운 일은 아니기 때문이었다. 다행히 천주교사회교정사목위원회의 도움으로 피해자 섭외 문제를 해결할 수 있었다. 나는 준비 과정에서 수형자들과 마찬가지로 어려운 결정을 내려준 피해자에게 정말 감사한 마음이 들었고 이 프로그램이 그에게 의미 있는 시간이 되길 간절히 바랐다.

　'회복을 위한 여정' 프로그램의 시작은 사전 준비를 위해 당사자들을 만나는 것부터 시작되었는데, 피해자는 진행자가 사전모임을 직접 가졌고 수형자들은 교도소에서 사전 안내를 맡았다. 사전 준비 모임에서 가장 중요하게 고려한 부분은 교도소에서 진행되는 회복적 사법 프로그램의 목적을 명확하게 인지시키는 것이었다. 왜냐하면 살인과 같은 중범죄 사건의 경험자들이 직접 대면하는 과정이 주는 심리적 압박에서 참가자 누구도 자유로울 수 없기 때문이었다. 전체적 프로그램 구성은 여러 상황을 고려하여 원래 8일인 시카모 나무 프로젝트보다 짧은 5일 과정으로 축소하고, 피해자는 둘째 날과 마지막 날 참여를 선택할 수 있도록 열어놓았다. 프로그램의 주요 내용은 회복적 정의 패러다임 이해, 스토리텔링을 통한 피해자 공감, 자발적 책임의 의미 재인식, 용서와 화해의 여정 공유, 배움과 앞으로의 실행계획 등으로 구성했다.

회복을 위한 여정 세부 프로그램

일차	대상	주제	내용
1일차	가해자	여정을 위한 준비	프로젝트에 소개 및 안내 프로그램 참여를 위한 준비 회복적 정의란 무엇인가? "나는 누구인가?" 정체성 활동
2일차	가해자 피해자	공감과 공유	피해자가 자신의 경험과 감정을 나눔 질문과 궁금한 점 나누기 가해자의 경험과 감정 나누기 "트라우마 서클" 활동
3일차	가해자	자발적 책임	피해자 이야기를 듣고 느낀 점 나누기 진정한 의미의 책임이란? "내가 회복을 위해 할 수 있는 일은 무엇인가?"
4일차	가해자 피해자	용서와 화해	가해자의 깨달음 나누기 피해자와 가해자의 필요 들여다보기 "내려놓기" 활동 용서와 화해의 여정에 참여한다는 의미
5일차	가해자 피해자 관계자	새로운 여정을 향하여	배움과 성장 나누기 나의 각오와 미래 "나에게 쓰는 편지, 그에게 쓰는 편지" 활동 축하와 축복 (교도소장 참석)

5일 동안의 회복을 위한 여정은 진정한 의미에서 회복을 위한 '험난한' 여정이었다. 교도소로부터 제대로 설명을 듣지 못한 채, 기존 인성 프로그램과 별반 다르지 않을 것이라는 단순한 생각으로 참여를 선택한

수형자들은 처음부터 자기 직면과 피해자와의 만남으로 엄청난 충격과 혼란에 봉착해야만 했다. 수형자들은 첫날 자기의 범죄 이야기를 꺼낼 때부터 다음 날 피해자의 경험을 듣는 과정까지 수치심과 죄책감으로 힘들어했고, 쥐구멍이라도 찾아들어가고 싶은 심정이라고 토로했다.

나중에 한 수형자는 당시 5일 내내 눈물로 밤을 새웠다고 이야기해주었다. 그만큼 피해자의 이야기는 충격적이었고 마음을 아프게 했다. 심지어 피해자와 만난 다음 날인 3일 차 아침에 수형자들이 참여를 포기하려고까지 해서 교도소 직원들이 이들을 설득하느라 진땀을 빼기도 했다. 그도 그럴 것이 지금까지의 교화프로그램에서는 전혀 접할 수 없었던 자신들의 가장 아픈 부분과 직면해야 했기 때문이었다. 스스로 충분히 죗값을 치러왔다고 믿었는데, 그게 아니라는 생각은 이들을 혼란스럽게 하기에 충분했다. 하지만 이 혼란과 절망은 놀랍게도 그 원인을 제공한 피해자와의 만남을 통해서 다시 새로운 에너지로 전환되기 시작했다.

프로젝트를 처음 제안한 김영식 소장의 분석에 따르면, 이들의 5일간의 여정은 처음에는 '강한 혼란'으로 거부감을 동반한 '자아 방어'로 시작되었고, 바닥까지 내려가는 '자기 붕괴' 후에야 '자기 성찰'의 힘이 생겨나게 되었다. 그리고 용서받지 못한 가해자라는 솔직한 '자아 인정'이 오히려 '용서받는 경험'을 할 수 있게 만들었다. 가족을 제외하고 처음으로 누군가에게 이해와 용서를 받았다는 경험이 '희망을 갖게' 하고, 다른 차원으로 성장한 자신을 발견하면서 '자기 회복'의 여정에 들어서게 해주었다.[50]

50   김영식, 위의 논문, pp. 175-177.

회복의 위한 여정 프로그램 참여자 회복경험 도식화[51]

강한 혼란 ➡ 자아 방어 ➡ 자기 붕괴 ➡ 자기 성찰 ➡ 용서 경험 ➡ 희망 생성 ➡ 자기 회복

이들이 겪은 회복의 여정은 강렬했고 매우 근본적인 것이었음을 진행하는 내내 느낄 수 있었다. 프로그램을 마치면서 한 수형자는 "처음에는 너무 힘들어 뛰쳐나가고 싶었는데 이제는 마치는 것이 무척 아쉽고, 기회가 된다면 다시 한번 참석하고 싶은 생각이 든다."라고 소감을 나눴다. 그러면서 모든 수형자가 이런 기회를 받을 수 있으면 좋겠다고 했다. 나는 심리적으로 너무 힘들어 포기하려고 했던 프로그램을 다시 하고 싶다는 이야기를 들으며 이들의 마음속에 일주일간 요동쳤을 감정의 기복을 짐작할 수 있었다.

이 복잡하고 무거운 혼동의 감정은 피해자도 마찬가지였다. 나중에 알게 된 이야기지만, 프로그램 참석을 결정하고 한숨도 잘 수 없었다는 피해자의 이야기는 마치 수형자들의 이야기가 메아리쳐 들려오는 것 같았다. '회복을 위한 여정'이 진행되는 5일은 양측 모두에게 연속적인 불면의 밤이었다. 그러나 피해자는 수형자들이 프로그램 과정에서 변해가는 모습을 보면서 자신이 참석한 의미가 있었다는 것을 보람으로 생각했다. 그러면서 이들의 모습을 통해 오히려 자신이 힘을 얻게 되었고, 동일 사건 당사자는 아니지만 자신이 입은 상처가 어느 정도 치유되는 경험을 하게 됐다고 했다. 아마도 자신의 가해자에게 그토록 듣고 보고

---

51 김영식, 위의 논문, p.178.
* 김영식 소장의 원래 표현을 약간 보완했음.

싶었던 후회하고 반성하는, 그래서 심지어 괴로워서 좌절하는 모습을 이들을 통해 대신 보게 되었기 때문인지도 모른다. 어쨌든 그는 이들에게 진심으로 용서를 베풀었다. 대리 피해자와 가해자의 입장에서가 아니라, 애통하며 절규하는 인간에게 같은 인간으로서 전하는 용서였다.

마지막 날 진행된 프로그램에서 수형자들이 자기 피해자들에게 쓴 편지를 눈물로 읽는 것을 들으며, 그는 "내가 당신의 피해자는 아니지만 진심으로 당신을 용서하고 싶고 그 용기에 감사한다."라고 하면서 한 명씩 안아주었다. 그는 이후에 나에게 이런 말을 전해주었다. "내가 내 사건의 가해자를 용서한 것은 사실 그 사람만을 위한 일이 아닙니다. 오히려 내가 살기 위해 용서를 선택한 겁니다." 사실 이 프로그램에 참석하기 몇 년 전 그는 사형선고를 받고 형을 살고 있던 자신의 가해자에 대한 사형 집행을 반대하는 탄원서를 법무부에 제출한 바 있다. 가족을 지키지 못했다는 죄책감과 가해자를 향한 분노가 자신을 집어삼키고 있을 때, 그가 살기 위해 할 수 있었던 유일한 선택이 용서였다고 했다. "그를 내 마음에서 보내주고 나니까 내가 살겠더라고요. 그날 사고 이후 처음으로 깊은 잠을 잤던 것 같습니다." 하지만 안타깝게도 그 선택으로 그는 남은 가족과는 소원해졌고 다른 피해 유가족들과 주변으로부터 비난과 책망을 들어야만 했다. 사랑하는 부인과 아들, 그리고 어머니마저 떠나보낸 피해자가 마지막으로 선택한 용서였지만, 사회는 그마저도 받아들일 수 없는 냉혹한 정의 패러다임 속에 있었다.

'회복을 위한 여정' 이후 나는 두 통의 특별한 전화를 받았다. 한 통은 프로그램이 끝나고 얼마 지나지 않은 시점에 참가자 중 무기징역형을 받고 20년째 복역 중인 수형자로부터 온 전화였다. 그는 자신들을 위해 어려운 걸음을 해준 피해자와 진행자에게 감사를 전하고 싶어서 전화했다고 했다. 그러면서 프로그램에 참석하지 않았다면 죽을 때까지 책임의 절반만 알고 살았을 것이라고 했다. 프로그램 마지막 날, 피해자와 함께 찍은 단체 사진을 걸어놓고 매일 보고 있다는 그는 교도소에서 죽거나 혹 나중에 출소하더라도 자신의 피해자와 가족을 위해 마지막까지 기억하고 기도하겠다고 했다. 그러면서 프로그램에서 생각했던 것처럼 교도소 내에서 작업을 통해 버는 작업 장려금을 범죄 피해자를 지원하는 곳에 기부하고 싶다고 했다. 그렇게라도 하는 것이 자신이 피해자를 위해 할 수 있는 최소한의 도리인 것 같다고 했다. 나는 그것이 최소일 수도 있지만 동시에 본인이 현재 상황에서 할 수 있는 최대한의 책임일 것이라며 격려해주었다. 사법적 책임을 지는 것으로 책임을 다하고 있다고 생각해오던 한 수형자에게 '회복을 위한 여정'이 진정한 의미의 책임이 무엇인지 깨닫게 해준 계기가 된 것 같아 감사했다.

또 한 통의 전화는 1년쯤 후 형기를 모두 마치고 출소한 참가자로부터 걸려온 전화였다. 시간이 꽤 흘렀으나 그는 나중에 꼭 연락하겠다고 한 약속을 지키고 싶어 전화했다고 밝혔다. 그러면서 프로그램에 함께했던 피해자의 안부를 먼저 물어왔다. 출소 후 가족이 하는 사업을 돕고 있다는 그는 교도소 생활 가운데 가장 잊을 수 없는 경험이 '회복을 위한 여정'에 참여한 일주일이었다고 했다. 그때 피해자 당신도 힘든데 죄인인 수형자들에게 기죽지 말고 힘내서 열심히 살라고 한 이야기가 너무 강하게 남아서, 자신도 기회가 된다면 사회에서 어려운 사람을 돕는 일을 해보고 싶다고 했다. 나는 마음을 담아 응원을 보낸다고 했다. 그와 나눈 대화를 통해 낙인과 징벌은 수치심과 또 다른 분노를 남기기 쉽지만, '회복을 위한 여정'에서 피해자가 보여준 용서와 지지는 또 다른 선행을 부를 수 있다는 생각을 잠시나마 하게 되었다.

이처럼 '회복을 위한 여정'은 참가 수형자들에게 기대한 것보다 더 큰 영향을 준 것이 분명했다. 그 핵심에 피해자라는 존재가 있었기에 가능한 결과였다. 비록 직접 당사자가 아닌 유사 사건의 피해자였지만, 그가 전해준 피해자의 이야기는 어디에서도 경험할 수 없는 놀라운 내용이었다. 피해자의 마음을 직면하는 시간은 모두에게 고통스럽고 힘든 시간이었지만, 동시에 자신의 회복을 위한 여정의 새로운 출발점을 제공했다. 수형자들은 자신의 피해자의 상황이 오버랩되면서 근본적인 반성과 책임감을 느끼는 계기가 되었다고 밝혔다. 그저 수형생활을 충실히 잘하는 것만으로는 부족한 무엇인가를 느끼게 되었고, 심지어 출소 후 어떤 삶을 살아야 할지까지 고민하게 해주었다. 피해자는 자신의 고통과 아픔을 이야기했을 뿐인데(물론 그 자체도 엄청난 일이지만), 그 긴 시간 동안 교정을 통해 이루려고 했던 동일한 메시지를 수형자 스스로 깨닫게 된 것이다. 피해자와의 만남을 통해 어찌 보면 진정한 의미에서 교정의 목적이 이뤄지게 된 셈이다.

하지만 더 일찍, 더 많은 수형자가 경험할 수 있기를 바란다는 참가자들의 요청에도 회복적 교정 프로그램이 이어지기는 쉽지 않았다. 현실적으로 진행 전문가 부족이나 교도소 관계자들의 이해부족, 재원의 부족 등 숱한 장애 요소가 존재한다. 하지만 가장 근본적 이유는 피해자들의 참여를 보장하는 일이 거의 불가능하다는 것이다. 앞에서 이야기한 것처럼 피해자가 교정시설까지 와서 프로그램에 참여하기를 기대하는 것은 지금 한국 실정에서는 매우 어려운 일이다. 비대면 프로그램일지라도 피해자를 섭외하기 위해서는 피해자의 필요와 권리를 위해 일하는 피해자 지원 기관이나 시스템이 먼저 준비되어 있어야 하는데, 우리 사회에서는 피해자 전문기관이 이제 태동 단계에 있기 때문이다.

한 사회가 균형 잡힌 정의를 이루려면 범죄자의 교화를 위해 국가가 교정시설을 운영하듯이 피해자의 회복을 위한 전문기관들이 사회에 같이 존재해야 한다. 결국 교정 영역에서 '회복을 위한 여정'과 같은 회복적 교정 프로그램이 확대되기 위해서는 피해자를 위한 실질적인 지원과 체계적인 교육을 감당하는 피해자 지원전문기관에 대한 정부와 민간 차원의 관심과 투자가 꼭 필요하다. 가해자들을 위해 존재하는 피해자란 있을 수 없다. 따라서 범죄자들을 효과적으로 교화해서 안전하게 사회로 복귀시키고자 하는 교정의 목적을 충실히 이루기 위해서라도 아이러니하게도 수형자가 아닌 (또는 병행하여) 피해자에게 관심을 쏟는 사회가 되어야 한다.

'회복을 위한 여정'에 참여한 피해자는 수형자들에게만 영향을 준 것이 아니라, 피해자 자신도 치유되고 삶의 의미를 재발견하는 계기가 되었다고 밝혔다. 어쩌면 피해자는 엄벌이라는 장막 뒤에 숨겨져 보호돼야만 하는 존재가 아닐 수도 있다. 그들은 사회공동체의 안전과 평화를 위해 자신의 불행한 경험을 긍정적 에너지로 전환할 수 있는 사회적 자원이다. 그리고 무엇보다도 사회 속에서 용서와 치유를 이룰 수 있는 거의 유일한 존재라는 사실은 결코 과소평가돼서는 안 될 부분이다. 결국 가해자의 온전한 회복은 피해자(또는 공동체)의 회복과 분리될 수 있는 것이 아니라는, 회복적 정의가 강조하는 상호 연결성에서 회복적 교정의 의미를 다시 한번 되새겨봐야 할 것이다.

서울보호관찰소 회복적 보호관찰 프로젝트

2018년 서울보호관찰소는 보호관찰 명령을 받은 소년을 대상으로 회복적 정의 실천 프로그램 개발 및 운영을 위해 전문기관들과 컨소시엄을 구성했다. KOPI는 보호자를 동반한 보호관찰 대상 집단에 대한 교육 개발을 맡았고, 사)회복적정의사법센터[52]는 보호자를 동반하지 않은 수강명령 부과대상을 상대로 교육 개발을 담당했다. 또한 모의 프로그램 효과성 측정을 위해 이화여대 법학연구소 회복적 사법센터가 연구를 담당하였고 한국예탁결제원 KSD 나눔재단이 예산지원을 맡았다. 5개월간 진행된 모의 프로그램 기간 동안 총 40명의 보호소년과 보호자가 참여했고 20명의 진행자와 연구자가 함께했다.

모의 프로그램 운영 결과 교육기관별 참여 대상과 내용이 세부적으로는 달랐지만, 두 집단 모두 서클 방식의 수평적 진행을 통한 배움 공동체 형성을 중요하게 여겼다.[53] 진행자의 환대를 통해 참여자의 긍정적 성찰과 행동 변화를 끌어내고, 참여자 사이의 공감대 형성과 가족 소통의 계기를 마련했다. 시간적 제약에도 불구하고 관계성과 공동체성의 경험은 참여자들에게 긍정적 상호작용의 기회를 제공했다. 결과적으로 프로그램 참여와 완료율이 일반 프로그램보다 월등히 높았고, 자기 성찰에 대한 이해도 정도의 차이는 있으나 긍정적인 평가가 많았다.

특히 KOPI가 진행한 프로그램은 유사한 소년사건의 피해 보호자가

---

[52] 사)회복적사법정의센터는 회복적 정의에 입각한 청소년 문제의 해결과 교정 분야 활동을 위해 다양한 프로그램을 진행하고 있다. 홈페이지(www.rjkorea.org) 참조.

[53] 조균석·김재희, 〈소년보호관찰 대상자 재범감소를 위한 회복적 정의 프로그램'의 효과성 검토 보고서〉, 이화여대법학연구소 회복적사법센터, 2018, pp.52-91.

참여해 피해자 경험을 나누는 시간이 있었다. 이 시간을 통해 피해자의 마음을 깊이 생각해볼 수 있었고, 책임지고 관계 개선을 하는 데 노력을 기울이겠다고 표현하는 참여자들이 있었다. 또한 소년보호관찰 대상의 회복적 정의 접근은 소년들의 자존감 향상과 재범을 피하려는 긍정적 의지를 통해 '재범억제에 상당한 효과'가 있을 것이라고 평가됐다.[54]

2019년에는 지난해의 성과를 기초로 법무부 범죄예방국에서 전국의 보호관찰소를 대상으로 확대하기 위해 '회복적 보호관찰' 프로그램으로 명명하고 전국 모델의 개발을 이어갔다. 그중 KOPI는 다시 한번 서울 보호관찰소 소년보호관찰대상 프로그램을 담당했다.[55] 서울보호관찰소의 경우 2018년과 비슷한 흐름으로 내용을 보완하여 프로그램을 진행한 결과, 전해와 마찬가지로 참여자와 보호자가 높은 참여율을 보였고 교육 만족도도 높게 나타났다. 결국 모의 프로그램의 긍정적 평가와 성과를 바탕으로 전국적 보호관찰 대상 소년에 대한 프로그램 확대 적용이 필요하다는 공통된 의견이 모아졌다.[56]

2년간의 회복적 보호관찰 모의 프로그램 개발은 기존 KOPI에서 운영해온 경찰 단계 프로그램인 사랑의 교실과 마찬가지로 소년범죄를 다루는 데 있어 보호자의 참여가 재범을 예방하고, 자신의 공동체로 건강하게 복귀하도록 도움을 준다는 사실을 다시금 확인하게 해주었다. 또

54 이화여대 회복적사법센터 10주년 포럼 〈회복적 보호관찰과 및 소년사법-그 실천과 과제〉(이화여대법학연구소 회복적사법센터, 2019) 성우제 서울보호관찰소장 발제 내용, pp. 49-52.

55 한국평화교육훈련원, 〈2019 회복적 보호관찰 청소년 프로그램: 회복을 향한 여정〉, KOPI, 2019.

56 조균석·김재희, 위의 논문, pp. 147-153.

한 프로그램 운영의 성패는 진행자의 역할과 역량이라는 점도 더욱 명확해졌다. 결국 '한 아이를 키우기 위해 온 마을이 필요하다'는 격언처럼 지역사회 자원봉사 진행자들의 참여 프로그램 형태는 범죄소년이 책임감 높은 건강한 사회 구성원으로 성장하는 데 도움을 주고, 공동체 정의 Community Justice의 실천적 기반을 구축하는 중요한 토대가 된다는 교훈을 얻었다.[57] 현재 법무부 범죄예방국 주도로 전국 확대 모델을 기획하고 있듯이 앞으로도 소년보호관찰 단계에서 회복적 정의 프로그램은 더욱 확대될 필요가 있다.

향후 보호관찰 단계에서의 회복적 정의 실천과 정착을 위해 우선 보호관찰관 등 법무부 교정직원이 먼저 회복적 정의를 이해할 필요가 있다. 그리고 지역사회 봉사자를 지속적으로 교육해 프로그램 운영을 지원한다면 소년들의 성장을 돕고 건강한 공동체를 구축해가는 동력이 될 수 있다. 소년보호관찰의 경우 보호자가 함께 참여할 수 있는 회복적 접근의 모색이 필요하다. 가족 관계를 회복하고, 부모의 돌봄과 지원 아래 소년의 재발 방지와 책임이 이뤄지도록 지원하는 것이 중요하다. 그리고 장기적 관점에서는 피해자의 참여를 확보하기 위한 방안을 연구하여, 단순히 가해자의 자발적 책임을 이끌어내기 위한 역할을 넘어, 피해자를 보호하는 안전한 가이드에 의해 치유와 회복의 과정으로 이어지도록 피해자 참여 경로를 확보할 필요가 있다. 모의 프로그램의 효과를 기반으로 보호자와 피해자 참여에 대한 근거 규정을 마련하고 체계화할 수 있다면 소년에서 성인에 이르기까지 확대 적용도 가능할 것으로 기

---

57   조균석·김재희, 위의 논문, p.144.

대한다.

회복적 교도소 프로젝트

최근 부산교도소에서 한국형 회복적 교도소를 만들기 위한 작은 시도가 진행되었다. 부산교도소는 한국에서 가장 오래된 교도소 중에 하나로 1-4 급수의 수형자 중 상대적으로 다루기 힘든 3-4급수 수형자들이 주로 수용되어 있는 교도소이다. 2020년 초 부산교도소로 새로 부임한 김영식 소장은 평소 회복적 교도소를 만드는 데 관심이 많았기 때문에 KOPI에 이와 관련하여 직원교육과 협의를 요청했다. 이틀에 걸쳐 진행된 직원교육을 통해 30여 명의 직원이 회복적 정의 패러다임과 사회 곳곳에서 진행되고 있는 회복적 정의 적용에 관해 배우는 시간을 가졌다. 또한 함께 진행된 직원 서클과 KOPI 전문가와의 협의를 통해 회복적 교도소를 만드는 비전을 공유하는 기회를 가졌다.

전문기관과 직원 협의를 통해 부산교도소의 회복적 교도소 만들기 프로젝트는 두 가지 프로그램을 중심으로 시작하는 데 의견이 모아졌다. 하나는 수형자들 사이에 나타나는 다양한 분쟁과 폭력, 입실 거부, 자해, 직원 공격, 지시 불이행 등 관규 위반 행위에 대한 징계 과정에 회복적 대화모임을 도입하는 것이다. 회복적 대화모임을 누가 진행할 것인가와 관련해서는 교도관을 진행자로 양성하는 방식과 외부 전문가를 위촉하여 자원봉사 진행자로 활용하는 방법, 그리고 수형자 중에서 진행자를 양성하여 자치적 대화모임을 이끌 수 있도록 하는 방법 등이 논의되었다.

또 하나의 프로그램은 모범수들의 자치사동[58]에서 관계성 증진과 공동체적 강화를 위한 서클 프로그램을 진행하는 것이다. 시설 내 갈등을 줄이고 평화로운 교도소 문화를 만들기 위해서는 수형자들의 생활공간에서 적용할 관계성 강화가 절실히 요구되기 때문이다. 이 프로그램 개발을 위해 시범적으로 10명의 수형자가 참석하는 서클 프로그램이 진행되었다. 프로그램에 참석한 10명의 수형자는 모범수가 아니라 상습적으로 입실을 거부하는 문제 재소자들이었다. 이들은 서클 프로그램을 통해 평소 관심을 두지 않았던 각자의 과거와 현재의 마음과 앞으로의 희망에 대해 공유했다. 또한 앞으로 교도소 안에서 좀 더 책임 있는 자세로 성실히 생활하기 위한 나름대로의 방법에 대해서도 의견을 나누었다. 그리고 프로그램의 결과로 자신들의 의견을 모아 존중의 약속을 만들고 앞으로 각자 작은 것에서부터 실천할 것을 서로 약속하는 상호책임의 시간도 함께 가졌다.

이처럼 이제 시작 단계이지만 부산교도소가 회복적 교도소를 만들기 위한 시도들을 시작했다는 점은 매우 고무적인 일이다. 이런 실험들이 점차 쌓여 회복적 정의의 가치들이 반영되는 회복적 교도소가 한국에 하나둘 생겨나는 계기가 되기를 바란다.

---

58 자치사동은 모범수에게 불침번, 식사 준비, 시설 보수, 청소 등 구치소 일을 맡기고, 자유로운 활동을 일부 보장하는 형태로 운영된다.

회복적 역사

5.18 주남마을 학살 생존자와 계엄군의 만남

과거에 있었던 불의하고 부당한 역사를 바로잡는 과정과 관련한 회복적 접근은 가장 어려운 영역이면서 또 가장 필요한 영역이다. 역사적 갈등은 집단과 집단, 또는 국가와 국민, 국가와 국가 사이에 벌어진 문제이기 때문에 제대로 청산하지 않으면 세대를 두고 사회 구성원들에게 큰 영향을 미치기 때문이다. 한국 현대사만 보더라도 여순사건, 제주 4.3항쟁, 한국전쟁, 베트남전쟁, 광주민주화운동 등 역사의 굵직굵직한 사건 속에서 본의 아니게 가해자와 피해자의 위치에 놓이게 된 수많은 개인들이 한 사회공동체에서 함께 살아가고 있다. 정치적 협상을 통해 과거 국가폭력에 대한 책임 소재와 역사적 진실을 밝히고자 하는 시도가 있기는 했지만, 그마저도 제대로 이뤄지지 못해 대부분 청산하지 못한 과거로 남아버렸고 지금까지 사회갈등의 원인이 되고 있다. 결과적으로 피해자는 헤아릴 수 없이 많으나 진실은 가려지고 책임지는 사람이 없는 불의한 역사가 반복되어왔다.

이런 안타까운 현실 속에서 역사 문제에 대한 회복적 접근을 시도한다는 것은 쉬운 일이 아니다. 일제강점기 이후 과거사와 관련해 응보적 정의도 한번 제대로 못 이룬 사회에서 역사에 대한 회복적 접근이라는 것이 가능이나 할지 멀게만 느껴지는 것도 사실이다. 그럼에도 불구하고 광주에서 작지만 의미 있는 회복적 정의 접근이 민간 영역에서 시도되었다. 2019년 5.18 광주민주화운동 39주년을 앞두고 여러 평화단체가 공동주최한 '광주평화기행 워크숍: 제주와 광주, 베트남을 기억하다'라는 행사가 있었다.[59] 행사의 하이라이트는 광주민주화운동 피해자와 5.18 계엄군이었던 전 공수부대원, 제주 4.3사건과 여순사건 피해자 유족, 그리고 베트남전쟁 참전군인 등이 함께 모이는 특별한 시간이었다. 그곳에 모인 국가폭력의 당사자들은 역사에 대한 증인으로서 평화기행 워크숍 참가자들에게 자신의 경험과 생각을 나누는 시간을 가졌다.

우리 사회에서 국가폭력의 당사자들이 한자리에서 같이 만나는 것은 매우 드문 일이고, 여러 사건의 당사자들이 함께 아픔을 나누고 공감하는 시간을 가졌기에 더욱 깊은 의미가 있는 자리였다. 특히 광주민주화운동 당시 대표적 양민학살 사건인 주남마을 버스 총기사건의 유일한 생존자인 홍금숙 씨와 당시 공수부대원으로 주남마을 사건 현장에 있었던 최영신 씨의 만남은 그야말로 역사적인 사건이었다. 당시 한 언론에서 표현한 것처럼 공식 석상에서 5.18 광주민주화운동 가해자와 피해자가 만나 역사에 대해 증언하고, 고통과 상처를 공유하는 것은 광주민주화운동 이후 39년 만에 처음 있는 일이었다.

---

59 '광주평화기행 워크숍'은 제주 성프란체스코평화센터, 5.18기념재단, 광주평화나비, 한베평화재단 등이 공동주최하고 한국평화교회교육훈련원이 당사자 회복적 대화 프로그램 기획 및 진행을 맡아 진행되었다.

비록 민간 차원에서 당사자들의 부담을 줄이기 위해 의도적으로 참가자의 규모를 최소화한 제한된 형식의 프로그램이었지만, 아직도 제대로 해결되지 못한 광주민주화운동에 대한 회복적 정의 접근을 시도한 첫 번째 사례였다. 이날 당사자들이 이야기를 나누는 회복적 대화모임은 증언석이 따로 없이 모두 둘러앉는 서클 형태로 진행되었다. 대신 두 개의 원으로 만들어진 이중서클, 소위 '어항 서클'이라 불리는 형태로 앉았다. 안쪽 서클에는 대화를 나눌 당사자들이 자리를 잡았고, 바깥 서클에는 전국에서 온 워크숍 참가자들과 5.18 광주민주화운동과 연관된 광주시민, 특히 주남마을 학살사건의 유가족 등 10여 명이 참여했다. 참가자들은 이런 대화 방식으로 증언하는 것이 처음이라 조금 낯설어했지만, 대화가 진행되면서 오히려 더 깊이 마음을 나누었고, 동시에 다른 사람들의 이야기에 집중할 수 있었다. 그날 워크숍 당사자 대화의 핵심은 역사적 진실을 밝히거나 사실관계를 증명하는 것이 아니었다. 그날의 진행 목표는 최대한 당사자들이 방해를 받지 않고 온전히 자기 이야기를 할 수 있도록 돕는 것이었다. 정확히 말하면 증언이 아니라 자신의 삶에 대한 스토리텔링을 위한 자리였다.

이날 누구보다 어려운 걸음을 해준 참가자는 다름 아닌 두 명의 전직 군인이었다. 이들은 회복적 대화모임에 참석하기에 앞서 망월동 국립 5.18 민주묘지를 찾아 분향하고 왔다. 프로그램 참석 전에 누구보다 마음의 짐을 덜고 싶었을 그들이었다. 특히 역사의 소용돌이 속에서 계엄군으로 1980년 광주를 겪은 최영신 씨는 광주행 자체가 쉽지 않은 결단이었다. 그는 몇 주 전 진행팀과의 사전모임에서 프로그램 참여 제안을 받고 매우 부담스러워했다. 그도 그럴 것이 광주민주화운동의 진실이라는 미완의 시대적 과제가 남아 있는 상태에서 계엄군이라는 무거운 꼬리표를 달고 피해자와 함께하는 공개된 자리를 위해 광주에 내려오는 것이 쉬울 수는 없는 일이었다. 그는 고심 끝에 어렵게 참가를 결정했지만 3주 동안 거의 잠을 못 이루며 자신이 참여해도 되는지, 만나면 무슨 이야기부터 해야 하는지 고민을 거듭해왔다고 했다. 그렇지만 자신의 참여가 억울하게 죽어간 광주 희생자들의 넋을 위로하고 진실을 밝히는 데 조금이라도 기여할 수 있다면 해야 한다는 사명감으로 용기를 내주었다.

1980년 5월 23일 계엄군 7, 11 공수부대는 광주 동구 월남동 주남마을 주변에 주둔하고 있다가 당시 도로를 달리던 소형 버스에 총격을 가해 민간인 승객 18명 중 15명을 비참하게 사망하게 했다. 당시 여고생이었던 홍금숙 씨와 남성 2명은 최초 사격 때 부상을 입고 살아남았지만, 계엄군은 홍 씨를 제외한 남성들을 끌고 가 사살한 뒤 암매장했다. 당시 희생자 중 9명만 신원이 확인되었고 8명은 여전히 행방이 묘연해 암매장 의혹이 제기되었다. 최영신 씨는 당시 7공수 부대의 중사로 광주에 투입되어 주남마을 버스 총격 사건 현장에서 그날의 일을 목격하게 된다. 제대 이후 계엄군으로서는 유일하게 1989년 1월 국회 광주청문회에 참석해 양심고백을 했다. 최 씨의 증언을 계기로 주남마을 학살 등 총 4곳에서 계엄군이 민간인을 학살한 사실이 밝혀지게 되었다.

증언이 아닌 자신의 스토리텔링

서클에서 처음으로 발언을 부탁받은 최영신 씨는 다시 한번 광주와 피해자들에게 사죄를 표현하면서 광주에 오기 참 힘들었다며 한참을 말을 잇지 못했다. 그는 제대를 불과 10여 일 앞두고 광주로 투입되었다. 처음에는 광주에서 며칠 훈련하다가 부대로 돌아와서 제대하리라 생각했다가 큰 역사의 소용돌이에 휘말리게 된 것이었다. 11 공수부대에 의한 주남마을 양민학살 사건 당시 직접 사격을 하지는 않았지만, 그는 현장과 가깝게 있었고 그날 희생된 사람들의 일부를 암매장했다는 소식을 직접 들은 군인 중 한 명이었다. 그는 힘든 기억을 되살리며 당시 자신이 직접 보고 경험한 상황을 생존자인 홍금숙 씨 옆에서 이야기해나갔다.

당시 손에 총상을 입은 교복 입은 여고생을 본 기억이 있는데, 바로 그 사람이 기적적으로 살아남아 옆에 앉아 있는 홍금숙 씨였다. 나중에 알려지긴 했지만 당시에는 계엄군이라고 해도 상황을 제대로 알 수는 없었다고 했다. 지금 생각하면 있을 수 없는 끔찍한 만행이 신군부에 의해 저질러졌고, 자신이 그 한 부분이었다는 사실이 너무 비참하게 느껴져 죄의식 속에서 살아갈 수밖에 없었다고 했다. 더욱이 제대 이후 근무하던 대학에서 광주의 참상들을 접하면서 괴로운 심정으로 고심하다가, 결국 첫 아이를 임신한 부인을 둔 채 당시로선 목숨을 거는 행위와 마찬가지인 양심선언을 하게 되었다. 청문회에서 계엄군으로서 유일하게 양심선언을 하고 나름대로 마음의 짐을 덜고 역사적 진실을 밝히는 데 기여하고자 했다. 하지만 청문회 증언 이후 찾아온 것은 위협과 실직 등 순탄치 않은 삶이었다. 보호해줄 것으로 믿었던 사람들도 방패막이가 되어주지 않았다. 그나마 얼마 후 김대중 당시 평민당 총재의 배려로 정당인으로 생활할 수 있었지만, 그마저도 정치적 배경이 없는 사람으로 오래 가지 못했고, 몇 번의 부침을 겪은 후 정당을 나오게 되면서 힘든 삶을 이어갈 수밖에 없었다.

역사의 진실을 밝히기 위해 목숨을 걸고 양심선언을 했지만, 광주시민들에게는 계엄군이자 가해자요, 공수부대원들에게는 배신자로 낙인찍혀 살아온 운명의 시간을 받아들이는 데 오랜 시간이 걸렸다고 했다. 누구에게도 환영받지 못하고 숨어 살아야 했던 시절과 그 어려운 시절을 견뎌준 아내와 자식들에게 미안함과 고마움이 진하게 묻어나오는 이야기였다. 하지만 최영신 씨는 자신이 한 결정을 후회하지 않는다고 했다. 오히려 이제는 자신과 같이 양심 증언을 하는 용기 있는 전직 계엄군이 더 나와 주길 바란다고 했다. 그 길만이 진짜 책임을 져야 할 사람들을 역사의 진실 앞에 세우고, 아직도 가족의 뼈 한 조각이라도 찾고자 애타는 유족들에게 사죄하는 길이라고 했다. "5.18에 참여했다고 다 나쁜 잔혹한 군인으로 매도되어서는 안 된다고 생각합니다. 더 늦기 전에 관계된 많은 계엄군이 진상을 털어놓을 수 있도록 우리 사회에 제도적인 안전장치가 필요하다고 봅니다. 현장에 있었던 군인들은 가해자이지만, 또한 역사의 피해자일 수밖에 없습니다. 아직도 드러나지 않은 진실이 많고 그 진실을 밝힐 수 있는 유일한 길은 그 진실을 알고 있는 사람들이 용기를 내주는 길밖에 없습니다."

　　상기된 최영신 씨의 이야기를 듣고 난 후 토킹스틱을 이어받은 사람은 홍금숙 씨였다. 5.18 광주민주화운동 당시 고등학생이던 홍 씨는 시민군으로 참여해 집에 돌아오지 못하고 있던 오빠를 찾으러 할머니, 어머니와 함께 광주 시내로 나갔다가 난리 통에 가족과 흩어지고 말았다. 문득 집으로 돌아가야겠다는 마음을 먹고 우여곡절 끝에 올라탄 버스는 주남마을 근방에서 계엄군에 의해 무자비한 총격을 당하고 말았다. 결국 18명의 승객 가운데 그녀만이 살아남아 주남마을 버스 학살사건의 유일한 생존자가 되었다. 그녀는 왜 자신만 생존자가 되었는지, 이 운명을 어떻게 받아들이며 살아왔는지 덤덤하게 이야기를 들려주었다. 자신을 살려준 계엄군이 여기서 본 것을 누군가 물으면 무조건 모른다고 하라는 말에 기억을 지우려 했지만, 그게 더 고통스러웠다고 했다. 손에 부상을 입고 다행히 목숨은 건졌지만, 한동안 행여나 계엄군들이 또 죽이러 오지 않을까 하는 공포 속에 지내야 했다. 그리고 5.18 이후 광주의 진실을 숨기기 위해 직간접적으로 협박하고 회유하는 안기부 직원들을 계속 만나면서 언제 목숨을 잃을지 모른다는 두려움 속에 오랜 기간 숨죽이며 살아야만 했다고 했다.

다행히 시대가 바뀌면서 어렵고 억울했던 시절들에 대해 이제는 스스로 당당하게 이야기할 수 있게 되었다고 했다. "저는 광주민주화운동의 피해자로 처음에는 참 어렵게 살면서 왜 이런 운명이 나에게 닥쳤는지 죽고 싶은 생각도 많이 했습니다. 하지만 시대가 변해가면서 광주항쟁의 피해자라고 인정도 받고 이제는 떳떳하게 5.18 피해자라고 이야기할 수 있게 되었어요. 그런데 지금 보니까 한편으로 광주의 또 다른 진짜 피해자는 당시 계엄군들입니다. 이분들은 평생 주변과 가족들을 속이고 또 자신을 속이고 살아야 하는 사람들이 되었죠. 얼마나 힘들겠어요. 저도 나이를 많이 먹다 보니 이제 미움이나 원망도 많이 사라졌어요. 최영신 씨도 만나보면서 이제 서로 다 늙어가는데 더 많은 사람이 진실 앞에 나와서 편하게 이야기도 하고 자유로워졌으면 좋겠어요." 그러고는 오늘 같은 자리는 정말 의미 있는 자리가 아니겠냐며 옆에 앉은 최영신 씨의 손을 꼭 잡아주었다. 참가자들은 홍금숙 씨의 말 속에서 피해자는 용서할 수 있는 힘을 가진 유일한 주체라는 진리를 발견하게 되었다. 그녀는 어느새 광주민주화운동의 생존자에서 계엄군이었던 사람들을 만나도 용서할 준비가 된 우리 사회의 큰 존재가 되어 있었다.

우리가 흔히 봐온 청문회나 법정에 선 증인은 주인공이 아니다. 피의자의 유죄 여부를 증명하기 위한 과정에 필요한 참고 대상일 뿐이다. 5.18 광주민주화운동에 대한 진상을 밝히고 역사적 정의를 세우려면, 이제 피고가 아닌 증인들에게 관심을 가져야 한다. 5.18의 진실을 밝히는 과정에서 신군부 세력이 주인공이 되어서는 안 된다. 사실 1997년 법적 정치적 사면을 받은 전두환이 이제 와서 자신의 죄를 인정하고 진실을 밝힐 가능성은 현실적으로 전혀 없다고 봐야 한다. 안타깝게도 1997년 이뤄진 전두환, 노태우에 대한 사면은 다분히 근시안적으로 이뤄진 정치 행위로 진실도 처벌도 없는 무조건적인 사면이었다.

진실 없는 사면은 신군부 세력의 역사적 과오를 바로잡고 유족의 마지막 소원을 들어줄 기회마저 놓치고 말았다. 결과적으로 두 사람을 처벌하지 못하는 상황이라면 사람들의 관심을 당시의 '억울한' 가해자들에게 돌려야 한다. 광주와 자신은 무관하다고 주장하는 전두환에 대한 처벌에 집착하다가 그가 죽으면 또 누구에게 책임을 물을 것인가? 이제 그를 버리고, 당시 계엄군으로 투입된 만여 명에 이르는 '억울한' 가해자들에 주목해야 한다. 최영신 씨가 주장한 대로 이들이 진실을 말할 수 있는 제도적 안전장치가 필요하다.

여기서 진실을 이야기하면 사면했던 남아프리카 공화국의 '진실과 화해 위원회TRC' 모델을 참고할 필요가 있다. 처벌하지 않는 진실이 무슨 의미가 있냐고 비판할 수 있지만, 사면받은 가해자에게 책임을 지라는 요구 또한 무슨 의미가 있는지 묻지 않을 수 없다. 당시 군인으로 신군부의 부당한 명령에 저항하지 못했지만, 마지막 남은 인생에서 역사적 가해자라는 오명을 벗을 수 있는 기회를 제공함으로써 아직 밝혀지지 않은 수많은 진실을 밝히는데 기여할 수 있게 한다면, 그 시도 자체로 우리 사회는 좀 더 성장할 수 있다. 1980년 광주의 계엄군이었던 사람 가운데 1%만이라도 한국형 TRC 자리에 나올 수 있다면 역사적 진실을 향한 마중물이 되어 정의로운 과거사 청산이라는 큰 흐름을 만들어낼 수 있지 않을까? 여전히 최영신 씨는 0.0001%이지만, 그는 자신을 지지하는 전직 군인들도 적지 않다고 했다. 다만 스스로 나설 수 없는 여러 제약 조건이 있기 때문에 하지 못할 뿐이라고 했다. 이제 반성하지 않는 전두환을 처벌하기 위해 더 많은 증인을 찾지 말고, 그 증인들이 주인공이 되어 역사의 과오를 바로잡는 안전한 공간을 확보해주는 사회적 노력에 힘을 쏟아야 할 때이다.

우리에게는 역사적 정의를 세울 수 있는 시간이 이제 많이 남아 있지 않다. 이제는 악마에게 분노해온 에너지를 새로운 방향으로 돌릴 새로운 관점이 필요하다. 전직 계엄군들이 자신들의 과거에 대해 이야기할 수 있는 안전한 공간이 만들어지고 그 과정을 통해 '사회적 사면'이 일어날 수 있도록 사회 각계각층의 지혜가 필요하다. 특별히 종교계가 이런 과거사에 대한 치유와 회복의 새로운 플랫폼이 생기도록 노력해주기를 기대한다.

광주평화기행 워크숍에서 당사자 대화의 마지막 질문은 참가 소감을 나누는 것이었다. 홍금숙 씨는 "짧은 시간이었지만 오늘같이 의미 있는 자리가 자주 있어서 많은 사람이 자기 이야기를 가감 없이 할 수 있기를 바라고, 앞으로 계엄군에 참여했던 사람들도 용기를 내서 진실이 밝혀지고 조금이라도 광주의 한이 풀릴 수 있기를 바랍니다." 하고 말했다. 최영신 씨는 얼마 전 우연히 아들의 SNS를 보다가 아들이 5월에 적어 놓은 문구를 보고 어려웠지만 잘못 살지 않았다는 위안을 얻었다면서 그 내용을 읽는 것으로 대신했다. "그 누구도 양심고백 하지 않았다면, 죽은 자들의 원통함도 남은 자들의 슬픔도 위로받지 못하고 여전히 조롱당했을지 모르죠. 용기 내서 말해준 그 누군가가 아버지라서 자랑스럽습니다."

역사 갈등의 가해자와 피해자는 모두 역사 정의를 세우는 과정에 중요한 존재이다. 광주평화기행은 그들의 필요를 채우는 첫 단추가 자신들의 이야기를 꺼낼 수 있는 안전한 공간을 만드는 것에서부터 출발해야 한다는 회복적 정의의 원칙을 다시 한번 확인하는 기회였다. 분명 그날은 모두에게 부담스러운 시간이었지만, 역사적 갈등에 대해 회복적 정의 관점이 어떤 기여를 할 수 있을지 조그마한 가능성을 발견하는 소중한 시간이기도 했다.

회복적 도시

한국의 회복적 도시 시도

상대적으로 회복적 정의에 대한 이해가 낮은 한국에서도 나름 회복적 도시를 만들기 시도는 있어왔다. 지금까지 회복적 도시를 주제로 열린 시 주관 간담회나 행사가 십여 차례 있었다. 가장 최초의 시도는 법원 단계에서 회복적 사법 적용을 사범 실시했던 부천지원이 주관한 2013년 '회복적 사법 부천지역 합동 토론회: 회복적 정의에 기반한 안전하고 평화로운 도시 만들기' 행사였다. 그후 부천지원을 통해 형사사건에 대한 법원 단계의 회복적 접근이 진행되었지만, 지역의 회복적 도시 만들기로 이어지지는 못했다. 그 이후 2015년 의왕시, 2016년 세종특별자치시, 2018년 계룡시 등에서 시청이나 시의회 주관으로 회복적 도시 관련 행사가 개최되었다. 특히 세종특별자치시에서는 시청, 시의원, 교육청, 경찰서, 청소년기관 등 시의 주요 기관의 인사가 모두 참석하는 합동 세미나가 개최되기도 했다. 이와 더불어 '2018년 서울 갈등포럼'에 영국의 대표적 회복적 도시인 헐Hull시 관계자가 초대되었고, 이화여대 회복적사법센터에서도 회복적 도시를 주제로 세미나를 개최했다.

이런 지속적인 관심과 노력에도 회복적 도시에 대한 시 차원의 지속적인 시도는 나타나지 못하고 있다. 나도 대부분의 회복적 도시 관련 행사에서 회복적 도시를 주제로 발표를 하면서 많은 기대를 했지만, 현실적 적용이나 추진이 만만치 않다는 것을 절감하게 되었다. 하지만 회복적 정의 운동이 확산하면서 회복적 도시를 만들기 위한 관심과 시도는 사라지지 않고 계속해서 나타날 것이다.

김해시와 경상남도교육청의 김해 행복교육지구

2015년부터 몇몇 교사들의 개인적 관심으로 시작된 경상남도 지역의 회복적 생활교육 움직임이 도교육청의 회복적 생활교육 활성화 정책에 따라 많은 학교와 교사들에게 확산하기 시작했다.[60] 특히 연수를 받고 회복적 생활교육에 관심을 가진 자생적 연구회 교사들이 주축이 되어 꾸준히 노력한 결과 학교 현장의 의미 있는 변화들이 나타나기 시작했고 쉽게 사라지지 않을 생활지도의 새로운 한 흐름으로 자리 잡아가고 있다.

이런 학교와 교사들의 노력에 힘을 실어주고 회복적 학교가 자리매김 할 수 있는 환경을 조성하기 위해 김해 행복교육지구에서 '회복적 도시 만들기' 사업이 시작되었다.[61] 경남도교육청의 회복적 도시 만들기

---

60 KOPI 정규교육 프로그램을 이수한 교사(하경남, 노용승, 황경윤 등)의 주도로 경남회복적생활교육연구회가 꾸려지고 2017년 경남도교육청(박종훈 교육감)과 KOPI가 업무협약을 맺고 도교육청에서 관내 관심학교에 회복적 생활교육 훈련 프로그램을 지원하기 시작했다.

61 행복학교는 경남도교육청의 혁신학교 명칭이며, 행복교육지구는 혁신교육지구의 명칭임.

프로젝트는 회복적 학교 지원사업과 마을공동체 회복적 마을교사 양성 과정 두 가지 형태로 진행되었다.

2017년 경남도교육청은 김해시와 협약하여 김해 행복교육지구 사업을 회복적 학교 만들기를 통한 회복적 도시에 집중하기로 하고, 행복학교(경남형 혁신학교)인 김해 봉황초를 회복적 학교 만들기 3년 프로젝트 운영학교로 선정했다. 3년간 꾸준하게 이어진 김해시와 교육청의 지원과 전문기관 교육과 컨설팅, 교사들의 열정으로 김해 봉황초의 학교문화는 전과 비교해 아주 긍정적으로 변했다. 회복적 학교 만들기 사업은 2019년으로 마무리되었지만, 회복적 정의에 기초한 생활지도가 이뤄지는 학교 공동체의 특성은 교사들에 의해 자체적으로 계속 이어지고 있다. 김해 봉황초의 실험을 기초로 경상남도교육청은 점차 회복적 학교를 확대함으로써 학교를 넘어 회복적 도시를 만드는 운동으로 확산하도록 애쓰고 있다.

경남도교육청 행복교육지구 회복적 도시 사업의 또 다른 한 흐름은 '평화로운 마을공동체 회복적 마을교사 양성'으로 진행되었다. 회복적 학교 만들기가 교사들에 의해 이뤄지는 학교 내의 움직임이라면, 학교 밖에서 교육 환경을 개선하고 안전하고 평화로운 도시문화를 형성하기 위해서는 일반 시민의 이해와 참여가 필수적이기 때문이다. 회복적 마을교사는 지역사회에 회복적 정의에 기초한 공동체성 향상과 평화로운 갈등 전환의 문화를 조성하는 데 기여하고, 학교에서 진행되는 회복적 생활교육 프로그램을 지원하는 것을 목표로 기획되었다.

먼저 2017년 김해 시민을 대상으로 진행된 '아이들이 안전하고 평화로운 학교와 마을 만들기' 대중 강좌를 연속으로 개최하여 회복적 정의의 개념과 회복적 도시의 필요성에 대해 알리기 시작했다. 이어서 대중 강연회에서 관심이 생긴 자원자들을 대상으로 첫 회복적 정의 워크숍을 진행했다. 워크숍에 대한 반응은 예상보다 뜨거웠고 이를 계기로 2018년부터는 김해 외에도 남해, 밀양, 양산 행복교육지구 사업에 학부모와 일반 시민 80여 명이 참여하는 '회복적 마을교사 양성과정'이 본격적으로 진행되었다. 여기에 그치지 않고 다른 도시로 행복교육지구 사업을 확장해나가기 위해 2019년에는 기존의 4개 도시에 진주, 고성, 사천, 하동 등 4개 도시를 더 추가하여 경남에 총 8개 도시에서 회복적 마을교사 양성과정이 실시되었다.[62] 이렇게 2년간 양성된 회복적 마을교사들은 지역 편차는 있지만, 학교에 서클 진행자나 회복적 생활교육 프로그램 진행자로 활동하기 시작했고, 계속해서 활동 범위를 넓혀가고 있다. 또한 경남 회복적마을교사 네트워크를 구성하여 각자의 도시에서 진행하고 있는 회복적 정의 실천을 공유하는 연대 활동도 고민하기 시작했다.

이처럼 경남 지역의 여러 도시에서 경남도교육청 주도로 회복적 학교를 통한 회복적 도시 만들기 프로젝트의 일환으로 행복교육지구 사업을 진행해온 것은 통합적 관점에서 이뤄지는 진정한 교육 운동이라고 평가할 수 있다. 아직은 소수의 학교와 시민들의 참여로만 이뤄지고 있는 초기 단계이기 때문에, 지자체와 교육지원청 담당자의 적극적인 이해와 지원이 뒤따른다면 회복적 도시를 향한 지금까지의 노력이 실질적 변화로 나타날 것이다.

---

[62] 하경남, 〈회복적 도시를 향한 경남의 발걸음〉, 경남도교육청 행복교육지구 회복적 도시 사업 중간보고서, 2019.

경기도 남양주시 회복적 도시 프로젝트

경기도 동북부에 자리한 인구 70만의 남양주시에서는 다양한 형태의 회복적 정의 실천을 진행해왔다. 우선 2011년 말, KOPI가 남양주로 이전한 이후로 지역의 학교, 주민, 기관을 대상으로 회복적 정의 관련 워크숍과 강연회 등이 꾸준히 열렸다. 또한 2014년 KOPI에 의해 '사단법인 한국회복적정의협회^{KARJ}'가 설립되면서 회복적 정의 아카데미^{RJA}(알자)와 여러 주제별 세미나, 콘퍼런스 등을 회원과 일반인을 대상으로 개최했고, 회복적 학교와 회복적 교회 연구회 같은 주제별 모임도 지속해서 진행했다. 이런 행사와 교육은 지역사회에 회복적 정의를 소개하고 실천을 위한 관심이 생기는 밑거름이 되었다.

구리남양주교육지원청은 산발적 학교 단위 회복적 생활교육을 진행해오다가 2017년 말 경기도교육청의 학교폭력에 대한 갈등조정 시범교육청이 되면서 KOPI와 함께 학교폭력에 대한 조정지원단을 구성하고 운영하기 위한 원칙을 세우기 시작했다.[63] 2018년 정식으로 운영되기 시작한 '구리남양주 학교공동체 갈등조정 지원단'[64]을 통해 관내에서 발생하는 학교폭력 사안을 회복적 정의에 기초한 조정으로 풀어나갔다. 1년간의 시범기간 동안 조정사례가 잘 해결되어 가면서 처벌 중심의 학교폭력 대응 방식보다 근본적인 문제 해결과 관계 회복이 왜 중요한지 인식하는 계기가 되었다. 갈등조정지원단 운영과 함께 구리남양주 관내

63　　오수정 장학사, 〈구리남양주 학교공동체 갈등조정지원단 시범 설치 및 운영계획〉, 구리남양주교육지원청 중등교육지원과, 2017. 11.

64　　조정지원단 구성은 조정위원과 자문위원으로 구분하여 구성. KOPI 조정전문가(5명), 교사(2명), 경찰SPO(2명), 상담사(1명), 변호사(1명) – 단장: 이재영 KOPI 원장, 간사: 오수정 장학사.

교장단, 학부모, 상담사, 학교폭력대책자치위원 대상 회복적 생활교육이 교육청 차원에서 이뤄졌고, 이를 계기로 학교 갈등에 대한 회복적 접근의 필요성이 강조되었다.

2019년부터는 일반 교원들 대상으로 조정자 교육과정이 개설되어 이수한 교사들을 갈등조정지원단에 추가 위촉했다. 조정자 교육을 받은 교사들은 조정지원단 활동보다는 자신이 속한 학교 공동체에서 비공식적 조정을 통해 많은 문제를 해결해나가는 성과를 거두었다. 2019년에는 구리남양주교육지원청의 조정지원단 성과를 바탕으로 경기도교육청이 외부 조정전문가 양성 연수를 의뢰하여 진행했고, 현재 경기도 여러 교육지원청이 자체적 조정자 양성 및 갈등 조정 지원단 운영을 시도하고 있다. 2020년에는 새롭게 교육혁신지구 사업을 통해 좀 더 통합적 관점으로 회복적 생활교육 펼쳐나갈 계획이다. 이 외에도 회복적 생활교육 거점학교인 회복적 학교 선정 및 지원사업, 찾아가는 회복적 생활교육, 교원대상 조정자 양성과정, 회복적 생활교육 연구동아리 지원 사업 등 다양한 회복적 생활교육 활성화 사업을 추진하고 있다.

남양주경찰서는 2018년부터 한국회복적정의협회(이하 KARJ)에 청소년표준선도프로그램인 '사랑의 교실' 운영을 위탁하기 시작했다. 사랑의 교실은 잘못을 저지른 청소년들이 특별교육을 이수하는 프로그램이다. 기존 사랑의 교실과 달리 협회에서는 회복적 정의에 기초한 프로그램을 개발하여, 반성을 통한 개선이라는 선도의 개념을 넘어 보호자와 함께 참여를 의무화하여 가족관계의 회복을 추구하고 자신이 일으킨 피해와 그 피해를 회복하기 위한 자발적 책임을 고민하는 교육 프로그램을 운영했다. 헌신적인 프로그램 진행자들의 노력에 힘입어 2년 동안 참여 청소년 이탈률 0%라는 놀라운 성과를 나타냈고, 의뢰 기관인 남양주경찰서에서도 어느 사랑의 교실 프로그램보다 공동체 교육의 의미가 큰 프로그램이라고 평가했다.

또한 2019년부터는 경찰청 주관 회복적 경찰활동의 시범지역 중 하나로 남양주경찰서와 구리경찰서 등이 KOPI, KARJ와 함께 성인 형사사건에 대한 회복적 대화모임을 시도하기 시작했다. 회복적 경찰활동을 통해 지역의 사법기관인 경찰서와 관내의 회복적 정의 전문기관 사이에 더욱 긴밀한 협력구조가 형성되었고, 도시의 안전과 안녕을 위해 공동체 사법의 필요성을 절감하는 계기가 되었다. 2020년부터 본격적으로 시도되는 회복적 경찰활동은 경찰 단계 절차 안에서만 이뤄지는 회복적 접근을 넘어, 지역사회의 회복적 정의 인프라 구축을 통한 회복적 도시를 만드는 중요한 시도가 되고 있다.

남양주경찰서와 교육지원청의 회복적 정의에 대한 관심과 연계 프로그램이 진행되면서 자연스럽게 회복적 도시를 만들기 위한 협의체가 생겨나게 되었다. 2018년 초, 교육지원청에서 회복적 정의에 관심을 가진 남양주 내 여러 기관이 모여 '남양주시 회복적 도시 네트워크'를 결성하는 모임을 가졌다.[65] 이 네트워크에는 의료생협인 '큰나눔의료소비자생활협동조합'과 '위스테이별내 사회적협동조합'도 함께 참여했다. 특히 회복적 아파트를 추구하는 위스테이별내 사회적협동조합의 참여는 특별했다. 조합의 임직원과 중심 조합원들이 2017년 말부터 KOPI와 업

---

65 남양주 회복적 도시 네트워크: 한국평화교육훈련원, 한국회복적정의협회, 위스테이별내 사회적협동조합, 큰나눔의료소비자생활협동조합, 공동체생활문화연구소, 남양주경찰서, 구리남양주교육지원청.

414 ──────── 회복적 정의, 세상을 치유하다

무협약^{MOU}를 맺고 회복적 정의 교육훈련을 받아왔기 때문에 자연스럽게 남양주 회복적 도시 네트워크 안에서 중요한 한 축이 되었다. 남양주 회복적 도시 네트워크는 회복적 정의 패러다임과 회복적 도시에 대한 필요를 지역에 알리고 주민들의 이해와 참여를 높이기 위해 남양주시 관내 주민과 학부모를 위한 회복적 정의 강연회와 영국의 회복적 도시 해외 전문가를 초청해 강연회를 개최했다.[66]

남양주시 회복적 도시 네트워크의 움직임은 남양주시청 차원의 관심을 높이는 계기가 되었다. 2019년부터 남양주시 교육청소년과와 KOPI, KARJ는 회복적 도시 만들기라는 주제로 중·장기 프로젝트를 추진하기 위한 협의를 시작했다. 그리고 여러 차례 협의를 통해 남양주 경찰서와 교육지원청이 진행하고 있는 회복적 정의 프로그램들이 지속해서 힘을 받기 위해서는 회복적 정의에 관한 이해와 실천에 참여할 지역주민들을 양성하는 일이 중요하다는 공동의 인식을 가지게 되었다. 결국 주민교육의 필요성에 기초하여 청소년 교육과 학교 내 갈등의 한 축이 되는 학부모를 대상으로 한 교육훈련을 시 차원에서 지원하기로 결정했다.

2020년부터 학부모의 인식을 개선하고 회복적 정의 확산을 목표로 대중강연회와 '회복적 정의에 기초한 학부모 지도자 양성과정'(회복적정의전문가 민간자격증 3급)을 남양주시 4개 권역에서 100여 명의 주민을 대상으로 진행할 예정이다. 그 외에 양성과정을 이수한 주민들을 대상

---

66 영국회복적정의협의회_{Restorative Justice Council UK} 회장 크리스토퍼 스트레이커 Christopher Straker 초청 강연회: 세계 최초의 회복적 도시 영국 헐_{Hull}로부터 배운다. 2018. 11. 05, 구리남양주교육청 대강당.

으로 지속적인 연구모임과 재교육을 하고, 조정에 관심 있는 주민을 대상으로 조정자 양성교육(회복적정의전문가 민간자격증 2급)을 추가로 실시할 예정이다.

이런 남양주시 차원의 지원 교육프로그램을 통해 양성된 지역 자원들은 학교, 경찰, 지역사회에서 크고 작은 회복적 정의 실천 프로그램의 진행자와 조정자로서 활동할 수 있도록 교육지원청과 경찰서와 함께 계속해서 협의해나갈 예정이다. 궁극적으로 남양주시는 회복적 정의 전문기관(KOPI와 KARJ)에 의해 진행되어온 회복적 정의 실천을 훈련된 주민으로 대체해감으로써 회복적 도시의 인프라를 체계적으로 구축하는 것을 목표로 하고 있다. 물론 시행착오를 겪겠지만 남양주시청은 지원 역할을 맡고, 회복적 정의 전문기관은 교육훈련과 컨설팅을, 학교와 경찰서는 회복적 정의 실천 프로그램의 운영 주최가 되는 회복적 도시 모델을 추진해나갈 예정이다.[67]

위에 언급했듯이 세종특별자치시에서 꾸준히 회복적 도시 만들기를 위해 노력해온 세종특별자치시 청소년상담복지센터도 계속해서 응원하고 관심을 보여야 할 곳이다. 그 외에 춘천시 한림대지역사회갈등전환센터, 인천서구 지역아동센터협의회(인천회복마을), 부천 역곡마을평화센터와 피스빌딩센터 등의 지역기관에서도 KOPI, KARJ와 연계되어 회복적 도시/마을 만들기에 관심을 두고 나름 작은 시도를 이어오고 있는 곳이다. 한국에서 진행되고 있는 회복적 도시를 만들기 위한 시도

---

[67] 남양주시의 '회복적 도시 프로젝트'는 안타깝게도 코로나19 상황으로 시작하지 못하고 잠시 보류된 상태이다.

는 아직 걸음마 단계에 있다. 따라서 매우 취약하고 지속가능성이 떨어지기 쉬운 위험 요소도 많이 존재한다. 그렇지만 교육청이나 경찰서, 시청과 같은 공공기관과 시민사회단체, 청소년기관, 협동조합, 학교, 대학 등 지역사회 민간기관에 회복적 정의를 바탕으로 회복적 도시를 만들려고 하는 비전에 동의하는 사람들이 계속해서 나타나고 있는 것은 매우 반가운 현상이다. 이들의 보이지 않는 헌신과 노력은 결코 가볍게 평가할 수 없다. 이런 창의적 소수에 의해 이상이 현실로 이뤄지는 시도들이 생겨날 수 있고, 실패하더라도 계속해서 발전해갈 수 있기 때문이다. 회복적 정의가 전문가의 영역에 머무르지 않고 일반 영역으로 확산할 때, 회복적 도시는 우리 곁으로 성큼 다가와 있을지도 모른다.

7장
회복적 정의 운동에 동참하라

"회복적 정의는 새로운 정의 패러다임이자 삶의 방식이다!"

하워드 제어(Howard Zehr)

치유와 화해를 향한 정의

회복적 정의의 아버지로 불리는 하워드 제어^{Howard Zehr} 박사는 1990년
회복적 정의 이론을 정립한 자신의 책 제목을 *Changing Lenses*로 지었다.
아마추어 사진작가이기도 한 그는 카메라의 렌즈를 바꾸면 초점이 달라
져 피사체가 새롭게 보인다는 본인의 경험을 바탕으로 책의 제목을 짓게
되었다고 한다. 어떤 사회변혁 운동도 마찬가지겠지만, 문제로 나타나는
현상을 지적하고 비판하는 것만으로 근본적 변화를 기대하긴 어렵다. 관
점이 바뀌지 않고서는 변화를 위한 지속적인 노력이 이어지기 어렵다는
의미이다. 앞에서 살펴본 바와 같이 회복적 정의가 한국과 세계에서 어
떻게 이해되고 실천되어 왔는지 소개하면서, 나는 회복적 정의가 하나의
대안적 해결책이나 프로그램이 아니라 새로운 패러다임이자 관점이라
는 점을 강조해왔다. 더욱이 회복적 정의는 이제 사법의 영역을 넘어 사
회의 다양한 영역으로 퍼져나가는 하나의 운동으로 확산되고 있다.

회복적 렌즈로 바라본 세상

우리가 사는 세상은 응보적 정의 렌즈가 지배하는 세상임을 인정한

다. 그렇지만 회복적 정의 렌즈로 세상의 문제를 바라볼 수 있다면, 과연 세상은 어떻게 달라 보일 수 있을까? 지난해 말 수도권의 한 초등학교를 다니는 5학년 학생이 부모의 이혼 상황을 학교에 퍼뜨리고 험담을 했다는 이유로 또래 친구를 흉기로 찔러 살해하는 일이 벌어졌다. 거우 12살밖에 되지 않은 아이가 저지른 이 끔찍한 사건을 접하면서 사람들은 충격과 우려 속에 놀란 가슴을 쓸어내려야 했다. 담당 경찰서에 언론사의 전화가 폭주했고, 관할 교육청은 비상사태가 되었다고 한다. 갑작스러운 일로 큰 충격과 슬픔, 두려움 속에 있을 당사자들과 가족, 학교와 친구들, 안타까운 소식을 접한 이웃 등 너무나 많은 사람들이 이 사건으로 감당하기 어려운 영향을 받았다. 또한 이들에게는 꼬리에 꼬리를 무는 수많은 질문과 채워져야 할 필요들이 남았다. 이 비극적 현실을 놓고 우리 사회는 어떻게든 답을 찾아가야 하는 커다란 숙제를 안게 되었다. 그러나 이 사건을 다루는 언론의 논조는 놀랍게도 (아니, 놀랍지 않게도) 단순했다. "14세 미만이라 처벌하지 못한다!"

당시 내가 본 관련 기사 어디에도 이 사건 밑에 깔려 있는 맥락이나 상황, 구조적 문제, 돌봐야 할 피해자와 공동체의 필요를 분석한 내용은 찾아볼 수 없었다. 한결같이 기사들은 나이가 어려서 처벌할 수 없다는 현실적 처벌한계를 성토할 뿐이었다. 그러면서 촉법소년의 나이를 낮추는 법과 제도의 정비가 필요하다는 논조로 일관하고 있었다. 우리나라에 기자가 몇 명이고 언론사가 몇 군데인데, 문제를 바라보는 관점이 어쩌면 이렇게 단 하나의 렌즈일 수 있는지 그저 놀랄 수밖에 없었다.

그 가해 학생이 자신은 촉법소년에 해당하여 처벌받지 않을 것을 알았기에 또래 친구를 죽였을까? 기사들이 똑같이 해결책으로 제시하는 것처럼 처벌할 수 있는 나이를 낮추면 앞으로 이런 불행한 일이 사라질까? 더 근본적 문제는 이런 언론의 관점이 피해자의 필요를 채워주기 위해, 즉 피해자를 위해 썼다고 생각되지 않는다는 점이다. 사실 피해자에 대한 이야기는 기사에서 거의 찾아볼 수 없었다. 그저 불안해하고 분노하고 있는 대중의 응징과 복수 욕구를 처벌 연령 조정이나 처벌 강화를 통해 대신 분출하는 역할을 하고 있을 뿐이었다.

우리가 무엇인가 변화하길 바란다면 근본적 원인에 접근해야 한다. 12살이면 아직 어른들과 사회의 돌봄을 받아야 할 나이이다. 처벌도 처벌이지만 이런 사건을 통해 우리 사회공동체가 고민해야 할 수많은 질문들을 외면해서는 안 된다. 우리 사회에 자꾸 늘어가는 정신적으로 병든 아이들을 어떻게 해야 할지, 12살 아이에게 남을 죽일 만큼 강한 수치심을 불러일으키는 어른들이 만들어놓은 삶의 환경은 이대로 괜찮은지, 평생의 트라우마로 남을 학교를 어떻게 돌봐야 할 것인지, 이런 근본적 부분을 고민하고 공동체적 대책을 마련하기 위해 필요한 정보를 제공하는 관점을 가진 언론이 거의 없었다는 사실이 아쉽고 안타까울 뿐이다.

물론 기사를 쓰는 기자들만의 문제는 아니다. 이런 사건에서 가해자나 피해자의 맥락을 설명하거나 큰 구조적 문제로 바라보려고 하면 바로 철퇴를 놓는 대중의 시선이 사실 더 근본적인 문제이다. '당신 자식이 당해도 그렇게 한가한 이야기를 할 수 있는가?' 하며 가해자 처벌만을 유일한 정의로 확신하는 대중의 맹신이야 말로 문제의 본질에 접근하지 못하게 하는 근원인 것이다. 사실 회복적 정의라는 렌즈도 이런 복잡한 문제에 관해 명료하게 당장의 해결책을 내놓지는 못한다. 그러나 응당 생각했어야 함에도 고려되지 못한 필요들에 대해 고민하게 하는 관점은 제시할 수 있다. 새로운 렌즈를 갖는다는 것은 다양한 관점을 인정하는 것이고, 따라서 좀 더 문제의 본질에 접근할 수 있는 창조적 공간을 만들어낸다는 의미를 내포한다.

화해와 치유를 향한 정의

우리는 흔히 사회의 잘못된 관행과 문제 행위들에 대해 실망하고 분노한다. 그러나 그 분노의 방향이 응보 욕구를 자극하고, 극단적 낙인과 처벌이라는 결과로만 표출되는 사회는 건강할 수 없다. 안타깝게도 우리 사회는 근현대사의 굴곡들—일제강점기, 한국전쟁, 군부독재, 남북냉전체제, 압축경제성장 등—속에서 흑백논리가 사회와 개인의 사고에 뿌리 깊게 자리 잡고 말았다. 사회의 어떤 이슈이든 적과 아군을 구분하려 하고 진영 논리가 쉽게 사고의 자유를 막아버린다. 고위공직자 인사청문회에서 아직도 '대한민국의 주적이 누구인가'를 확인하는 사상검증 질문이 빠지지 않고 등장할 정도이다. 한국 사회에서 제3의 길, 중립적 지대에 서는 것은 여전히 쉽지 않은 일이고 외롭고 비난받기 쉬운 선택이 된다.

정의에 대한 관점도 이런 시대적 환경에서 자유롭지 못하다. 다른 목소리를 낼 수 있는 공간이나 사유의 여유가 없다. 왜 이런 일이 벌어졌는가에 관해 성찰의 목소리가 존재할 여지없이, 즉각적 엄벌과 낙인으로 귀결되는 문제해결 방식이 초등학생부터 사회지도층의 갈등까지 당연한 문화로 고착되어왔다. 그렇다고 우리 사회가 피해자를 보호하거나 정의 실현의 주체가 되도록 허락한 것도 아니다. 최근 계속된 정치 지도자들의 비극적 선택과 그 이후 벌어지는 갈등 양상만 봐도 우리가 얼마나 취약하고 극단적인 사회에서 살고 있는지 확인할 수 있다.

개인적 문제를 넘어, 쉽게 정치 진영의 존립 문제로 확대되는 구조적 정치 부담 속에서 개인적 불행은 끊임없이 재연되고 있다. 이는 곧 사회적 트라우마로 이 시대를 짓누른다. 자신이 지지한 지도자들의 허망한 죽음을 반복적으로 목도하면서 많은 사람들이 상실감을 넘어 정신적 공황 상태에 빠져든다. 그런데도 이런 비극적 사건들마저 정쟁의 빌미가 되어 진영 간의 유불리에 따라 휘발성 높은 공격의 소재가 되고 말 뿐, 그 이상의 어떠한 본질적 논의로 제대로 이어지지 못한다. 그것이 스스로 세운 윤리적 기준에 따라 선택한 개인적 참회 방식이든, 조직과 진영에 부담을 주지 않기 위한 마지막 정치 행위이든, 통제되지 않은 사법과 언론의 마녀사냥이든 간에, 모두를 피해자로 만들어버리는 이런 '사회적 살기殺氣'가 어느새 우리 사회의 공기 속에 터질 듯이 가득 차버렸다.

이런 극한 대립 속에 타협과 관용이 허용되지 않는 사회 분위기는 처벌 요구를 분출시키는 근본 원인 중에 하나이다. 처벌이 곧 반성을 의미하지는 않는다. 처벌받았다고 해서 반성하고 있다고 볼 수 없다는 의미이다. 반성할 뜻이 없는데 처벌을 받은 사람들은 부당한 조치에 억울함을 표출하며 자신을 스스로 피해자화하기 쉽다. 반대로 반성이 처벌을 대신할 수도 없다. 반성했기 때문에 처벌받은 것과 같다고 할 수는 없다는 의미이다. 반성으로 처벌을 면할 수 있다는 기대가 커지면 반성은 회피의 도구로 변질되어 악어의 눈물을 양산해내기 쉽다.

나는 반성과 처벌이라는 두 단어의 조합이 함의하고 있는 정의의 요소들이 더 잘 표현되려면, '인정'과 '책임'이란 말이 더 많이 강조되어야 한다고 본다. 여기에서 책임은 처벌보다 좀 더 광의의 개념이다. 처벌이 책임의 한 형태일 수 있지만, 처벌이 곧 모든 형태의 책임이 될 수는 없다. 마찬가지로 반성은 진실을 통해 그 진정성을 인정받을 수 있어야 실체적 의미가 있다. 잘못을 인정한다는 의미는 어떤 일이 있었는지 소상히 밝히는 과정이고, 사실이 왜곡되지 않도록 지킨다는 의지가 포함돼야 한다. 따라서 잘못에 대한 인정이 없는 반성은 요식 행위가 되고, 잘못으로 발생한 정의 필요를 채우는 책임이 빠진 처벌은 책임의 왜곡 현상을 가져오기 쉽다.

　이를 좀 더 세부적으로 살펴보면 회복적 정의의 작동 원리를 통합적으로 이해하는 데 도움을 얻을 수 있다. 회복적 정의는 정의의 가장 핵심적 토대를 소위 회복적 정의의 4R이라고 하는 존중, 책임, 관계, 회복에 두고 있다.[1] 이 핵심 개념들은 회복적 정의가 구현하려고 하는 주요 가치이자 동시에 회복적 정의 패러다임의 기초이다. 이 가치들을 기초로 회복적 정의를 이루는 과정을 7단계로 구분할 수 있다. 이 책의 전반부에서도 강조했지만, 회복적 정의가 추구하는 정의의 궁극적 지향은 분명 용서와 화해이다. 우선적으로 피해자의 회복을 통한 치유와 가해자의 자발적 책임을 통한 공동체로의 회복, 그리고 주변 사람들의 온전한 관계와 공동체성의 회복을 추구하는 정의가 곧 회복적 정의이다. 하지만 이 화해를 향한 여정은 그냥 얻어지는 것이 아니라 직면이라는 어렵고 부담스러운 시작점을 통해 이뤄지는 여정일 수밖에 없다.

1　　회복적 정의RJ의 핵심 가치로 존중Respect, 책임Responsibility, 관계Relationship을 RJ 3Rs로 부르고, 회복Restoration을 포함하여 RJ 4Rs로 부르기도 한다.

회복적 정의 토대와 과정 개념도[2]

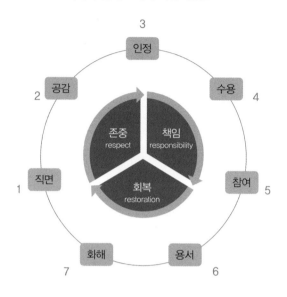

위의 개념도에서 보듯이 용서와 화해의 여정은 직접이든 간접이든, 개인이나 집단 간이든, 어떤 형태이든 간에 직면을 통해 시작된다. 직면할 때 진정한 공감을 불러올 수 있고, 공감이 전제되어야 인정의 영역으로 넘어갈 수 있다. 인정은 존중과 책임의 경계에 해당한다. 자기 잘못이 끼친 영향에 대한 인정과 피해자가 온전히 피해자로 인정되는 과정이 있어야 책임을 수용하는 인식과 자발적이고 능동적인 태도가 나타날 수 있다. 그리고 이러한 수용적 자세가 결국 스스로 책임지는 행동에 참여하도록 만든다. 이처럼 존중(인정)과 책임의 과정을 거쳐야 비로소 용서의 기본적 조건이 만들어질 수 있다. 누구도 강요할 수는 없지만 피해

---

2   이재영·정용진, 위의 워크북 p.71.

자가 용서의 주체로 세워질 가능성이 큰 환경이 조성될 수 있다.

용서는 피해자만이 가질 수 있는 가장 고귀한 권한이자 시혜적 선물이다. 가해 측의 노력의 진정성이 느껴졌을 때 제공되는 새로운 관계로의 초대이다. 결국 이러한 전체적 과정을 통해서 비로소 화해라는 전혀 새로운 관계의 정립이 시도될 수 있다. 여기서 말하는 화해는 기존의 문제 이전 단계로의 단순한 회귀가 아니다. 아픔과 상처의 깊이만큼이나 멀리 나아가야 할 여정을 앞두고 양측이 모두 노력하기로 한 새로운 관계의 길 앞에서 같은 방향을 바라보며 나란히 출발점에 서는 것이다. 따라서 화해는 관계의 복원이 아니라 재설정을 의미한다.

나는 개인적으로 회복적 정의를 '치유와 화해를 향한 정의Justice Towards Healing and Reconciliation'라고 부르길 좋아한다. 왜냐하면 회복적 정의에는 공존할 수 없을 것 같은 이 두 개념이 하나로 공존하는 역설적 의미가 내포되어 있기 때문이다. 정의를 이룬다는 의미를 치유나 회복을 목적으로 한다고 생각하는 사람은 많지 않다. 오히려 정의는 사법의 영역이고 치유와 회복은 상담이나 종교의 영역으로 생각하기 쉽다. 보통 정의라는 말을 들을 때 우리는 공정함, 냉정함, 차가움, 엄격함 같은 단어들을 연상하기 쉽다. 반대로 치유나 화해라는 말에는 따뜻함, 부드러움, 흐뭇함, 경이로움 같은 단어들이 떠오른다. 하지만 나의 회복적 정의 실천 경험으로 볼 때 회복적 정의라는 개념에는 놀랍게도 이 두 개념과 감정들이 조화롭게 공존한다는 사실을 발견하게 되었다.

회복적 정의에서 정의를 이루는 과정은 궁극적으로 치유와 화해를 향해가는 여정으로 이해된다. 그렇지만 이 여정은 자기 직면과 자발적 책임이라는 무겁고 심지어 부끄럽기까지 한 고통의 여정이기도 하다.

하지만 고통이 고통으로 끝나지 않고 고통이 '치유'와 다시 새로운 관계를 정립하는 과정인 '화해'[3]로 이어질 수 있다고 믿는 믿음이 회복적 정의에 담겨 있다. 나는 회복적 정의를 이해하면 할수록 이 두 개념은 상충적 개념이 아니고 상호 보완적 또는 심지어 상호 의존적 관계라는 확신을 하게 되었다. 회복적 정의는 '회복'과 '정의'라는 두 개념에 똑같은 무게를 두기를 기대한다. 회복적 정의라는 바다에서 회복이 없는 정의는 방향을 잃은 배와 같고, 정의가 없는 회복은 소금이 사라진 바닷물과 같다.

3　히즈키아스 아세파, 이재영 옮김, 《평화와 화해의 새로운 패러다임》, KAP, 2014, 참조.

왜 회복적 정의여야 하는가?

평범한 성자를 만나다

서울남부교도소에서 진행되었던 '회복을 위한 여정'을 통해 인연을 맺은 고 선생님은 연쇄살인범 유영철에게 희생된 20명의 피해자 중 가족 3명을 잃은 당시 사건 최대 피해자였다. 그런데도 천주교 피해자 자조모임 활동과 사형제 폐지 운동을 적극적으로 실천해오신 분이었다. 나는 프로그램 이후 혼자서 식사하시는 상황이 안타까워 집으로 초대하기도 하고, 히로시마에서 진행한 국제 평화교육 프로그램에 모시고 가기도 했지만, 자주 찾아뵙지 못해 미안한 마음이 컸다. 그러던 어느 날, 고 선생님이 뜻깊은 행사에 가족과 동료들을 꼭 초대하고 싶다며 연락해왔다. 가족을 떠나보낸 10주년을 맞이하여 마련된 특별한 추모행사였다.

우리는 여느 종교적 추모행사라고 생각하고 기꺼이 참석했다. 하지만 뜻밖에도 주요 행사는 장학금 전달식이었다. 가족을 떠나보낸 지 10년을 며칠 앞둔 그날, 서울 명동에서 천주교사회교정사목위원회 주관으로 '루치아노 가족추모 장학기금 전달식'이 거행되었다. 가족을 추모하는 미사 후 고 선생님의 사재와 뜻을 같이하는 지인들의 기부로 마련된 3000만 원의 장학금이 범죄 피해자와 수형자 자녀들에게 전달되는 행사였다. 그날 고 선생님은 자신의 가족추모 장학금이 사회의 범죄와 피해의 대물림을 막는 귀한 마중물이 되길 바라고, 그렇게 되는 것이 먼저 떠난 가족들의 죽음을 헛되게 하지 않는 길임을 믿는다고 했다.

나는 그 뜻깊은 행사가 진행되는 내내 한없이 부끄러웠다. "왜 우리는 사회공동체가 돌봐야 할 일을 피해 당사자가 직접 할 수밖에 없도록 방치해왔는가?" 이 질문이 머리를 쉽게 떠나지 않았기 때문이다. 살인마를 사형하라고 성난 목소리를 높이고, 범죄자들을 엄벌하라고 열심히 요구해왔지만, 과연 가해자를 향한 그 관심의 10분의 1이라도 그들에 의해 희생당하고 고통당한 피해자들의 필요에 귀 기울여 왔는지, 그리고 그들의 명예가 회복되는 일에 관심을 가져왔는지 되묻지 않을 수 없었다.

더욱이 그해 사회의 뜨거운 이슈 중 하나는 온갖 비리 의혹으로 법원의 법원격인 헌법재판소 소장 후보자가 낙마하는 사건이었다. 법을 수호해야 할 최고위직 책임자들이 적은 공금까지 부당하게 챙기기에 급급한 세상에서, 범죄로 정신적·경제적 어려움을 겪는 피해자가 오히려 자신의 사재를 털어 피해자와 수감 중인 수형자들의 자녀를 돕는 아이러니한 현실 앞에서 부끄러움을 느끼는 건 어쩌면 당연한 일이었다. 그날 나는 고 선생님의 넓은 마음에 또 한 번 머리를 숙일 수밖에 없었다. 그는 내가 만난 '평범한 성자' 중 한 명이다. 그리고 우리가 피해자를 단순히 돌봐줘야 할 구제와 보호의 대상이 아닌, 공동체 회복을 위한 중요한 사회적 자원으로 인식해야 하는지를 깨닫게 해준 삶의 교사이기도 하다.

고 선생님은 나에게 이런 이야기를 해준 적이 있었다. "나는 회복적 정의를 잘 모르지만, 지금 하고 있는 이런 일이 잘 확산되기를 바랍니다. 유영철이 어릴 때부터 전과가 많았다던데, 만약 그 친구가 처음 사고를 치기 시작하던 초기에 자기의 잘못된 행동으로 어떤 사람들이 힘들어하는지 깨닫고 진짜 책임을 가르칠 수 있는 사람들이 있었다면, 우리 가족들은 지금 살아 있을지도 모릅니다. 특히 학교 선생님들이 이런 분야에 관심이 많아진다고 하니 반갑습니다. 젊은 세대들이 회복적 정의를 잘 배워서 나 같은 피해자도, 유영철 같은 가해자도 생기지 않도록 잘 가르치면 좋겠습니다. 더 열심히 해주세요!" 나는 그 말을 들은 이후 그의 글을 메모해놓고 왜 우리에게 회복적 정의가 필요한지 되새기곤 한다.

유영철이 처음 범죄를 저지른 것은 10대 때였다. 이웃집에 몰래 들어가 금품을 훔쳐 나온 죄로 구속되었다. 그 후 30대 중반에 연쇄살인범으로 체포되기 전까지 그는 전과 14범이었다. 유영철은 월남전 참전 군인으로 알코올과 폭력으로 얼룩진 아버지 밑에서 자라면서, 부모의 이혼과 아버지와 형의 죽음을 10대 시절에 겪는 등 매우 좋지 않은 환경을 겪었다. 불우한 환경이 모든 사람을 살인마로 만드는 것은 아니다. 어려운 환경이 그의 연쇄살인이라는 끔찍한 행위를 정당화할 수도 없다. 다만 회복적 정의 프로그램에 참여했던 피해자 고 선생님의 이야기처럼 비행과 범죄행위가 시작되는 초기에 어떤 형태의 정의를 경험하게 할 것인가를 우리는 선택할 수 있다. 우리는 진지하게 그 선택지를 놓고 고민할 필요가 있다. 과거를 두고 '만약'이란 가정은 의미가 없겠지만, 비극적으로 가족을 떠나보낸 한 노인의 바람은, 내가 만나본 가장 어려운 피해를 입은 피해자의 말이기에 더욱 큰 무게로 가슴에 남는다.

피해자에서 치유자로

매년 우리 기관은 해외의 회복적 정의 전문기관이나 학교, 도시 등을 방문하는 회복적 정의 해외연수를 진행해오고 있다.[4] 2018년 해외연수 일정 중에 미국 동부 펜실베이니아주 니클마인스^{Nickel Mines}라는 작은 아미시^{Amish}[5] 마을을 찾았다. 이 마을은 2006년 마을 학교에서 일어난 비극적인 총기 사고로 평화로운 공동체가 큰 슬픔에 잠긴 아픈 과거가 있는 곳이다. 지역에서 우유배달 트럭을 몰던 살인자는 막내딸의 갑작스러운 죽음 이후 정신분열 증세를 보이다가 신에 대한 복수라며 아미시 학교의 여학생들을 가둬놓고 총으로 쏴 살해한 뒤 자살로 생을 마감했다. 이 사건으로 5명의 아미시 여학생이 사망하고 교사와 4명의 학생이 큰 부상을 당했다. 평화주의자들의 마을인 아미시 마을에서 발생한 끔찍한 사건이 미국 전역을 충격과 분노로 들끓게 했다. 하지만 세상을 더욱 놀라게 한 것은 이 비극적 사건 이후 피해자들의 가족과 아미시 공동체가 보여준 즉각적인 용서의 선언과 실천 때문이었다.

피해자 가족들과 아미시 공동체 리더들은 자신들의 슬픔을 감당하

---

4 KOPI 회복적 정의 해외연수는 매년 1월 진행되며 2014년 캐나다 브리티시컬럼비아^{BC}, 2017년 미국 오하이오, 2018년 미국 버지니아, 펜실베이니아, 2019년 캐나다 온타리오, 2020년 영국 브리스톨, 리버풀, 런던, 북아일랜드 벨파스트 등을 방문했다.

5 아미시는 기독교 아나뱁티스트의 한 분파이다. 철저한 자립경제와 평화주의를 지향하는 그룹으로 30만 정도의 교세가 있으며, 주로 미국과 캐나다 동부에 자리 잡고 있다. 현대 문명을 거부하고 오늘날 여전히 말과 마차를 모는 등 옛날 청교도적 삶을 실천하며 상부상조하는 공동체 정신이 강하다.

기 어려운 시기에 가해자의 장례식에 참석하여 가해자의 가족을 위로하고, 장례 이후 같은 마을에 사는 가해자의 어머니를 찾아가 위로하는 일을 계속했다. 끔찍한 살인자이지만 자식을 잃은 가해자의 어머니는 이들의 진심에 감동하여 일 년에 한 번씩 피해자들을 집으로 초청하여 서로 위로하는 시간을 가졌고, 중상으로 입원 중인 피해 학생들을 정기적으로 찾아 책을 읽어주며 돌봐주는 등 일반적으로 상상하기 힘든 기적 같은 일들이 벌어졌다. 이후 이 이야기는 《아미시 그레이스 Amish Grace: How Forgiveness Transcended Tragedy》6라는 소설로 출간되었고, 나중에 TV 영화로 제작되어 2010년 미국 전역에 상영되기도 했다.

해외연수 기간 중에 지인의 섭외로 니클마인스 마을의 한 식당에서 당시 사건으로 자녀를 잃은 부모들과 생존자들과 함께 만나는 시간을 가질 수 있었다. 당시 우리는 언론에서나 듣던 총기 사건의 생존자와 피해 부모들을 만나 어떻게 위로를 해야 할지, 무엇을 물어야 할지 막막했다. 하지만 자신들의 경험을 의외로 솔직하고 덤덤하게 나눠주는 피해자들의 이야기를 들으며 큰 용기를 얻을 수 있었다. 특별히 두 사람의 이야기가 오랫동안 마음에 남았다.

당시 20살로 학생들의 교사였던 에마 Emma 씨는 머리에 총상을 입고 여러 번의 수술 끝에 겨우 목숨을 건질 수 있었다. 지금은 많이 회복되어 3개월 된 딸을 안고서 자신의 이야기를 들려주었다. "처음에는 나에게 벌어진 일로 너무 괴로웠지만, 지금은 나의 경험을 오히려 감사하게 되었습니다. 만약 이런 경험이 없었다면 내가 말하는 사랑과 용서는 진

---

6   한국에 번역서로 《아미시 그레이스 − 21세기 용서의 바이블》(뉴스앤조이, 2009)이 출판되었다.

심이 아닌 형식적 표현에 그쳤을 것이기 때문입니다." 당시 한국에서 간 해외연수 참가자의 반 이상이 학교에서 학생들을 가르치는 교사였기 때문에 에마 씨의 증언은 큰 감동으로 다가왔다. 학교에서 문제 학생들을 접하며 업무 스트레스와 학부모의 민원 속에 지쳐가던 이들에게 에마 씨가 보여준 용서는 모두가 자신을 돌아보게 할 만큼 놀라웠다.

그 자리에 참석한 또 한명의 피해자는 딸 둘을 잃은 부부였다. 이야기를 듣는 것만으로도 그들이 겪은 아픔과 그리움이 여과 없이 느껴졌다. 한국 참가자 모두의 마음속에 있던 질문이지만, 쉽게 꺼낼 수 없었던 질문을 건넸다. "정말 용서한 것인가요? 어떻게 자식을 죽인 사람을 용서할 수 있지요?" 이에 대한 남편의 답변은 의외로 간결했다. "저도 용서했지만 매일 나의 감정과 싸우고 있고 시간이 흘렀지만 여전히 아프고 힘듭니다. 그러나 그 가해자는 자신의 마음속 쓴 뿌리bitterness를 갖고 살았기 때문에 내 딸들이 희생당했습니다. 내가 그처럼 증오와 쓴 뿌리를 갖고 산다면 나는 또 누군가를 해롭게 할 것입니다. 결국 폭력은 또 다른 폭력을 낳게 됩니다. 폭력에 대해 이와 다른 방식으로 대응하는 것이 내가 믿는 신앙의 실천이고, 이것이 바로 여러분이 관심 있어 하는 회복적 정의의 메시지라고 생각합니다."

그의 이야기에 우리 모두는 숙연해질 수밖에 없었다. 전혀 평범하지 않은 이야기를 평범하게 들려주는 이들의 모습에서 마음속 깊은 곳에서부터 울려오는 진정한 평화와 화해의 메시지를 들을 수 있었다. 큰 감동과 배움을 안고 떠나는 우리 일행에게 그들은 자신들의 이야기를 들으러 멀리서 찾아와줘서 고맙다며 《왜 용서해야 하는가Why Forgive》7라는 책을 한 권씩 선물해주었다. 지금도 미국에서 총기 사고로 자식을 잃는 부모들에게 도움을 주기 위해 찾아가고 있다는 이들에게 우리 일행은 많은 마음의 빚을 지고 떠나게 되었다.

이런 위대한 피해자들과의 만남은 인생의 교사를 만난 듯한 가르침을 주었다. 그들이 피해자를 넘어 생존자의 길로 들어서는 것과, 이런 용서의 힘이 오히려 삶의 의미를 새롭게 부여하여 피해 경험을 사회적 자산으로 되돌려주는 모습을 보면서, '상처받은 치유자'로 살아가는 이들의 목소리에 사회가 더 많은 관심과 힘을 불어넣어주길 바라게 되었다.

회복적 정의가 개혁적 프로그램이나 혁신적 모델을 넘어 삶의 방식이 되고 있다는 이야기를 들은 적이 있다. 하나의 패러다임이 살아가는 방식이 된다는 것만큼 무겁고 어려운 도전은 없을 것이다. 그렇지만 갈등과 어려움을 겪는 피해자와 가해자, 그리고 공동체에게 가장 필요한 한 가지가 있다면, 그것은 바로 치유일 것이다. 우리가 추구하는 정의가 치유를 불러올 수 있다면, 그런 상상만으로도 회복적 정의가 우리의 삶의 방식이 되도록 노력할 만한 가치는 충분하다. 불쌍한 피해자가 아니라 위대한 생존자들을 만나면서 나는 회복적 정의가 치유와 맞닿아 있다고 이해하게 되었다. 그리고 회복적 정의가 지금처럼 관계와 공동체가 깨져버리기 쉬운 시대에 왜 꼭 필요한 정의 패러다임인지 확신하게 되었다.

7　요한 크리스토프 아놀드, 원마루 옮김, 《왜 용서해야 하는가: 등에 박힌 총알보다 가슴속에서 자라는 복수심이 더 끔찍하다》, 포이에마, 2010.

회복적 상상력

모두의 치유를 위한 '피해회복기금'

위대한 생존자가 된 피해자들과의 만남을 통해 나는 기존의 개념과 다른 새로운 개념을 구현하는 상상력이 많이 필요하다고 생각하게 되었다. 소위 '회복적 상상력'이 필요한 시대이다. 나는 기회가 될 때마다 회복적 정의의 가치가 실질적인 사회적 치유의 결과물이 될 수 있도록 '피해회복기금'이 필요하다는 주장을 해왔다. 피해회복기금은 가해자가 회복적 대화모임을 통해 자신의 피해자에게 사과와 피해변상 의지를 가지고 있지만 실행할 경제적 형편이 되지 못할 때 신청하여 지원받는 기금을 말한다. 기금은 가해자에게 지원되는 것이 아니라 피해자에게 지원되고 가해자는 약속한 일정 기간 안에 그 원금을 기금운영재단에 갚는 형식이다. 가해자가 이 기금을 신청하려면 회복적 대화모임 결과와 신청 금액, 신청 이유, 상환 계획 등을 제출해야 하고 절차와 심의를 거쳐 지원 여부가 결정된다. 이 기금은 공익적 차원으로 운용되기 때문에 정부 재원이 아니라 후원이나 크라우드펀딩 형식을 통한 민간기금으로 마련되는 것이 바람직하다.

피해회복기금은 일차적으로 피해 회복이 당장 절실한 피해자들의 필요를 위해 지원하는 것이 목적이다. 하지만 동시에 반성하고 책임지려는 의지는 있으나 경제적 이유로 형사처벌을 받아 사회적으로 양산되는 전과자를 줄이는 목표도 있다. 누구나 알다시피 형사처벌을 받은 전과자들이 우리 사회에서 겪는 사회적, 경제적 낙인은 또 다른 피해자를 낳는 원인이 되고 있다. 따라서 회복적 대화모임을 통해 자신의 행동의 피해를 직면하고 반성과 자발적 책임을 질 수 있도록 최대한의 사회적 지원을 제공하는 것이 중요하다. 그런 의미에서 피해회복기금은 가해자에게 단순히 배상 금액을 지원해주는 방식을 넘어 지원받은 금액을 상환하기 위한 조건에 가해자의 생활방식 개선을 위한 구체적 계획과 지원, 직업 알선, 심리 상담, 지역사회 공동체 재통합 지원 서비스 등을 연계하고, 종합적인 지역사회 교정 프로그램에 참여하는 것까지 포함하여 운영하는 편이 바람직하다.

피해회복기금은 비단 개인의 변화에만 도움이 되는 것이 아니라 국가예산 절감이라는 공익적인 효과도 기대할 수 있다. 현재 운영되고 있는 피해자 구제와 지원을 위한 범죄피해자 지원제도와 가해자를 수감하고 교정하는 데 드는 일련의 사법 비용은 모두 세금에서 충당된다. 물론 모든 사건에 해당될 수는 없겠지만 가능한 회복적 대화모임을 통해 피해자에 대한 실질적이고 즉각적인 피해 회복이 이뤄지도록 돕고, 가해자를 사회공동체의 지원 아래 자신의 잘못에 대한 직접적 책임을 지는 구조를 구축함으로써 결과적으로 세금 낭비를 줄이는 효과를 기대할 수 있는 것이다. 그리고 무엇보다도 비용으로 환산할 수 없는 시간의 단축과 감정적 소모를 줄이는 효과를 거둘 수 있다.

그런 점에서 피해회복기금은 사회적 치유를 위한 치유기금 성격을 띤다. 따라서 나는 피해회복기금의 운용 주체로 지역사회 교회 같은 종교기관이 적합하다고 생각한다. 금전적 부분의 책임을 맡는다는 의미만이 아니라 교회를 구성하는 다양한 인적 자원들이 피해자와 가해자를 회복시키는 일에 동참할 수 있다면 사회적 치유기관으로서 그보다 더 적합한 일은 없을 것이다. 이웃 사이에 벌어지는 각종 사건과 분쟁을 사법기관을 통해서만 다뤄야 한다는 인식을 바꿔서 종교기관과 같은 지역사회의 민간기관이 사법기관과 함께 피해자와 가해자의 회복을 위해 함께 노력하고 돕는 것은 공동체의 안정과 평화를 위해 매우 중요하고 의미 있는 작업이다.

공동체 정의 전문기관

회복적 정의의 적용을 위한 토대로 가장 이상적인 형태는 공동체 정의Community Justice 시스템을 구축하는 것이다. 위에서 언급한 피해회복기금도 지역사회에 기반을 둔 회복적 정의 실천 인프라가 잘 구축되어 있다면 범죄 피해자 회복과 가해자의 변화에 훨씬 효과적으로 활용될 수 있다. 오랫동안 회복적 정의 실천이 이뤄져온 해외에서도 지역사회에 기반을 둔 크고 작은 회복적 정의 전문기관들이 있고, 대부분 지역사회 공동체가 회복적 정의 운동의 주체라는 인식 속에 활동이 이뤄지고 있다.

한국에서도 중·장기적으로 보면 회복적 정의 운동의 주도성을 지역에 기반을 둔 공동체 정의 전문기관이 가질 수 있어야 지속가능한 운동으로 성장해나갈 수 있다. 현재로는 회복적 정의 패러다임 자체를 알리고 확산하는 일이 시급하지만, 점차 회복적 정의에 관심을 보이는 사람들이 많아지고 실천 영역이 넓어지면 회복적 정의 운동의 지역적 거점 역할을 할 기관들이 생겨나야 한다. 그런 점에서 2020년부터 경찰에서 의욕적으로 시도하고 있는 회복적 경찰활동의 경우가 지역공동체를 바탕으로 회복적 정의 실천 모델을 만들어가는 데 매우 좋은 기회가 될 수 있다고 본다.

지역사회에 오랫동안 뿌리를 두고 있는 종교기관, 시민사회단체, 교육기관 등에서 회복적 정의 실천에 필요한 여러 지역사회 자원을 양성하고 그 인적 인프라를 기초로 회복적 경찰활동과 함께 해나갈 수 있다면 이상적일 것이다. 지역사회기관들은 교육을 통해 회복적 정의 프로그램을 진행하는 전문 진행자(조정자)를 양성하여 가까운 지역 경찰서로부터 사건을 의뢰받아 회복적 대화모임을 이끌 수 있다. 그 대화모임의 결과에 따라 필요한 경우 피해회복기금을 지원하거나 피해자와 가해자의 치유와 회복을 위한 지원 방법을 경찰이나 관공서와 함께 찾아 연결해줄 수도 있다. 결국 지역사회 안에서 회복적 정의가 잘 실천될 수 있도록 지원하는 역할이 공동체 정의를 지향하는 기관의 핵심적 사업이 되는 것이다.

이런 지역사회 공동체 기반의 회복적 정의 실천기관의 설립과 운영을 위해서는 필수적으로 두 가지 선결 요건이 필요하다. 하나는 체계적 교육훈련 과정이고 또 다른 하나는 인증 시스템의 필요성이다. 지역사회에서 회복적 정의 실천을 위한 전문기관이 생겨나기 위해서는 선한 의지를 가진 사람들만 있어서는 안 된다. 회복적 정의의 이론적 배경부터 다양한 회복적 대화모임 모델을 이끌 수 있는 교육훈련이 필수적인 선행 조건이 되어야 한다. 교육과 감독을 통한 회복적 정의 실천가들의 질적 관리가 이뤄지는 것이 장기적 프로그램 운영과 발전에 토대가 된다는 점은 누차 강조해도 부족하지 않을 만큼 중요하다.

또한 회복적 정의 활동이 점차 확산되다 보면 자격이 없는 개인이나 기관이 난립하게 되면서 회복적 정의 실천 프로그램의 질이 떨어지고 잘못된 방향으로 실천이 번져나갈 위험성이 커질 수밖에 없다. 이런 리스크를 줄이고 회복적 정의 운동이 건강하게 발전하도록 일정한 교육과 실습을 통과한 개인이나 기관에게 회복적 정의 전문성을 인증해주는 역할도 매우 중요한 부분이다. 영국의 회복적정의협의회Restorative Justice Council UK가 운영하는 '회복적 서비스 등급제도'와 '회복적 정의 전문가 인증제도' 등도 눈여겨볼 만하다. 한국에서도 몇 년 전부터 사)한국회복적정의협회가 '회복적 정의 전문가' 민간자격증 제도(1급, 2급, 3급)를 운영하고 있고, 전문 자격을 갖추려는 개인이 점차 늘어나고 있는 추세이다. 앞으로 교육과 인증제도를 통해 체계적이고 검증된 회복적 정의 전문기관들이 지역사회에 잘 뿌리내릴 수 있도록 도와야 한다.

회복적 정의의 미래

정의를 향한 두 관점

회복적 정의가 하나의 패러다임으로 등장하면서부터 기존의 응보적 정의 패러다임을 대체할 것인가를 두고 섣부른 기대와 논의들이 일어나고 있다. 회복적 정의가 추구하는 미래가 결코 응보적 정의 패러다임을 폐기되어야 할 대상이나 구시대의 유물로 치부한다고 생각할 필요는 없다. 의도했든 의도하지 않았든, 순수한 사법의 이상을 실현하기 위한 것이었든 정치적 목적에 의해 변질되었든 간에, 잘못에 대한 응당한 처벌이라는 응보적 정의 패러다임은 그대로의 가치와 역할이 여전히 유효하다. 다만 새로운 정의 패러다임이 확대되어 가면서 기존의 정의 패러다임이 도전을 받을 수밖에 없고 어떤 형태로든 기존 정의 패러다임의 변화를 불러일으킬 것은 분명하다.

그렇다면 향후 회복적 정의와 응보적 정의의 관계는 어떤 모습일까? 두 패러다임을 철도 레일에 빗대어 설명하면 좀 더 선명한 이해가 생길 수 있다고 본다. 기차가 궤도를 벗어나지 않고 앞을 향해 달리려면 철도 레일은 일정한 거리를 정확하게 유지해야만 한다. 따라서 철도의 두 레

일은 평행을 유지할 수밖에 없다. 하지만 레일이 서로 만나는 교차점을 들여다보면 레일은 다른 레일을 가로질러 새로운 방향을 향하고, 또다시 새로운 레일은 평행을 이루며 앞으로 이어지는 모습을 보게 된다. 마찬가지로 두 정의 패러다임은 서로 가까워질 수 없는 차이와 특성이 분명히 존재한다. 결코 좁힐 수 없어 보이는 두 패러다임 사이의 간극도 일정 시점에서는 교차하며 제3의 방향을 향해 발전적으로 나아갈 수 있다. 정의라는 기차가 계속해서 앞으로 나아갈 수 있는 이유는 두 레일(패러다임)이 오히려 일정한 간격을 유지하기 때문이고, 방향이 바뀌는 혼동의 과정을 지나 또다시 새로운 방향으로 평행선을 유지하기 때문이다.

회복적 정의와 응보적 정의 두 패러다임의 공통점은 단순하게도 정의로운 세상을 만들고자 하는 목표가 같다는 점이다. 하워드 제어 교수가 25년 만에 자신의 초기 주장에 대해 비판적 해석을 스스로 덧붙인 것처럼, 두 정의 패러다임은 같은 공통분모 위에 서로 다른 기준의 끝을 가진 저울의 눈금이라고 볼 수 있다.[8] 두 패러다임을 통해 정의라는 스펙트럼 위에 더 (또는 덜) 회복적인 요소와 더 (또는 덜) 응보적인 요소가 다양하게 측정되고 접목될 수 있는 다양한 선택지가 놓여 있다. 결국 정의 패러다임으로서 회복적 정의가 이룬 가장 큰 기여는 응보적 정의 관점으로 획일화되어온 정의에 대한 일반적 이해를 다양한 관점으로 확대시켜왔다는 점이다. 따라서 우리는 이 확장된 다양성 위에 좀 더 창의적인 정의 이해와 실천을 발전시켜나가야 하는 숙제를 안고 있는 것이다.

8   하워드 제어, 손진 옮김, 위의 책(25주년 기념 개정판), pp. 276-278.

획일적이고 일방적인 정의 패러다임에 다양한 관점이 덧붙여지는 것은 결과적으로 사회적 균형감을 높여 좀 더 인본적 정의 시스템을 만드는 데 기여할 수 있다는 장점이 있다. 응보적 사법제도로부터 가장 큰 영향을 받는 사람들은 언제나 가난한 계층의 사람들이다. 사회에서 상대적으로 가난하고 교육의 정도가 떨어지는 계층이 범죄의 가해자나 피해자가 될 가능성이 크고, 사법 시스템은 의도하든 의도하지 않든 그 구도를 강화하는 결과를 낳아왔다. 정의라는 단어의 의미와는 반대로 어디서나 정의 시스템은 경제적, 인종적, 문화적, 성적, 교육적 약자에게 덜 관대하고 기득권에게는 더 관대한 불공평한 잣대를 대어온 것이 현실이다.

회복적 정의가 이런 정의의 사회적 불평등과 불공정 문제를 해소하는 데 기여할 수 있을지 없을지는 현재로는 불분명하다. 그러나 분명한 한 가지는 회복적 정의가 사법제도나 학교의 징계 절차와 같은 정의를 이루기 위한 과정에서 지금까지 자기 목소리를 제대로 낼 수 없었던 사람들에게 목소리를 낼 수 있도록 힘을 실어준다는 사실이다. 피해자, 가해자, 그리고 그들을 둘러싼 공동체에 힘을 실어주고 그들의 권한을 인정해야 한다는 회복적 정의의 관점은, 장기적으로 사회에 의미 있는 변화를 이끌어낼 것이 분명하다.

아직 한국에서 회복적 정의 운동의 성과를 논하기에는 그 실천이 여전히 부족하지만, 이런 회복적 정의와 사회정의 실현 사이의 상관관계에 대한 관찰과 연구는 앞으로 깊이, 그리고 끊임없이 발전해야 할 분야이다.

회복적 정의 운동에 동참하라!

갈등전환이란 개념을 정립한 존 폴 레더라크 John Paul Lederach 9 박사는 갈등전환의 개념을 설명하는 강의에서 강을 비유로 자주 들곤 했다. 강은 멀리 떨어진 산에서 보거나 높은 하늘에서 찍은 항공사진으로 보면 거의 변화지 않는 모습처럼 보인다. 하지만 강에 발을 담그고 있어 보면 변하지 않는 것이 거의 없다. 모든 것이 물을 따라 흐르고 구르고 변화한다. 그러나 동시에 강줄기는 늘 그대로 있는 듯 보인다. 사회의 변화도 마찬가지이다. 어떤 노력에도 사회의 부조리, 불의, 구조적 악은 절대 바뀌지 않는 것처럼 보인다. 그러나 사회는 늘 변화하고 있고 그 속에 존재하는 개인과 집단도 변화하고 있다는 사실을 잊어서는 안 된다. "조급하게 인내하라! Impatiently patient!"는 말이 있다. 역설적으로 들리지만 목표를 위해서는 조급해야 하지만, 그 목표를 실현하는 과정은 인내심을 가지고 한 발 한 발 내디디며 나아가야 한다는 의미이다.

나는 언젠가 가정에서 자녀들을 양육하는 훈육의 문제나, 학교의 생활지도의 방식이나, 직장의 조직 내 문제해결 방식이나, 사법 절차에서의 법적 해결 과정이나, 마을과 도시의 분쟁해결 방식이 회복적 정의의 가치와 방법을 토대로 이뤄지는 날이 오길 꿈꾼다. 우리 주변에서 '회복적 학교', '회복적 경찰활동', '회복적 공동체', '회복적 도시'라는 말이 더 이상 낯설지 않은 날이 속히 오기를 기대한다. 하지만 그 기대만큼이나

---

9 존 폴 레더라크 박사는 갈등관리, 갈등해결과 구별되는 개념으로 갈등전환 Conflict Transformation이란 개념을 주창한 학자로, 현재 미국 노터데임대학교 University of Notre Dame의 국제피스빌딩학과 교수와 이스턴메노나이트대학교 Eastern Mennonite University의 갈등전환학 석학교수로 재직 중이다. 국내 출판된 저서로 《갈등전환》, 《화해를 향한 여정》, 《평화는 어떻게 만들어 지는가》, 《도덕적 상상력》 등이 있다.

이런 꿈은 멀고 더디게 오리라는 것을 잘 알고 있다. 어쩌면 나는 그 가시적 결과들을 보지 못할 수도 있다. 그럼에도 불구하고 회복적 정의라는 패러다임이 누구나 이해하고 인정할 수 있는 응당 가야 할 '옳은 방향'이라면 이 운동의 결과들은 어느덧 자연스럽게 우리 곁에 와 있을 것이라고 확신한다.

나는 지난 20여 년 동안 회복적 정의 패러다임이 우리 사회에 의미 있는 변화를 만들어가도록 함께 애쓰고 노력하는 사람들이 점차 늘어나고 있음을 피부로 느껴왔다. 먼 길을 찾아 워크숍의 문을 두드리는 사람들, 다시 한번 자신의 소명을 불태우려는 교사들, 사법의 패러다임을 바꾸고자 고민하는 법조인들, 사회적 구원을 향한 비전을 꿈꾸는 종교인들, 자신의 존재 가치를 재발견하는 피해자와 가해자들, 그리고 누구보다도 회복적 정의 운동에 뛰어들어 인생을 걸고 있는 동료와 실천가들이 늘어나는 놀라운 광경을 목격한다. 같은 방향을 향해 같은 꿈을 꾸는 사람들이 존재한다는 것만으로도 이미 희망의 씨앗이 성장하고 있다고 믿는다. 회복적 정의가 삶의 중요한 가치가 되고 삶의 방식이 되기를 바라는 사람들의 진지한 고민과 실천이 만들어갈 사회는 지금보다는 더 나은 곳이 될 것이라고 믿기 때문이다.

참고 문헌

국내 단행본

Kay Schieffer, 박선주 옮김, 《선샤인 서클(교사용 매뉴얼) – 사회기술발달과 교실관리를 위한 상호작용적 놀이집단들》, 공동체, 2018.

강지명·김정연·설경옥·장다혜, 《공동체 규범 및 분쟁해결절차와 회복적 사법의 실현방안1》, 한국형사정책연구원, 2016.

강지명·김정연·설경옥·장다혜, 《공동체 규범 및 분쟁해결절차와 회복적 사법의 실현방안2》, 한국형사정책연구원, 2017.

강현경 외, 《회복적 생활교육으로 학급을 운영하다-학생과 공동체의 건강한 성장을 위한 관계의 집짓기》, 교육과실천, 2018.

김미경, 《청소년을 위한 비폭력대화》, 우리학교, 2013.

김민자·이순영·정선영, 《학교를 살리는 회복적 생활교육》, 살림터, 2019.

김용세, 《회복적 사법과 형사화해》, 진원사, 2009.

김훈태, 《교실 갈등, 대화로 풀다》, 교육공동체벗, 2017.

니콜라스 월터스토프, 홍병룡 옮김, 《정의와 평화가 입맞출 때까지》, IVF, 2012.

데이비드 브루베이커·루스 후버 지머먼, 김홍석 옮김, 《건강한 조직 만들기》, 대장간(KAP), 2016.

데이비드 옥스버거, 조계광 옮김, 《외길영성》, 생명의말씀사, 2007.

데이비드 카프·마를린 아머, 손진 옮김, 《대학에서의 회복적 정의》, 대장간, 2020.

데즈먼드 투투, 홍종락 옮김, 《용서 없이 미래 없다》, 홍성사, 2009.

도널드 크레이빌·스티븐 놀트·데이비드 위버 제커, 김재일 옮김, 《아미시 그레이스》, 뉴스앤조이, 2011.

로레인 수투츠만 암스투츠, 한영선 외 옮김, 《피해자 가해자 대화모임》, 대장간(KAP), 2015.

로레인 수투츠만 암스투츠·쥬디 H. 뮬렛, 이재영·정용진 옮김, 《학교현장을 위한 회복적 생활교육》, 대장간(KAP), 2011.

로버트 코크란, 이일 옮김, 《그리스도와 법》, IVF, 2015.

류혜옥·김세광·박옥식, 《학교폭력 예방 및 대책》, 학지사, 2015.

리사 셔크·데이비드 캠트, 진선미 옮김, 《공동체를 세우는 대화기술》, 대장간(KAP), 2014.

리샤 셔크, 김가연 옮김, 《전략적 평화 세우기》, 대장간(KAP), 2014.

마거릿 소스본·페타 블러드, 권현미·조일현 옮김, 《회복적 생활교육 어떻게 실천할 것인가》, 에듀니티, 2017.

마릴리 피터스, 김보미 옮김, 《십 대의 손으로 정의로운 사회 만들기》, 우리교육, 2018.

마셜 B. 로젠버그, 정진욱 옮김, 《비폭력대화와 교육》, 한국NVC센터, 2018.

마이클 샌델, 이창신 옮김, 《정의란 무엇인가》, 김영사, 2010.

바바라 데이브스, 김영식 옮김, 《교도소에서의 회복적 사법》, 대장간, 2020.

박상식·이창호, 《범죄피해자와 회복적 사법》, 한국학술정보, 2008.

박성용, 《비폭력 평화교육》, 비폭력평화훈련센터, 2013.

박성용, 《회복적 서클 가이드 북》, 대장간, 2018.

박숙영, 《회복적 생활교육을 만나다》, 좋은교사, 2014.

법원행정처, 《외국사법제도연구-각국의 회복적 사법제도》, 법원행정처, 2013.

베리 칼렌, 배덕만 옮김, 《급진적 기독교》, 대장간, 2010.

벤 마이켈슨, 이승숙 옮김, 《스피릿베어의 기적》, 양철북, 2017.

벤 마이켈슨, 정미영 옮김, 《스피릿베어》, 양철북, 2008.

브라이언 맥클라렌 외, 김복기 옮김, 《정의 프로젝트》, 대장간, 2014.

브레네 브라운, 서현정 옮김, 《수치심 권하는 사회》, 2019.

비폭력평화물결·서울 통합형 회복적생활교육 연구회, 《갈등 전환과 공동체를 세우는 회복적 서클 현장 이야기》, 대장간, 2019.

서정아·반은기·박진혁, 《서클타임》, 비폭력평화물결, 2017.

세실 엔드류스, 강정임 옮김, 《유쾌한 혁명을 작당하는 공동체 가이드북》, 한빛비즈, 2013.

수 클리볼드, 홍한별 옮김, 《나는 가해자의 엄마입니다》, 반비, 2016.

스즈키 노부모토, 한진여 옮김, 《가해자 가족》, 섬앤섬, 2014.

아베 교코, 이경림 옮김, 《아들이 사람을 죽였습니다》, 이너북스, 2019.

앨런 맥래·하워드 제어, 하태선·김성호·배임호 옮김, 《가족집단 컨퍼런스》, 대장간, 2019.

에마뉘엘 카통골레·크리스 라이스, 안종희 옮김, 《화해의 제자도》, IVF, 2013.

오렌 제이 소퍼, 김문주 옮김, 《마음챙김과 비폭력대화》, 불광출판사, 2019.

요한 크리스토프 아놀드, 원마루 옮김, 《왜 용서해야 하는가: 등에 박힌 총알보다 가슴 속에서 자라는 복수심이 더 끔찍하다》, 포이에마, 2010.

월터 윙크, 한성수 옮김, 《사탄의 체제와 예수의 비폭력》, 한국기독교연구소, 2009.

이강국, 《갈등전환 퍼실리테이션》, 한경사, 2019.

이동원, 《형사조정의 실효성 연구 II - 대검찰청 용역보고서》, 대검찰청, 2015.

이언 M. 해리스·메리 L. 모리슨, 박정원 옮김, 《평화교육》, 오름, 2011.

이재영·정용진, 《회복적 정의 이해와 실천-통합과정 워크북 1, 2》, 피스빌딩, 2019.

이주영·고홍락, 《회복적 생활교육을 위한 교실 상담》, 지식프레임, 2018.

임수희, 《처벌 뒤에 남는 것들: 임수희 판사와 함께하는 회복적 사법 이야기》, 오월의봄, 2019.

임지영, 《세상에서 가장 길었던 하루》, 형설라이트, 2012.

정진, 《회복적 생활교육 학급운영 가이드북》, 피스빌딩, 2016.

제이크 린치·요한 갈퉁, 김동진 옮김, 《평화 저널리즘》, 선인, 2016.

제인 넬슨·린 로트·스티브 글랜, 김성환 옮김, 《학급긍정훈육법: 친절하고 단호한 교사의 비법》, 에듀니티, 2014.

조균석 외, 《형사조정의 이론과 실제》(개정판), 대검찰청, 2017.

조균석·김재희, 《소년보호관찰 대상자 재범감소를 위한 회복적 정의 프로그램의 효과성 검토 보고서》, 이화여대법학연구소 회복적사법센터, 2018.

조용식, 《가나안, 끝나지 않은 여정》, 포이에마, 2016.

존 폴 레더라크, 김동진 옮김, 《평화는 어떻게 만들어지는가》, 후마니타스, 2012.

존 폴 레더락, 김가연 옮김, 《도덕적 상상력》, 글항아리, 2016.

존 폴 레더락, 박지호 옮김, 《갈등전환》, 대장간(KAP), 2014.

존 폴 레더락, 유선금 옮김, 《화해를 향한 여정》, KAP, 2010.

존 하워드 요더, 김기현·전남식 옮김, 《근원적 혁명》, 대장간, 2011.

주다 오드숀·로레인 수투츠만 암스투츠·미셸 재켓, 김재회·조현지 옮김, 《성학대와 회복적 정의》, 대장간, 2020.

주디스 허먼, 최현정 옮김, 《트라우마》, 열린책들, 2012.

찰스 콜슨, 홍병룡 옮김, 《사람과 공동체를 회복시키는 정의》, IVP, 2002.

캐롤린 보이스-왓슨·케이 프라니스, 이병주·안은경 옮김, 《서클로 나아가기 – 교육공동체를 회복하는 서클 레시피》, 대장간, 2018.

캐롤린 요더, 김복기 옮김, 《트라우마의 이해와 치유》, 대장간(KAP), 2014.

캐서린 에반스·도로시 반더링, 안은경 옮김, 《회복적 교육》, 대장간, 2020.

케이 프라니스, 강영실 옮김, 《서클 프로세스》, 대장간(KAP), 2012.

케이 프라니스·마크 웨지·배리 스튜어트, 백두용 옮김, 《평화 형성 서클》, KAP, 2016.

크리스 마셜, 정원범 옮김, 《성서는 정의로운가》, 대장간(KAP), 2016.

크리스티나 볼드윈·앤 리니아, 봉현철 옮김, 《서클의 힘 – 창조적 변화를 이루어내는 협력적 대화법》, 초록비책공방, 2017.

마셜 B. 로젠버그, 캐서린 한 옮김, 《비폭력 대화》, 한국NVC센터, 2011.

마셜 B. 로젠버그, 캐서린 한 옮김, 《비폭력 대화 – 일상에서 쓰는 평화의 언어 삶의 언어》(개정증보판), 한국NVC센터, 2017.

토머스 쿤, 김명자 옮김, 《과학혁명의 구조》, 까치글방, 2007.

파울루 프레이리, 남경태 옮김, 《페다고지》, 그린비, 2009.

패멀라 D. 슐츠, 한국성폭력상담소 부설연구소 울림 옮김, 《괴물이 된 사람들》, 이후, 2014.

필리스 크런보, 이소희·김정미 옮김, 《기적의 토킹스틱》, 북허브, 2014.

필립 짐바르도, 이충호 옮김, 《루시퍼 이펙트: 무엇이 선량한 사람을 악하게 만드는가》, 웅진지식하우스, 2007.

하워드 제어, 손진 옮김, 《우리 시대의 회복적 정의 – 회복적 정의란 무엇인가》(25주년 개정판), 대장간, 2019.

하워드 제어, 손진 옮김, 《회복적 정의란 무엇인가》, KAP, 2011.

하워드 제어, 조균석 외 옮김, 《회복적 정의 실현을 위한 사법의 이념과 실천》, 대장간, 2015.

하워드 제어·바브 토우즈, 변종필 옮김, 《회복적 정의의 비판적 쟁점》, 한국형사정책연구원, 2014.

한국평화교육훈련원 청소년교육팀·경기도청소년상담복지센터, 《청소년 갈등전환 프로그램 둥글게 만나기》, 2015.

한국평화교육훈련원, 《회복적 정의 해외연수: 영국의 회복적 도시로부터 배우다》, 피스빌딩, 2020.

한국회복적정의협회 & KOPI 사랑의교실 진행팀, 《회복적 정의에 기반한 사랑의 교실: 청소년 선도프로그램》, 피스빌딩, 2019.

히즈키아스 아세파, 이재영 옮김, 《평화와 화해의 새로운 패러다임》, KAP, 2012.

국내 논문

김영식, 〈회복적 교정에 관한 연구〉, 전북대학교 박사학위논문, 2016.

박성실, 〈한국원폭피해자의 사회적 고통, 그 구성과 대물림 – 원폭2세 환우 가족을 중심으로〉, 성공회대학교 석사학위논문, 2015.

박희진, 〈회복적 생활교육이 학교 공동체 의식에 미치는 효과분석〉, 단국대학교 석사학위논문, 2016.

서정기, 〈학교폭력에 따른 갈등경험과 해결과정에 대한 질적 사례연구-회복적 정의에 입각한 피해자 – 가해자 대화모임을 중심으로〉, 연세대학교 박사학위논문, 2011.

하태선, 〈소년범죄 피해자 및 가해자의 경험에 관한 다중 사례 연구 – 서울가정법원 화해권고제도 참여자를 중심으로〉, 숭실대학교 박사학위논문, 2012.

황태진, 〈형사사법에서 회복적 사법의 제도화에 관한 연구〉, 전주대학교 석사학위논문, 2016.

외서

Allan MacRae & Howard Zehr, *The Little Book of Family Group Conference New Zealand Style*, Good Books, 2004.

Barb Toews, *The Little Book of Restorative Justice for People in Prison: Rebuilding the Web of Relationships*, Good Books, 2006.

Belinda Hopkins, *Just Schools: A Whole school Approach to Restorative Justice*, Jessica Kingsley Publishers, 2003.

Belinda Hopkins, *Restorative Classroom Practice*, Transforming Conflict Publication, 2017.

Belinda Hopkins, *Restorative Theory in Practice*, Jessica Kingsley Publishers, 2016.

Belinda Hopkins, *The Restorative Classroom*, Routledge, 2011.

Brenda Morrison, *Restoring Safe School Communities*, The Federation Press, 2007.

Carolyn P. Yoder, *The Little Book of Trauma Healing*, Good Books, 2005.

Christopher D. Marshall, *The Little Book of Biblical Justice: A Fresh Approach to the Bible's Teaching on Justice*, Good Books, 2005.

Daniel Van Ness & Karen Heetderks Strong, *Restoring Justice*, Anderson Publishing, 1997.

David Cayley, *The Expanding Prison*, The Pilgrim Press, 1998.

David J. Smith, *Peacebuilding in Community Colleges*, United State Institute of Peace Press, 2013.

David L. Voth, *Quality Victim Advocacy a Field Guide*, Workplay Publishing, 2010.

David R. Brubaker & Ruth Hoover Zimmerman, *The Little Book of Healthy Organizations: Tools for Understanding and Transforming Your Organization*, Good Books, 2009.

David R. Karp, *The Little Book of Restorative Justice for Colleges and Universities: Repairing Harm and Rebuilding Trust in Response to Student Misconduct*, Good Books, 2015.

Donald L. Nathanson, *Shame and Pride: Affect, Sex, And the Birth of the Self*, W.W. Norton & Company, 1992.

Edward Sellman, Hilary Cremin & Gillean McCluskey, *Restorative Approaches to Conflict in School*, Routledge, 2013.

Howard Zehr, *Changing Lenses: New Focus for Crime and Justice*, Herald Press, 1990.

Howard Zehr, *Changing Lenses: Restorative Justice for Our Time, New Addition, 25th Anniversary*, Herald Press, 2015.

Howard Zehr, *The Big Book of Restorative Justice*, Good Books, 2015.

Howard Zehr, *The Little Book of Contemplative Photography*, Good Books, 2005.

Howard Zehr, *The Little book of Restorative Justice*, Good Books, 2002.

John Braithwaite, *Crime, Shame, and Reintegration*, Cambridge University Press, 1989.

John Paul Lederach, *The Little book of Conflict Transformation*, Good Books, 2014.

Jonathan Burnside & Nicola Baker, Edited, *Relational Justice: Repairing the Breach*, Waterside Press, 2003.

Judah Oudshoorn, Lorraine Stutzman Amstutz & Michelle Jackett, *The Little Book of Restorative Justice for Sexual Abuse*, Good Books, 2015.

Judith Herman, *Trauma and Recovery*, Basic Books, 1997.

Katherine Evans & Victor Brooks, *The Little Book of Restorative Justice in Education: Fostering Responsibility, Healing, and Hope in Schools*, Good Books, 2016.

Kay Pranis, *The Little book of Circle Processes: A New/Old Approach to Peacebuilding*, Good Books, 2005.

Kerry Clamp & Craig Paterson, *Restorative Policing: Concepts, Theory and Practice*, Routledge, 2017.

Lisa Schirch & David Campt, *The Little book of Dialogue for Difficult Subject*, Good Books, 2007.

Lisa Shirch, *The Little Book of Strategic Peacebuilding*, Good Books, 2005.

Lorraine Stutzman Amstutz & Judy H. Mullet, *The Little book of Restorative Discipline for Schools: Teaching Responsibility; Creating Caring Climates*, Good Books, 2005.

Lorraine Stutzman Amstutz, *The Little Book of Victim Offender Conferencing: Bringing Victims and Offenders Together In Dialogue*, Good Books, 2009.

Marian Liebmann, *Restorative Justice: How it work*, Jessica Kingsley Publishers, 2007.

Mark Yantzi, *Sexual Offending and Restoration*, Herald Press, 1998.

Mennonite Conciliation Service, *Mediation and Facilitation Training Manual*, MCS Publishes, 2011.

Paul Redekop, *Changing Paradigms: Punishment and Restorative Discipline*, Herad Press, 2008.

Peter Woolf, *The Damage Done*, Bantam Books, 2008.

Ron & Rozanne Claassen, *Discipline That Restores*, Book Surge Publishing, 2008.

Ron Kraybill & Evelyn Wright, *The Little book of Cool Tool for Hot Topics*, Good Books, 2006.

Ron Mock, *The Roleplay Book*, MCS Publishes, 1997.

Russ Kelly, *From Scoundrel to Scholar: The Russ Kelly Story*, Library and Archives Canada Cataloguing in Publication, 2006.

Susan Sharpe, *Restorative Justice: A vision for Healing and Change*, Publish by The Edmonton Victim Offender Mediation Society, 1998.

Ted Wachtel & Bob Costello, *The Restorative Practice Handbook*, International Institute for Restorative Practice(IIRP), 2009.

남양주시에 자리한 피스빌딩 커뮤
니티는 회복적 정의 운동을 기초로 다
양한 교육과 사업을 진행하는 교육공
동체를 추구하고 있습니다. 이런저런
일과 삶의 공동체의 모습으로 여러분
의 방문을 환영합니다.

❶ 한국평화교육훈련원/회복적정의교육센터(KOPI) www.kopi.or.kr
Korea Peacebuilding Institute

한국평화교육훈련원KOPI은 국내 민간 영역에서 최초로 회복적 정의 패
러다임을 알리고 실천하는 일을 해온 회복적 정의 전문교육 훈련 기관
입니다. KOPI는 회복적 정의 패러다임을 소개하는 강의와 회복적 정의
실천가 양성을 위한 워크숍, 교사를 위한 회복적 생활교육 프로그램, 청
소년 교육 등 회복적 정의를 적용한 다양한 교육 프로그램을 운영하고

있습니다. 이를 통해 회복적 정의 가치가 가정, 학교, 사법, 지역사회 등에 잘 전달되고 확산되도록 노력하고 있습니다. 또한 해외의 다양한 회복적 정의 사례를 탐구하고 국제 네트워크를 넓히기 위해 회복적 정의 해외연수를 실시하고 있습니다.

❷ 사단법인 한국회복적정의협회(KARJ) www.karj.org
Korea Association for Restorative Justice, KARJ

사단법인 한국회복적정의협회^{KARJ}는 회복적 정의 운동의 방향성에 동의하고 지지하는 사람들이 늘어나면서 자연스럽게 회복적 정의 운동으로 사회에 공헌하고자 만들어진 비영리 사단법인입니다. 사회 속 다양한 영역에 회복적 정의 운동을 확산하고 회복적 정의가 추구하는 가치를 통해 사회가 더욱 안전하고 평화로운 공동체로 발전하는 데 도움을 주고자 노력하고 있습니다. 회복적 학교연구회, 교회연구회, 사법연구회 등을 운영하고 있으며 부설기관으로 회복적정의연구소를 운영하고 있습니다. 또한 민간자격증 회복적정의전문가 과정을 통해 사회에 회복적 정의 전문 인력을 양성하고 있습니다.

❸ 동북아평화교육훈련원 www.narpi.net
Northeast Asia Regional Peacebuiliding Insitute, NARPI

2011년부터 동북아시아 지역의 평화적인 구조와 문화를 형성하기 위해 매년 여름 동북아시아 6개국을 돌며 다양한 평화교육^{peacebuilding} 훈련 프로그램을 진행하는 국제 피스빌딩 프로그램입니다. 동북아시아 지역을 비롯한 10개국의 대학(원)생, 교수, NGO 활동가, 교사, 종교인이 모여 서로의 관점을 나누며 평화로운 동북아시아를 만들기 위한 공동의 비전을 나누고 있습니다.

❹ 피스빌딩 출판사
Peacebuilding Publishing

피스빌딩 출판사는 회복적 정의의 가치와 실천이 담긴 문서와 매체를 통해 한국 사회에 평화의 담론을 전하고 정의에 대한 새로운 패러다임을 제시할 목적으로 설립한 회복적 정의 전문 출판사입니다. 《회복적 생활교육 학급운영 가이드북》, 《회복적 정의 세상을 치유하다》를 출판했고, 회복적 정의 실천시리즈를 지속적으로 펴낼 예정입니다.

❺ 서클 카페
CIRCLE Cafe

CiRCLe

피스빌딩의 가장 아늑한 휴식처이자 손님들을 맞는 사랑방이기도 한 서클 카페는 카페 스태프들과 이곳을 방문한 많은 사람들이 함께 담소를 나누는 따뜻한 공간입니다. 매장에서 매일 굽는 케이크과 쿠키들, 산뜻한 케냐 베이스의 블랜드 원두, 다양한 차와 제철과일 주스까지 즐길 수 있는 곳입니다.

❻ 피스빌딩 스쿨
Peace Building School

Peace Building School

지역의 어린아이들이 참가하는 피스빌딩 스쿨은 '전환적인 교육, 의미 있는 배움'이라는 목표를 가지고 영어로 진행하는 평화교육 프로그램을 운영하고 있습니다. 소수의 학생들과 친절한 교사들이 함께 만들어가는 수업은 참여적이고 창의적인 내용을 많이 담고 있습니다. 좀 더 평화로운 세대를 양성하기 위한 소박한 지역 중심 교육 프로그램입니다.

한국평화교육훈련원/회복적정의교육센터(KOPI) – 회복적 정의 강의 및 워크숍 안내
문의: 031-521-8697 홈페이지 www.kopi.or.kr

구분(시간)	대상	교육 내용
회복적 정의 소개강의(2~3)	일반	회복적 정의 패러다임과 회복적 생활교육에 대한 이해 회복적 정의 실천분야와 적용사례(학교, 직장, 사법, 지역사회)
회복적 정의 훈련 워크숍	일반	회복적 사법, 직장, 도시 만들기
RD 1,2 (15~30)	교사 학부모	회복적 생활교육이 왜 필요한가에 대한 이해 학급, 학교 단위에서 실천할 수 있는 회복적 생활교육 배우기 회복적 학교 만들기에 대한 통합적 이해와 과정
청소년교육	학생	학생들을 위한 회복적 생활교육 평화감수성, 또래조정 등 참여형 생활교육
조정자훈련	일반	조정에 대한 이론적 배경 이해 조정자의 자세와 역량 조정과정에 대한 단계별 훈련

사단법인 한국회복적정의협회(KARJ) – 회복적 정의 전문가 민간자격증(1-3급) 안내
문의: 031-521-8833 홈페이지 www.karj.org

급수	3급	2급	1급
목표	회복적 정의 패러다임 이해 공동체성을 높이는 서클 진행자 양성	학교, 사법, 조직 등에 필요한 회복적 대화모임 / 조정 진행자 양성	회복적 정의 리더 양성 지역 거점 자원 발굴
훈련 내용	회복적 정의 기본 소양교육 서클 진행자 훈련	조정훈련 현장실습	국내외 전문서적 레포트 연구 프로젝트 수행
이수 시간	40시간 40시간 (총 80시간 – 2주)	60시간 40시간 (총 100시간 – 4개월)	48시간 24시간 (총 72시간 – 8개월)
시험	필기시험(단답형+서술형) * 연 2회	실습 보고서 제출 조정 시연 * 연 1~2회	보고서 평가 및 발표 평가 프로젝트 운영 및 평가 * 격년

기관명	한국회복적정의협회(KARJ)		
소개	회복적 정의 운동의 확산을 위해 설립된 비영리 사단법인으로서 전국적으로 400여명의 회원을 두고 있다. 회복적 정의 아카데미(알자), 주제별 연구모임, 정기 콘퍼런스, 특강 등을 통해 회복적 정의를 알리고 있다. 또한 회복적 정의 가치에 기초한 가정, 학교, 조직, 사법, 도시를 만들기 위해 필요한 인적자원을 양성하고자 회복적 정의 전문가 민간자격증(1,2,3급) 제도를 운영하고 있다.		
대표전화	031-521-8833	홈페이지	www.karj.org
기관명	한국평화교육훈련원/회복적정의교육센터(KOPI)		
소개	회복적 정의 관련 교육을 전문으로 하는 기관으로 학교, 조직, 사법, 지역사회 등 회복적 정의 패러다임 이해와 그 실천에 관심 있는 그룹을 대상으로 관련 교육프로그램을 운영하고 있다. 청소년부터 성인에 이르기까지 대상별 회복적 정의 워크숍을 통해 건강하고 평화로운 사회공동체를 만드는데 기여하고자 노력하고 있으며, 해외의 회복적 정의 전문기관들과도 교류를 확대하고 있다.		
대표전화	031-521-8697	홈페이지	www.kopi.or.kr
기관명	갈등해결과대화		
소개	사단법인 갈등해결과대화는 분쟁조정과 피·가해 대화모임 진행, 사회적 이슈와 관련한 상호이해를 높이는 대화 진행 등 갈등을 협력적으로 다루기 위한 대화의 장을 마련하고 운영하며 지원한다. 차이와 불일치를 다루는 갈등해결 교육과 조정 등 대화진행 전문가 훈련을 통해 협력적 갈등해결문화를 조성하여, 차이가 힘이 되고 대화의 힘을 믿는 사회를 만들기 위해 활동하고 있다.		
대표전화	02-3667-2642	홈페이지	www.crnd.or.kr
기관명	비폭력평화물결		
소개	비폭력평화물결은 UN 특별자문기관인 국제비폭력평화실천단(NPI; Nonviolent Peaceforce International)의 한국 회원단체로써, 평화활동가 양성을 위한 시민과 청소년 평화교육훈련사업으로 공동체갈등전환프로세스 회복적 서클(RC), 협력적 갈등해결, 평화감수성교육훈련HIPP, 비폭력 직접행동, 비폭력의사소통, 서클프로세스, 민주시민교육 등을 진행하고, 실천하는 평화단체이다.		
대표전화	02-312-1678	홈페이지	www.peacewave.net

기관명	한국NVC센터		
소개	NVC(Nonviolent Communication, 비폭력대화) 정신을 배우고 실천하는 것을 지원함으로써 개인과 집단의 갈등을 평화롭고 효과적으로 해결할 수 있도록 돕고, 모든 사람의 욕구가 평화롭게 존중되는 사회를 이루는데 기여하기 위해 설립된 비영리 단체이다. 교육사업, 치유와 회복사업, 갈등해결사업 등을 통해 사회 변화를 위한 활동을 하고 있다.		
대표전화	02-391-5585	홈페이지	www.krnvc.org
기관명	평화비추는숲		
소개	평화비추는숲은 좋은교사운동 산하 회복적 생활교육센터의 새로운 이름으로서 회복적 정의 실천과 교육을 통한 학교 현장의 교육 지원, 실천가 과정을 통한 교사 역량 강화, 주제별 연구모임의 확장, 콘텐츠 개발 및 연구, 시민사회 및 국제사회 연대 활동 등을 통해 교육 운동에서의 수평적 허브 역할을 하고 있다.		
대표전화	031-986-7183	홈페이지	www.peacelight.co.kr